西晋五十年

266至317年历史现象考述

西晋五十年
266至317年历史现象考述

季社建 著

上海人民出版社

目 录

西晋并非听说、传说、戏说的那样(代序)

　　作序本当言简意赅,至于题之由来、叙之体例、运用的方法和工具等,则通常以绪论、导言加以说明。但本书"导论"叙述的是司马氏谋魏及西晋何以立朝的特殊而复杂的背景过程,这一部分既不宜列入主文,又与主文内容接续一体,其中若再嵌入题叙、作者的构思和设想等话题,似乎就会打乱叙事的布局和节奏。是故,还是借此代序,对本书的立意、方法、体例、结构等作一必要的交代。

　　西晋(公元 266 年至 317 年)寿限仅半个世纪。或正因此,人们对这段历史颇有忽略,似其可称道处也就是结束了三国鼎立的分裂局面、曾有为期不长的太康之治。大众所听闻、所了解的西晋,更多是这样的情境或场景:

　　——司马氏以诡计和隐忍篡夺曹魏,甚至有司马氏进入曹营就是为了僭政之说,"三马食槽(曹)"、"狼顾之相"、司马昭之心路人皆知之类，皆可为证①。

——晋武帝"以中材而涉乱世之末流"②，既乏雄才大略，又立"白痴"储君，并且肆意打压"卓尔不群""纬武经文"③的皇弟司马攸。其当朝为政，前期明智，后期昏聩，宠爱后党、羊车望幸④，致使皇朝短促而亡。

——西晋滥封、滥用宗王，导致"八王之乱"、天下劫难，最终山河破碎、皇朝灭顶。

——权臣贾充、妖后贾南风父女祸害皇朝，武帝死后，酷虐、淫靡且丑陋的贾南风女主专制、误国乱政。

——西晋一朝政治黑暗、门阀当道、世风奢靡、清谈盛行，王恺石崇斗富、王衍信口雌黄，以致朝政糜烂、世事不堪。

---

① 《晋书》卷1《宣帝纪》："魏武(曹操)察帝(司马懿)有雄豪志，闻有狼顾相。欲验之。乃召使前行，令反顾，面正向后而身不动。又尝梦三马同食一槽，甚恶焉。"北京：中华书局，1974年繁体竖排点校本，第一册第20页。《三国志》卷4《三少帝纪》甘露五年："帝(曹髦)见威权日去，不胜其忿。乃召侍中王沈、尚书王经、散骑常侍王业，谓曰：'司马昭之心，路人所知也。吾不能坐受废辱，今日当与卿等自出讨之。'王经曰：'昔鲁昭公不忍季氏，败走失国，为天下笑。今权在其门，为日久矣，朝廷四方皆为之致死，不顾逆顺之理，非一日也。且宿卫空阙，兵甲寡弱，陛下何所资用，而一旦如此，无乃欲除疾而更深之邪！祸殆不测，宜见重详。'帝乃出怀中版令投地，曰：'行之决矣。正使死，何所惧？况不必死邪！'于是入白太后，沈、业奔走告文王，文王为之备。""沈、业将出，呼王经。经不从，曰：'吾子行矣！'"事后，王经被杀。(南朝宋)裴松之注，中华国学文库，北京：中华书局，2011年简体横排点校本，上册第120—124页。

② 吕思勉：《两晋南北朝史》，南京：江苏人民出版社，2014年，上册第10页。

③ 语出《晋书》卷38《司马攸传》及"赞曰"，第四册第1130—1135、1138页。

④ 《晋书》卷3《武帝纪》"制曰"："平吴之后，天下又安，遂怠于政术，耽于游宴，宠爱后党"，第一册第80页；卷31《胡贵嫔传》，"时帝多内宠，平吴之后复纳孙皓宫人数千，自此掖庭殆将万人，而并宠者甚众，帝莫知所适，常乘羊车，恣其所之，至便宴寝。宫人乃取竹叶插户，以盐汁洒地，而引帝车"，第四册第962页。

——"《徙戎》之论，实乃经国远图"①，皇朝竟然拒不采行，放任事态，直至疆土分裂。

上述说法，都有所记载、有所出处，人所熟知。然而，如实考察、审视这段历史，这些说法，又都似是而非、未必尽然。

例如"徙戎"之论，也就是将西晋辖域的异族民众遣返原居地的主张，根本不是什么善策。陈寅恪等先生指出，"徙戎"实是与历史趋势"相反方向的大变动"，不仅无益，"反而会促成变乱"，纯属"倒行逆施的措施"②。

又如门阀，西晋不同于东晋，西晋的大部分时间，即使是皇族也受到来自皇权的戒备和约束，门阀岂能恣意妄为。如田余庆先生所论，"西晋自武帝以来，士族名士是司马氏皇权（包括强王权力）的装饰品"，到了东晋，情形才倒过来，皇权成为门阀政治的装饰品，"西晋尚属皇权政治，东晋则已演变为门阀政治"③。

还有所谓晋世奢靡的说道。实际上，再繁荣、再友好的朝代也难免出现一面"朱门酒肉臭"一面却"路有冻死骨"的极端对照。且不论盛唐奢逾西晋却仍享国长久，西晋之侈，遍览史籍仅在权贵数人，同

---

① 语出《晋书》卷56"史臣曰"，第五册第1547页。"徙戎论"主张将西晋域内异族悉数遣返原地。西晋朝臣江统有《徙戎论》一文，见《晋书》卷56《江统传》，第五册第1529—1538页。同卷"史臣曰"赞称，"《徙戎》之论，实乃经国远图"，第五册第1547页。《读通鉴论》卷11则称："汉、魏之际，羌、胡、鲜卑杂居塞内，渐为民患，徙之出塞，万世之利也。"（清）王夫之：《读通鉴论》，第二册第804页。

② 《陈寅恪魏晋南北朝史讲演录》，万绳楠整理，贵阳：贵州人民出版社，2012年，第72页；黄烈：《中国古代民族史研究》，北京：人民出版社，1987年，第352页。现代史家对"徙戎论"的否定，还可参阅陈琳国：《中古北方民族史探》，北京：商务印书馆，2010年等。但近年颇有一些鼓噪"徙戎"的言论借助网络、自媒体传播。

③ 田余庆：《东晋门阀政治》，北京：北京大学出版社，2012年，第25页。

期也有诸多俭约事例,如武帝"承魏氏奢侈革弊之后,百姓思古之遗风,乃厉以恭俭,敦以寡欲","绝缣纶之贡,去雕琢之饰,制奢俗以变俭约,止浇风而反淳朴",甚至"有司尝奏御牛青丝纼断,诏以青麻代之"。又有"高洁清素"的开国元老王祥"家无宅宇","立身清俭"的羊祜无所"营置","履忠清俭"的李胤至死"家无余积",长辈宗王司马泰甚至"服饰肴膳如布衣寒士","不识者不知其王公也"①。要是凭几个个例就能论说皇朝奢侈,反过来,岂不是也能凭几个个例断言西晋俭朴治世?

对于西晋,"史家历来评价不高"②。不仅不高,传统史家对西晋的认知,大多囿于将历史进程系乎个别人之身的明显误区,例如王夫之的推断——"西晋之亡,亡于齐王(司马)攸之见疑而废以死也","攸而存,杨氏不得以擅国,贾氏不得以逞奸,八王不得以生乱"③,当然,也更不会有"五胡之能竞逐"的局面④。

现代、当代史家对西晋的解读,本书之前,有关西晋的专题性、事件性著述不算少见。这些著述,尤其是唐长孺、周一良等前辈极富见地的经典论作,对笔者启示良多,但在断代性解析、诠释方面,有关西晋,迄今罕见专著,史家多将西晋一朝纳入"魏晋南北朝"或"两晋南

---

① 《晋书》卷 3《武帝纪》泰始元年和"制曰"、卷 33《王祥传》、卷 34《羊祜传》、卷 37《司马泰传》和卷 44《李胤传》,第一册第 52、80 页,第四册第 989、1021—1022、1094—1095、1253 页。

② 曹文柱:《20 世纪魏晋南北朝史研究》,《魏晋南北朝史论合集》,北京:商务印书馆,2008 年,第 394 页。

③ (清)王夫之《读通鉴论》卷 11,第二册第 806 页。

④ 《晋书》卷 38《司马攸传》"史臣曰",第四册第 1139 页。

北朝"的大范畴、长周期中简而论之①，这不能不说是一种缺憾。

　　每一段历史都在继往开来，每一皇朝都是一个特定的"叙事"②，任一时代都不可能是前朝的简单重现、重演，无论西晋如何短暂，也无论史家评价高低，它总有自己的由来和自己的去向。

　　其一，前有两汉约四百年的历程，东汉末期世陷动乱，其后的四个世纪，西晋是"唯一实现了全国统一的王朝"③。丧乱本身就是社会政治需求分解、矛盾激化的表现，曹魏三代频兴兵事却未能收拾裂土残局，为什么司马氏能够大功告成、江山一统？

　　其二，西晋存续五十年，如从灭吴获胜算起则时间更短。立朝、统一却不得持久，其因何在？接之而来的近三个世纪的长期分裂、动荡局面与西晋一朝之间有着怎样的联系？

----

　　①　例如具有代表性的魏晋南北朝或两晋南北朝通史类著述，白寿彝主编的《中国通史（第二版）》第五卷《中古时代·三国两晋南北朝》，其中的"乙编"即"综述"部分，叙述该期历史过程的四章中，有关西晋的内容仅"司马氏夺权""太康时期的小康局面""多种矛盾的交织和西晋的灭亡"三题，参见白寿彝主编：《中国通史（第二版）》第五卷，上海：上海人民出版社、江西教育出版社，2015年，第7册第129—133、150—159页。吕思勉的《两晋南北朝史》，有关西晋仅"晋初情势"和"西晋乱亡"二题，参见吕思勉：《两晋南北朝史》，南京：江苏人民出版社，2014年，上册第10—57页。王仲荦的《魏晋南北朝史》唯"西晋的暂时统一及其崩溃"一题，参见王仲荦：《魏晋南北朝史》，上海：上海人民出版社，1979年，上册第187—221页。

　　②　有关中国古代历史，论称中国历史乃是周期性循环的说法、观点或范式颇为常见，对此"宏大"命题，作者不予置评。基于对史实的考察与辨析，在此唯需强调的是：每一皇朝的起点、归宿貌似大差不差，但究其根底，秦、汉成朝，前因殊异，西汉、东汉，建政根基不一，西晋不仅不同于前之汉魏或后之隋唐，甚至与同源衍生出的东晋相比，亦有其特殊性。正因如此，作者不采历史周期循环之论，或许，陈旭麓先生的历史的"新陈代谢"之论似更能反映历史运动的真实进程和社会发展的真实面目，参阅陈旭麓：《近代中国社会的新陈代谢》，上海：上海人民出版社，1992年。

　　③　曹文柱：《20世纪魏晋南北朝史研究》，《魏晋南北朝史论合集》，北京：商务印书馆，2008年，第394页。

其三，西晋虽短，承祚西晋的东晋能够于南北分裂之期延续、保存中原文化的根系和血脉，西晋五十年的积累在其中起了怎样的作用？

其四，西晋前后，异族内迁、寒庶求进等新生因素迭起，社会状态已和秦汉之时相异，皇朝如何适应和应对此类挑战或冲击，其中的启示或教训又是什么？

所有这些，浓缩于西晋的半个世纪中。细作考察，这短短的五十年也确实"精彩纷呈"，堪为我们察成败、观兴亡的极佳样本，对其进行断代解析，有助于我们更准确、更客观地把握整个中古时期的历史趋向、脉络。

"每一代人都要重新解释历史。"①至于解释的起点，我们还得提及这么一个简单的事实：再英明、再伟大的人物或势力也不可悖离所处时代的社会政治需求，对于一个皇朝或者一类历史现象，唯有联系其所处的社会状况、历史条件，方能客观论评。鉴于此，本书遵循历史唯物论及"历史合力论"②的基本立场，与此同时，本书也充分借鉴了现代史学理论以及政治学、社会学、经济学的成果或范式，例如费尔南·布罗代尔的"总体史观"和"历史时段理论"、塞缪尔·E.芬纳

①　［美］C.E.布莱克、E.C.赫尔姆赖克：《二十世纪欧洲史》，山东大学外文系英语翻译组译，黄嘉德校，北京：人民出版社，1984 年，上册第 1 页。

②　"历史合力论"见恩格斯所揭示的："无论历史的结局如何，人们总是通过每一个人追求他自己的、自觉预期的目的来创造他们的历史，而这许多按不同方向活动的愿望及其对外部世界的各种各样作用的合力，就是历史。"《路德维希·费尔巴哈和德国古典哲学的终结》，《马克思恩格斯文集》第 4 卷，中共中央马克思恩格斯列宁斯大林著作编译局编译，北京：人民出版社，2009 年，第 302 页。

的"统治结构"叙事，以及现代政治分析所运用的分析框架——尽管其中的"政治参与""政治多元化"等概念未必适用于传统社会，但"政治影响力""政治支持""政治选择""政治资源"等范畴所概括、揭示的规则，颇可作为理解、说明历史现象的工具①。

　　具体到史料运用、史实辨析，历经一千七八百年间的战乱、灾变等，有关西晋的史料不仅匮乏，且来源单一、颇存疑窦②。在这一方面，证据学、情报学发展起来的一些原则、做法或可作为考证的匡助手段，例如证据学上的"最佳证据原则"，即论者寻求那些与事实"具有逻辑相关性的证据"，将精力"集中于证明问题的理性方面"③。这一原则，实与先前史家的某些处理方式异曲同工，例如史载司马师鸩妻事件的真实性，虽无史料证伪，但司马光及现代、当代史家研判后，

---

　　①　在此提及的现代史学、政治学、社会学、经济学理论成果，可参见［法］费尔南·布罗代尔：《论历史》上、下卷，刘北成等译，北京：北京大学出版社，2021 年；［英］塞缪尔·E.芬纳：《统治史（卷一）：古代的王权和帝国——从苏美尔到罗马》（修订版）和《统治史（卷二）：中世纪的帝国统治和代议制的兴起——从拜占庭到威尼斯》，王震、马百亮译，上海：华东师范大学出版社，2014 年；［美］罗伯特·A.达尔等：《现代政治分析（第六版）》，吴勇译，北京：中国人民大学出版社，2012 年；［美］戴维·伊斯顿：《政治生活的系统分析》，王浦劬等译，北京：人民出版社，2012 年等。

　　②　清朝张熷、钱大昕、赵翼、王鸣盛、吴士鑑等对《晋书》的疑窦处皆有列示，参阅（清）张熷：《读史举正》，北京：中华书局，1985 年；（清）钱大昕：《廿二史考异》上、下册，方诗铭等点校，上海：上海古籍出版社，2014 年；（清）赵翼：《廿二史劄记校证》上、下册，王树民校证，北京：中华书局，2013 年；（清）王鸣盛：《十七史商榷》上、中、下册，黄曙辉点校，上海：上海古籍出版社，2013 年；《晋书斠注》上、下册，吴士鑑等注，北京：中华书局，2008 年影印本等。

　　③　［美］亚历克斯·斯坦：《证据法的根基》，樊传明等译，北京：中国人民大学出版社，2018 年，第 18、67—76 页。有关证据学的方法，还可参阅陈光中：《证据法学》，北京：法律出版社，2019 年；樊传明：《证据评价论》，北京：中国政法大学出版社，2018 年；［美］特伦斯·安德森等：《证据分析（第二版）》，张保生等译，北京：中国人民大学出版社，2012 年；［美］阿维娃·奥伦斯坦：《证据法要义》，汪诸豪等译，北京：中国政法大学出版社，2018 年等。

多予否定①。

又如在史料分析过程中借助情报学的某些技术,可消除信息或记载中类似情报"欺诈—变形"的误导,克服思维局限。"情报分析的基本方式是逻辑反演",依照"对象假设—证据验证"进行研判,可有效避免分析过程中的主观猜度与心理影响,避免历史研究中的失误、失真②。例如,武帝册立智弱太子是不是西晋短命的主因? 如果这一结论能够成立,那么东汉后半期频立幼弱少帝,汉祚却得延续的现象又如何解释呢?

无论方法、工具以及借鉴的技术手段是什么,历史叙事必须忠实于史料。本书遵循尽可能充分的论据、尽可能理性的甄别、尽可能有限的结论之规则,不做无所限制、无所依据的推测、联想、阐发。

在叙事体例上,本书内容依时序展开,力求如实"还原"西晋的面目,以期形成对这一时期的系统、全面的认知与阐释。

---

① 《晋书》卷31《景怀夏侯皇后传》:"后(夏侯徽)知帝(司马师)非魏之纯臣,而后既魏氏之甥,帝深忌之。青龙二年,遂以鸩崩,时年二十四。"第四册第 949 页。针对此说,司马光以《资治通鉴考异》析:"是时司马懿方信任于明帝,未有不臣之迹,况其诸子乎! 徒以魏甥之故,猥鸩其妻,都非事实,盖甚之之辞。不然,师自以他故鸩之也。今不取。"《资治通鉴》卷 72 青龙二年,(元)胡三省注,中华国学文库,北京:中华书局,2018 年简体横排标点本,第三册第 1920 页。又见仇鹿鸣:《魏晋之际的政治权力与家族网络》,上海:上海古籍出版社,2015 年,第 71—74 页。

② 赵冰峰:《情报学:服务国家安全与发展的现代情报理论》,北京:金城出版社,2018 年,第 195—196 页。有关情报学技术及"逻辑反演",可参阅高金虎、张魁:《情报分析方法论》"逻辑思维局限与情报分析失误"和"批判性思维与结构化分析方法",北京:金城出版社,2017 年,第 134—193 页;[美]萨拉·毕比等:《情报分析案例:结构化分析方法的应用》,杜效坤译,北京:金城出版社,2019 年;[美]罗伯特·克拉克:《情报分析:以目标为中心的方法》,马中元译,北京:金城出版社,2013 年等。

谨以本书记志我与癌症"共存"的八年

　并借此表达对拯救我、帮助我和陪伴关爱我的所有人的由衷
的、深挚的感谢

　　本书起意于我被确诊为癌症晚期病人的至暗时刻的偶然之念。
我的本职并非历史研究，但多年来，历史研究的价值理念、思维方法
对我从事的政策研究、法律顾问工作提供了难以言喻的巨大助益。
既陷病中，当时的想法便是，除了治疗，总不能天天绝望地纠结于病
情、寿命吧？但能得时日多久，我也不知道，所以找了一个短期一点
的皇朝作为"消遣"对象，不意一进去就是八年多，而终能成稿，实赖
上天对我的垂顾与厚爱。

　　借本书出版之机，一则感谢深圳市第二人民医院等医疗机构的
专家和医护人员，在我病痛多年、病况危重却又病因难明之际，是他
们的精心诊治和不放弃，将我从死亡边缘拉了回来，由此才有了我琢
磨、审视司马氏等人历史表现的八九年；二则感谢在此期间给予我极
大关爱与帮助的亲、友、师、长；三则感谢上海人民出版社的曹培雷、
张晓玲、张晓婷三位女士对我的鼓励与支持，尤其初稿完成后，沉浸
其中的笔者不免困于某种"信息茧房"，是她们的及时"点化"，促成了
本书内容与结构的优化。在此最要感谢的是我的爱妻聂玮，于我病
程曲折、诸事艰难期间，如果没有她的坚持、守护、相伴和勉励，则没
有今日仍能格物致知且对生命仍然满怀希望的我，当然也就更不可
能有本书的面世。

导论：为什么天命垂顾司马氏？

一、貌合神离的曹魏阵营

汉末世道动荡　曹魏统一北方

东汉末期的社会劫乱，是对中国历史进程产生重大、深远影响的一轮转折。"秦汉时期所建立的专制主义中央集权的政治体制，为我国延续二千多年的封建社会选择了政治体制的基本模式。"[①]秦时一统，而汉承秦制，"废封建，立郡县，开创皇权体制基本格局"[②]。这一政治体系形成约四百年后，经岁月侵蚀，积弊已久，其间虽有补益，却未必牢固，至东汉末期已是千疮百孔、不堪重负，是谓"天厌汉德久矣"[③]。

东汉历时不到二百年，立朝仅仅六十年即深陷外戚、宦官交替干

①　白钢主编：《中国政治制度史》，天津：天津人民出版社，2016年，上册第287页。
②　何晓明：《中国皇权史》，武汉：武汉大学出版社，2015年，第110页。
③　语出《后汉书》卷9《献帝纪》"论曰"。"厌"者，倦也，李贤对此注云："汉自和帝以后，政教陵迟，故言天厌汉德久矣。"引自《后汉书》，(唐)李贤注，中华国学文库，北京：中华书局，2012年简体横排点校本，第一册第303—304页。

政和专权的泥淖而不得自拔①。外戚总是蠢蠢欲动，"桓、灵时期②又是宦官发展史上的一个极为重要的阶段，宦官作为一个独立的政治集团，已经完全成熟"，二者交替"登场"，东汉政治日益腐朽。大体同期，"在宦官、外戚的反复斗争中，官吏士大夫结成的政治集团也逐渐在起作用"，党人群体渐成为一大政治势力。以党锢之祸为标志，三系势力之间错综交织，此消彼长的关系已难在东汉朝政体系内继续共存③。

汉桓帝延熹八年（165 年），党人与把持朝政的宦官之间矛盾激化，"司隶校尉李膺等二百余人受诬为党人，并坐下狱"，"或有逃遁不获，皆悬金购募"，"使者四出，相望于道"，"自是正直废放，邪枉炽结"，此后近二十年间，被杀戮、被酷虐、被株连、被禁锢者甚众④。以萨孟武的说法，党锢成祸，"宦官成为全国的敌人，政府却是宦官的工具"，"政府不能保护人民，人民只有反抗政府，于是知识阶级的改革

---

① 东汉始于汉光武帝建武元年（25 年）；汉章帝于建初三年（78 年）立窦氏为后、重用后族，章和二年（88 年）章帝死，窦氏一族专权，自此东汉政局长期动荡不已。详见《后汉书》《资治通鉴》等的相关记载，并可参阅范文澜：《中国通史》第二册"政治概况——东汉后期（汉和帝至汉灵帝共一〇一年）"，北京：人民出版社，2009 年，第 182—193 页；王子今：《秦汉史：帝国的成立》"东汉政治生态"，北京：中信出版集团，2017 年，第 275—290 页等。

② 汉桓帝 146—167 在位，汉灵帝 168—189 在位。

③ 参阅白寿彝主编：《中国通史（第二版）》第四卷"外戚、宦官、党锢、黄巾大起义"，上海：上海人民出版社、江西教育出版社，2015 年，第 5 册第 335—367 页；[日] 金文京：《三国志的世界：后汉三国时代》"夕阳西下的汉帝国"（讲谈社·中国的历史 04），桂林：广西师范大学出版社，2014 年，第 17—50 页；萨孟武：《中国社会政治史（先秦汉卷）》"政局的纷乱"和"东汉社会的崩溃"，北京：三联书店，2018 年，第 389—412、442—460 页；朱子彦：《中国朋党史》"东汉党锢之祸与清议运动"，上海：东方出版中心，2016 年，第 47—115 页；何晓明：《中国皇权史》"外戚与宦官对皇权的交替侵蚀"，第 182—190 页等。

④ "党人""党锢之祸"之说出现于东汉后期，《后汉书》取"党同伐异"之义，谓之"党人"，并成《党锢列传》。见《后汉书》卷 7《桓帝纪》和卷 8《灵帝纪》相关年份、卷 67《党锢列传》，第一册第 244—250、255—263 页，第三册第 1753—1784 页。

运动，又变成下层阶级的暴动，终而发生了黄巾之乱"①。

党锢之祸与黄巾之乱之间是否存在如此直接的联系，似难断言；但民乱既起，耗于内讧的东汉朝廷应对起来捉襟见肘、力不从心，则是不争的事实。汉灵帝中平元年（184 年），黄巾部众反叛，"所在燔烧官府，劫略聚邑，州郡失据，长吏多逃亡"，"旬日之间，天下向（响）应，京师震动"。慌张之际，汉灵帝"诏敕州郡修理攻守，简练器械"，又"召群臣会议"，"（皇甫）嵩以为宜解党禁，益出中藏钱、西园厩马，以班军士"，汉灵帝一概应允，"于是发天下精兵，博选将帅，以嵩为左中郎将，持节，与右中郎将朱俊，共发五校、三河骑士及募精勇，合四万余人，嵩、俊各统一军，共讨颍川黄巾"②。

及黄巾初平，立有大功的外戚何进于汉灵帝死后不久，为诛灭阉宦、自专权势，又动了"多召四方猛将及诸豪杰，使并引兵向京城，以胁太后"的脑筋。中平六年（189 年），何进召唤各路枭雄共赴京师，变故之中，何进以身殉谋，应召入京的枭雄董卓报复性地尽灭宦官，顺势擅政，群雄不服，又结盟讨伐董卓，"汉室亦自此败乱"③。由此开

---

①　萨孟武：《中国社会政治史（先秦秦汉卷）》，第 412 页。

②　参见《后汉书》卷 8《灵帝纪》相关年份和卷 71《皇甫嵩朱俊列传》等，第一册第 270—279 页，第三册第 1845—1858 页。"持节"及"使持节""假节"，"节"者，古代臣、将所执以证奉行君命的符节、节钺，依晋制，"使持节为上，持节次之，假节为下。使持节得杀二千石以下；持节杀无官位人，若军事，得与使持节同；假节唯军事得杀犯军令者"。见《晋书》卷 24《职官志》，北京：中华书局，1974 年繁体竖排点校本，第三册第 729 页。有关东汉及魏、晋官职等，参见《后汉书》志 24 至 28《百官志》一至五，第四册第 2873—2943 页；《晋书》卷 24《职官志》，第三册第 723—750 页。

③　《后汉书》卷 8《灵帝纪》中平六年、卷 69《窦何列传》、卷 72《董卓列传》、卷 74 上《袁绍刘表列传》等，第一册第 277—279 页，第三册第 1802—1808、1864—1872、1903—1908 页；《三国志》卷 1《武帝纪》，卷 6《董卓传》《袁绍传》和《袁术传》等，（南朝宋）裴松之注，中华国学文库，北京：中华书局，2011 年简体横排点校本，上册第 4—5、143—175 页。

启的军阀割据混战，"导致中国社会自秦朝统一后首次陷入长期的政治分裂"，"从初平元年（190 年）正月关东诸侯会盟讨伐董卓，到太康元年（280 年）三月西晋六路大军平吴，重新一统天下，其间整整持续了九十年"①，加上之前的黄巾之乱，堪称世纪浩劫。

大乱之中，曹操颖出。此人出身宦官之家，确切地说，是宦官之家。其父曹嵩系得势宦官曹腾的养子，以养父之荫加贿赂之力，竟然位至太尉。东汉朝中，太尉"掌四方兵事功课"②，黄巾之乱爆发，曹嵩应对无方、败绩连连，被免官后避祸不及，死于战乱。

曹操"少机警，有权数，而任侠放荡，不治行业"，朝廷征发天下之兵平黄巾之乱时，其为小吏，但与父截然不同，乘机而行，"拜骑都尉，讨颍川贼"，开始了"治世之能臣，乱世之奸雄"的霸业之路。董卓擅政横暴，曹操于陈留③"散家财，合义兵，将以诛卓"，成为一路豪杰，领兖州牧后，又借进剿之机，招抚诱降黄巾部众，"收其精锐者，号为青州兵"，实力和底气大增；随即攻袁术、灭陶谦、伐张绣、擒吕布，又在官渡之战重挫袁绍。袁绍郁闷至死后，曹操乘胜追击，追杀袁绍二子袁尚和袁谭，斩草除根，并北征异族，基本统一北方。汉末丧乱近二十年间，曹操从前期的横冲直撞到后期的南征北战，终于从群雄中胜出，到汉献帝建安十三年（208 年）赤壁大战之际，曹魏势力已冠绝一时④。

---

① 宋杰：《三国兵争要地与攻守战略研究》，北京：中华书局，2020 年，上册第 3 页。
② 《后汉书》志第 21《百官志一》，第四册第 2875 页。
③ 在今河南省开封市祥符区一带。
④ 《三国志》卷 1《武帝纪》相关年份以及其他诸卷，上册第 1—25 页等。参阅白寿彝主编：《中国通史（第二版）》第五卷"三国鼎立"，第 7 册第 97—149 页；[日]金文京：《三国志的世界：后汉三国时代》"群雄割据""三分天下""三帝鼎力"和"走向衰落的三帝国"，第 51—162、201—236 页；何兹全等：《三国史》，北京：人民出版社，2011 年等。

其间的初平三年(192 年),外强中干的董卓死后,反董联盟立陷分裂,被董卓挟持的汉献帝历经周折,总算摆脱了董卓部将的控制。曹操抓住机会,于建安元年(196 年)奉迎汉献帝迁都许昌,表面"奉天子以令天下"①,实则"挟天子而令诸侯"②,东汉王朝名存实亡③。

可挟天子　难能服众

较之其他势力,曹操能够率众领得腹地、称雄北方,自有其独到之处,但曹魏阵营并不是一个组织严密、利益一致的群体。在曹氏、夏侯氏构成的核心小圈子以外,众多成员来自其时盛行的"附",即归顺、附从,且不乏败后投降者。例如,建安三年(198 年)"太山臧霸、孙观、吴敦、尹礼、昌豨各聚众","(吕)布之破刘备也,霸等悉从布",曹操击吕布,"布败,获霸等,公(曹操)厚纳待,遂割青、徐二州附于海以委焉";四年"(薛)洪、(缪)尚率众降,封为列侯","张绣率众降,封列侯";五年官渡之战后,"冀州诸郡多举城邑降者";八年"东平吕旷、吕翔叛(袁)尚,屯阳平,率其众降,封为列侯";十年"黑山贼张燕率其众十余万降,封为列侯";等等④。类似附众,是否堪为曹魏阵营稳定、可靠的政治基础,至少不可笼统作论。

正因有了汉廷作为政治操弄的工具,曹操遂能实力渐增、"克成洪业"⑤,否则,其与其他各路军阀并无实质差别。然事有两面,奉迎

---

① 语出《三国志》卷 10《贾诩传》,上册第 273 页。
② 语出《三国志》卷 35《诸葛亮传》,下册第 760 页。
③ 《后汉书》卷 8《灵帝纪》和卷 9《献帝纪》相关年份、卷 72《董卓列传》、卷 74 上《袁绍刘表列传》等,第一册第 255—306 页,第三册第 1861—1886、1903—1931 页;《三国志》卷 1《武帝纪》相关年份、卷 6《董卓传》和《袁绍传》等,上册第 6—11、143—151、157—168 页。
④ 《三国志》卷 1《武帝纪》相关年份,上册第 12—22 页。
⑤ 语出《三国志》卷 1《武帝纪》"评曰",上册第 44 页。

天子一方面是助力，"奉主上以从民望，大顺也；秉至公以服雄杰，大略也；扶弘义以致英俊，大德也"①；另一方面也成掣肘，络绎而来的诸臣归入曹营时，名义大多是受汉廷征召入朝。这些归附者是真的心系汉室抑或暂且栖身，难以确知，然而其中本意在响应、支持曹操的，无疑为数甚少。

表面上熙熙攘攘的曹营，实是各怀心思的散漫组合。

一是诸臣异心，人在心不在。在文臣一系，入附曹营再谋逆反者，有建安五年（200 年）自称奉汉献帝"衣带诏"诛杀曹操的董承，后谋泄遇害。极端如此，似为个案②，但诸多文臣人从心不从，几成通例，如：

颇有世誉的豫章太守华歆、会稽太守王朗受困于江南，待曹操以朝廷名义征其入朝，方以奉承诏命为由北上，显然是在力避曲事曹操的非议③。

孔子二十世孙孔融为北海相，"时袁、曹方盛，而融无所协附"，有僚属"劝融有所结纳"，而"融知绍、操终图汉室，不欲与同，故怒而杀之"。后孔融山穷水尽，迫不得已受征入朝，仍"志在靖难"，对曹操冷嘲热讽、软磨硬抗，深遭"嫌忌"④。

曹操击败袁绍一系，领得冀州，大喜，对名士崔琰说："昨案户籍，可得三十万众，故为大州也。"崔琰正色回应："今天下分崩，九州幅

---

① 语出《三国志》卷 10《荀彧传》所载荀彧建言曹操奉迎汉献帝之论，上册第 258 页。

② 《三国志》卷 1《武帝纪》建安五年，上册第 14—18 页；《后汉书》卷 9《献帝纪》建安五年，第一册第 296 页。

③ 《三国志》卷 13《华歆传》和《王朗传》，上册第 335—337、340—341 页。

④ 《后汉书》卷 70《郑孔荀列传》，第三册第 1814—1830 页。

裂,二袁兄弟亲寻干戈,冀方蒸庶暴骨原野。未闻王师仁声先路,存问风俗,救其涂炭,而校计甲兵,唯此为先,斯岂鄙州士女所望于明公哉!"曹操不得不自认失言,"于时宾客皆伏失色"①。崔琰的质问,无异于指斥曹操:此为汉之天下,你到底想干什么!

二是诸将易帜,名附实不附。早期共讨董卓诸将的朝秦暮楚,自不待言。曹操"挟天子以令不臣"后,曹营之中仍频现附而又反、降而复叛之事,典型者如张绣,建安二年(197年)先降,"既而悔之,复反",四年再降②。规模更大的反叛:建安十六年(211年),关中将领韩遂、马超等拒从曹操,起兵反叛,曹操遣军西出剿之;割据汉中的"五斗米道"教主张鲁先附顺曹操,不久自立,二十年(215年)曹操又亲征张鲁③。其中,马超败于曹操,投奔张鲁;张鲁降曹后,其又投刘备,成为刘备对抗曹操的悍将之一④。

三是诸土归己,地存民不存。曹操所行政策严酷,多生驱民投敌的恶果。韩遂、马超之叛,"弘农、冯翊多举县邑以应之"⑤,此非个例。雍凉战乱,"人民流入荆州者十万余家",稍安之后,"时四方大有还民,关中诸将多引为部曲",是以"兵家遂强","必有后忧"⑥。建安十四年(209年)前后,曹操"欲徙淮南民",号称"欲使避贼",蒋济等谏

---

① 《三国志》卷12《崔琰传》,上册第308页。
② 《三国志》卷1《武帝纪》建安二年和建安四年、卷8《张绣传》等,上册第11—14、218—219页。
③ 《三国志》卷1《武帝纪》相关年份、卷8《张鲁传》、卷13《钟繇传》等,上册第27—37、219—222、327—330页。
④ 《三国志》卷36《马超传》,下册第787—790页。
⑤ 《三国志》卷16《杜畿传》,上册第415页。
⑥ 《三国志》卷21《卫觊传》,上册第507页。

之不可，曹操却一意孤行，民众为此惊惧，"江、淮间十余万众，皆惊走吴"①。变乱初期"民赖其利"的屯田制②也逐渐变质，加上世代为兵的士家制度③，滋生出民众困苦的严重流弊④。

曹操本人的身世、禀赋也是导致曹营内部涣散的一个特别原因。在汉廷诸臣眼中，即便统一北方、势力首屈一指，曹操仍属"阉宦之后"，且其父"莫能审其生出本末"，名门贵胄自然不屑；曹操又"揽申、商之法术，该韩、白之奇策，官方授材，各因其器，矫情任算，不念旧恶"，陈寿叹称乱世之中，"惟其明略最优"⑤，但这一切，却与其时的道义正统相悖。

更为人诟病的是曹操从不吝残忍血腥的手段：初平四年（193年）征伐徐州陶谦，"谦兵败走，死者万数，泗水为之不流"；兴平元年（194年）再次东伐，"拔五城，遂略地至东海"，"所过多所残戮"⑥；官渡战后，对袁绍所部的降众，"凡斩首七万余级"⑦。当然，建安十三

---

① 《三国志》卷 14《蒋济传》，上册第 375 页。

② 语出《三国志》卷 9《夏侯惇传》："时大旱，蝗虫起，惇乃断太寿水作陂，身自负土，率将士劝种稻，民赖其利。"上册第 224 页。

③ 士家制度系曹魏为保证足够兵源及防止士兵逃亡而实行的世代为兵制度，依此制，士兵及其家属社会地位低贱，男子终身当兵，父死子继，平时屯田，战时打仗，士家只能与士家通婚。参阅《晋书》卷 92《赵至传》，第八册第 2377—2379 页。

④ 屯田初期，便有"新募民开屯田，民不乐，多逃亡"的情形，见《三国志》卷 11《袁涣传》，上册第 278 页；曹丕东征途中"经郡县，历屯田，百姓面有饥色，衣或短褐不完"，见卷 2《文帝纪》，上册第 55 页；甚有"屯田客吕并自称将军，聚党据陈仓"，抗拒屯田，见卷 23《赵俨传》，上册第 556 页。

⑤ 《三国志》卷 1《武帝纪》"评曰"，上册第 44 页。

⑥ 《三国志》卷 1《武帝纪》初平四年和兴平元年、卷 8《陶谦传》，上册第 8—10、206—209 页。

⑦ 《三国志》卷 1《武帝纪》建安五年、卷 6《袁绍传》，上册第 14—18、164—167 页。对曹操"坑绍众八万"之说，裴松之有所质疑。

年(208年)曹操位至丞相,关注重心由争雄转为代汉,戾气稍敛,自此再无大规模屠戮的暴行。

曹魏阵营大名鼎鼎的首席谋士荀彧,在曹操挟天子之前便投身曹营、贡献良多,史称其"以为太祖本兴义兵以匡朝宁国,秉忠贞之诚,守退让之实",故而辅之。后曹操代汉野心不加掩饰,不臣之欲昭然,拟受"九锡"之崇①,荀彧遂予抵制,不明不白地猝然死于军中②。

对于荀彧之死,据说"世之论者,多讥彧协规魏氏,以倾汉祚;君臣易位,实彧之由",裴松之则持异见,回护荀彧:"彧岂不知魏武之志气,非衰汉之贞臣哉?良以于时王道既微,横流已极,雄豪虎视,人怀异心,不有拨乱之资,仗顺之略,则汉室之亡忽诸,黔首之类殄矣。"③乱世之际,总需强人收治局面。汉魏时已有此识见,后人也有同样的认知。如司马光论道:"汉末大乱,群生涂炭,自非高世之才不能济也。然则荀彧舍魏武将谁事哉!"④

就是说:东汉末年天下大乱,非曹操之类枭雄不得安定;诸臣效力曹操以安世道,既是迫不得已,也是情有可原。有史家论道:"曹操所以能够统一北方,第一是由于他兴置屯田有显著成效。第二是由于他建立军队和建立根据地获得成功。第三是由于他能笼络强宗豪族和士夫地主,并取得他们的支持和拥护。"⑤反过来,当曹操所为触

---

① "九锡"指天子赐予臣子九种礼器,以示最高殊遇。汉晋之际,"九锡"之赐、受,通常与权臣专权、僭制相联系,受"九锡"多为僭位之征象。

② 《三国志》卷1《武帝纪》和卷10《荀彧传》,上册第29—34、263—265页;《后汉书》卷70《郑孔荀列传》,第三册第1830—1839页。

③ 《三国志》卷10"评曰"(裴注所论),上册第276页。

④ 《资治通鉴》卷66建安十七年,(元)胡三省注,中华国学文库,北京:中华书局,2018年简体横排标点本,第三册第1770页。

⑤ 王仲荦:《魏晋南北朝史》,上海:上海人民出版社,1979年,上册第38页。

及"强宗豪族和士夫地主"的利益时,其所获的支持和拥护便不能不开始趋向解体。

"三马同槽"

司马氏一族归附曹营的过程,就是北方吏民与曹魏之间那种权宜性、暂时性相互利用关系的一个代表性实例。司马氏世居河内温地①、族势颇旺,到司马懿一辈,适值汉末丧乱,其父司马防作为汉臣,随汉廷颠沛流离,长兄司马朗则率族人辗转避难。曹操初定北方,司马朗成其掾属、附从曹营,但排行次之的司马懿却"知汉运方微,不欲屈节曹氏,辞以风痹,不能起居",曹操甚至"使人夜往密刺之",试探其病真假,司马懿仍"坚卧不动",坚拒曹操征辟时达六七年②。

史有"狼顾之相""三马同槽"之载,"槽"者,"曹"也,"三马同槽"指司马朗、司马懿、司马孚三兄弟同事曹营。"魏武察帝(司马懿)有雄豪志,闻有狼顾相。欲验之。乃召使前行,令反顾,面正向后而身不动。又尝梦三马同食一槽,甚恶焉。因谓太子丕曰:'司马懿非人臣也,必预汝家事。'太子素与帝善,每相全佑,故免。帝于是勤于吏职,夜以忘寝,至于刍牧之间,悉皆临履,由是魏武意遂安。"③照此说法,似乎司马懿身入曹营时便有僭魏之图谋,曹操没有除掉司马氏乃一致命失策,果真如此?

实际上,司马懿入曹营并非自愿投身,而是曹魏胁迫。建安十三年(208 年),曹操自为丞相,决意发动赤壁之战,战前再次征辟司马

---

① 今河南省焦作市温县。

② 《三国志》卷 15《司马朗传》,上册第 389—391 页;《晋书》卷 1《宣帝纪》,第一册第 1—2 页。

③ 《晋书》卷 1《宣帝纪》,第一册第 21 页。

懿,并且交代使者;要是司马懿还是抗拒不从,就把他抓过来。不得已,司马懿"惧而就职"①。

曹操为什么态度如此强硬?为什么对称病居家的司马懿如此在意?联系此际曹营实况,问题渐得明朗。赤壁之战乃一重要节点,此战奠定了三国鼎立的格局,系汉晋历史的重大转折,这一结论已为共识②。但还有一项:从史料看,曹魏阵营内部重大分歧也正是发端于此。正因分歧,大战在即,曹操不能不下力整肃、稳固后方,防范和压制一切可能不利于自己的潜在祸端,在这样的背景下,有"非常之器"名声的司马懿被强征入营。同期更极端的事例,还有曹操罗织罪名诛杀孔融,并"夷其族"③。

赤壁之战前后曹营内部的分歧

那么,赤壁之战前后曹魏阵营内部发生了怎样的分歧,又因何而起呢?

汉室危殆,北方吏民需要曹操"运筹演谋,鞭挞宇内"④,以匡时局,曹操则需得到广泛的支持。赤壁之战之前,曹操起家坐大、平定四方,迎合了北方吏民"乐安厌乱"的期待,曹营内部对战事,也颇多攸关胜负、成败的种种建言,从未有朝臣、僚属质疑曹操战略方向、政

---

① 《晋书》卷1《宣帝纪》,第一册第1页。
② 参见《三国志》卷1《武帝纪》建安十三年、卷32《刘备传》、卷47《孙权传》等,上册第23—25、732—734、931—932页。另参阅何兹全等:《魏晋南北朝史》"三国局面的形成",北京:人民出版社,2013年,第17—25页;王仲荦:《魏晋南北朝史》"赤壁之战",上册第54—57页;宋杰:《三国兵争要地与攻守战略研究》"曹操南征荆州、赤壁的用兵路线",上册第259—277页;[日]金文京:《三国志的世界:后汉三国时代》"赤壁之战",第70—88页。
③ 《后汉书》卷9《献帝纪》建安十三年和卷70《郑孔荀列传》,第一册第299页,第三册第1828—1829页。
④ 语出《三国志》卷1《武帝纪》"评曰",上册第44页。

治义理。然而，临战赤壁是一分水岭，北方既已克定，曹操再兴征伐，自谋帝业，已非世人所愿，更极大地侵害了阵营内部诸多附从势力的利益，不可避免地引起众臣的反弹。

曾经说服张绣降附曹操的谋臣贾诩出场：

> 建安十三年，太祖破荆州，欲顺江东下。诩谏曰："明公昔破袁氏，今收汉南，威名远著，军势既大；若乘旧楚之饶，以飨吏士，抚安百姓，使安土乐业，则可不劳众而江东稽服矣。"太祖不从，军遂无利。①

此为史载首则谏言曹操止战恤民的记录。精明过人的贾诩似已敏锐捕捉到世道人心的变化。

曹操败于赤壁，其一统天下的大志客观上已不可能实现，自此，曹营诸臣对滥兴兵事的质疑之声更不绝于耳。

建安十六年(211年)关中诸将叛乱，同时"田银、苏伯反，幽、冀扇动"，留守邺城的曹操之子曹丕欲亲领大军征讨，僚属常林劝道，"北方吏民，乐安厌乱，服化已久，守善者多"，无需大动干戈。曹丕遂缩小出兵规模，以部将率之，轻松取胜②。

建安十九年(214年)曹操攻打孙权，又遭反对。参军傅幹谏曰：

> 治天下之大具有二，文与武也；用武则先威，用文则先德，威德足以相济，而后王道备矣。往者天下大乱，上下失序，明公用武攘之，十平其九。今未承王命者，吴与蜀也，吴有长江之险，蜀有崇山之阻，难以威服，易以德怀。愚以为可且按甲寝兵，息军

---

① 《三国志》卷10《贾诩传》，上册第274页。
② 《三国志》卷23《常林传》和卷1《武帝纪》建安十六年，上册第548、27—29页。

养士,分土定封,论功行赏,若此则内外之心固,有功者劝,而天下知制矣。然后渐兴学校,以导其善性而长其义节。公神武震于四海,若修文以济之,则普天之下,无思不服矣。今举十万之众,顿之长江之滨,若贼负固深藏,则士马不能逞其能,奇变无所用其权,则大威有屈而敌心未能服矣。唯明公思虞舜舞干戚之义,全威养德,以道制胜。

曹操不听,"军遂无功"①。

建安二十年(215年)曹操征伐汉中,并欲征蜀,幕僚刘廙上疏:

……自殿下起军以来,三十余年,敌无不破,强无不服。今以海内之兵,百胜之威,而孙权负险于吴,刘备不宾于蜀。夫夷狄之臣,不当冀州之卒,权、备之籍,不比袁绍之业,然本初(袁绍字本初)以亡,而二寇未捷,非暗弱于今而智武于昔也。斯自为计者,与欲自溃者异势耳。故文王伐崇,三驾不下,归而修德,然后服之。秦为诸侯,所征必服,及兼天下,东向称帝,匹夫大呼而社稷用隳。是力毙于外,而不恤民于内也。臣恐边寇非六国之敌,而世不乏才,土崩之势,此不可不察也。天下有重得,有重失:势可得而我勤之,此重得也;势不可得而我勤之,此重失也。于今之计,莫若料四方之险,择要害之处而守之,选天下之甲卒,随方面而岁更焉。殿下可高枕于广夏,潜思于治国;广农桑,事从节约,修之旬年,则国富民安矣。②

诸如此类的谏言,体现了其时曹营诸臣最直接的政治主张:一曰

---

① 《三国志》卷1《武帝纪》建安十九年(裴注引自《九州春秋》),上册第34—35页。
② 《三国志》卷1《武帝纪》建安二十年和卷21《刘廙传》,上册第35—37、509—512页。

止战，不战而屈人之兵，"不劳众而江东稽服"，二曰恤民，避免"力毙于外，而不恤民于内"，以"抚安百姓，使安土乐业"。

司马氏一族中最早厕身曹营的司马朗更进一步：

> （司马）朗以为天下土崩之势，由秦灭五等之制，而郡国无蒐狩习战之备故也。今虽五等未可复行，可令州郡并置兵，外备四夷，内威不轨，于策为长。又以为宜复井田。往者以民各有累世之业，难中夺之，是以至今。今承大乱之后，民人分散，土业无主，皆为公田，宜及此时复之。议虽未施行，然州郡领兵，朗本意也。①

司马朗主张恢复古制。五等之制，即五等爵，源于上古时期天子赐予亲贵的爵位，天子之下，分为公、侯、伯、子、男五等②；是时朝中曹操专制，州郡置兵，似与西周的封藩建卫、武装殖民大致相类③，"外备四夷，内威不轨"的立意，针对"不轨"的现实指向颇值得玩味；至于"宜复井田"④、改变大乱之后"皆为公田"的情状，顺应了百姓休

---

① 《三国志》卷 15《司马朗传》，上册第 389—391 页。

② 语出《孟子·万章》："天子一位，公一位，侯一位，伯一位，子、男同一位，凡五等也。"《孟子译注》，杨伯峻译注，北京：中华书局，2010 年，第 217 页。《礼记·王制》则载，"王者之制禄爵，公侯伯子男，凡五等"，《礼记》，胡平生、张萌译注，北京：中华书局，2017 年，上册第 240 页。有关上古爵制，议论、见解不尽一致。汉晋时期爵制问题，可参阅杨光辉《汉唐封爵制度》，北京：学苑出版社，2002 年；朱绍侯《军功爵制研究（增订版）》，北京：商务印书馆，2017 年；陈赟《周礼与"家天下"的王制》"'家天下'王制架构下的封建"，北京：中国人民大学出版社，2019 年，第 286—352 页等。

③ 参阅白寿彝主编：《中国通史（第二版）》第三卷"封藩建卫与国野统治"和"周初的武装殖民与'国'·'野'之分"，第 3 册第 241—249、626—628 页；杨宽《西周史》"西周初期的分封制"，上海：上海人民出版社，2016 年，上册第 397—420 页。

④ 井田制系上古田制，以西周时期最为成熟和典型，道、渠纵横，土地分隔形如"井"字，授予民众耕种，故名"井田"。参阅白寿彝主编：《中国通史（第二版）》第三卷"井田制度"，第 3 册第 645—648 页；杨宽《西周史》"井田制的生产方式和村社组织"，上册第 199—227 页等。

养生息的要求，但对承平之后曹魏仍然一意屯戍、以民为奴的鄙陋做法，不膺根本的否定。司马朗不是孤立的，力促汉献帝诏加曹操"九锡"的董昭等也曾建言实行五等制①。

二、礼法集团趁机而起

曹操与"礼法之士"

止战、恤民的主张，借着崇复古制的名义提起，在表达形式上多以思想、学论的面目出现，实质却是一类显与曹操政措相抵触的现实政治利益诉求。前述谏言，皆披尊古外衣，鼓动遵循古礼、古制，偃武修文、以德怀远，效法"虞舜舞干戚之义，全威养德，以道制胜"。所以如此，或是为了不刺激曹操，更重要的原因还在于谏者同具崇尚旧制、奉承礼法的思想倾向。

由此，我们有必要对汉晋之际的"礼法之士"作一基本界定②。一般认为，汉末士人当中，儒制派崇尚古制、动循三代③，名法派则循名责实、务重事功，建安时期亦即曹操时期，儒制派与名法派相互影响、融汇结合，形成礼法之士这一特殊群体④。礼法之士对朝政的影

---

① 《三国志》卷14《董昭传》，上册第366—367页。

② "礼法之士"语出《晋书》卷49《阮籍传》：据说阮籍"能为青白眼，见礼俗之士，以白眼对之"，故而深为"礼法之士"嫉恨。又见该卷《阮咸传》，"咸任达不拘，与叔父籍为竹林之游，当世礼法者讥其所为"；《嵇康传》所载嵇康之语，"至为礼法之士所绳"；《刘伶传》所载刘伶之语："陈说礼法，是非蜂起。"见第五册第1361、1362、1371页。

③ "三代"即夏、商、周三朝合称，语出《论语·卫灵公》，"斯民也，三代之所以直道而行也"，《论语译注》，杨伯峻译注，第237页。

④ 有关"礼法之士"问题，可参阅刘大杰：《魏晋思想论》，长沙：岳麓书社，2010年，第69—118页；曹文柱：《略论魏晋南北朝时期文化结构的更新》，《魏晋南北朝史论合集》，北京：商务印书馆，2008年，第71—84页；刘运好：《魏晋经学与诗学》上册"魏晋时代的政治思想""魏晋经学的整体考索"和"延续崛起：三国经学考论"，北京：中（转下页）

响力、控制力,在魏末司马昭诛杀嵇康前后的景元年间(260 年至 264 年)达到巅峰。

礼法之士的来源、构成甚为庞杂,具体主张也各有侧重,究其共同之处,无非早年接受儒教熏染、出仕依循察举路径并在一定程度上秉承东汉党人预政传统几项,其中最重要的是其共奉为据的圭臬:唯礼至上、唯古至上。主张恢复旧制如此,重事功、善权变的行为同样也要接受礼法、古制的约束和检验,不妨列举以下事例:

> 三府议:"举孝廉,本以德行,不复限以试经。"(华)歆以为"丧乱以来,六籍堕废,当务存立,以崇王道。夫制法者,所以经盛衰。今听孝廉不以经试,恐学业遂从此而废。若有秀异,可特征用。患于无其人,何患不得哉?"帝从其言。[1]

> 时帝(曹丕)颇出游猎,或昏夜还宫。(王)朗上疏曰:"夫帝王之居,外则饰周卫,内则重禁门,将行则设兵而后出幄,称警而后践墀,张弧而后登舆,清道而后奉引,遮列而后转毂,静室而后息驾,皆所以显至尊,务戒慎,垂法教也。近日车驾出临捕虎,日昃而行,及昏而反,违警跸之常法,非万乘之至慎也。"[2]

(接上页)华书局,2018 年,第 31—163 页;景蜀慧:《权术政治与士大夫命运》和《魏晋官僚大族的重实之风及当时政治中的实用主义》,《魏晋文史寻微》,北京:中华书局,2018 年,第 32—44、46—65 页;宋大琦:《先王之法:礼法学的道统传承》"荀子的礼法学"和"汉唐儒学对礼法学的形而上化",贵阳:孔学堂书局,2017 年,第 55—76、105—190 页。对于"礼法之士"的思想主张,郝虹的《魏晋儒学新论——以王肃和"王学"为讨论的中心》(北京:中国社会科学出版社,2011 年)和李毅婷的《魏晋之际司马氏与礼法之士政治思想研究》(北京:社会科学文献出版社,2015 年)有较为系统的论述。

① 《三国志》卷 13《华歆传》,上册第 337 页。
② 《三国志》卷 13《王朗传》,上册第 342—343 页。

无独有偶,鲍勋力谏曹丕游猎,理由也是:"况猎,暴华盖于原野,伤生育之至理,栉风沐雨,不以时隙哉? 昔鲁隐观渔于棠,春秋讥之。虽陛下以为务,愚臣所不愿也。"①

德行无谓、读经为要;帝王好游猎,臣属不以荒疏政事为谏,而以有违古制作诫。至于最终礼法之士多堕于道貌岸然、虚伪作态,阮籍特以《大人先生传》讥之②,在此暂且不论。

不可否认的是,始于赤壁之战前后的礼法之士借复古旗号要求止战、恤民的主张有其特定的积极意义。汉末丧乱,人口锐减,百姓不堪其负,建安七年(202 年)曹操路经自己家乡,也不能不惊呼"旧土人民,死丧略尽,国中终日行,不见所识"③。葛剑雄考证认为,"东汉三国间的人口谷底大致在 2 224 万—2 361 万之间","如果东汉的人口高峰以 6 000 万计,则已经减少了 60%强"④。任由曹操继续穷兵黩武,社会难以为继。

曹操本人偶有修复儒制的做法,如在建安八年七月下令:"丧乱已来,十有五年,后生者不见仁义礼让之风,吾甚伤之。其令郡国各修文学,县满五百户置校官,选其乡之俊造而教学之,庶几先生之道不废,而有以益于天下。"⑤但曹操绝不可能采行礼法之士的建议,绝不可能如礼法派之愿唯礼至上。相反,赤壁战后十多年间,因曹魏集

---

① 《三国志》卷 12《鲍勋传》,上册第 321 页。
② (三国魏)阮籍:《阮籍集校注》,陈伯君校注,北京:中华书局,1987 年,第 160—189 页;也见《全三国文》卷 46,(清)严可均辑:《全上古三代秦汉三国六朝文》,北京:中华书局,1958 年,第二册。
③ 《三国志》卷 1《武帝纪》建安七年,上册第 18 页。
④ 葛剑雄主编:《中国人口史》第一卷,上海:复旦大学出版社,2005 年,第 448 页。
⑤ 《三国志》卷 1《武帝纪》建安八年,上册第 18—19 页。

团无可以称道的战绩以扩大地盘和提升声望,曹操更加紧了对内部的控制,时以高压、血腥手段对礼法之士予以震慑,除荀或骤死外,建安二十一年(216年)"进公爵为魏王"前后,曹操又借口赐死、逼死了心存抵触的崔琰、毛玠①。

曹丕时期:礼法集团成为建制内重要政治势力

曹操压制礼法之士,其子曹丕却对礼法集团青睐有加。曹丕不同于其父,少时即有"博贯古今经传诸子百家之书"②的底色,更重要的是,在曹丕与曹植的"世子之争"中,绝大多数礼法之士"站队"曹丕一方。似是感念于此,曹操生前,曹丕便对遭忌的礼法之士颇有回护;曹操死后,曹丕先嗣位再代汉,投桃报李,力挺曹丕的众多礼法之士得享殊遇、得居要位。

世子即嗣袭父爵之子,多为嫡长,世子制通行于王、侯家系。曹操诸子,曹丕为嫡长,依礼制,世子名分归属本无异议,且曹丕天资禀赋、心机手腕皆不弱,忌刻、狭隘更胜曹操一筹,足以胜任。然其弟曹植却"特见宠爱",又借"善属文"的优势,网罗一批文人伴随左右,人抬人高,名噪一时③。如此,曹操似乎对自己的继承人选拿不定主意了。

在建安十八年(213年)进魏公后,曹操征询诸臣对册立世子的见解。

> 是时,文帝为五官将,而临菑侯植才名方盛,各有党与,有夺宗之议。文帝使人问诩自固之术,诩曰:"愿将军恢崇德度,躬素士之业,朝夕孜孜,不违子道。如此而已。"文帝从之,深自砥砺。

---

① 《三国志》卷12《崔琰传》和《毛玠传》,上册第307—315页。
② 语出《三国志》卷2《文帝纪》(裴注引自《魏书》),上册第47页。
③ 《三国志》卷2《文帝纪》和卷19《曹植传》,上册第47—48、463—466页。

太祖又尝屏除左右问诩,诩嘿然不对。太祖曰:"与卿言而不答,何也?"诩曰:"属适有所思,故不即对耳。"太祖曰:"何思?"诩曰:"思袁本初、刘景升父子也。"太祖大笑,于是太子遂定。①

贾诩想到的袁本初、刘景升,即袁绍、刘表,二人皆曾割据一方,势不输曹操,而皆冷落嫡长、宠爱幼子且以幼子为嗣,以至家族罹祸、功业败灭②。

属意曹丕的不止贾诩。"时未立太子,临菑侯植有才而爱。太祖狐疑,以函令密访于外。唯(崔)琰露板答曰:'盖闻春秋之义,立子以长,加五官将(曹丕)仁孝聪明,宜承正统。琰以死守之。'"曹植系崔琰的侄女婿,崔琰不举亲眷,"太祖贵其公亮,喟然叹息"③。

为择定世子而密询多方的原因或许是曹操的举棋不定,但更重要的当是试探诸臣态度,受密询者尚有卫臻、桓阶、邢颙、毛玠、杨俊等人,其中除杨俊外,俱推曹丕④。

曹丕身边,早已聚集号曰"四友"的亲随陈群、司马懿、吴质和朱铄⑤,以及夏侯尚、辛毗、司马孚⑥等。在得力左右的簇拥与谋划下,曹丕谨言慎行,"御之以术,矫情自饰,宫人左右,并为之说"。相形之

————

① 《三国志》卷10《贾诩传》,上册第275页。

② 《三国志》卷6《袁绍传》和《刘表传》,上册第168—173、178—180页;《后汉书》卷74上、下《袁绍刘表列传》,第三册1903—1949页。

③ 《三国志》卷12《崔琰传》,上册第308页。

④ 《三国志》卷12《毛玠传》、卷22《卫臻传》和卷23《杨俊传》,上册第313—315、538—539、551—553页。

⑤ 《晋书》卷1《宣帝纪》,第一册第2页;《三国志》卷22《陈群传》和卷21《吴质传》,上册第526—531、504—506页。

⑥ 《三国志》卷9《夏侯尚传》、卷25《辛毗传》,上册第244—245、581—583页;《晋书》卷37《司马孚传》,第四册第1081—1084页。

下,曹植的支持者毕竟为少数,本人又"任性而行,不自雕励,饮酒不节"。建安二十二年(217 年),曹操最终确定曹丕的正嗣地位①。

建安二十五年曹操去世,同年曹丕受禅称帝,东汉告终,曹魏立朝,改元黄初②。

曹丕在位期间,重大民事措置不多,其中要者皆明显带有礼法集团奉古、复礼的基调。首先是从心腹重臣陈群建言,"制九品官人之法"③。接着,黄初二年正月,曹丕"初令郡国口满十万者,岁察孝廉一人;其有秀异,无拘户口";下诏以孔氏后人"奉孔子祀",并"令鲁郡修起旧庙,置百户吏卒以守卫之,又于其外广为室屋以居学者"。五年四月,"立太学,制五经课试之法,置春秋谷梁博士"④。

依靠曹丕,礼法之士迅速占据优势。"三公"之位,太尉钟繇、司徒华歆和司空王朗"并先世名臣",曹丕对三人推崇不已,"文帝罢朝,谓左右曰:'此三公者,乃一代之伟人也,后世殆难继矣!'"⑤中书机要方面⑥,"黄初初,改秘书为中书",以刘放为中书监、孙资为中书

---

① 《三国志》卷 1《武帝纪》建安二十二年和卷 2《文帝纪》、卷 19《曹植传》,上册第 39—40、47、463—466 页。

② 《后汉书》卷 9《献帝纪》建安二十五年,第一册第 302—303 页;《三国志》卷 2《文帝纪》延康元年和黄初元年,上册第 47—64 页。是年,年号有三,始为建安二十五年;元月曹操死后,三月改元延康;十月曹丕禅代为帝,又改元黄初。

③ 《三国志》卷 22《陈群传》,上册第 528 页。

④ 《三国志》卷 2《文帝纪》相关年份,上册第 65、70—71 页;《晋书》卷 19《礼志上》,第三册第 599 页。

⑤ 《三国志》卷 13《钟繇传》《华歆传》《王朗传》,上册第 327—334、335—339、340—346 页。古之帝王之下,朝中地位最为尊显的三个官职合称"三公",据说始于西周,原为司马、司徒、司空,又称系太师,太傅、太保,诸如此类,汉代以后渐成荣誉性虚职。

⑥ 中书省系皇朝中央基本政治机构"三省六部"中的三省之一,负责掌管机要、发布皇帝诏书和主要政令,曹丕改曹操所置秘书令为中书监、令,作为皇朝最高政枢之一的中书省正式定型,见《晋书》卷 24《职官志》,第三册第 734 页。

令,"遂掌机密"①。至于尚书一系②,在簇拥曹丕的"四友"中,陈群"迁尚书仆射,加侍中,徙尚书令"③;司马懿为尚书,"转督军、御史中丞",黄初二年"督军官罢,迁侍中、尚书右仆射"④;另曾有陈矫"转署吏部,封高陵亭侯,迁尚书令"⑤,尚书则先后由杜畿、卫觊、卫臻、杜袭、崔林等人出任⑥。随从曹丕左右的侍中包括刘晔、和洽、赵俨、辛毗等⑦。朝中要员,几乎清一色是礼法之士。

从曹操时期曲事曹营到曹丕时期居位庙堂,礼法之士的地位和境遇不可同日而语。但礼法集团至此尚难以主导朝政,从政务和行事表现看,曹丕未必就是礼法集团的理想代表。如曹丕感念贾诩自"世子之争"以来的支持,即位后进其为太尉,并向其问政:

> 帝问诩曰:"吾欲伐不从命以一天下,吴、蜀何先?"对曰:"攻取者先兵权,建本者尚德化。陛下应期受禅,抚临率土,若绥之以文德而俟其变,则平之不难矣。吴、蜀虽蕞尔小国,依阻山水,刘备有雄才,诸葛亮善治国,孙权识虚实,陆议见兵势,据险守要,汎舟江湖,皆难卒谋也。用兵之道,先胜后战,量敌论将,故

---

① 《三国志》卷14《刘放孙资传》,上册第380—384页。
② 尚书省是皇朝中央"三省"中最早出现的机构,执掌日常政事,见《晋书》卷24《职官志》,第三册第730—732页。有关曹魏官制问题,可参阅白钢主编:《中国政治制度史》"魏晋南北朝政治制度",上册第290—388页;严耕望:《中国政治制度史纲》"魏晋南北朝时代",上海:上海古籍出版社,2017年,第83—108页等。
③ 《三国志》卷22《陈群传》,上册第528页。
④ 《晋书》卷1《宣帝纪》,第一册第4页。
⑤ 《三国志》卷22《陈矫传》,上册第535页。
⑥ 《三国志》卷16《杜畿传》、卷21《卫觊传》、卷22《卫臻传》、卷23《杜袭传》和卷24《崔林传》,上册第415—416、507—509、538—539、555、567页。
⑦ 《三国志》卷14《刘晔传》、卷23《和洽传》《赵俨传》、卷25《辛毗传》,上册第371—372、546—547、558、582页。

举无遗策。臣窃料群臣，无备、权对，虽以天威临之，未见万全之势也。昔舜舞干戚而有苗服，臣以为当今宜先文后武。"文帝（曹丕死后谥文帝）不纳。后兴江陵之役，士卒多死。①

类似说教，曹丕未予理会，当国六年多，频兴兵事：

黄初三年（222 年）十月，"帝自许昌南征，诸军兵并进"，孙权据江自守，是役无果；

五年八月"为水军，亲御龙舟，循蔡、颍，浮淮，幸寿春"，十月至广陵，是役无果；

六年三月"帝为舟师东征"，十月"行幸广陵故城，临江观兵，戎卒十余万，旌旗数百里"，"是岁大寒，水道冰，舟不得入江，乃引还"②。

伴随着一次次兵事的，则是诸臣的频诤苦谏：

第一次征讨孙吴，"是时车驾徙许昌，大兴屯田，欲举军东征"，司空王朗谏曰："臣愚以为宜敕别征诸将，各明奉禁令，以慎守所部。外曜烈威，内广耕稼，使泊然若山，澹然若渊，势不可动，计不可测。"谋臣刘晔也谏道："彼新得志，上下齐心，而阻带江湖，必难仓卒。"曹丕一概不听，一意孤行，结果"车驾临江而还"③。

第二次征讨孙吴，侍中辛毗苦劝："方今天下新定，土广民稀。夫庙算而后出军，犹临事而惧，况今庙算有阙而欲用之，臣诚未见其利也。"然而，"帝竟伐吴，至江而还"。

第三次征讨孙吴，前已数次谏正曹丕之误的尚书蒋济认为水道难通，"又上三州论以讽帝"，劝其止战。曹丕不从，"于是战船数千皆

---

① 《三国志》卷 10《贾诩传》，上册第 275—276 页。
② 参见《三国志》卷 2《文帝纪》相关年份，上册第 66—72 页。
③ 《三国志》卷 13《王朗传》和卷 14《刘晔传》，上册第 344—345、371—372 页。

滞不得行"。

事实上,曹丕之严酷甚于其父。滥行征讨不算,又有诸如"欲徙冀州士家十万户实河南"之类的恶策,"时连蝗民饥",诸臣谏之不可,"而帝意甚盛",一再苦争之下,曹丕勉强"开恩","徙其半"①;伐吴无果,曹丕不顾接战之地"贼易为寇,不可安屯"之危,竟还动议就地"留兵屯田",幸得制止②。

曹丕的睚眦必报也很不得人心。曾经称赞曹植的杨俊当然系其"眼中钉",曹丕巡及杨俊为任之地,"以市不丰乐,发怒收俊",众臣群起说情开脱,曹丕坚不恕罪,杨俊意味深长道:"吾知罪矣。"随即自尽,"众冤痛之"③。

鲍信早年"协规太祖(曹操),身以遇害",有大恩于曹氏,其子鲍勋无疑是曹氏至忠徒众。然鲍勋在侍从即位前的曹丕时"守正不挠",曹丕"固不能悦"。曹丕即位后,鲍勋被遣外放,经陈群、司马懿力荐,"帝不得已而用之",姑留朝中。曹丕第三次征吴,"群臣大议",鲍勋面谏止战,曹丕一怒之下,又遣其外任。战而无果,还京后曹丕找了个借口,全不理会众臣求情,诛杀鲍勋。二旬之后,曹丕死,众臣"莫不为勋叹恨"④。

曹丕更与曹氏族人多生龃龉。自曹操起兵,曹氏族人一直是曹魏集团的中坚,曹操从弟⑤曹洪,"家富而性吝啬,文帝少时假求不

---

① 《三国志》卷25《辛毗传》,上册第582—583页。
② 《三国志》卷14《蒋济传》,上册第375—377页。
③ 《三国志》卷23《杨俊传》,上册第551—553页。
④ 《三国志》卷12《鲍勋传》,上册第320—322页。
⑤ 所谓"从",严格意义上指出自同一曾祖但非直系的血亲关系,亦可泛指同一族系的血亲关系,如从兄、从弟、从父、从子等。

称,常恨之",曹丕得位后抓住其把柄,"下狱当死",群臣救援,曹操族子曹真说情,曹丕斥之:我自会处理,你掺和什么!卞太后知后也无奈,只得找到受宠于曹丕的郭皇后,威胁道:你要是不能说服曹丕免去曹洪的死罪,我明天就敕命曹丕废掉你这个皇后!于是郭皇后"泣涕屡请,(曹洪)乃得免官削爵土",幸免于死①。

曹丕与曹植势同水火,如"七步诗"传说所喻示的,曹丕被立为世子后,曹植地位日衰,后更如同被幽禁于封地,屡遭冷遇甚至迫害,戚然而终②。曹操的其余诸子,曹彰在曹操死时似有异志,遭曹丕打压,郁郁而死③。曹魏一朝数十年间,"魏氏王公,既徒有国土之名,而无社稷之实,又禁防壅隔,同于囹圄;位号靡定,大小岁易;骨肉之恩乖,常棣之义废"④。

曹丕对曹氏族人以至曹魏宗亲的打压、忌惮和严密防范,以及与曹氏结盟一体的夏侯氏的逐渐凋落,使曹魏核心圈层式微,重要军政权力开始流落于外,尤其是统制中央禁军或兵事之权。客观上,这为礼法之士上位提供了难得的重大机遇。"四友"之中,陈群和司马懿于曹丕在位后期获任镇军大将军和抚军大将军,吴质都督河北诸军事,朱铄则为中领军⑤。黄初七年(226年)曹丕临死之时,诏以中军

---

① 《三国志》卷9《曹洪传》,上册第231—232页。
② 《三国志》卷19《曹植传》,上册第463—479页。"七步诗"载于《世说新语·文学》:"煮豆持作羹,漉菽以为汁。其在釜下燃,豆在釜中泣。本自同根生,相煎何太急?"(南朝宋)刘义庆、(南朝梁)刘孝标注,余嘉锡笺疏:《世说新语笺疏》,中华国学文库,北京:中华书局,2011年,第213—214页。
③ 《三国志》卷19《曹彰传》,上册第461—463页。
④ 《三国志》卷20"评曰",上册第490—491页。
⑤ 《三国志》卷22《陈群传》和卷21《吴质传》,上册第528—529、504—506页;《晋书》卷1《宣帝纪》黄初五年,第一册第4页。

大将军曹真、镇军大将军陈群、征东大将军曹休、抚军大将军司马懿共辅新主①。接受顾命的四人中,礼法之士已占其半。

曹叡时期:礼法集团的高歌猛进

曹丕在位时间不长。较之曹丕,继位的曹叡似是更能赢得礼法之士认同、称誉的人选。曹叡自幼接受正统儒学教育,曹丕即位后亲命"笃学大儒"郑称为十五岁的曹叡之师,教授经学②,又以诸生出身、诚奉儒制的高堂隆为其傅③。曹叡与礼法之士如卫臻等也多有密切互动④,卫臻等在曹丕面前更不吝对曹叡的称赞⑤。

谓曹叡之执政理念与礼法集团的想法全面契合,似不确切,其"遽追秦皇、汉武"的梦想,显与礼法派的主张相悖⑥,但曹叡的很多政措,确实是在顺从甚至屈从礼法之士的意愿。

即位之初,安顿迫切之事后,曹叡于太和二年(228 年)六月下诏:"尊儒贵学,王教之本也。自顷儒官或非其人,将何以宣明圣道? 其高选博士,才任侍中、常侍者。申敕郡国,贡士以经学为先。"⑦

四年,"行司徒事"的老臣董昭上奏,"陈末流之弊",称:

> 凡有天下者,莫不贵尚敦朴忠信之士,深疾虚伪不真之人者,以其毁教乱治,败俗伤化也。……伏惟前后圣诏,深疾浮伪,

---

① 《三国志》卷 2《文帝纪》黄初七年,上册第 72—74 页。

② 《三国志》卷 2《文帝纪》黄初元年(裴注引自《魏略》),上册第 49 页。

③ 《三国志》卷 25《高堂隆传》:高堂隆"黄初中,为堂阳长,以选为平原王傅。王即尊位,是为明帝"。上册第 591 页。

④ 《宋书》卷 14《礼志一》:青龙末改元景初,曹叡诏:"朕在东宫,及臻在位,每览书籍之林,总公卿之议。"《宋书》,北京:中华书局,1974 年繁体竖排点校本,第二册第 330 页。

⑤ 《三国志》卷 22《卫臻传》:"及文帝即位,东海王霖有宠,帝问臻:'平原侯(曹叡)何如?'臻称明德美而终不言。"上册第 539 页。

⑥ 《三国志》卷 3《明帝纪》"评曰",上册第 97 页。

⑦ 《三国志》卷 3《明帝纪》太和二年,上册第 80 页。

欲以破散邪党,常用切齿;而执法之吏皆畏其权势,莫能纠摘,毁坏风俗,侵欲滋甚。窃见当今年少,不复以学问为本,专更以交游为业;国士不以孝悌清修为首,乃以趋势游利为先。合党连群,互相褒叹,以毁訾为罚戮,用党誉为爵赏,附己者则叹之盈言,不附者则为作瑕衅。至乃相谓"今世何忧不度邪,但求人道不勤,罗之不博耳;又何患其不知己矣,但当吞之以药而柔调耳"。又闻或有使奴客名作在职家人,冒之出入,往来禁奥,交通书疏,有所探问。

"帝于是发切诏,斥免诸葛诞、邓飏等"。

此即"太和浮华案"。所涉之人,诸葛诞"与夏侯玄、邓飏等相善,收名朝廷,京都翕然";"当世俊士散骑常侍夏侯玄,尚书诸葛诞、邓飏之徒,共相题表,以玄、畴四人为四聪,诞、备八人为八达,中书监刘放子熙、孙资子密、吏部尚书卫臻子烈三人,咸不及比,以父居势位,容之为三豫,凡十五人"。"言事者以诞、飏等修浮华,合虚誉,渐不可长","帝以构长浮华,皆免官废锢"①,礼法之士大获全胜。

曹叡也兴兵征伐,但多守少攻,在位十二年多,较大规模的攻伐有三次:太和二年九月以大司马曹休率军与孙吴的"石亭之战",败绩,曹休郁闷而死;四年七月以大司马曹真等伐蜀,遇大雨,"伊、洛、河、汉水溢",栈道断绝,至十月不得不收兵,数月后曹真死;青龙元年北伐鲜卑,获胜②。

---

① 《三国志》卷 3《明帝纪》太和四年、卷 14《董昭传》、卷 9《曹爽传》和卷 28《诸葛诞传》,上册第 82—83、368—369、240—243 页,下册第 641 页。

② 《三国志》卷 3《明帝纪》相关年份、卷 9《曹休传》和《曹真传》、卷 30《鲜卑传》和卷 35《诸葛亮传》,上册第 79—90、232—235 页,下册第 697—701、764—772 页。石亭在今安徽省安庆市桐城市一带,"石亭之战"又载于卷 47《孙权传》,下册第 945 页。

三次出征,尤其攻吴、伐蜀前,诸臣一如对曹操、曹丕,劝谏不断①。毕竟威权无法比拟祖、父,面对来自礼法派的制约,曹叡很难自行其是,无论胜负,劳民伤财后,兵事皆草草收场。唯对蜀防御旷日持久、颇获事功,然曹叡本人从中得益寥寥,很大程度上成就的是司马懿的盛名美誉。

至其在位后期,曹叡已显然不再是礼法集团心目中的明君。或因事皆不顺,加之后嗣不济,曹叡大营宫室、得欢尽欢,又"发美女以充后庭,数出入弋猎",从穷兵黩武转为穷奢极欲,招致举朝怨忿。王朗、蒋济、卫觊、陈群、高柔、辛毗、杨阜纷陈谏言②。此际郑称已死,帝师高堂隆和过从甚密的卫臻也入切谏之列③。在礼法之士眼中,"古之圣帝明王,未有极宫室之高丽以雕弊百姓之财力者也"④,况乎"将营宫室,则宗庙为先,厩库为次,居室为后","神位未定,宗庙之制又未如礼,而崇饰居室,士民失业"⑤,违制大矣!以至景初二年(238年),司马懿受命北上讨伐公孙渊,临行仍谏:"自河以北,百姓困穷,外内有役,势不并兴,宜假绝内务,以救时急。"⑥

某种程度上,此际是否"违制"已非要事,关键在于:曹叡在位末期,曹魏集团原有的以曹氏和夏侯氏为中心的核心力量和政治资源

---

① 《三国志》卷13《华歆传》、卷14《蒋济传》和卷22《陈群传》等,上册第339—340、376—378、528—529页。

② 《三国志》卷13《王朗传》、卷14《蒋济传》、卷21《卫觊传》、卷22《陈群传》、卷24《高柔传》、卷25《辛毗传》和《杨阜传》,上册第344—346、377—378、507—509、528—531、572—575、583—584、589—591页。

③ 《三国志》卷22《卫臻传》和卷25《高堂隆传》,上册第538—554、591—592页。

④ 语出《三国志》卷25《杨阜传》所载杨阜谏言,上册第590页。

⑤ 语出《三国志》卷25《高堂隆传》所载高堂隆谏言,上册第594页。

⑥ 《晋书》卷1《宣帝纪》景初四年,第一册第10页。

几近绝灭,礼法集团几乎全面把持朝政,势不可挡,已有足够的底气和本钱向人君"发声"。

一是曾经支撑曹魏发家的曹氏及夏侯氏成员衰亡几尽。曹叡时期,曹操之子、孙仍是在藩如图;拥有权势的曹氏族人曹休、曹真相继死亡,二人后代则出道不久①。夏侯氏的族人中,名噪于时的仅侍奉曹叡的夏侯玄一人,但已被卷入"太和浮华案",更大的麻烦在于,其一向自命清高,希望洗脱夏侯一族的粗鄙身世,入名士之流。一次觐见时,夏侯玄与曹叡妻弟毛曾并坐,而毛氏出身微贱,夏侯玄遂以此为耻,"不悦形之于色",曹叡见之,极为愤恨,随即疏远了夏侯玄②。

二是亲曹一系人气涣散。"太和浮华案"中,大多数涉事者既无族势又缺祖荫,唯奉曹魏之尊才有出路。曹叡冷落、打击该等,遂礼法之士心愿,灭曹魏自身威风,颇为得不偿失。

三是军政方面,曹氏心腹的影响力持续下降。曹休、曹真死后,对吴守御主要依靠满宠③,对蜀守御主要依靠司马懿,二人资深位高权重,但是否死心塌地挺曹,堪疑。曹叡所重视的秦朗、毕轨之类,未成气候,且为礼法集团排斥。秦朗受命征讨鲜卑,途经并州,并州刺史毕轨欲加礼遇,别驾李熹坚持不许,毕轨不得不放弃打算④。在京畿之地,与曹叡私谊甚好的曹氏族人、已故曹真之子曹爽,至曹叡在位后期才勉强跻身禁军要任,"累迁城门校尉,加散骑常侍,转武卫将军,宠待有殊"⑤。

---

① 《三国志》卷9《曹休传》《曹真传》《曹肇传》和《曹爽传》,上册第232—237页。
② 《三国志》卷5《明悼毛皇后传》和9《夏侯玄传》,上册第141—142、245页。
③ 《三国志》卷26《满宠传》,上册第602—604页。
④ 《晋书》卷41《李熹传》,第四册第1188页。
⑤ 《三国志》卷9《曹爽传》,上册第235页。

四是曹叡自蔽于礼法之士的"围合"。刘放、孙资长期共掌枢机,且"明帝(曹叡死后谥明帝)即位,尤见宠任"①;前及曹丕时期已在朝的礼法之士,只要未死,曹叡时期皆渐进累迁,"太和浮华案"后更是少有新进者,朝政几由礼法集团尽揽。不仅如此,曹叡初为摆脱四大辅政之臣的约束,遣其中三人出朝领军,不意却令司马懿羽翼渐丰、声势日隆,后更是成为唯一还活着的顾命大臣。

景初三年(239年),曹叡猝死,年仅三十六岁,八岁的曹芳即位。曹叡病笃之际,本拟以燕王曹宇与夏侯献、曹爽、曹肇、秦朗等辅政,但中书监刘放、中书令孙资"久专权宠",与曹宇等"素所不善","惧有后害,阴图间之",故建言换以曹爽与司马懿共同辅政,曹叡竟然"从之"②——时至临终,曹叡仍须顺从礼法之士。

三、司马氏:礼法集团的可靠代表

司马氏一族

汉晋迭代,至少由三个交织并行的过程所推动,一曰曹魏核心集团走强继而由盛转衰,二曰礼法集团伺机而行、逐渐成为朝局主导势力,三曰司马氏从地方一族上升为礼法集团的最高代表。从早期所谓"三马同槽"到再度顾命,历时逾三十年,司马懿终于走到当朝政治舞台的中枢之位。

其时,名声、地位可与司马氏相比拟的家族并不少见。虽可上溯至秦末汉初投身反秦并参与项羽、刘邦之争的司马卬,司马氏一族可证实

---

① 《三国志》卷14《刘放孙资传》,上册第380—382页。
② 《三国志》卷3《明帝纪》景初二年和三年、卷9《曹爽传》,上册第94—97、235—243页;《晋书》卷1《宣帝纪》相关年份,第一册第9—13页。

的先祖却是三百年后东汉的司马钧。元初二年(115 年),司马钧领兵征伐西羌,初胜后令下属抢割羌人的庄稼以充军资,下属违反调度,分散深入,遭佯败而退设埋伏的羌人攻击,"钧在城中,怒而不救",导致死者三千余人,司马钧败逃回朝、畏罪自杀①。到司马懿父辈时,司马氏可入"世吏二千石"②之行列,但远不及直涉权力中心的诸多一流大族,至曹魏阵营在赤壁之战前后内部分歧凸现之际,司马氏仍族势不显。司马懿之父司马防乃汉廷一并不起眼的官僚③;司马懿一辈的婚对也未攀结高门,司马懿以"小族"的张春华为原配④,甚是低调。

司马氏也有其出众之处:

一是人丁兴旺。司马懿兄弟八人,有所谓"司马八达"之称⑤,依年龄排序的前三者,即前述的同"槽"三马。

---

① 《后汉书》卷 87《西羌传》,第四册第 2323—2324 页。

② 依汉晋制,郡守俸禄为二千石。"世吏二千石"指家族逐代或多代成员有任郡守之职的履历,渐亦作为较显赫的仕宦家族的代称,《后汉书》《三国志》《晋书》诸多纪传皆现此类记载。

③ 司马防事迹见《三国志》卷 1《武帝纪》建安二十一年和卷 15《司马朗传》,上册第 37—39、389 页。裴注所引《曹瞒传》有司马防曾经提携曹操一事的记载,很难判断是否可信,可参阅(清)梁章钜:《三国志旁证》,杨耀坤校订,福州:福建人民出版社,2000 年;熊明辑校:《汉魏六朝杂传集》三国杂传卷 1 之"曹操别传三种",北京:中华书局,2017 年,第一册,第 277—306 页。1952 年,西安出土《司马芳残碑》,全称《汉故京兆尹司马君之碑颂》,现藏西安碑林博物馆。有学者推断司马芳即司马防,因可识碑文与《晋书》等记载颇多相合之处,但亦有不同看法。碑中"防"字缘何为"芳"、司隶校尉之职何来等问题,众说不一,见段绍嘉:《司马芳残碑出土经过及初步研究》,《人文杂志》1957 年第 6 期;郭丛:《〈司马芳碑〉碑主司马芳新考》,《中华文史论丛》2014 年第 4 期等。

④ 《晋书》卷 31《宣穆张皇后传》和卷 43《山涛传》,第四册第 948—949、1223—1224 页。

⑤ 司马朗字伯达、司马懿字仲达、司马孚字叔达、司马馗字季达、司马恂字显达、司马进字惠达、司马通字雅达、司马敏字幼达,故为"八达"。见《晋书》卷 37《司马孚传》,第四册 1081 页。

二是已成儒门。"服膺儒教的豪族的出现,在东汉时代,是一个较为普遍的现象"①,司马氏家族亦然,在武将司马钧后,很快完成了向儒门、经学之家的转变。

三是司马懿及兄司马朗、弟司马孚皆有名誉,尤其是司马懿,"未弱冠,以为非常之器。尚书清河崔琰与帝兄朗善,亦谓朗曰:'君弟聪亮明允,刚断英特,非子所及也。'"

司马氏归附曹魏阵营的经过,如前所述。曹操时期,司马懿作为幕僚之一,并无特殊作为,司马朗则亡于建安二十二年(217 年)的曹操兴兵伐吴之役。这一时期,曹操以司马懿辅佐曹丕,"使与太子(曹丕)游处",成为司马氏命运的一大转机。在曹丕阵中,司马懿"每与大谋,辄有奇策,为太子所信重",似可推断,在"世子之争"中,司马氏显然为曹丕出力极多。

有一吊诡且耐人寻味的历史情节:司马懿侍从曹丕,后入曹营的司马孚则是曹植的属卜,二马分事二曹,但司马孚却刻意表现其非曹植一党,"植负才陵物,孚每切谏,初不合意,后乃谢之";更奇的是,"世子之争"落定之后,司马孚竟由曹植一系"迁太子中庶子",转为曹丕的左右。及曹丕即位、禅代,二马皆得重用②。

与礼法集团共进

曹操死后,礼法之士登堂入室,司马氏佼佼其中。司马懿获任尚书,"顷之,转督军、御史中丞,封安国乡侯",虽非位极人臣,却已重权

① 《陈寅恪魏晋南北朝史讲演录》,万绳楠整理,贵阳:贵州人民出版社,2012 年,第 3—4 页。
② 《晋书》卷 1《宣帝纪》和卷 37《司马孚传》,第一册第 2—4 页,第四册第 1081—1083 页;《三国志》卷 15《司马朗传》,上册第 389—391 页。

在握；司马孚"为中书郎、给事常侍，宿省内，除黄门侍郎，加骑都尉"，近侍曹丕。

　　曹丕信用司马懿，但曹丕时期，司马懿的角色基本是一"大内总管"，多于曹丕出征之际留守镇后，如曹丕所言的"吾深以后事为念，故以委卿"，以及"吾东，抚军当总西事；吾西，抚军当总东事"之类①（司马懿时为抚军大将军，故称）。到曹丕临终，遗命四人辅政曹叡，司马懿为其中之一，同为辅政的曹真、曹休手握兵权、不可一世，司马氏的前路仍存变数。

　　曹叡成为礼法集团的福星，其继位也是司马氏的吉兆。曹叡不欲朝中牵制太多，入曹营二十年的司马懿得为方镇②，太和元年（227年）督荆、豫二州诸军事，四年转督雍、梁二州诸军事。其间，司马懿战绩颇著，不知是否纯属巧合，其主兵时，战事多胜；其辅战时，如与曹休分路伐吴、与曹真并进征蜀，战事皆败③。

　　司马懿的人品、口碑似乎不错，"及明帝嗣位，欲用（司马）孚，问左右曰：'有兄风不？'答云：'似兄。'天子曰：'吾得司马懿二人，复何忧哉！'"④

　　从曹叡太和元年到景初三年（227 至 239 年）的十多年间，是司马懿的"黄金时期"，君臣关系、臣子之间关系颇为平稳。司马懿领军于外，一方面对朝中纠葛，尽可置身事外、不涉其中，另一方面又赖军功而成"朝廷之望"。并且，这一时期，司马氏广积各系人脉、广纳政治

---

　　①　《晋书》卷 1《宣帝纪》黄初六年，第一册第 4 页。

　　②　"方镇""方伯"之谓，专指掌握军权、镇守一方的军政长官。

　　③　《三国志》卷 2《文帝纪》相关年份、卷 9《曹休传》和《曹真传》，上册第 66、71、232—235 页。

　　④　《晋书》卷 37《司马孚传》，第四册第 1082—1083 页。

资源的节奏紧锣密鼓：

在赢得人心方面，司马懿都督荆豫，"劝农桑，禁浮费，南土悦附焉"；镇制关中，"穿成国渠，筑临晋陂，溉田数千顷，国以充实"；"关东饥，帝(司马懿)运长安粟五百万斛于京师"。曹魏统治严苛，司马懿不以为然，"时边郡新附，多无户名，魏朝欲加隐实。属帝(司马懿)朝于京师，天子(曹叡)访之于帝。帝对曰：'贼以密网束下，故下弃之。宜弘以大纲，则自然安乐。'"①

在奉行礼制方面，"伏膺儒教"的司马懿当然与礼法集团声气相通，同朝为臣的陈群、蒋济、常林、郑冲、何曾、荀顗等皆与其交谊非浅。何况，司马懿很是刻意于礼制细节，同乡耆老常林官位不及司马懿，司马懿仍"以林乡邑耆德，每为之拜。或谓林曰：'司马公贵重，君宜止之。'林曰：'司马公自欲敦长幼之叙，为后生之法。贵非吾之所畏，拜非吾之所制也。'言者踧踖而退"②。

在培植党羽方面，司马懿不拘门第，"取邓艾于农隙，引州泰于行役，委以文武，各善其事"。史书特别提及二人，因其皆出寒微，为司马懿赏识、提携后而能建功立业③。

在结姻方面，司马懿一辈无涉高门，但在曹叡时期，其子辈开始

---

① 《晋书》卷1《宣帝纪》相关年份，第一册第5—9页。
② 《三国志》卷22《陈群传》、卷14《蒋济传》和卷23《常林传》，上册第526—531、378—380、548—549页；《晋书》卷33《郑冲传》和《何曾传》、卷39《荀顗传》，第四册第991—992、994—996、1150—1152页。
③ 《晋书》卷5《愍帝纪》引干宝《晋纪》，第一册第133页；《三国志》卷28《邓艾传》，下册646—653页。州泰其人，事迹散见于《三国志》卷4《三少帝纪》、卷28《诸葛诞传》和《邓艾传》，上册第105页，下册第643、653页；以及《晋书》卷2《景帝纪》，第一册第26页等。

婚配大族。司马懿之子,司马师初娶夏侯氏,后又娶泰山羊氏的羊徽瑜①;司马昭婚东海王氏的王元姬,即王朗孙女、王肃之女②;司马懿之女,一嫁荀彧之孙、曹操外孙荀霬③,一嫁后成为西晋名臣并立灭吴大功的杜预④。

有论者以零星记载,推断曹叡忌防司马懿,且司马懿不臣之迹由来已久,如:

> 司马懿都督雍凉,诸葛亮以"巾帼妇人之饰"赠之,激怒司马懿,司马懿"表请决战,天子不许,乃遣骨鲠臣卫尉辛毗杖节为军师以制之"⑤。

> "帝(曹叡)忧社稷,问(陈)矫:'司马公忠正,可谓社稷之臣乎?'矫曰:'朝廷之望;社稷,未知也。'"⑥

曹叡在位后期大兴土木,"陵霄阙始构,有鹊巢其上",遂问帝师高堂隆此为何兆,高堂隆对曰,"鸠占鹊巢",进而谏言曹叡"休罢百役,俭以足用,增崇德政,动遵帝则"⑦。似乎,"鸠"之所指也像是司马懿。

这些记载可以证明司马懿有不臣之心而受到曹叡防范吗?实则未必。皇权之下,人君对臣的既用且疑乃是常态,严防臣属坐大、僭

---

① 《晋书》卷31《景怀夏侯皇后传》和《景献羊皇后传》,第四册第949—950页。

② 《晋书》卷31《文明王皇后传》,第四册第950—952页;《三国志》卷13《王朗传》和《王肃传》,上册第340—353页。

③ 《三国志》卷10《荀彧传》,上册第365—366页。

④ 《晋书》卷34《杜预传》,第四册第1025页。

⑤ 《晋书》卷1《宣帝纪》青龙二年,第一册第7—8页;《三国志》卷25《辛毗传》,上册第584页。

⑥ 《三国志》卷22《陈矫传》(裴注引自《魏晋世语》),上册第535—536页。

⑦ 《三国志》卷25《高堂隆传》,上册第593页。

越是任一王朝的"日常事务"。何况上述例中,曹叡遣臣约束司马懿,防其贪功冒进、误中诸葛亮的意欲速战速决之计,相当高明;问询一臣属对另一臣属的看法,既表信任,又"无意"地疏间臣属之间关系,一箭双雕;至于高堂隆"鸠占鹊巢"之喻,已不可确知此论是否针对司马懿,毕竟其时司马懿不在朝枢。

事实上,曹叡与司马懿之间的君臣互信始终得以保持。当政期末,景初元年(237年)辽东公孙渊反叛,曹叡诏司马懿率大军远征,散骑常侍何曾谏言:出兵宜设副将牵制,"进同谋略,退为副佐";曹叡竟然不从,听由司马懿独断专行①。战而获胜,司马懿未及还师到京,曹叡突然病危,"先是,诏帝(司马懿)便道镇关中;及次白屋②,有诏召帝,三日之间,诏书五至"。君臣之间如果相忌相已深,如此急召无疑君逼将反,如后来的"淮南三叛"等例,都是仓促征召方镇入朝导致激叛。但司马懿全然不疑,弃军只身"乃乘追锋车昼夜兼行,自白屋四百余里,一宿而至"③。

正始年间的政治斗争

曹叡死之前后,"莫知由来"的养子、年仅八岁的曹芳匆匆成为太子、继帝位,次年改元正始,历十年(240—249年)。皇朝的君主亲政体制突变,幼帝沦为玩偶、道具,受命摄辅的曹爽、司马懿二人成为主角。

第二次受任顾命,"栋梁是属,受遗二主"④的司马懿德高望重、今非昔比,已是礼法集团首席巨头。相形之下,曹爽则资历尚浅、乏

① 《晋书》卷33《何曾传》,第四册第995页。
② 在今之河南省新乡市辉县市一带。
③ 《三国志》卷3《明帝纪》景初二年和三年、卷9《曹爽传》,上册第94—97、235—243页;《晋书》卷1《宣帝纪》相关年份,第一册第9—13页。
④ 《晋书》卷1《宣帝纪》"制曰",第一册第21页。

善可陈,因曹叡生前的"宠待有殊"而陡居高位,"拜大将军,假节钺,都督中外诸军事,录尚书事"①,无论情势占上风还是落下风,曹爽都须纠集力量,以维系自身权势、不负先帝遗命。

但此际曹氏一系已是日薄西山,无奈又急于丰满羽翼的曹爽遂不管不顾地拼凑自己"四位一体"的班底,其来源,一则曹氏、夏侯氏亲眷,如曹操养子何晏、秦朗以及夏侯玄等;二则自家兄弟,曹羲为中领军、曹训为武卫将军、曹彦则散骑常侍,"其余诸弟,皆以列侯侍从",诸曹"出入禁闼,贵宠莫盛";三则仕途受滞的亲曹一系散员,如桓范、丁谧、毕轨;四则前述"太和浮华案"的被禁锢者,如邓飏、李胜、诸葛诞等②。

这个骤起的、鸡犬升天似的团伙很是不得人心。时人斥骂曹爽身边的"三狗","'台中有三狗,二狗崖柴不可当,一狗凭默作疽囊。'三狗,谓何(晏)、邓(飏)、丁(谧)也。默者,爽小字也。其意言三狗皆欲啮人,而谧尤甚也"。"司马宣王由是特深恨之。"③

曹爽一伙无异于亲曹残余的聚合。颇值一提的是,为了对抗礼法集团,其打出了"尚玄"的旗号,何晏等更为后世认作魏晋玄学的创始者和主要代表人物。在思想史、文化史上,正始年间乃是魏晋玄学的灿烂时期,"思想的重点已逐渐从对现实问题的关注转移到玄远之学上来","哲学家们也在进行艰苦的努力","这种努力的成果就凝聚在'以无为本'这个抽象的哲学命题之上,于是哲学史上的一场巨大

---

① 《三国志》卷9《曹爽传》,上册第235页。
② 《三国志》卷9《曹爽传》《夏侯玄传》和《何晏传》,卷28《诸葛诞传》,上册第235—253页,下册第641页。
③ 《三国志》卷9《曹爽传》(裴注引自《魏略》),上册第241页。

的变革通过长达六十余年的艰难历程终于脱颖而出了"①。政治史家、社会史家则多对正始年间的乱象嗤之以鼻,甚言"凡讨论三国历史,不可不知'正始之风'。因为正始之风对于两晋南北朝,影响极大。礼教因之崩坏,戎狄因之横行,国家因之分裂,民生因之憔悴,其为祸之久,约有三百余年"②。

笔者以为,玄风之盛,实是在礼法集团业已统制朝野的情况下,曹爽一派为打破己方影响力、话语权缺失之困境而祭出的招数。何兹全所论或更合乎历史真相——"对于魏晋玄学之盛,也不能过于夸大","应该看到的是:玄学只是洛阳之学","洛阳之外,仍有儒家的传统地位","洛阳以外的士子,仍是读儒家传习的经书"③;并且玄学代表人物也不得公然抑孔,"何晏、王弼祖述老、庄,阐扬玄学,但二人都尊崇孔子",只是"多从玄学的角度加以发挥"④。

玄学不出洛阳,曹爽等人排斥礼法集团的措置也主要是在朝中施展的。正始前期,曹爽、司马懿之间表面上相安无事,但曹爽一直不失时机地对老臣及礼法之士明以优宠、实加虚衔,辅政当年以征东将军、四朝老臣满宠入朝虚为太尉,次年"加侍中中书监刘放、侍中中书令孙资为左右光禄大夫",蒋济、高柔、赵俨等三朝老臣也各有"尊显"⑤。

---

① 余敦康:《魏晋玄学史(第二版)》,北京:北京大学出版社,2016年,第54、57页。

② 萨孟武:《中国社会政治史(三国两晋南北朝卷)》"正始之风与思想的颓废",北京:三联书店,2018年,第61页。

③ 何兹全等:《魏晋南北朝史》,第341页。

④ 白寿彝主编:《中国通史(第二版)》第五卷,第7册第356页。

⑤ 《三国志》卷4《三少帝纪》相关年份、卷26《满宠传》、卷14《蒋济传》和《刘放孙资传》、卷23《赵俨传》、卷24《高柔传》,上册第604、100—102、378—380、380—384、558、576页;《晋书》卷1《宣帝纪》景初三年,第一册第13页。

大约在正始五年（244 年）前后，曹爽征蜀、毌丘俭征玄菟①时，两大阵营冲突加剧，正始政争开始走向显性化。面对曹爽一派的进逼，礼法集团不得不坚守历曹操、曹丕、曹叡三世苦心累积的权势，应对亲曹势力心有不甘的反扑。

一是再发止战呼声。正始五年，"（邓）飏等欲令爽立威名于天下，劝使伐蜀，爽从其言"，司马懿制止，诸臣附和着异口同声地反对，但曹爽仍然"大发卒六七万人"，逞意而行。然而，战事进展完全不似曹爽预判，"是时，关中及氐、羌转输不能供，牛马骡驴多死，民夷号泣道路"，蜀方则"因山为固"地抵抗。僚属建议曹爽撤军，司马懿更抓住"名士好名"的特点，对其时督雍凉、与曹爽共同主持作战的夏侯玄施加压力，"进不获战，退见徼绝"，全军覆没是迟早的事，届时你将承担怎样的责任呢？夏侯玄怕了，转而说服曹爽引军"无功而还"，并且退时损兵折将，"所发牛马运转者，死失略尽，羌、胡怨叹，而关右悉虚耗矣"②。

二是反对改易制度。曹爽一派发起的"正始改制"或称"正始新政"，史载晦暗不明，史评多为负面，如《三国志》描述为"是时，曹爽专政，丁谧、邓飏等轻改法度"③。但也有史家引司马懿与夏侯玄之间的书函问答——"太傅司马宣王问以时事"，夏侯玄提出"审官择人""除重官""改服制"等，而司马懿消极对待④——据此称赞曹爽、何

---

① 玄菟系时之郡名，在今辽宁东部、吉林省东部、黑龙江南部以及朝鲜咸镜南道、咸镜北道一带。

② 《三国志》卷 9《曹爽传》和《夏侯玄传》、卷 4《三少帝纪》正始五年，上册第 237—238、248、102 页；《晋书》卷 1《宣帝纪》正始五年，第一册第 15 页。

③ 《三国志》卷 14《蒋济传》，上册第 378 页。

④ 《三国志》卷 9《夏侯玄传》，上册第 245—248 页。

晏、夏侯玄等人的"改革",王夫之甚言"曹氏一线之存亡,仅一何晏"①。实际的所谓改制,诸如正始六年八月"曹爽毁中垒中坚营,以兵属其弟中领军羲"之类,意在加重己方权势而已,"帝(司马懿)以先帝旧制禁之不可",似未奏效②。

三是批判亲曹势力成员。王朗之子、以"王学"显赫一时的王肃态度鲜明:

> 时大将军曹爽专权,任用何晏、邓飏等。肃与太尉蒋济、司农桓范论及时政,肃正色曰:"此辈即弘恭、石显之属,复称说邪!"爽闻之,戒何晏等曰:"当共慎之! 公卿已比诸君前世恶人矣。"③

此类批判,实已体现了两大派系之间对立的愈益激化、愈益不可调和。礼法集团抵制曹爽,如名臣傅嘏,曹爽旗下之人"求交于嘏而不纳也","嘏友人荀粲,有清识远心,然犹怪之。谓嘏曰:'夏侯泰初(夏侯玄字泰初)一时之杰,虚心交子,合则好成,不合则怨至。二贤不睦,非国之利,此蔺相如所以下廉颇也。'嘏答之曰:'泰初志大其量,能合虚声而无实才。何平叔(何晏字平叔)言远而情近,好辩而无诚,所谓利口覆邦国之人也。邓玄茂(邓飏字玄茂)有为而无终,外要名利,内无关钥,贵同恶异,多言而妒前;多言多衅,妒前无亲。以吾观此三人者,皆败德也。远之犹恐祸及,况昵之乎?'"

---

① (清)王夫之《读通鉴论》卷 10,北京:团结出版社,2018 年文白对照本,第二册第 738 页。

② 《晋书》卷 1《宣帝纪》正始六年,第一册第 15 页。

③ 《三国志》卷 13《王肃传》,上册第 349—350 页。弘恭、石显皆西汉时期佞臣。王肃不仅为王朗之子,亦为司马昭的亲家、司马炎的岳父。"王学"指王肃主导形成的经学流派,魏晋之交,"王学"盛极一时。参阅宋桂梅:《魏晋儒学编年》,成都:四川大学出版社,2014 年;以及郝虹:《魏晋儒学新论——以王肃和"王学"为讨论的中心》、李毅婷:《魏晋之际司马氏与礼法之士政治思想研究》等。

争斗还不止于口舌，何晏将洛阳等地数百顷官地据为己有，"（傅）嘏谓爽弟羲曰：'何平叔外静而内铦巧，好利，不念务本。吾恐必先惑子兄弟，仁人将远，而朝政废矣。'晏等遂与嘏不平，因微事以免嘏官。"①

"高平陵事变"：新朝的入口

朝局日益分裂，到正始后期，曹爽一系已经占据优势："及（何）晏等进用，咸共推戴，说爽以权重不宜委之于人。乃以晏、（邓）飏、（丁）谧为尚书，晏典选举，（毕）轨司隶校尉，（李）胜河南尹。"②此前老臣徐邈为司隶校尉，"百寮敬惮之"③，毕轨接任后，"枉奏免官，众论多讼之"。为使何晏主管选举人事，曹爽赶走了吏部尚书卢毓，卢毓转任廷尉后，又被毕轨、何晏找借口奏免④，随即"为人好货"的邓飏串通何晏卖官鬻爵。诸如此类，不仅礼法集团反对，连曹爽之弟曹羲也"深以为大忧，数谏止之"，"又著书三篇，陈骄淫盈溢之致祸败，辞旨甚切，不敢斥爽，托戒诸弟以示爽"⑤。

正始八年，"曹爽用何晏、邓扬、丁谧之谋，迁太后于永宁宫，专擅朝政，兄弟并典禁兵，多树亲党，屡改制度"。无奈，郭太后与曹芳相对而泣地告别，司马懿则"称疾不与政事"，次年二、三月，中书令孙资、中书监刘放、司徒卫臻也"各逊位，以侯就第"。

至此，曹爽一系率先实现了"僭政"，留给礼法集团的只有一条路，深耕厚植四十年的司马懿自然成了朝中礼法之士获得救赎的希

---

① 《三国志》卷 21《傅嘏传》，上册第 518 页。
② 《三国志》卷 9《曹爽传》，上册第 237 页。
③ 《三国志》卷 27《徐邈传》，下册第 616 页。
④ 《三国志》卷 22《卢毓传》，上册第 540—542 页。
⑤ 《三国志》卷 9《曹爽传》，上册第 237 页。

望所在。

嘉平元年(本为正始十年,249年)正月,曹爽及其兄弟等拥曹芳拜谒洛阳城外的曹叡之墓高平陵。装病的司马懿复起,与反对曹爽一系的众臣联手,在请得郭太后的旨意后,下令关闭城门、控制武库,司徒高柔、太仆王观等接掌曹氏兵营,司马懿本人和太尉蒋济率兵出城"迎接"曹芳,同时要求剥夺曹爽等人的官职和兵权。

曹爽被困城外,不知所措,继而就地为营、构筑防务,试图抵抗。司马懿派人劝说曹爽认罪,曹爽先是犹豫不决,后竟放弃对抗,奉还曹芳,诸曹被免职归第。

司马懿进一步指使有司加罪曹爽。有司遂以刑讯逼供,造出曹爽与何晏、邓飏、丁谧、毕轨、李胜等人谋反的伪证,诸人随即被捕、被诛,并灭三族,受牵连者达五千余人。

时在雍凉的夏侯霸、夏侯玄因与曹爽的关系受到牵连,夏侯霸游说夏侯玄一起投奔蜀汉,被夏侯玄拒绝。不久,夏侯玄被征入朝,司马懿又以与夏侯氏不和的郭淮都督雍凉,夏侯霸惊惧,逃入蜀汉。

此事史称"高平陵事变"。经此事变,以司马懿为首的礼法集团尽灭曹爽一系势力,四月,改元嘉平①。

"高平陵事变"是司马氏创立新朝的真正起点。事变之前,曹魏渐衰,礼法势力日隆,但对于是否必以改朝换代的路径对付不堪的曹魏,礼法之士的想法不尽一致。礼法派大员、太尉蒋济全力参与事变,为尽快了断事态,蒋济招抚曹爽,"言宣王(司马懿)旨'惟免官而

---

① 《三国志》卷4《三少帝纪》正始八年、正始九年和嘉平元年,卷9《曹爽传》和《何晏传》,卷5《明元郭皇后传》等,上册第103—105、235—244、142页;《晋书》卷1《宣帝纪》正始八年、正始九年和嘉平元年,卷2《景帝纪》等,第一册第16—19、25页。

已'",事后司马懿背信弃义,坚持诛杀曹爽等人,蒋济忿然,拒受封赏,不久便发病去世。从辞封上疏看,蒋济是将事变界定于解决"上失其制,下受其弊"之范畴的,并无倾覆曹魏之念①,蒋济的这一态度,在礼法集团中是有一定代表性的。

事变后,司马氏代魏之势无可更易,虽然新朝从起点到功成还有距离、有变数,但历史已经翻篇,新朝业已奠基。

这里可能涉及关于魏晋禅代的旧争:西晋皇朝,起始为何?

记叙皇朝,或以创基为始,或以立朝为始,皆无不可。但按传统史家的说法,"古来只有禅让、征诛二局,其权臣夺国则名篡弑",而"至曹魏则既欲移汉之天下,又不肯居篡弑之名,于是假禅让为攘夺"②,迭代之局要么是征诛,要么是篡弑,由此,若以"高平陵事变"为新朝之始,西晋便是篡魏夺政。

实际上,"皇权本为公共资源,是社会组织的必要形式,本不属于某个氏族天然占有","本无'篡位'不'篡位'之说"③。时至今日,我们无需视"篡"为大逆不道,更无需为西晋回避"篡"的恶名。过分刻意于国号、年号之变,反而可能造成对历史现象认知的偏差甚至扭曲。新旧更替总有渐进过程,没有一朝是从石头缝里蹦出来的,"高平陵事变"的意义在于:其既是汉晋政治结构、政治机制的一次逆变,也是历史演进主题的一次重大转换——以司马氏为首的礼法集团占据绝对优势后,政治的主题已经转变为按照其意愿塑造奉行礼法之治的新朝;曹魏虽然还能行尸走肉地延续十七年,但其间大政尽在司

---

① 《三国志》卷 14《蒋济传》,上册第 379—380 页。
② (清)赵翼:《廿二史劄记校正》,王树民校正,中华书局,2013 年,上册第 148 页。
③ 何晓明:《中国皇权史》,第 167 页。

马氏。排除代魏的障碍、在礼法派的底子上培育忠于司马氏的新朝执政集团，已是不同于前的政治运动方向。

四、新朝之路

曹魏后期司马氏专制的腥风血雨

新旧迭代，胜者总需除斥敌手、自营势力。其中的除斥异己，在"征诛"是消灭外部敌人，在"篡弑"则主要是清除内部异己。"高平陵事变"后，曹魏名义尚存、实则形同虚设的十七年间，先是司马懿短暂主事，至嘉平三年（251年）司马懿死，长子司马师、次子司马昭又先后专政，父死了继、兄终弟及，其中，司马昭专政十年，占期近三分之二。为清除不服司马氏的挑战者，应对反叛，司马氏三代人主使了一系列的血腥事件。

表导-1　曹魏后期司马氏当政期间重大变故列表

事件及清除对象	时　间	主使人	简要过程
"淮南三叛"之王凌事件	嘉平三年（251年）	司马懿	司马懿诛曹爽后，进位太尉、都督扬州的王凌心存不满，与外甥、兖州刺史令狐愚暗中策划，以曹芳懦弱，且已受制于司马氏，拟另立曹操之子、楚王曹彪为帝。不意令狐愚突死，知悉其谋的僚属惧事败露，遂揭发了王凌和令狐愚。司马懿惊，但王凌位列"三公"，没有证据不可轻易处置，只能密加防范。 嘉平三年元月，孙吴封锁涂水，王凌借机请朝廷下发统兵"虎符"，谋划调动扬州诸军发动政变，司马懿不许。王凌无奈，指派心腹杨弘说服新任兖州刺史黄华共同举事，杨弘反水，与黄华联名上奏，报知王凌将叛之事。四月，司马懿迅速调集人马南下，直逼扬州治所寿春，并致函王凌、促其认罪就范。

(续表)

事件及清除对象	时　间	主使人	简要过程
"淮南三叛"之王凌事件	嘉平三年（251 年）	司马懿	王凌本部兵马无法抗衡司马懿军,遂复函请罪,并上交印信、仪仗等,向司马懿投降,并自以为可获赦免,前去拜见司马懿,遭阻拦。司马懿与王凌为旧交,此时却称:我宁可对不起你,也不能对不起天子! 令兵士押送王凌去洛阳。途中,王凌畏罪自杀。司马懿将王凌等暴尸三日,参与政变者皆灭三族,楚王曹彪亦被迫自尽,亲属被流放。
诛杀夏侯玄及张缉、李丰	嘉平六年（254 年）	司马师	司马懿平息王凌事件后不久即逝,长子司马师继之。其时,实为曹爽余党、虚位太常的夏侯玄在朝中名望仍重,但被剥夺实权;魏帝曹芳的岳父张缉闲居,亦有不满。中书令李丰虽系司马师拔擢,却心向夏侯玄等,于是与张缉谋黜司马师,改以夏侯玄执政。 　　张缉与李丰同乡,而李丰之子李韬又娶曹叡之女齐长公主,二人合谋,由李丰暗中指使其弟、兖州刺史李翼请求入朝,试图以李翼入朝时所率之兵起事,未遂。 　　嘉平六年二月,李丰等又收买宦官和近侍,拟借曹芳接受朝拜之机,诛杀司马师。司马师听到风声,怒极,遂捶杀李丰,夏侯玄、张缉等人被逮捕,交廷尉收监审讯后,张缉被赐死,夏侯玄及参与事件的宦官、近侍皆被诛杀并灭三族。李韬亦被诛,但其妻女因系曹叡血亲而得以幸免、流放边地。 　　事后不久,曹芳被废,司马师从郭太后意,立曹丕之孙、曹叡之侄曹髦为帝。
"淮南三叛"之毌丘俭事件	正元二年（255 年）	司马师	夏侯玄、李丰被诛,与二人关系素好、都督扬州的毌丘俭惊惧,其子毌丘甸亦力促其反抗司马师。正元二年正月,毌丘俭等谎称得到郭太后手诏,檄告天下,举兵讨伐司马师,所率部众,老弱留守,其余向京师方向开进,防御司马师之军。毌丘俭还将四个儿子送入东吴作为人质,求东吴为其外援。

(续表)

事件及 清除对象	时　间	主使人	简要过程
"淮南三叛" 之 毌丘俭事件	正元二年 (255年)	司马师	司马师率军亲征毌丘俭,又派诸葛诞等诸路将领镇守各地,但不取攻势、不与毌丘俭交战。毌丘俭等既不能主动进攻,退军又恐遭追袭,进退两难;旗下将士,家属多在北方,不愿与朝廷为敌,士气渐渐低落。司马师趁此机会,调遣兖州刺史邓艾率军引诱毌丘俭出击,本人则以大军潜行杀入交战阵中,汇合邓艾攻击毌丘俭。毌丘俭战败逃遁,途中,侍卫各自逃命,其本人被平民射杀,事后被灭三族,跟随作乱的将士除少数逃入东吴外,其余皆降。
"淮南三叛" 之 诸葛诞事件	甘露二年 (257年)	司马昭	毌丘俭败,交战后期司马师亦病死,司马昭接任,参与镇压毌丘俭有功的诸葛诞都督扬州。曾涉"太和浮华案"并与曹爽、夏侯玄交好的诸葛诞本就不满司马氏擅政,由此就地收买人心、蓄养死士,以求自保权势。 　　为防诸葛诞反叛,甘露二年二月,司马昭征召诸葛诞入朝为司空,夺其兵权。诸葛诞接诏立叛,杀不从己意的扬州刺史,募兵储粮,并派人向孙吴求援。司马昭以魏帝曹髦亲征之名出师,讨伐诸葛诞,扎营城下,围困扬州州治寿春。 　　甘露三年正月,寿春城中粮食渐近枯竭,迫不得已,诸葛诞突围,但遭阻击,被逼回城内。困境之中,诸葛诞阵营内部分裂,部分将士向司马昭投降,叛军瓦解。二月,寿春城破,诸葛诞出逃,途中被杀,被灭三族。
弑杀 魏帝曹髦	甘露五年 (260年)	司马昭	曹髦被立为帝,不甘心作为傀儡,甘露五年五月,在"司马昭之心,路人皆知"的困境中,激愤至极的曹髦率近侍、奴仆鼓噪出宫,讨伐司马昭。司马氏死党、中护军贾充率众"迎接"曹髦,曹髦亲自上阵拼杀,贾充一众不敢伤及天子,虽有力却将败。骑督成倅之弟、太子舍人成济问贾充:事情紧急,该怎么办?贾充喝道:司马氏养你们这些人是干什么的!今日之事,还有什么可问的吗?于是,成济立持长戈上前,刺杀曹髦。

（续表）

事件及 清除对象	时　间	主使人	简要过程
弑杀 魏帝曹髦	甘露五年 （260 年）	司马昭	天子被弑，众人义愤。为息众怒，司马昭庇护贾充，推出成氏兄弟为"替罪羊"，命诛成氏兄弟并灭其三族。成济兄弟不服并大骂司马昭，抗拒中被乱箭射杀。
钟会 反叛事件	景元四年 （263 年）	司马昭	弑杀曹髦使司马氏声誉遭到沉重打击。为平息众议、建立功业、挽回不利的局面，景元四年，司马昭决定征伐蜀汉，以钟会率军进击，战而大胜，蜀汉政权覆亡。 　平蜀后，钟会生不轨之心，图谋据蜀自立，拥兵反叛。不意司马昭对此早有防备，已遣兵悄然进入蜀地，司马昭本人则率军驻屯长安，震慑钟会。钟会得知后大惊，困兽犹斗，假借郭太后遗命，起兵反抗司马昭，然部下响应者有限，监军卫瓘、部将胡烈等率众兵变，钟会于兵变中被杀，事态平息。

注：上表根据《三国志》卷 4、卷 9、卷 28 和《晋书》卷 1、卷 2 等记载辑成。

　　上述事变，或波云诡谲，或剑拔弩张，其经过不无精彩之处，历来不乏渲染者和戏说者。实际归纳起来，除了曹髦之死比较特殊，事涉弑君大逆，余皆司马氏擅权独制而其他政治人物不服，彼此间兵来将挡、水来土掩的较量与争斗，诸多情节、细节，对于我们的主题，反倒没有太大意义，甚至反叛者先前是亲曹还是亲马也不是特别重要[①]。并且，十多年间的历次事变，似乎不能概以司马氏的阴谋而论，如言阴谋，也多是司马氏与其挑战者的互为阴谋。

---

　　①　例如王凌，司马懿与其关系相当密切，对其族弟王昶亦极尽拉拢，见《三国志》卷 27《王昶传》和卷 28《王凌传》，下册第 623—624、632—635 页；又如钟会，其本人及其父、兄与司马氏两代人之间的交谊相当深厚，见《三国志》卷 13《钟繇传》和《钟毓传》、卷 28《钟会传》，上册第 327—335 页，下册第 659—660 页。

"营立家门"①:从礼法之士到新朝权贵

在剿除异己的同时,司马氏加紧培植私党。为数众多的宗亲出镇各地,自是司马氏"营立家门"的直接途径,对此将在后文相关部分,结合西晋宗王分封、出镇现象加以考察。不过,宗亲的作用似乎重在稳定外围,司马氏在朝中的代魏举措,主要依仗的是异姓势力。

"篡弑"的特殊之处在于,灭异己与树私党两个方面往往合二为一,助力者、变节者卖身投靠,协从除灭异己,司马氏的班底由此不断壮大和坚固。

司马师时,出身低微、"好色薄行"但"雅旷有智局"的石苞,以及与司马懿同朝为臣的陈矫之子陈骞,二人极受重用,终生不二,对司马氏的贡献一直延续到入晋后的晋武帝时期②。

司马昭时,西晋的第一重臣贾充、第一名臣裴秀、第一贤臣羊祜、第一谋臣荀勖,皆愈益见信于司马氏。突出者如贾充、羊祜,贾充是弑杀魏帝曹髦的直接事主,并在平定毌丘俭、诸葛诞、钟会叛乱事件中屡立大功,位至司马氏私党的首席;羊祜本为夏侯氏之婿,同时又是司马氏的姻属,在"中立"多年后审时度势地投向司马氏③。

"营立家门"不止于结私党,还需笼络世人,争取举朝的服从、唯

---

① 所谓"做家门""营立家门",即培植忠于自己的政治势力。语出《魏晋世语》:"夏侯霸奔蜀,蜀朝问'司马公如何德?'霸曰:'自当作家门。'"又有:"初,夏侯霸降蜀,姜维问之曰:'司马懿既得彼政,当复有征伐之志不?'霸曰:'彼方营立家门,未遑外事。'"《三国志》卷28《钟会传》(裴注引自《魏晋世语》和《汉晋春秋》),下册第659页。

② 《晋书》卷33《石苞传》和卷35《陈骞传》,第四册第1000—1002、1035—1037页。

③ 《晋书》卷34《羊祜传》、卷35《裴秀传》、卷39《荀勖传》和卷40《贾充传》,第四册第1014、1037—1038、1152—1153、1165—1166页。

喏。经过一系列的事变,朝中众臣不得不选边站队,形成一个被动附从司马氏的群体。在很大程度上,这一过程既是先前以质疑曹魏、抵制曹魏为旨而集合起来的礼法集团的解体,同时也是司马氏出于代魏目的而对礼法集团的清理重构。

前及"淮南三叛"之一的王凌,其与族弟王昶皆具浓厚的礼法背景,少时"俱知名",俱交好司马懿,青龙四年(236 年)曹叡诏令朝臣举荐人才,司马懿"以昶应选";王凌在扬州谋反、司马氏讨伐王凌,时为征南大将军、都督荆豫诸军事的王昶与王凌毗接,在事变中竟保持中立①。礼法世家出身的钟会曾经游说诛杀嵇康,在司马昭旗下,钟会有宠且为腹心之一,受命灭蜀、取得成功后的钟会却反叛司马氏,败亡②。

反叛司马氏是礼法集团解体的典型表现,但不多见;多数朝臣乃是主动或被动慑服于司马氏的威权。民间广为流传的《二十四孝图》中有一著名的"卧冰求鲤"故事,主角就是时居朝中的王祥③。在对待司马氏的态度上,王祥一直若即若离,虽然"及高贵乡公(曹髦)之弒也,朝臣举哀,祥号哭曰'老臣无状',涕泪交流,众有愧色"④,但包括王祥在内,众多朝臣皆不敢直接反对权臣。晋武帝嗣父为晋王,礼

---

① 《三国志》卷 27《王昶传》和卷 28《王凌传》,下册第 623—624、632—635 页。

② 《三国志》卷 13《钟繇传》和《钟毓传》、卷 28《钟会传》,上册第 327—335 页,下册 659—663 页;《晋书》卷 49《嵇康传》,第五册第 1369—1374 页。

③ 《二十四孝图》辑录于元代。"卧冰求鲤"据说出自干宝的《搜神记》第十一卷,《晋书》亦录:王祥至孝,继母想吃鲜鱼,"时天寒冰冻,祥解衣将剖冰求之,冰忽自解,双鲤跃出,持之而归"。但《搜神记》和《晋书》记之皆为"剖冰求鲤",何以由"剖冰"变"卧冰",未详。

④ 《晋书》卷 33《王祥传》,第四册第 988 页。

法集团首领之一何曾等逾制对其行跪拜之礼,王祥"独长揖"而已①,王夫之讥之"不吝于篡,而吝于一拜","可以避责全身,免于佐命之讨,计亦狡矣"②。

位在"三公"的郑冲则不同于消极的王祥,一改"耽玩经史""不预世事"的风格,在附和司马氏方面表现出友好态度。司马昭命人勘定礼制、制班律令,"皆先谘于冲,然后施行"。魏晋禅代之际,一向"莅职无干局之誉"的郑冲唯一一次显赫"莅职":代表魏帝,"奉策"将曹魏政权禅让给司马氏③。

另一示好者荀颛乃大名鼎鼎的荀彧之子。司马师主政之时,荀颛提醒:应当派人巡行四方,察看各方大吏是否心存异志;还积极从讨"淮南三叛"之毌丘俭。曹髦被弑后,司马昭急欲平复众臣不满心态,时为尚书左仆射并领吏部的陈群之子、荀颛之甥陈泰不愿顺从司马昭从轻发落事主的想法,荀颛则取代陈泰的吏部之职,对陷入危机的司马氏施以援手④。

----

　　① 《晋书》卷33《王祥传》,第四册第988页。以武帝的优待耆宿和极重礼数,加之资望浅薄,是否竟在未行禅代之前接受"三公"的违制之拜,颇可置疑。王祥的"枕尸而泣""揖而不拜"皆非首创。"枕尸而泣"见《左传·襄公二十五年》,《春秋左传注(修订本)》,杨伯峻编著,第四册第1209—1211页,以及《古文观止》之《晏子不死君难》;"揖而不拜"见《史记》卷120《汲黯传》之"汲黯不拜卫青"事,《史记》,(南朝宋)裴骃集解、(唐)司马贞索隐、(唐)张守节正义,中华国学文库丛书,北京:中华书局,2011年简体横排标点本,第四册第2697—2702页。参阅刘占召:《魏晋易代与王祥的政治谋略》,《文史知识》2012年第8期。另,与王祥"揖而不拜"类似的"故事"又载《晋书》卷33《何曾传》:"文帝(司马昭)为晋王,曾与高柔、郑冲俱为三公,将入见,曾独致拜尽敬,二人犹揖而已。"第四册第996页。此说法似有误,司马昭咸熙元年(264年)封晋王,而高柔卒于前一年的景元四年(263年)。

　　② 王夫之《读通鉴论》卷10,第二册第770页。

　　③ 《晋书》卷3《武帝纪》咸熙二年和卷33《郑冲传》,第一册第50页,第四册第991—993页。

　　④ 《晋书》卷39《荀颛传》,第四册第1150—1152页;《三国志》卷4《三少帝纪》甘露五年、卷10《荀彧传》和卷22《陈泰传》,上册第120—124、265—266、533—534页。

至曹魏后期,即使刻意表现"无所亲疏"的朝臣①,或委曲求全,或噤若寒蝉,表面上与司马氏保持一定距离,以别于司马氏铁杆死党者,实质上也已丧失了相对独立的政治地位。礼法集团已从疏离曹魏的一股势力转为司马氏的附庸,无论主动还是被动,只能唯"马"首是瞻,由一准于礼异变为一准于"马"。

魏晋禅代:改朝与换代同步

就在万事俱备、魏晋禅代的成熟"果实"落地前夕,收获者已非催熟"果实"之人。曹魏咸熙二年八月(265 年),司马氏掌门人司马昭骤死,长子司马炎嗣位,四个月后代魏上位,登基为帝,即晋武帝,俨然重演了当年曹操死后曹丕代汉的一幕。改朝与换代同步,在形式上,西晋代魏的确是实实在在"如汉魏故事"②。

此类"城头变幻大王旗"式的新旧交替,益处在于"上虽逆而下固安","祸不加于士,毒不流于民",江山易姓却"无原野流血之惨"③。然而,不同的皇朝,面对的将是不同的世道人心。

---

① 语出《晋书》卷 36《卫瓘传》,第四册第 1055 页。
② 《三国志》卷 4《三少帝纪》咸熙二年,上册第 128—129 页;《晋书》卷 2《文帝纪》咸熙二年、卷 3《武帝纪》咸熙二年和泰始元年,第一册第 44、49—53 页。
③ (清)王夫之《读通鉴论》卷 10 和卷 11,第二册第 670、772 页。

第一章　西晋代魏

第一节　魏晋禅代:皇统之变与治道之变

"建元泰始"

曹魏咸熙二年十二月(266年2月)[1],魏晋禅代,司马炎"设坛于南郊,百僚在位及匈奴南单于四夷会者数万人,柴燎告类于上帝",随即大赦,短暂且疆域未统的曹魏政权就此寿终正寝,西晋立国,"建元泰始"[2]。

武帝司马炎一朝,年号有四:泰始(实历九年有余)、咸宁(历五

---

① 西晋立国时间原多记为公元265年,如万国鼎编,万斯年、陈梦家补订:《中国历史纪年表》,北京:中华书局,2018年,第96、179页。根据有关资料,实应为266年,参见徐锡祺:《新编中国三千年历日检索表》,北京:人民教育出版社,1992年,第49页;以及济生:《西晋究竟建立于公元几年?》,《历史教学》1986年第7期;鲁力:《西晋建立时间释疑》,《中学历史教学》2005年第6期;赵俊:《西晋建立时间是265年还是266年?》,《中学课程资源》2017第7期等。

② 《晋书》卷3《武帝纪》泰始元年,第一册第50—53页。

年）、太康（历十年）和太熙。其中，太熙仅历四个月，武帝死，即被违制改为永熙。泰始一词，古指天地初开、万物始成①，泰始元年作为西晋开国之年，起自前朝咸熙二年的十二月，是年实用泰始年号的时间不到一个月。

西晋代魏与曹魏代汉，直观地看，仿佛同一剧本的先后演绎，程序、节奏以至很多说辞皆雷同，但对礼法之士来说，二者殊异。曹丕称帝，是其与礼法集团各怀心思的结合，礼法集团拥戴曹丕为帝，更像是接受一个"外人"，借此谋求己利；曹丕也需取得礼法派的政治支持。武帝登基，实质则是礼法集团推出"自己人"，至少是合自己心意的代理人上位，礼法之士多对新朝及司马炎表现出极大的期待。

史载，晋初武帝"虚己以求谠言"，礼法集团的头面人物王祥、郑冲、何曾等纷纷献策，并且唯恐言之未尽，"希复朝见"；武帝则体恤有加，生怕"耆艾笃老"受累，遣人前往"谘问得失，及政化所先"②。君臣亲密互动，不再是曹丕受禅时君问战而臣主和的不协。

武帝本人的家世背景、资质品性也足能得到礼法集团的认同。

武帝其人

司马炎字安世，生于曹叡政期的青龙四年（236 年），司马懿之长孙，司马昭之长子，谥武帝，庙号世祖③。

司马炎出生当年，司马懿进为太尉，"西屯长安，都督雍、梁二州

---

①　《鹖冠子·秦录》："泰一之道，九皇之傅，请成于泰始之末。"转引自郑开：《试论黄老学文献中的"一"》，《中原文化研究》2018 年第 5 期。《鹖冠子》是先秦典籍，传为战国时期楚地隐士鹖冠子所作。唐代柳宗元作《辩鹖冠子》一文，认为此书系伪作，几成定论。吕思勉则指其"词古意茂，决非后世所能伪为"。1973 年，马王堆汉墓出土大量帛书，存有不见于其他典籍而与《鹖冠子》相合的内容，证实了《鹖冠子》成于战国时期，并非伪书。

②　《晋书》卷 33《王祥传》和卷 45《任恺传》，第四册第 988—989、1285—1286 页。

③　《晋书》卷 3《武帝纪》相关记载，第一册第 49—87 页。

诸军事"①,司马懿之弟司马孚在此前后则由度支尚书、尚书右仆射而升任为尚书令②,司马氏已成显赫于世的曹魏第一重臣之族。在司马懿一支,长子司马师无子,司马炎遂为长孙。

司马炎之母王元姬系经学家、曹魏大臣王肃之女,东汉末期重臣、曹魏元老王朗之孙女。武帝出生时,王朗已逝,王肃历任要职,先是"以(散骑)常侍领秘书监,兼崇文观祭酒",又为郡守、河南尹、中领军、侍中等职,为司马氏阵营要员之一,死于魏末③。

父族以权势贵显,又"伏膺儒教"④,母族则以经论著称,司马炎自幼接受儒学教育,一如其自述,"吾本诸生家,传礼来久"⑤。据《晋书》,晋臣刘弘"少家洛阳,与司马炎同居永安里,又同年,共研席",按曹魏后期"依遵古法,使二千石以上子孙,年从十五,皆入太学"的规制,司马炎与刘弘的"共研席",当是在太学⑥。

受荫于家世,司马炎早期履历顺风顺水,貌似循序渐进,实为一路跃升,与其说是历练,毋宁说是"镀金"以建立人脉关系、积累政治资源。嘉平年间(249 至 254 年),司马炎获封北平亭侯,其后十多年间"历给事中、奉车都尉、中垒将军,加散骑常侍,累迁中护军、假节"。有关司马炎代魏前情况的史料不多,实际事迹记载始自甘露五年

---

①　《三国志》卷3《明帝纪》相关年份,上册第 90—91 页;《晋书》卷 1《宣帝纪》太和四年和青龙三年,第一册第 6、9 页。

②　《晋书》卷 37《司马孚传》,第四册第 1082—1084 页。

③　《晋书》卷 31《文明王皇后传》,第四册第 950—952 页;《三国志》卷 13《王朗传》和《工肃传》,上册第 340　353 页。

④　语出《晋书》卷 1《宣帝纪》,第一册第 1 页。

⑤　语出《晋书》卷 20《礼志中》,第三册第 614 页。

⑥　《晋书》卷 66《刘弘传》,第六册第 1763 页;《三国志》卷 15《刘馥传》和《刘靖传》,上册第 387—389 页。

（260 年）：魏帝曹髦被弑，更立曹奂为帝，二十五岁的司马炎"迎常道乡公（曹奂）于东武阳"，随后"迁中抚军，进封新昌乡侯"[1]。

迎奉新帝之任虽礼仪性大于实务性，但担当此任，朝野瞩目，司马昭如此安排，用意甚深，司马炎由此开始步入朝枢。在曹魏后期司马氏登顶前的一系列血腥事件中，史书未载司马炎之作为，是史家为尊者隐，还是其父有意不让参与以避骂名，不得而知。因不涉酷暴，司马炎得以保持了"宽惠仁厚，沈深有度量"的名誉[2]，此与其家境优渥、出身显贵以及教养环境有着直接关系，也更能契合礼法之士心目中人君的理想形象。

司马炎的成长、历练期，基本相当于"高平陵事变"后司马氏谋代曹魏的过程。对于司马懿的"创基"，司马炎或只听闻、旁观，而司马师尤其司马昭的功业，司马炎当是亲历其事。

值得一提的是，司马昭也完全恪守礼法集团的标准和要求，司马炎入仕严格依九品之制履行"品"的程序。只是这一"品"，足证其时九品之制已现的弊端：司马炎作为贵公子当品，乡里却没有人敢与其并列，只得求助于州内，于是十二个郡的中正共推名臣、名儒郑袤之子郑默与司马炎同列。司马昭为此还特地致函郑袤说："小儿得厕贤子之流，愧有窃贤之累。"[3]"品"多操控，且门第已是决定品评的先决因素。

咸熙元年（264 年）司马昭以灭蜀大功，魏帝诏立晋国、封其为晋王，次年司马炎被立为世子，拜抚军大将军、副贰相国。数月后司马

---

[1] 《晋书》卷 3《武帝纪》相关记载，第一册第 49 页。给事中、奉车都尉、散骑常侍、中垒将军、中护军等职，参见《晋书》卷 24《职官志》，第三册第 733—734、740 页。

[2] 语出《晋书》卷 3《武帝纪》，第一册第 49 页。

[3] 《晋书》卷 44《郑袤传》和《郑默传》，第四册第 1249—1252 页。

昭骤死，司马炎嗣位，随即受禅代魏①。

礼法之治：新朝宣示新治道

武帝没有令礼法集团失望，西晋立国的政治宣示全面迎合了礼法集团的意愿。

一般而言，立国建政，至少两大范畴的安排不可或缺，一是政治宣示，二是权势架构。建政之始便有比较系统、完整的政治主张并见于史籍的，西晋是中国历史上的第一次。从建政后的情况看，这些主张也多有落实。

一是"崇尚儒素，化导之本"②。崇奉礼制、教化民众是礼法集团的核心主张之一，也是西晋标榜自己优于曹魏的一大德政。入晋后，武帝率先垂范，几乎动辄遵循古礼。当时司马昭去世不久，武帝虽"从汉魏之制，既葬除丧"，却仍"深衣素冠，降席撤膳，哀敬如丧者"，"有司奏改服进膳，不许，遂礼终而后复吉"，"及太后之丧，亦如之"③。有奏称，"大晋继三皇之踪，蹈舜禹之迹，应天顺时，受禅有魏，宜一用前代正朔服色，皆如虞遵唐故事"，武帝立准④。为教化计，立国之后，武帝又"遣兼侍中侯史光等持节四方，循省风俗，除禳祝之不在祀典者"，后更诏令"郡国守相，三载一巡行属县"，以"述职宣风展义也"⑤。

---

①　《晋书》卷2《文帝纪》咸熙元年、咸熙二年和卷3《武帝纪》，第一册第43—44、49页；《三国志》卷4《三少帝纪》咸熙元年和咸熙二年，上册126—128页。

②　语出《晋书》卷44《郑默传》，第四册第1251—1252页。

③　《晋书》卷3《武帝纪》泰始二年和卷20《礼志中》，第一册第54页，第三册第613—614页。

④　《晋书》卷3《武帝纪》泰始二年和卷25《舆服志》，第一册第54页，第三册第752—753页。

⑤　《晋书》卷3《武帝纪》泰始二年和泰始四年，第一册第53页。

二是"宽刑宥罪，抚众息役"。行禅代时，武帝依例"大赦"，"赐天下爵"，免除百姓徭役，"鳏寡孤独不能自存者谷，人五斛"，进而"除旧嫌，解禁锢，亡官失爵者悉复之"，"兴灭继绝，约法省刑"，并解除对汉室的禁制，又简制太庙、不徙陵亩①。宽宥慎刑的政治倾向尤显于《晋律》的制定，入晋前司马昭已命"贾充正法律"，"诸禁网烦苛及法式不便于时者，帝（司马昭）皆奏除之"②，至泰始四年终于"律令既就，班之天下"。"简法务本，惠育海内"的《晋律》（泰始律）渐成中华法系的经典文本之一③。

三是"劝穑务农"，"大弘俭约"④。与颁行《晋律》大致同时，武帝举行"籍田之礼"，率群臣亲耕。这一极具象征性的仪典，据说源于西周、礼出周公，汉文帝之后虽一直延续，但已"空有慕古之名"，"耕藉止于数步之中"，流于形式、劳民伤财。武帝有所不同，于洛水之北"修千亩之制"，"与群公卿士躬稼穑之艰难，以率先天下"，此后又有泰始八年、泰始十年"亲耕籍田"。意犹未尽，太康六年（285年）武帝从臣议，次年恢复与籍田相对应的"蚕礼"古制，由皇后亲领后宫嫔妃、当朝贵妇采桑饲蚕，劝民纺织⑤。武帝一朝的重农务本之措，尚

---

① 《晋书》卷3《武帝纪》咸熙二年、泰始元年和泰始二年，第一册第49—55页。

② 《晋书》卷2《文帝纪》咸熙元年和咸熙二年、卷40《贾充传》，第一册第43—44页，第四册第1166页。

③ 《晋书》卷3《武帝纪》泰始四年和卷30《刑法志》，第一册第56页，第三册第927—928页。

④ 语出《晋书》卷3《武帝纪》泰始元年和卷44《郑默传》，第一册第52页，第四册第1251—1252页。

⑤ 《晋书》卷3《武帝纪》泰始四年、泰始八年和泰始十年，卷19《礼志上》和卷31《武悼杨皇后传》，第一册第56—58、61—62、63—64页，第三册第589页，第四册第954—957页。

有命以"劝务农功"为郡国守相巡行的主要内容之一、褒奖劝务农事有绩的官吏等①，此类政措，基本贯彻了武帝政期始终。

四是"扬清激浊，举善弹违"。似是为了稳定魏晋之交的朝局，武帝未急于澄清吏治，直到入晋三年多后始提出简政省吏"去人事"的要求②。但在鼓励朝臣谏诤一事上，武帝即位不久后即诏令"择其能正色弼违匡救不逮者"任侍中、散骑常侍等职，并"领谏官"；对谏诤之议，责成详加评议处理③。

司马氏专权多年，其治世理念、施政风格已为朝野熟知。司马师继司马懿时，有人"请改易制度"，司马师则言："三祖典制，所宜遵奉；自非军事，不得妄有改革。"④司马昭为洛阳典农中郎将期间，"值魏明奢侈之后，帝蠲除苛碎，不夺农时，百姓大悦"⑤，后期更"罢屯田官以均政役""复五等爵"等⑥。禅代之前未及实行的，武帝继之，一如"罢农官为郡县"⑦，完成"定礼仪""正法律""议官制"诸项⑧。

礼法之治的积极效用得到了当时社会的肯定。有一例证：西晋代魏前夕，司马昭伐蜀，孙吴不以为然，时人言于吴臣张悌："司马氏

---

① 《晋书》卷3《武帝纪》泰始四年和泰始五年、卷90《窦允传》和《王宏传》，第一册第57—59页，第八册第2332—2333页。

② 《晋书》卷3《武帝纪》泰始四年，第一册第57—58页。

③ 《晋书》卷3《武帝纪》泰始二年，第一册第53页。

④ 《晋书》卷2《景帝纪》嘉平四年，第一册第26页。

⑤ 《晋书》卷2《文帝纪》，第一册第32页。

⑥ 《三国志》卷4《三少帝纪》咸熙元年，上册第126—128页；《晋书》卷2《文帝纪》咸熙元年，第一册第43—44页。

⑦ 《晋书》卷3《武帝纪》泰始二年，第一册第55页。

⑧ 《晋书》卷2《文帝纪》咸熙元年、卷19《礼志上》、卷30《刑法志》、卷33《郑冲传》、卷35《裴秀传》、卷39《荀颉传》和卷40《贾充传》，第一册第43—44页，第三册第581、927—931页，第四册第991—992、1038、1150—1151、1166页。

得政以来，大难屡作，百姓未服，今又劳力远征，败于不暇，何以能克！"张悌回道："不然。曹操虽功盖中夏，民畏其威而不怀其德也。丕、叡承之，刑繁役重，东西驱驰，无有宁岁。司马懿父子累有大功，除其烦苛而布其平惠，为之谋主而救其疾苦，民心归之亦已久矣。故淮南三叛，而腹心不扰；曹髦之死，四方不动。任贤使能，各尽其心，其本根固矣，奸计立矣。今蜀阉宦专朝，国无政令，而玩戎黩武，民劳卒敝，竞于外利，不修守备。彼强弱不同，智算亦胜，因危而伐，殆无不克。噫！彼之得志，我之忧也。"

预言成真，蜀灭，吴人皆服张悌见识①。可见，作为一套适应社会及民众需求的政治方案，礼法之治有其可取之处。

第二节　晋初朝局及异姓十二重臣

礼法集团变身新朝权贵

新朝既立，礼法集团头面人物进一步得到荣宠。西晋的高层权势架构，由同姓宗亲获封宗王和异姓重臣加官进爵而奠定。

其中，对异姓重臣，"以骠骑将军石苞为大司马，封乐陵公，车骑将军陈骞为高平公，卫将军贾充为车骑将军、鲁公，尚书令裴秀为钜鹿公，侍中荀勖为济北公，太保郑冲为太傅、寿光公，太尉王祥为太保、睢陵公，丞相何曾为太尉、郎陵公，御史大夫王沈为骠骑将军、博陵公，司空荀颉为临淮公，镇北大将军卫瓘为菑阳公"。

① 《资治通鉴》卷78之景元四年，第四册第2072页；(东晋)习凿齿：《校补襄阳耆旧记(附南雍州记)》卷2，黄惠贤校补，中国史学基本典籍丛刊，北京：中华书局，2018年，第49页。

其他朝臣，则"增封进爵各有差，文武普增位二等"①。

禅代的一大特性是对前朝旧臣照单全收并加施恩遇。西晋便是如此。魏臣因此成为武帝治下的晋臣。曹魏代汉已开铁打的官吏、流水的皇朝之先例，西晋代魏依样行事。至于敢于明目张胆对抗新朝的敌对者，在入晋之前曹魏天下而司马当国的十多年里，基本已被除斥殆尽。

对前朝臣子的照单全收令"三公"旧制扩列成晋初史无前例的"八公同辰"："世祖武皇帝即位之初，以安平王（司马）孚为太宰，郑冲为太傅，王祥为太保，司马望为太尉，何曾为司徒，荀颉为司空，石苞为大司马，陈骞为大将军，世所谓八公同辰，攀云附翼者也。"②所以如此，或因曹魏告终时已有"六公"③，新朝既要接纳、安抚旧臣，又要奖掖、酬功新进，增加员额成为不二之策。

新朝权贵、宗亲多为礼法信徒，司马懿之弟、武帝叔祖司马孚更是礼法集团首领之一，异姓重臣则清一色为礼法之士。这一状况，一方面标志着礼法集团整体上转而成为西晋的执政集团，另一方面也意味着作为曹魏朝中一个政治派别的礼法集团的消亡。

为什么这样说呢？

---

① 《晋书》卷3《武帝纪》泰始元年，第一册第51—52页。其中，时督徐州的卫瓘应为镇东大将军，参见《晋书》卷36《卫瓘传》，第四册第1057页；另参见（清）万斯同：《晋方镇年表》，《两晋南北朝十史补编》，北京：北京图书馆出版社，2005年，第一册第85—98页。按晋制，"公"有官职上的"公"和爵制上的"公"之分，太傅、太保等系官职之"公"，寿光公等系爵制之"公"，即五等制公、侯、伯、子、男序列的最高等级。进一步，公爵分"郡公""县公"等，侯爵分"郡侯""县侯"等，食邑规模有别，咸宁年间还明确"郡公制度如小国王"。见《晋书》卷24《职官志》，第三册第744页。

② 《晋书》卷24《职官志》，第三册第724页。其中，应是司马望为司徒、何曾为太尉，参见（清）万斯同：《晋将相大臣年表》，《两晋南北朝十史补编》，第一册第27—38页。

③ 即司马孚、郑冲、王祥、司马望、何曾、荀颉六人。

事实上，变化从"高平陵事变"后即已开始。礼法集团生成于对曹魏集团的质疑或抵制。新朝既立，礼法派"迹三代之典，垂百王之训"①的经制理想，以及"以'太平'为理想、以'礼法'为手段"②的世道愿景，已得到全面体现。变身新朝权贵的礼法之士从此可以从心所欲地理政、施政，不必再以诟病朝事大政的方式表达诉求，也不必试图扭转皇朝的政治基调和政策方向。

当然，这并不是说礼法派不再崇奉礼法。对诸多礼法之士而言，所谓礼法，并非信守不移的义理，而是实现利益的工具。马克思说过，"'思想'一旦离开'利益'，就一定会使自己出丑"③，入晋之后，礼法集团当政，有关礼法之治的主张更多成为其争夺权位、伸张利益的幌子，进身新朝的礼法之士的分化、组合，动因、依据已不在于奉行礼法与否，而是基于现实的政治需求。

晋初异姓重臣及其政治系谱④

对西晋的权贵，吕思勉斥责道："晋初元老，如石苞、郑冲、王祥、荀颛、何曾、陈骞之徒，非乡原之徒⑤，则苟合之士。此等人而可以托孤寄命哉？"⑥抑或出于对晋之不逮的愤懑，此论不免偏激。客观而

---

① 语出《晋书》卷 19《礼志上》，第三册第 580 页。

② 语出陈苏镇：《〈春秋〉与"汉道"——两汉政治与政治文化研究》，北京：中华书局，2011 年，第 741 页。

③ 《神圣家族》，《马克思恩格斯文集》第 1 卷，中央马恩列斯著作编译局编译，北京：人民出版社，2009 年，第 286 页。

④ "系谱"又作"谱系"，原为生物学、遗传学、社会学等领域的术语，引申为对具有世代关系、发展渊源关系一类现象的表述或记载。

⑤ "乡原"即"乡愿"，指乡里中言行不一、伪善欺世的人，《论语·阳货》称："乡原，德之贼也。"《论语译注》，杨伯峻译注，第 264 页。

⑥ 吕思勉：《两晋南北朝史》上册，第 13 页。

论,魏晋交替之际的诸多朝臣,在很大程度上已是一时之选,脱离了历史环境,将先附曹后依马者概称为"乡原",将由事魏转而事晋视为"苟合",未免失之公允。

晋初朝枢重臣情况如下:

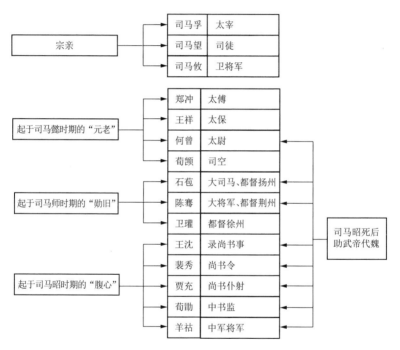

附注:诸臣起于何时期,以始有其事迹、官位之记载的时间为准。例如起于司马昭时期的诸臣,其于司马师时期或已有所任,但今已无相应记载。

图 1-1 晋初朝枢重臣及其政治系谱

十五人中,异姓十二,占了 4/5。较之本宗,在西晋代魏的进程中,异姓势力起了主要作用。司马氏登顶路上的历次重大关头,包括"高平陵事变",多赖异姓之力,禅代成朝之后,赎买和酬功不可避免地需偏重于附随、拥戴有功的异姓重臣。

　　善于招贤纳士，或者说善于收揽人心、招降纳叛，是司马氏为政的重要优势。但西晋代魏，历经三代四主，晋初异姓重臣的政治系谱因此有了耐人寻味之处：依附拥司马氏的时间先后及各与司马氏三代人的互知、互动、交集、交谊等渊源关系的不同，十二异姓重臣对应而成司马懿时期的"元老"①、司马师时期的"勋旧"②和司马昭及武帝的"腹心"③三系，武帝莅位，三系分获不同位遇。

　　前述之"八公"中，异姓占六，"元老""勋旧"除资望尚浅的卫瓘外，悉数入局，不过，细究之下，武帝给予"元老"和"勋旧"的优宠和位遇是有所不同的。

　　对"元老"是进爵不加官、不授实任。四名"元老"年事已高，王祥、郑冲已届八旬，何曾、荀颛则年在耳顺与古稀之间，较武帝伯叔之辈年长许多，入晋后，四人只是爵位一概由侯进公，继续保持其在前朝已居的"公"职虚尊之位④。

　　"元老"基本以孝著称。王祥"卧冰求鲤"如前所述，何曾、荀颛则被冠以魏晋时期文学家、思想家名头的傅玄用阿谀、夸张的笔调称颂，"以文王之道事其亲者，其颍昌何侯乎，其荀侯乎！古称曾、闵，今

---

　　① 语出《晋书》卷 33《王祥传》和《郑冲传》："元老高行""朝之俊老"，第四册第 988、993 页。

　　② 所谓"勋旧"，可见《晋书》卷 35《陈骞传》之"骞元勋旧德""以其勋旧耆老，礼之甚重"等语，第四册第 1036—1037 页。

　　③ 《晋书》卷 33《石苞传》和卷 35《陈骞传》，第四册第 1000—1002、1035—1037页。"腹心"五人为王沈、裴秀、贾充、荀勖和羊祜，后将详述。

　　④ 王祥、何曾的年龄史有明载。曹丕为世子之时期，系东汉建安二十二至二十五年（217 至 220 年），郑冲为其属吏；荀颛在司马昭当政时"年逾耳顺"，二人年龄可依据此类线索推知。参见《晋书》卷 33《王祥传》《郑冲传》和《何曾传》，卷 39《荀颛传》等，第四册第 987—990、991—993、994—998、1150—1152 页。

曰荀、何。内尽其心以事其亲,外崇礼让以接天下",荀、何,君子之宗也"。傅玄是曹魏大臣傅嘏的族人,傅嘏在曹魏时曾遭曹爽一党的构陷,荀颛施以援手。未知傅玄如此谄媚于荀颛是否有报答之心,礼法集团崇尚孝治天下,再没比颂人以孝更高的赞誉了①。至孝"元老"列朝,似也增高了西晋礼法之治的成色。

对两名"勋旧"则是徙封、进爵、加官并维持实任。从"六公"到"八公",所加二"公",即起家于司马师时期的石苞和陈骞。石苞追随司马氏、陈骞交好司马氏,已达三十年,对司马氏夺位助益极大。曹魏末期,石苞为骠骑将军、都督扬州,禅代之后,石苞由东光侯"进封乐陵郡公,加侍中,羽葆鼓吹",以大司马继续都督扬州;陈骞在曹魏末期为车骑将军(一说征南大将军)、都督荆州,西晋建立后,其由郯侯进爵,"封高平郡公",以大将军继续都督荆州。对此二人,不进"公"位,无以显示新朝加恩,但其实职并无变化②。

武帝的腹心股肱

相比"元老"的优尊虚位、"勋旧"的加恩守任,先事司马昭、后事武帝的"腹心"一系是新朝权势架构更易的最大受益者,也是武帝倚为股肱、赋予大任的核心班底。

《晋书》载,"(武)帝甚信重(贾)充,与裴秀、王沈、羊祜、荀勖同受腹心之任";又载,西晋代魏,"创业之事,羊祜、荀勖、裴秀、贾充等,皆与(王)沈谐谋"。五人之中,先则四人在朝,武帝嗣父后,又特召都督

---

① 《晋书》卷 33《何曾传》和卷 39《荀颛传》,第四册第 997—998、1150—1152 页;《三国志》卷 21《傅嘏传》,上册第 518—519 页。"曾、闵"指以孝行著称的孔子弟子曾参和闵损。

② 《晋书》卷 33《石苞传》和卷 35《陈骞传》,第四册第 1000—1002、1035—1036 页。

在外的王沈回朝①。五人虽非"八公"，但西晋立朝前后及晋初的朝枢之要皆由其执掌。

表 1-1　晋初五大"腹心"的封爵、任职情况

姓名	爵　位	荣誉职务	西晋立朝时实授官职	加　官	泰始前期的情况
王沈	博陵公	骠骑将军	录尚书事、统城外诸军事	散骑常侍	泰始二年五月死
裴秀	钜鹿公	左光禄大夫	尚书令		泰始四年正月为司空 泰始七年三月死
贾充	鲁公	车骑将军	尚书仆射	散骑常侍	代裴秀为尚书令（守尚书令） 母忧去职、诏命起复 复为（守）尚书令、加侍中
荀勖	济北侯		中书监	侍中	
羊祜	钜平侯		中军将军	散骑常侍	中军将军官职取消 泰始四年二月为尚书左仆射、卫将军 泰始五年二月以卫将军都督荆州

五人之中，又以"开府"的王、裴、贾地位更高一些②，"泰始中，人为充等谣曰：'贾、裴、王，乱纪纲。王、裴、贾，济天下。'言亡魏而成晋也"。③荀勖、羊祜在资望上稍逊色。

西晋立朝后，腹心全部增封、进爵、加官并被委以要任。按武帝

---

① 《晋书》卷 39《王沈传》，第四册第 1145—1146 页。

② 《晋书》卷 24《职官志》："开府者皆为位从公。""开府仪同三司"即未至"三公"之位却能如同"三公"一般开府；"录尚书事"则指未任尚书令（尚书仆射）之职而能行尚书令（尚书仆射）的职权。第三册第 726—730 页。魏晋时，"开府仪同三司""录尚书事"之类或较任者之本官更为重要。

③ 《晋书》卷 40《贾充传》，第四册第 1166 页。

诏,五人皆进爵为郡公,但羊祜谦让,"固让封不受,乃进本爵为侯";荀勖听闻羊祜不受公爵,也"固辞为侯"。二人本是进爵三等,"固辞"而减为进爵二等①,"固辞"之后,仍属跃升。

西晋时期,三省六部制基本成型。皇帝之下,"总领纪纲,无所不统"②的尚书省体制在晋初已相当成熟;自曹丕置中书监、令起③,中书省之定位为皇帝的"喉舌之任"④,职能进一步强化;门下省则始于西晋,扩展相当迅速,"除出纳诏命,弹劾纠察外,还管辖禁中禁令仪制和献替侍从等,很大程度上成了皇帝事务总机构"⑤。

武帝即位,朝中三省,尚书省和中书省皆由腹心主领;余之门下省,五大腹心中有四人以加官形式参预其中⑥。其时,"侍中等并不具体掌管日常政务,一般说是消极地等待皇帝咨询,不像录尚书事、尚书令可根据手头政务,在觐见皇帝时主动提出各种奏请,议政权更广泛",且侍中"又无对百官的监督执行权"⑦。较之专任的侍中或散骑常侍等,腹心诸员以尚书省、中书省本官加侍中或散骑常侍之职,显然有着更大的政治话语权。

令人意外的是,武帝嗣父时被急调入朝"欲委以万机"的王沈,入

---

① 按五等制,荀勖、羊祜原为子爵,参见《晋书》卷34《羊祜传》和卷39《荀勖传》,第四册第1014、1153页。

② (唐)杜佑编纂:《通典》卷22《职官四·尚书上》。

③ 《晋书》卷24《职官志》,第三册第734页。

④ (唐)杜佑编纂:《通典》卷21《职官三·中书省》;《晋书》卷67《郗鉴传》,第六册第1799页。

⑤ 白钢主编:《中国政治制度史》,上册第310页。

⑥ 《晋书》卷24《职官志》:侍中、散骑常侍皆为门下省主要官职,可专任,亦可作为加官,第三册第732—733页。另,有裴秀于入晋前已加任散骑常侍等门下省官职的记载,入晋后是否仍有该类加官,未详。

⑦ 祝总斌:《两汉魏晋南北朝宰相制度研究》,第244页。

晋不到半年便死,腹心"五人团"成了"四人帮"①。

这一四人"天团"还是甚有作为的。荀勖守于中书省的"凤凰池"②,羊祜在"统二卫、前、后、左、右、骁卫等营"的中军将军职上③,尚书令裴秀"改官制"又"创制朝仪,广陈刑政",尚书仆射贾充则忙于将芜杂不堪的旧律简化为新律④。晋初政局,出现了一定的除旧布新气象。

第三节　西晋皇族:武帝扶植的新势力

历遭诟病的宗亲分封与宗王出镇

司马氏一族之地位因魏晋禅代而骤升,皇族成为当朝权势架构中的重要势力,这是西晋不同于曹魏的一大突出现象。

武帝登基后,"封皇叔祖父孚为安平王,皇叔父榦为平原王,亮为扶风王,伷为东莞王,骏为汝阴王,肜为梁王,伦为琅邪王,皇弟攸为齐王,鉴为乐安王,机为燕王,皇从伯父望为义阳王,皇从叔父辅为渤海王,晃为下邳王,瓌为太原王,珪为高阳王,衡为常山王,子文(司马景)为沛王,泰为陇西王,权为彭城王,绥为范阳王,遂为济南王,逊为谯王,睦为中山王,陵为北海王,斌为陈王,皇从父兄洪为河间王,皇

---

① 《晋书》卷 39《王沈传》和卷 3《武帝纪》泰始二年,第四册第 1143—1146 页,第一册第 54 页。

② 中书省因其得近帝王、得宠幸之利,别称"凤凰池",喻其贵显。语出《晋书》卷39《荀勖传》:"(荀)勖久在中书,专管机事",后改任守尚书令,"甚罔罔怅恨。或有贺之者,勖曰:'夺我凤皇池,诸君贺我邪!'"第四册第 1157 页。

③ 《晋书》卷 24《职官志》,第三册第 740—741 页。

④ 《晋书》卷 40《贾充传》以及卷 34《羊祜传》、卷 35《裴秀传》和 39《荀勖传》,第四册 1165—1166、1014、1037—1038、1152—1153 页。

表1-2 司马氏魏晋任职及晋初封邑情况表

身份	宗王名称	入晋前任职	西晋初期任职	晋初食邑户数
皇从祖	安平王司马孚	长乐公,太傅	太宰,持节,都督中外诸军事	40 000 户
皇从伯	义阳王司马望*	顺阳侯,司徒	司徒	10 000 户
皇叔	平原王司马榦	定陶伯,抚军中郎将	加侍中之服	11 300 户
	扶风王司马亮	祁阳伯,镇西将军	镇西将军,持节,都督关中雍凉诸军事	10 000 户
	东莞王司马伷	南皮伯,征西将军,假节	征虏将军,兖州刺史,监兖州诸军事	16 000 户
	汝阴王司马骏	东牟侯,安东大将军	安东大将军,都督豫州诸军事	10 000 户
	梁王司马肜	开平子	(北中郎将,督邺城守诸军事)	5 358 户
	琅邪王司马伦	东安子,谏议大夫		不详
皇叔	渤海王司马辅*	野王太守	(卫尉,东中郎将)	5 379 户
	下邳王司马晃*	西安男,东莞太守	(长水校尉,南中郎将)	5 176 户
	太原王司马瓌*	固始子,振威将军,秘书监	(东中郎将)	5 496 户
	高阳王司马珪*	濦阳子,给事黄门侍郎		5 570 户
	常山王司马衡*	汝阳子,驸马都尉		3 790 户
	沛王司马景*	谏议大夫		3 400 户
	彭城王司马权	东武城侯(袭封),冗从仆射	(北中郎将,督邺城守诸军事)	2 900 户

（续表）

身份	宗王名称	入晋前任职	西晋初期任职	晋初食邑户数
皇从叔	陇西王司马泰	扶风太守	（游击将军、兖州刺史、鹰扬将军）	3 200 户
	范阳王司马绥	谏议大夫		不详
	济南王司马遂	祝阿伯、冠军将军	冠军将军、督邺城守诸军事	不详
	谯王司马逊	泾阳男、轻车将军、羽林左监		4 400 户
	中山王司马睦	侍御史		5 200 户
	北海王司马陵	议郎		4 700 户
	陈王司马斌	中郎		1 710 户
皇弟	齐王司马攸	安昌侯、卫将军	卫将军	不详
	乐安王司马鉴			不详
	燕王司马机			6 663 户
皇从兄	河间王司马洪*	襄贲男、典农中郎将、原武太守		不详
	东平王司马楙*	参相国军事	（散骑常侍、尚书）	3 917 户

附注：

1. 入晋前爵位以五等爵制为准。
2. 加注"（）"者，其室内所列非西晋受禅时的任职，而系在西晋初年的任职。
3. 标注"*"者，系司马孚之子孙。

从父弟楙为东平王"①,并赐封邑。

魏晋交替前,数位重量级宗亲已出任方镇、掌制要地②。晋初分封,武帝之三位皇叔,镇西将军司马亮和安东大将军司马骏分别都督关中和豫州,征虏将军司马伷监兖州诸军事并兼兖州刺史③,再加皇从叔、冠军将军司马遂督邺城守诸军事④,局面遂呈宗王重镇之势⑤。

西晋的分封宗亲和宗王出镇,历来遭到诟病,甚有将西晋短祚归咎于此的说法。《晋书》即指出宗王"出拥旄节,莅岳牧之荣;入践台阶,居端揆之重"的人弊⑥,王夫之谓"晋武分诸王使典兵,晋不竞矣"⑦。直至现代,仍多认为西晋"其所以召乱者,实由其任宗室诸王大重,承州郡积重之后,而使之出专方任耳"⑧,"其终

---

① 《晋书》卷3《武帝纪》泰始元年,第一册第51—52页。其中,时督徐州的卫瓘应为镇东大将军,参见《晋书》卷36《卫瓘传》,第四册第1057页;另参见(清)万斯同:《晋方镇年表》,《两晋南北朝十史补编》,北京:北京图书馆出版社,2005年,第一册第85—98页。

② "方镇"有时亦通"藩镇",严格意义上二者有别。"藩"系"藩王""藩屏"之简称,源在分封古义,宗王领兵于其藩国,堪称"藩镇"。西晋"藩""镇"分立,宗王归藩并不一定即为出镇,且镇督一方的不乏异姓,称之为"藩镇",似不确切,而以"方镇"一词为宜。宗王受任督外,系一类身份特殊的方镇,与其藩国未必存在联系。

③ 《晋书》卷38《司马伷传》和《司马骏传》、卷59《司马亮传》,第四册第1121、1124—1125页,第五册第1591页。

④ 《晋书》卷37《司马遂传》,第四册第1001—1103页。

⑤ 《晋书》卷24《职官志》:"及晋受禅,都督诸军为上,临诸军次之,督诸军为下",第三册第729页;《宋书》卷39《百官志上》:"晋世则都督诸军为上,监诸军次之,督诸军为下。"司马伷之所以此际任职不及其兄和其弟,或受"淮南三叛"诸葛诞之叛的牵连;其妃诸葛氏系诸葛诞之长女。但诸皇叔中,武帝对司马伷尤其信用,见《晋书》卷3《武帝纪》相关记载,卷38《司马伷传》《司马觐传》和《司马澹传》,第一册第56页,第四册第1121—1124页;《三国志》卷28《诸葛诞传》,下册第646页。

⑥ 语出《晋书》卷59"序",第五册第1589—1590页。

⑦ (清)王夫之《读通鉴论》卷12,第二册第838页。

⑧ 吕思勉:《两晋南北朝史》,上册第23页。

引起大乱,可以说未必由于封建,而是由于诸王出拥旌节,而为方岳"①。

如此议论,颇有"倒放电影"的意味:"以后起的观念和价值尺度去评说和判断昔人,结果常常得出超越于时代的判断。"②反诘之:"大国亦不过如一郡,安足为乱?"③至于宗王出镇,若换以异姓督外,西晋可得不乱?如果承认异姓出镇同样不免招乱,说法岂不又转换成了"西晋之亡、咎在方镇",那又何必再强调本宗异姓之别?

单纯逻辑推演似亦无力,在此,我们不妨对西晋宗亲分封、宗王出镇现象作一实证性的考察。

晋初藩国制式与武帝纳新之举

分封宗亲以利国政的藩国制度源于西周,与魏晋之交的复古思潮契合,即"自古帝王之临天下也,皆欲广树蕃屏,崇固维城"。但实践中,在天下大一统后,分封古制走过很长的弯路,如西汉早期的"非刘而王"④,后又有"七国之乱"⑤,几至王朝倾覆,故世论多转而认为分封不可行。到了曹魏时期,"忘经国之宏规,行忌刻之小数","不度先王之典,不思藩屏之术",对宗室"禁防壅隔,同于囹圄",以致"枝叶

---

① 萨孟武:《中国社会政治史(三国两晋南北朝卷)》,第 139 页。

② 罗志田:《民国史研究的"倒放电影"倾向》,《社会科学研究》1999 年第 4 期。

③ 吕思勉:《两晋南北朝史》,上册第 24 页。

④ "非刘氏而王"意为分封异姓为王。语出《史记》卷 9《吕太后本纪》:高帝(刘邦)曾盟白马盟"非刘氏而王,天下共击之",第一册第 337 页。

⑤ 西汉景帝时期吴王刘濞等七诸侯国的叛乱。参见《史记》卷 11《孝景本纪》、卷 101《袁盎晁错列传》和卷 106《吴王濞列传》,第一册第 372—374 页,第四册第 2399—2402、2461—2473 页;《汉书》卷 5《景帝纪》和卷 49《爰盎晁错传》等,第一册第 124—126 页,第三册第 2005—2008 页。

微弱,宗祐孤危",世议又有所转向,"革魏余弊,遵周旧典,并建宗室,以为藩翰"重新成了众望所归的举措,"树藩立屏"以固皇统的说法又得盛行①。

晋初分封,武帝抬举出一个人多势众的宗王群体,但并不是简单地从礼法之议、矫前朝之弊,复行古制。从藩国体系看,西晋藩国实为宗王的食邑②,与西周天下共主前提下的裂土而治全然不同。晋初二十七藩国,大多数为户数五千上下的小国,"插花"式分布于郡县之间。初时"王不之国,官于京师"③,对食邑"三分食一"或"四分食一"④,即邑户 1/3 或 1/4 的租赋归于宗王。至于藩国官属是由朝廷选派还是由宗王自行选派,史学界存在争议,对此可引皇从祖司马孚属国的情形:"有司奏,诸王未之国者,所置官属,权未有备。帝以孚明德属尊,当宣化树教,为群后作则,遂备置官属焉。"⑤由此可见,藩国官属当由朝廷选派,只不过晋初仓促,"权未有备"、不及施行到位而已。

从藩国规模看,有载的宗王食邑户数之和超过十六万户,加上未有确切记载的,推算食邑总户数当在二十万户左右。这一规模,约为

---

① 《晋书》卷 37"史臣曰"和卷 59"序",第四册第 1114—1115、1589—1590 页;《三国志》卷 19《曹植传》和卷 20"评曰",上册第 466—479 页。

② "食邑"又称采邑,系君主赐予受封者或诸侯赐予官属的使其取得俸禄的地域或民户。

③ 《晋书》卷 14《地理志上》,第二册第 413—415 页。

④ "三分食一"还是"四分食一",观点不一。参见唐长孺:《西晋田制试释》和《魏晋户调式及其演变》,《魏晋南北朝史论丛》,第 34—82 页;周国林:《西晋诸侯四分食一制考略》,《中国社会经济史研究》1991 年第 4 期;柳春藩:《曹魏西晋的封国食邑制》,《史学集刊》1993 年第 1 期;张学锋:《西晋诸侯分食制度考实》,《中国史研究》2001 年第 1 期等。

⑤ 《晋书》卷 37《司马孚传》,第四册第 1084 页。

同期在籍户数的 1/8 左右①。进一步根据其时宗王食邑"三分食一"或"四分食一"之制推算，宗王所得相当于同期西晋全部租赋的 1/32 至 1/24，王朝的财政负担不算沉重。

从藩国构成看，晋初宗王乃一特殊群体。广封宗亲为王之制，既不同于异姓诸侯，也不同于皇子封王，"既不见于秦汉，也不见于唐以后"，西晋开先河，继而"在不同程度上通行于南北朝，甚至延续到唐初"②。晋之诸王因与人君血缘关系之亲疏，兼以辈分、官职等因素分得食邑，"邑二万户为大国""邑万户为次国""五千户为小国"③。实际分封，仅皇叔祖司马孚之封国为大国，次国有五，余之二十一王皆为小国。除司马懿、司马孚两支，其余各支所邑加起来也仅占宗王邑户总数的 1/5，部分宗王的食邑仅与公爵裴秀、侯爵羊祜的三千户相当④；邑户最少的仅为小国定制的 1/3，甚至不及异姓何曾、王沈的一千八百户⑤。

按照新朝权贵形成的基准模式，西晋皇族也源于赎买和酬功，但

---

① 太康元年（280 年），西晋灭吴，得"户五十二万三千"和"男女口二百三十万"，由此全国"大凡户二百四十五万九千八百四十，口一千六百一十六万三千八百六十三"，见《晋书》卷 3《武帝纪》太康元年和卷 14《地理志上》，第一册第 70—71 页，第二册第 407—408 页。据此推算，扣除吴之户口，伐吴之前西晋实际控制的户数、人口大体为一百九十多万户、一千三百八十多万口。但此为入晋十五年后之数，似难以为凭，晋初户数、人口理当更少。葛剑雄提出一个重要观点："参照西汉和以后各朝在正常情况下的人口增长率，我们将三国期间这一阶段的年平均增长率定在 4‰—5‰。"参见葛剑雄主编：《中国人口史》第一卷，第 448 页；葛剑雄：《中国人口发展史》，成都：四川人民出版社，2020 年，第 152—154 页。据此增长率，以灭吴前西晋控制区的户口为基数，逆而推之，晋初户数、人口当接近一百八十万户、一千三百万口。

② 唐长孺：《西晋分封与宗王出镇》，《魏晋南北朝史论拾遗》，第 140—141 页。

③ 《晋书》卷 14《地理志上》，第二册第 413—415 页。

④ 《晋书》卷 34《羊祜传》和卷 35《裴秀传》，第四册第 1014、1038 页。

⑤ 《晋书》卷 33《何曾传》和卷 39《王沈传》，第四册第 996、1145 页。

宗亲之望,普遍不及异姓"元老",宗亲之功,远远不及异姓功臣,武帝何以能封尽封、令年长于己的宗亲悉数为王,扶持、拔高出皇族这一新的权势派系呢?

对司马懿一支主导的魏晋禅代,司马氏旁支宗亲并不积极,司马孚"逢废立之际,未尝预谋。景文二帝(司马师与司马昭)以孚属尊,不敢逼"①。司马孚长子司马望也是有所回避。曹髦为帝,司马望为护军将军加散骑常侍,"时魏高贵乡公(曹髦)好才爱士,(司马)望与裴秀、王沈、钟会并见亲待,数侍宴筵。公性急,秀等居内职,急有召便至。以望外官,特给追锋车一乘,武贲五人。时景文相继辅政,未尝朝觐,权归晋室。望虽见宠待,每不自安,由是求出,为征西将军、持节、都督雍凉二州诸军事"。②

当然,不排除这样一种可能性:司马氏族内达成默契,司马孚、司马望等示人以"作壁上观"的假象,以留有转圜余地,在关键时刻对司马懿一支施援。曹髦被弑后,司马孚的"表演"就显得意味深长:"及高贵乡公(曹髦)遭害,百官莫敢奔赴,孚枕尸于股,哭之恸,曰:'杀陛下者臣之罪。'奏推主者。会太后令以庶人礼葬,孚与群公上表,乞以王礼葬,从之。"③这样做,很巧妙地袒护、开脱了司马昭——"奏推主者",主使为谁,不言自明,何须"推"之?

司马孚这样做,究属暗助司马昭,还是仅仅出于维护本族的目的,不宜擅断。然而,晋初分封,封王及食邑偏重司马懿与司马孚两

---

① 《晋书》卷37《司马孚传》,第四册第1084页。
② 《晋书》卷37《司马望传》,第四册第1085—1086页;《三国志》卷4《三少帝纪》甘露元年,上册第116—117页。
③ 《晋书》卷37《司马孚传》,第四册第1082—1084页。此载与其时王祥的表现如出一辙。

支,且两支对比,旁支居大。司马孚一支封王者十人,获封食邑户数合计近十万,占到全部邑户的近半,甚至超过司马懿一支的九人为王、邑户八万之数,颇有喧宾夺主的意味。这一情形,显非赎买、酬功所能解释。

唐长孺曾论道,"皇室作为一个家族驾于其他家族之上,皇帝是这个第一家族的代表以君临天下,因而其家族成员有资格也有必要取得更大权势以保持其优越地位"①。是论确然,但意犹未尽。结合宗王出镇等现象,武帝分封宗亲,除了赎买和酬功,似还有更深的用意:纳新,培植一系新的政治势力。

宗王出镇及宗亲外任

司马懿本人曾系最大的镇督重臣②,司马师接掌大权后,即令"诸葛诞、毌丘俭、王昶、陈泰、胡遵都督四方,王基、州泰、邓艾、石苞典州郡"③。方镇在皇朝政治体系中的作用十分重要,无论出镇者为异姓还是本宗,所涉利害得失均不同寻常,司马氏无疑深谙其中门道。

西晋的宗王出镇现象,起源于曹魏后期司马氏专权下的近亲出镇、都督一方。先是曹魏正元二年(255 年),"德高望重"的司马孚"西镇关中,统诸军事"④,又有前述司马望不受曹髦拉拢,反求出镇,以征西将军、持节都督雍凉二州诸军事八年⑤。司马昭也曾有过"屯关中,为诸军节度","镇许昌","督淮北诸军事"和统军伐吴,"行征西将

---

① 唐长孺:《西晋分封与宗王出镇》,《魏晋南北朝史论拾遗》,第 141 页。

② 《晋书》卷 1《宣帝纪》太和二年、太和四年和景初三年,第一册第 5、6、11 页;《三国志》卷 3《明帝纪》太和二年、太和四年和景初三年,上册第 79—83、96—97 页。

③ 《晋书》卷 2《景帝纪》嘉平四年,第一册第 26 页。

④ 《晋书》卷 37《司马孚传》,第四册第 1084 页。

⑤ 《晋书》卷 37《司马望传》,第四册第 1086 页。

军,次长安"等经历。正是在司马昭当国时期,司马氏宗亲出督重镇成为代魏要策之一,至魏末,数位皇叔分镇要地,司马氏近亲已经形成一个蕊状的外镇态势,如图1-2:

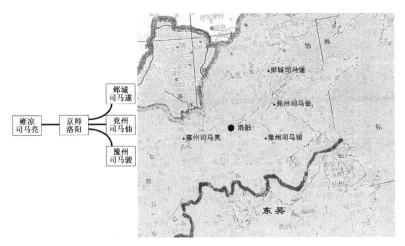

说明:地图来源于谭其骧主编:《中国历史地图集》,北京:中国地图出版社,1982年,第三册第33—34页。

图1-2 魏晋之交司马氏宗亲重镇分布

这一自西向东伸展出的"新朝之蕊",覆及皇朝的整个腹心区域,重镇要地,宗亲为守,皇朝疆域,依此东临青、徐,北制幽、并,南扼荆、扬,又延及益、梁。不待入晋,西晋"树藩立屏"核心结构俨然已成,这是司马昭留予武帝的堪称现成的基业,也为政治地理意义上的西晋基石。

很明显,宗亲重镇对皇权的形成、稳固有着不可替代的积极作用,镇、王一体也就成了西晋的基本政策之一,只不过新朝成立前是先出镇、后封王,新朝成立后则是先封王、后出镇。考究武帝时期的宗王出镇现象，我们还可发现，一方面，出镇只是武帝任用宗亲、"藩卫王室"①的方式之一，近似的还有宗王获任就国之事例，此较出镇更为多见——晋初即有皇叔司马肜就国并受任"北中郎将，督邺城守事"，因对官属失察，事发后，其北中郎将、督邺城守事之职被皇从叔司马珪取代②；同期又有皇从叔司马辅、司马晃和司马瓌"泰始二年就国"并分领东中郎将等职③。

但另一方面，武帝始终节制宗王出镇的规模。晋初天下十三州，都督一方的宗王仅四五人，且限于至亲；长期督一方军事的仅司马伷、司马骏二位皇叔，余之外任宗王时有调动、更替④。

对比曹魏，西晋的宗王出镇以及更广义上的宗王外任，无疑是皇朝政治生态的一大新生机制。宗王分镇、分任各地，体现了武帝以皇族为新势力，以外制内、以本宗制异姓的政治意图。

对于宗王出镇，祝总斌作了客观、中肯的总结："魏晋建立都督，从制度上说，既赋予重权，又极力限制与防范，目的是既要让它为巩固专制主义中央集权王朝服务，而又不致变成分裂割据力量。从晋武帝统治实践看，无论异姓都督或诸王兼都督都基本符合这一要求，二十六年中立功累累而无一叛乱事例就是证明。晋武帝认识到这是一个成功的经验，所以在世时广泛推行。后代封建统治者也认识到

---

① 语出《晋书》卷 24《职官志》，第三册第 744—745 页。

② 《晋书》卷 38《司马肜传》和卷 37《司马珪传》，第四册第 1127、1091—1092 页。

③ 《晋书》卷 37《司马辅传》《司马晃传》和《司马瓌传》，第四册第 1090—1091 页。

④ （清）万斯同：《晋方镇年表》，《两晋南北朝十史补编》，第一册第 85—97 页。另参见《晋书》卷 37 和卷 38 相关记载，第四册第 1081—1115、1119—1139 页；张兴成：《两晋宗室制度研究》"宗室任官制度（下）"，第 197—220 页。

都督制度的作用,所以不仅东晋南北朝继续沿用,而且隋唐至明清的'总管''节度使''总督''巡抚'等,也都是以此为楷模而进一步发展建立的。"①

至于宗王镇、任对于皇朝是福是祸,"封国制的单位在不同的历史条件下,有时是朝廷的对抗力量,有时是朝廷的依靠力量"②,都督制亦然。宗王出镇及宗王分封皆为工具,利弊系乎掌制、操纵工具的主人:皇权有序,上下井然;皇权失驭,分崩离析。

第四节　武帝经略新朝、重振皇权的愿景与障碍

"虚大祖之位":晋初鼎新背后的分歧与暗流

矫前朝之弊、立新朝之基,晋初出现了新气象,但新旧迭代所需的革故鼎新之措实施有限。禅代本身特有的除旧、布新皆难一步到位的局限性是一方面;另一方面,在皇权政治之下,事关皇统国本的晋祚之源,立朝之际竟然也悬而未决。

"国之大事,在祀与戎。"③立朝建庙奉祀,"天子七庙,三昭三穆,与大祖之庙而七"④。大祖即太祖,太祖庙号当谥以创基立业者,但在西晋代魏,武帝却回避了这一问题:虽"追尊宣王(司马懿)为宣皇帝,景王(司马师)为景皇帝,文王(司马昭)为文皇帝",却"虚大祖之

---

① 祝总斌:《"八王之乱"爆发原因试探》,《北京大学学报》(社会科学版)1980 年第 6 期。武帝当国,按年号算是二十六年,实际应是二十五年。

② 白寿彝主编:《中国通史(第二版)》第四卷,第 5 册第 241 页。

③ 《左传·成公十三年》,《春秋左传注(修订本)》,杨伯峻编著,第三册第 941 页。

④ 《礼记·王制》,参见《礼记》,胡平生、张萌译注,上册第 258 页。昭穆制度系古代宗法制度规定的庙制次序,始祖庙居中,以下父子(祖、父)递为昭穆,左为昭,右为穆。"昭穆"一词后也泛指宗族辈分。

位"，且"无定庙号"①。

对于武帝此举，后世多予恶评，指责其"简宗庙，不祷祠，废祭祀，逆天时"②。不过，禅代之际礼法之士众多，似都接受了这一拂逆成制的做法，史上并无其指责武帝的记载。

所以如此，显系武帝本人迫于现实政治状况，不得已而为之。司马孚一支势盛或是晋初"虚大祖之位"的原因之一。司马懿死后，司马孚在朝中、族内地位尊显，武帝受禅后，司马孚拜辞逊位的魏帝，"流涕歔欷，不能自胜"，出言道："臣死之日，固大魏之纯臣也。"③皇统更迭之际，宗室长老对新朝的态度既微妙又不无抵触，令人费解。

更重要的是，司马氏夺魏过程中，司马师、司马昭之间曾经兄终弟及，并且如前已述，晋初重臣政治渊源各异，起家于司马懿、司马师时期的与发迹在司马昭任内的，虽同为司马氏效力，但身上所带有的印记、心理上的倾向等，尤其是与武帝的关系，显然不同。先前两代三人共创基业，到确定第三代是武帝还是别的什么人为嗣主时，众臣心思难免不一。

---

① 《晋书》卷3《武帝纪》泰始元年和卷19《礼志上》，第一册第51—52页，第三册第601—603页。另参阅梁满仓：《魏晋南北朝皇家宗庙制度述论》，《中国史研究》2008年第2期；郭善兵：《魏晋南北朝皇家宗庙礼制若干问题考辨》，《中国史研究》2015年第2期等。

② 《晋书》卷27《五行志上》，第三册第813页；《宋书》卷14《礼志一》，第二册第327页；卷33《五行志四》更载："晋武帝泰始四年九月，青、徐、兖、豫四州大水。七年六月，大雨霖，河、洛、伊、沁皆溢，杀二百余人。帝即尊位，不加三后祖宗之号。泰始二年，又除明堂南郊五帝坐，同સ昊天上帝，一位而已。又省先后配地之礼。此简宗庙，废祭祀之罚，与汉成帝同事。……咸宁初，始上祖宗号，太熙初，还复五帝位。"第四册第951页。

③ 《晋书》卷37《司马孚传》，第四册第1084—1085页。

由此,我们不能不提及武帝与其弟司马攸之间在入晋前的"嗣位之争"。

晋祚的梦魇与武帝的软肋

曹魏正元二年(255 年)司马师死,因其无子,司马昭将己子、武帝之弟司马攸过继给司马师为后,司马氏的祚系因此变动。

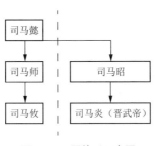

图 1-3　西晋祚系示意图

事情本无枝蔓,但咸熙元年(264 年)三月司马昭晋爵晋王,史载:"初,文帝(司马昭)以景帝(司马师)既宣帝之嫡,早世无后,以(武)帝弟攸为嗣,特加爱异,自谓摄居相位,百年之后,大业宜归攸。每曰:'此景王之天下也,吾何与焉。'将议立世子,属意于攸。何曾等固争曰:'中抚军(武帝)聪明神武,有超世之才。发委地,手过膝,此非人臣之相也。'由是遂定。"①

"摄"作"代行"之解。司马昭的说辞,从字面上解读就是:天下是司马师的,本人只是代兄执政,本人死后,天下似应归司马师一系。

司马昭如此谦抑,是真诚还是虚伪? 显为后者。依循古制,如果天下是司马师的,司马攸成年时即当归政,何待司马昭死后才"大业

---

① 《晋书》卷 3《武帝纪》等,第一册第 49 页。

宜归攸"呢？何况,从上图可见,晋王爵位加于司马昭,由业已出继的司马攸嗣之,反倒有违宗法规制。

司马昭实是在探询属下的亲疏倾向,令亲近臣属表态:你认为天下是司马师的,还是我司马昭的？

拥戴武帝的,除何曾外,还有裴秀、贾充以及司马氏姻亲、时为司马昭首席幕僚的山涛等,有关史料如下:

> 帝(司马昭)以齐王攸继景帝后,素又重攸,尝问裴秀曰:"大将军(司马师)开建未遂,吾但承奉后事耳。故立攸,将归功于兄,何如？"秀以为不可,又以问(山)涛。涛对曰:"废长立少,违礼不祥。国之安危,恒必由之。"太子位于是乃定。太子(武帝)亲拜谢涛。①

> 初,文帝以景帝恢赞王业,方传位于舞阳侯攸。(贾)充称武帝宽仁,且又居长,有人君之德,宜奉社稷。②

> 初,文帝未定嗣,而属意舞阳侯攸。武帝惧不得立,问秀曰:"人有相否？"因以奇表示之。秀后言于文帝曰:"中抚军人望既茂,天表如此,固非人臣之相也。"由是世子乃定。③

是年八月诏"命中抚军司马炎副贰相国事",九月"以中抚军司马炎为抚军大将军",十月"命抚军大将军新昌乡侯炎为晋世子"④,"嗣位之争"落定。

次年,司马昭死,司马炎猝然"嗣相国、晋王位","总摄百揆",四

---

① 《晋书》卷 43《山涛传》,第四册第 1224 页。
② 《晋书》卷 40《贾充传》,第四册第 1166 页。
③ 《晋书》卷 35《裴秀传》,第四册第 1038 页。
④ 《三国志》卷 4《三少纪》咸熙元年,上册第 126—128 页;《晋书》卷 2《文帝纪》咸熙元年和卷 3《武帝纪》,第一册第 43—44、49 页。

个月后,君临天下①。晋祚公案,碍于其时的复杂情势,一时难断,遂陷入"虚大祖之位"的窘境。

曹魏代汉前有曹丕、曹植兄弟"世子之争"②,西晋代魏前又出武帝、司马攸兄弟"嗣位之争",二者看似雷同,实则性质不一。二曹争的是谁继曹操的功业,系长幼之争;武帝与司马攸孰得嗣位则是晋祚之争。

无论如何,"争"总会产生裂痕、留下阴影,而继位、受禅又是仓促,武帝政治资源积累的不足以及身世、人脉等方面的不利因素,势必对其当国和用政构成限制。

一是无突出功业。除了承担为数极少的类似"迎常道乡公(曹奂)于东武阳"的礼仪性职守,武帝几无独当一面的政治经历。在司马昭,是认为武帝尚需历练、从长计议,即使伐蜀之役也不急于令武帝建功立业,还是别的什么原因,无从推知,但武帝本人却与一系列绝佳机会失之交臂,以至入晋多年之后仍"功德未著"③。

二是缺乏核心班底。司马昭死后,附从司马懿及司马师、司马昭两辈人的亲信股肱转而附从武帝,但武帝登基,推行自己的政治主张,该等渊源不一的重臣所起的作用究是助力还是掣肘,不一而论。

三是辈分过低。西晋代魏之际,除地位尊崇的皇叔祖司马孚之

---

① 《晋书》卷 2《文帝纪》咸熙二年、卷 3《武帝纪》咸熙二年和泰始元年,第一册第 44、49—50 页;《三国志》卷 4《三少帝纪》咸熙二年,上册第 128—129 页。

② 参见《三国志》卷 2《文帝纪》和卷 19《曹植传》等相关记载,上册第 47—48、463—467 页。

③ 语出《晋书》卷 34《羊祜传》所载羊祜建言武帝灭吴之论,第四册第 1021 页。

外，武帝伯叔辈的宗亲尚存二十二人。皇族成员多，看似有利于拱卫皇室，但在孝治天下、长幼有序的礼制体系中，低辈分的武帝不可能不顾忌长辈，行事上也难免受长辈宗亲的牵制。入晋后对失职或涉罪的长辈，武帝往往只能从轻处罚，即为例证①。不仅皇族，诸多朝臣年龄和资历甚比武帝父、祖，和武帝的君臣关系也同时染上了长幼关系的色彩。

皇权政治既是制度性的体系，又具个案化、个性化的特征，皇权的人治性质更会进一步强化此类特征。武帝本人的优势、局限及其与朝臣、宗亲等的关系，都将对西晋朝局的走势产生或利或弊的影响。

西晋政治的特质与武帝重振皇权的动向

武帝面对的又是魏晋之际的特殊状况，概其要者：

一是"三公"沦为虚衔、"九卿"②地位败落，但作为安抚、妥协的措置，位居"三公""九卿"者往往声望其高。前述"八公"便是如此，即使不授其实职，也对皇权运作以及人君的至上地位构成颇多制约。

二是"三省制职官系统逐步发展成雏形，而原有的三公九卿体系仍然保留，从而出现了中央职官体系的双轨制特点。这种变化一方面反映出统治机构不断扩大，分工更趋繁细；另一方面则是行政系统臃肿，职官数量猛增③。这一叠床架屋式的体系，更成为朝中党争、权争的温床。

---

① 《晋书》卷 37《司马睦传》、卷 38《司马肜传》、卷 59《司马亮传》和《司马伦传》，第四册第 1112—1113、1127 页，第五册第 1591、1597—1598 页。

② 与"三公"一样，"九卿"亦源自上古，东汉时为太常、光禄勋、卫尉、太仆、廷尉、大鸿胪、宗正、大司农、少府，后也将秩为中二千石一类的高官附会为九卿。

③ 白钢主编：《中国政治制度史》上卷，第 300 页。

三是地方军政与民政权力一体，有碍朝廷行政。汉灵帝置"州牧"，后又有各路军阀自立，曹魏更创都督制，地方权力迅速军政化，文职的州刺史、郡太守、县令长沦为军政制中的从属。司马氏当政期间，"外重"之弊受到抑制，但都督之间、都督与文职地方长官之间的互相牵制关系至晋初尚未制度化①。

更突出的是，禅代的易位模式，实为皇权演化的一大怪圈，每次禅代之前都经历了一轮皇权的式微，禅代之后则需一轮皇权的强化，至于能够强化到什么程度，因人、因时、因势而异。西晋立朝，曹魏后期君权旁落的局面从根本上得以改变，武帝亲政后，将如何重振皇权？

在对世方面，自从司马迁将汉文帝塑为人君的榜样，"无为而治"便成为世人心目中理想化甚至偶像化的施政模式。武帝推崇礼法之治，政策上示以"清简"②，治道几乎复制了汉文帝的全部做法："南面而让，天下归诚。务农先籍，布德偃兵。除诼削谤，政简刑清。绨衣率俗，露台罢营。法宽张武，狱恤缇萦。"③所有这些，为武帝赢得了朝中和民间"以陛下（武帝）比汉文帝"的"世谈"④，也成就了后来的太康之治。

但在执政集团内部的权势关系方面，武帝不可能"无为而治"，于

①　《晋书》卷24《职官志》，第三册第739、745—746、747页。参阅唐长孺：《西晋分封与宗王出镇》，《魏晋南北朝史论拾遗》，第124—141页；白钢主编：《中国政治制度史》，上册第324、339页等。

②　"清简"作为评价明君、循吏、良臣的用语，频现于《晋书》及其时的文献，例如《晋书》卷36《卫瓘传》的"为政清简，甚得朝野声誉"，卷44《李胤传》的"政尚清简"等，第四册第1057、1253页。

③　《史记》卷10《孝文本纪》，第一册第369页。

④　《晋书》卷45《刘毅传》，第四册第1272页。

开国之际扶植宗亲，以及虚尊"元老"、慰抚"勋旧"、重用"腹心"的分而治之，已现其重振皇权的端倪。禅代告成，武帝开始在重构皇朝政治版图和重整朝中权势结构两个方向上施以政措，然而，综合各方面情势来看，这注定不是坦途。

第二章　武帝的新天下

第一节　晋初的政治版图及对吴军事态势

皇权受制：被束缚的"新朝之蕊"

武帝重振皇权、除旧布新，直接面临两大难题：一是重塑朝中权势关系；二是调整朝廷与方镇之间的权势关系。对于后者，"自古帝王之临天下也，皆欲广树蕃屏，崇固维城"①，晋初武帝顺势纳新、任用宗王，显见其继续了以宗亲为主干，掌扼天下大势的基本思路。

魏末司马氏宗亲出镇，已形成前述的重镇宗王拱卫京畿、奠基新朝的格局(参见图1-2)。这一"新朝之蕊"是魏晋禅代、新朝安身立命之基，但其局限性也很明显：武帝"虔奉皇运"②，新朝经略天下，治世、化民之举理当推及全域，晋初的态势却是"新朝之蕊"仅落于皇朝

---

① 语出《晋书》卷59"序"，第五册第1589页。
② 语出《晋书》卷3《武帝纪》泰始元年之禅代告策，第一册第51页。

腹地,"蕊"遭束缚,难以伸张及远。

晋初的天下之势,还有一大危况:晋、吴对峙。三国鼎立,至西晋代魏,蜀汉已灭,但孙吴仍然割据一方,晋域南部全线与其接壤,双方呈相持敌对状态。

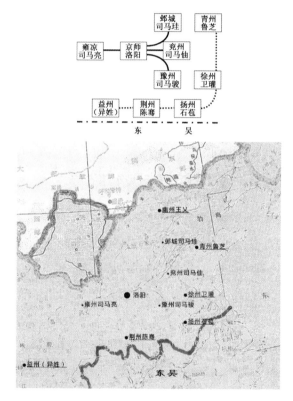

附注:

1. 都督邺城者原为司马遂,其死后,石苞事件之际,为司马孚之子、皇从叔司马珪。

2. 其时益州无统领一方的都督,刺史、将领等主要官吏皆为异姓。

说明:地图来源于谭其骧主编:《中国历史地图集》,北京:中国地图出版社,1982 年,第三册第 33—34 页。

图 2-1　石苞事件前的晋初方镇及西晋与东吴对峙情况

上述局面在政治、军事上至少存有两大根本且致命的缺陷：

一是重镇宗王控制的皇朝腹地即"新朝之蕊"被异姓重镇围合，无法向更广阔的疆域伸展。并且，汉魏时期，边地诸将往往拥兵自重、反复无常甚至趁火打劫，频生割据自立的乱象，是为前鉴。对于中央皇权来说，由异姓方镇构成的"环线"可以是安全的缓冲区域，也可能是危机的潜伏地带，这与新朝期求的皇权之下"天人协应，无思不服"①之状态显然是相冲突的。

二是新朝未能完全控制的"未竟之地"范围太大。例如，王雄、王乂父子从曹丕时期起就执掌远离京师的幽州，至晋初，主政时间已有三十多年②；异姓重镇，尤其是西晋与孙吴毗接的东南荆、扬、徐三州更是成为甚具独立性的地域。异姓出镇一地时间过长，是否出现异心便未为可知，这类情形同样前鉴甚多，武帝当国，对此难免多有戒心。

从史料来看，武帝并不取清一色宗亲出镇之策，但对异姓出镇也严加提防，实际采取的是"异姓诸将居边"同时"参以亲戚"③的方法，可见其心目中应有朝廷一统之下异姓方镇与出镇宗王之间互相制衡的理想化方案。综以当时情势，武帝欲重振皇权、推展新朝政治版图，将新朝治化覆及皇权的"未竟之地"，首要、关键的区域无疑是东南。

东南三州及扬州的敏感与特殊

与皇朝腹地宗王出镇的情形形成强烈对比的是，地处东南御吴

---

① 语出《晋书》卷 3《武帝纪》泰始元年之禅代告策，第一册第 50 页。

② 《三国志》卷 14《蒋济传》和卷 30《鲜卑传》，上册第 377 页，下册第 693—700 页；《晋书》卷 43《王衍传》，第四册第 1235—1236 页。王雄、王乂系后来显赫于世的"琅邪王氏"。

③ 语出《晋书》卷 24《职官志》咸宁年间扬珧有关改变藩国之制的建言，第三册第744—745 页。

前沿的荆、扬、徐三州,从魏末至晋初一直由异姓将领掌控,三州连成一线,横亘于西晋腹地与孙吴之间。

晋吴边界可分为两段。第一段在西南部的宁州和交州①。西南部边界地势、地貌复杂,宁、交二州的政治、经济地位又不高,西晋对此区域的控制并不得力。虽晋吴双方互有争夺,但这一地带对晋之国本无足轻重,得之锦上添花,失之也不足为虑②。

第二段是长江中下游地区,也就是荆、扬、徐三州。这里是西晋与孙吴对峙、交锋的主要区域。三州与孙吴接壤的边界曲折迂回三千余里,以荆、扬为主。至于最东面的徐州,所面对的是孙吴都城建业以下的长江沿岸,江面宽阔、地势低洼,难以展开大规模攻守,故在对孙吴战略方面,徐州更多起到的是牵制孙吴及战略预备作用;对孙吴有居高临下"顺流之势"③的益州,虽然重要,但孙吴此时已不具备威胁益州的实力。

荆、扬皆大州。灭吴之前,西晋和孙吴各有荆、扬之一部分,晋之所统仅为其半。据此推算,西晋所辖的东南三州,其时在籍户口大约在三十万至四十万户之间,占晋初西晋全域在籍户口的大约 1/5 至 1/4④。

---

① 西晋与孙吴之间的边界宁州和交州,本为益州和交州,泰始七年从益州分置设宁州,故成此状,见《晋书》卷 14《地理志上》,第二册第 438—441 页。

② 《晋书》卷 3《武帝纪》泰始七年和卷 57《陶璜传》,第一册第 60—61 页,第五册第 1558—1561 页;《三国志》卷 48《孙皓传》建衡三年,下册第 974—975 页。泰始七年、孙吴建衡三年(271 年),孙吴将领陶璜擒杀西晋守将,收得南端交趾,表面上似是孙吴对西晋的胜利,实际上却是平息了西晋治下皇朝鞭长莫及而致的交趾内乱。

③ 语出《晋书》卷 2《文帝纪》景元四年司马昭伐蜀之议,第一册第 38 页。

④ 《晋书》卷 15《地理志下》,第二册第 451—464 页。灭吴后统计,荆州统郡二十二、县一百六十九,户三十五万七千五百四十八;扬州统郡十八、县一百七十三,户三十一万一千四百;徐州较小,户八万一千二百二十一。此类数字反映的是武帝后期的情形,晋初,西晋和孙吴各有荆、扬的大约一半。

晋初的东南三督皆在重臣之列。都督扬州的石苞和都督荆州的陈骞起于司马师时期,资历、地位甚可比肩司马昭。司马师死后,两人则臣服于司马昭,鞍前马后追随司马氏二三十年。都督徐州的卫瓘资历相对较浅,却有灭蜀和平息钟会之乱的殊勋,其政治立场相对中立,不那么紧跟司马氏。到泰始中期,石苞督扬已逾十年。陈骞应是在曹魏景元二年(261 年)都督荆州,至此也有七八年。卫瓘在入晋前夕都督徐州,历时稍短,至石苞事件发生大约四年①。

三督之地,扬州居中,因晋吴对峙,西晋所领扬州的范围基本相当于今安徽省域长江以北、淮河以南的区域②。孙吴政权绝大多数时间定都于建业③,腹心地区与西晋扬州接壤,并且晋之扬州的治所寿春也接近建业,若扬州生异,反叛者可以很便捷地联络孙吴。扬州有失,可致西晋对吴防线全面崩溃。

在异姓都督之地设置藩国,一定程度上可以起到牵制方镇的作用,例如下邳王之于徐州、义阳王之于荆州④。但晋初宗王,封国无一在扬,何以如此,原因不详。

---

① 《晋书》卷 33《石苞传》、卷 35《陈骞传》和卷 36《卫瓘传》,第四册第 1000—1001、1035—1037、1055—1057 页。

② 《晋书》卷 15《地理志下》,第二册第 458—464 页。参阅顾颉刚、史念海:《中国疆域沿革史》"三国鼎立中之疆域",北京:商务印书馆,2015 年,第 95—104 页;谭其骧主编:《中国历史地图集》"三国图组"和"西晋图组",第二册;宋杰:《三国兵争要地与攻守战略研究》"合肥与曹魏的御吴战争""曹魏的淮南重镇寿春"和"孙吴的抗魏重镇",上册第 362—397 页,中册第 556—646 页,下册第 1066—1111 页。

③ 今之江苏省南京市。

④ 《晋书》卷 14《地理志上》和卷 15《地理志下》,第二册第 405—468 页。

据说扬州之得名,是因为当地人"厥性轻扬"①,又有"扬士多轻侠狡桀"之论②,此类说法颇含贬损之意。但从人文特质、地理位置以及从三国鼎立到晋吴对峙时期的变故来看,扬州似是不驯之地:谁能据其为巢,谁便有了"叛"的资本。"淮南三叛"一而再、再而三,司马懿、司马师和司马昭各平一叛,有除异立威之效,但同时也使司马氏生成心理阴影与某种忌讳,如司马师即在抱病平叛途中"惊而目出"、惊惧而死③。对于司马氏,扬州既是挑战之地又是梦魇之地。

扬州之所以敏感、特殊,最大原因还是在于其时都督扬州、坐拥重兵的石苞。

前曾提及,石苞出身低微,早年在县为小吏,发迹之路颇具戏剧性。有过交往的官吏都很赏识石苞,举荐其任官却无结果,无奈,石苞离乡后流落邺城,只得贩铁谋生。所幸,石苞偶得司马氏赏识,被司马师擢为中护军司马,自此成为司马氏的死党,至司马师死时,石苞已为奋武将军、假节并监青州诸军事。

司马昭对石苞也信重有加。镇压诸葛诞之叛时,石苞不仅"统青州诸军",且"督兖州刺史州泰、徐州刺史胡质,简锐卒为游军,以备外寇",于扬州东部阻击北援诸葛诞的孙吴军队,并大胜。此战后,石苞都督扬州,开始了长期拥兵于扬州的方镇治期④。"文帝崩,贾充、荀

---

① 　语出《晋书》卷 15《地理志下》:扬州得名,"以为江南之气躁劲,厥性轻扬",第二册第 458 页。

② 　语出《三国志》卷 14《刘晔传》,上册第 369 页。

③ 　《晋书》卷 2《景帝纪》正元二年,第一册第 30—31 页。

④ 　参见《晋书》卷 33《石苞传》和卷 2《文帝纪》相关记载,第四册第 1000—1002 页,第一册第 33—36 页;《三国志》卷 28《诸葛诞传》,下册第 642—644 页。

勘议葬礼未定。苞时奔丧,恸哭曰:'基业如此,而以人臣终乎!'葬礼乃定。"由于石苞之言,司马昭得以帝礼"葬崇阳陵",可见,石苞对司马昭还是尽了臣节的。

史载,石苞"每与陈骞讽魏帝以历数已终,天命有在。及禅位,苞有力焉"。这对西晋开国起到了重要的作用,武帝以"八公"之位、郡公之爵酬之,仍以其都督扬州①。

以资望、权位论,石苞居东南三督之首。晋初"八公",石苞序七,但其执掌一方军政实权,非有名无实的诸"公"可比。"自诸葛破灭,苞便镇抚淮南,士马强盛,边境多务,苞既勤庶事,又以威德服物"②,方镇之任,十年不变。后来武帝听闻石苞异动,不待证实,即生"石苞果有不顺"之虑,非无来由!

武帝的"灭吴之志"与西晋的现实困境

曹魏景元四年(263年),司马昭谋划灭蜀,同时也对灭吴战略作了擘画:"自定寿春已来,息役六年,治兵缮甲,以拟二虏。略计取吴,作战船,通水道,当用千余万功,此十万人百数十日事也。又南土下湿,必生疾疫。今宜先取蜀,三年之后,在巴蜀顺流之势,水陆并进,此灭虞定虢,吞韩并魏之势也。"③

灭蜀既成,但灭蜀之后三年灭吴的宏图,因司马昭死及魏晋禅代,不得不改变节奏和策略。

---

① 《晋书》卷2《文帝纪》相关记载和卷33《石苞传》,第一册第33—44页,第四册第1001—1002页。

② 《晋书》卷33《石苞传》,第四册第1001—1002页。

③ 《晋书》卷2《文帝纪》景元四年,第一册第38—43页。"定寿春"指甘露二至三年(257至258年)扑灭"淮南三叛"之诸葛诞叛。

武帝"有禅代之美,而功德未著",故"有灭吴之志"①。但新朝甫立,当务之急是抚众息役、怀柔绥远,还是劳师远涉、扬威四海?西晋代魏迎合了其时社会对止战息兵的普遍愿望,如果犹似曹魏般大兴战事,岂不自污政化?又何以体现新朝和苛待天下、滥行征伐的前朝的不同?原先臣服于曹魏的政治势力更何必拥戴一个与曹魏行径并无二致的新朝呢?

一方面,晋初武帝威权未立,不可冒天下之大不韪,唯缓行征伐一途。何况,前朝有鉴,新君、权臣似受"诅咒"一般,急于兴师动众的,往往损兵折将、灰头土脸。例如,曹丕代汉后,迫不及待地问计征伐吴蜀孰先,最终战无胜果,大失人心②;曹叡继位后,不顾众臣反对,发动石亭之战,"败绩"③;司马师接替司马懿后,欲以伐吴立威,结果大败而归。

另一方面,晋初所延续的起自曹魏的御吴之策又已走入"死胡同",难以为继,武帝需破困局。

孙吴是三国之中延续时间最长的政权④。三国实力的交替消长,总体而言,魏从未处于弱势,蜀从未处于强势,孙吴则从未对魏强势、对蜀弱势。其间,前以曹魏、后以西晋为代表的中原军政集团与

---

① 语出《晋书》卷 34《羊祜传》,第四册第 1021、1014 页。
② 《三国志》卷 10《贾诩传》,上册第 275 页。
③ 《三国志》卷 3《明帝纪》太和二年和卷九《曹休传》,上册第 79—81、233 页。
④ 有关孙吴的历史,参阅何兹全等:《三国史》,以及白寿彝主编:《中国通史(第二版)》第五卷,第 7 册;范文澜:《中国通史》,第二册;翦伯赞等:《中国史纲要(增订本)》,北京:北京大学出版社,2007 年,上册等。孙吴割据时间,以东汉末年孙策进发江东算起,到太康元年(280 年)武帝灭吴,前后八十多年;以曹魏太和三年、孙吴黄龙元年(229 年)孙权称帝自立算起,凡五十二年。

孙吴之间的关系,以三次战事为标志,经历了三大阶段:

一是东汉建安十三年(208年)的赤壁之战。此战为人所熟知,被公认为三国鼎立局面的奠基之战,无须赘言。战后的二十年里,魏吴双方加上刘备集团互行征伐、屡兴大战、争夺地盘、祸患天下,堪称"战乱期"。

二是曹魏太和二年(228年)的石亭之战。曹叡即位后,不顾内部异议,举兵伐吴,大败而归。自此二十多年间,曹魏方面抗蜀重于御吴,孙吴方面在孙权称帝后则以整饬内部为要务,魏吴之间少有大战,进入"胶着期"。

三是曹魏嘉平四年(252年)的东关之战。是年孙权死,新近秉政的司马师乘机出战,却遭惨败,随后双方处于"对峙期"。在曹魏,专权的司马氏忙于"营立家门";在孙吴,则是内讧不休。

至西晋代魏,蜀已覆灭,孙吴也盛期已去,整体实力大不如前,但尚未走到不堪一击的地步,西晋对孙吴既占优势、又难完胜。

晋初,荆扬一带仍基本延续前期固守重地、互为攻伐的做法,所谓"更相侵伐,无岁宁居"①,消耗巨大,当地动荡不安。荆州常备兵员不下十万②,泰始五年(269年)羊祜领督荆州,"军无百日之粮"③,与孙吴十多年间未有大战,情形尚且窘迫如此!

扬州则一贯兵强马壮。"淮南三叛"期间,毌丘俭在用于防御其

---

① 语出《三国志》卷48《孙皓传》宝鼎元年,第973页。

② 《晋书》卷34《羊祜传》记载:孙吴将领步阐降晋,"祜率兵五万出江陵",又有"祜所统八万余人"等语,第四册第1016页。据此,羊祜可率机动兵力即达五万,而"所统八万人",另有诸如司马晃为南中郎将等所领兵力(参见《晋书》卷37《司马晃传》,第四册第1090—1091页),可推算西晋荆州之军的大体规模。

③ 《晋书》卷34《羊祜传》,第四册第1014页。

他方向进攻的兵力之外，竟能"将五六万众渡淮"，迎战司马师率出洛阳的禁军；诸葛诞驻屯时则以十万众守寿春，并可"敛淮南及淮北郡县屯田口十余万官兵，扬州新附胜兵者四五万人"，以对抗司马昭①。到了石苞镇扬时期，"士马强盛"②，数量不详，推断规模当在荆州之上。

荆、扬二州无疑成为新朝的沉重负担，入晋后再沿用先前的御吴模式，实难以为继③。

固守重地、互为攻伐的经典做法是选择要地、分兵防守、守点救面、点间呼应。不同于官渡之战、赤壁之战、夷陵之战以及前述石亭之战、东关之战等，此际攻夺要地的大战已很少见，而敌方骚扰边境的情形频繁出现。以当时的军事技术、装备条件，这一做法很大程度上即为全线布防，在军事重地集中驻屯兵员、策应毗邻区域。敌犯辖地，则集兵抗之；敌扰辖地，则出兵驱之，将士长期疲于奔命，战线之长、消耗之大、劳民伤财、得不偿失，实际效果却是敌扰其境，待到出兵逐敌救民，往往"贼去亦已经日矣"④，几似猫鼠游戏。不止于此，朝廷还多次强制迁徙接壤地区民众、建立"无人区"，导致边境地带一片荒凉，触目惊心⑤。

---

① 《三国志》卷 28《毌丘俭传》和《诸葛诞传》，下册第 636、642 页；《晋书》卷 2《景帝纪》和《文帝纪》相关记载，第一册第 30—31、33—35 页。

② 《晋书》卷 33《石苞传》，第四册第 1002 页。

③ 有关西晋对吴战略及其前的攻与守、战与和等，宋杰的《三国兵争要地与攻守战略研究》作了系统、全面、详尽的考察和阐述，可参阅。

④ 语出《晋书》卷 34《羊祜传》，第四册第 1020 页。

⑤ 类似实例如司马懿为曹操幕僚时期，"魏武（曹操）以荆州遗黎及屯田在颍川者逼近南寇，皆欲徙之"，经劝阻乃罢。见《晋书》卷 1《宣帝纪》，第一册第 3 页。东汉建安十四年（209 年），曹操又"欲徙淮南民"，"江、淮间十余万众，皆惊走吴"，见《三（转下页）

既不能立时伐吴，传统的守御策略又成为皇朝重负，且与新朝宣示的政化格格不入，武帝于是不能不调整御吴的战略与策略。但此事涉多员重臣、半壁江山甚至皇朝整体政治版图的构造，实施起来，武帝仍然受到自身资望尚浅、权威不济等的制约，似乎，有待一个师出有名、因势利导的契机。

第二节　石苞事件：武帝重振皇权的契机

事发的偶然与武帝的断然

泰始四年（268 年），"冬十月，吴将施绩入江夏，万郁寇襄阳"，"十一月，吴将丁奉等出芍陂"。伴随着晋吴冲突，石苞事件暴发。

如同一再重复的故事，石苞事件之起因也是小人作祟、连番巧合。事件前夕，世间传唱"宫中大马几作驴，大石压之不得舒"的所谓童谣，"马"者，喻司马氏，"宫中大马"则喻武帝，"大石"则指石苞。其时，童谣在很大程度上被视为天意的传达。淮北监军王琛一向轻视身居高位却出身"素微"的石苞，听闻童谣，随即密奏武帝，声称石苞与孙吴暗中勾结、图谋不轨。

恰好，朝中有望气者观测天象，发出"东南有大兵起"的"预告"。人言、天象交合，"武帝甚疑之"。天象预警反叛早有先例，如曹魏嘉平六年（254 年），"白气经天"，司马师问此事于武帝的岳父王肃，王肃

（接上页）国志》卷 14《蒋济传》，上册第 375 页。建安二十年，张鲁降曹，"留（张）郃与夏侯渊等守汉中，拒刘备。郃别督诸军，降巴东、巴西二郡，徙其民于汉中"。见《三国志》卷 17《张郃传》，上册第 437—438 页。曹魏黄初元年（220 年），曹仁镇守襄阳，请求转屯宛城，获准后索性一把火焚毁了樊城、襄阳；后"（曹）仁与徐晃攻破邵，遂入襄阳，使将军高迁等徙汉南附化民于汉北"。见《晋书》卷 1《宣帝纪》相关记载，第一册第 3—4 页和《三国志》卷 9《曹仁传》，上册第 228—230 页。

答："此蚩尤之旗也，东南其有乱乎。"次年，毌丘俭叛乱[1]。

接着，荆州刺史胡烈奏报"吴人欲大出为寇"，扬州的石苞"亦闻吴师将入，乃筑垒遏水以自固"。石苞似乎反应过度，仅以听闻，既未得证据也未报敌情便自作主张，很容易招致猜忌。武帝因此更觉蹊跷和不祥。

是时，守尚书令贾充因母丧离朝守制，武帝便询尚书左仆射羊祜：以往孙吴侵扰，多是东边的扬州与西边的荆州呼应，没有只攻荆州、不及扬州的做法，难道石苞果真要犯上作乱？

《晋书》记载"祜深明之，而帝犹疑焉"；《资治通鉴》则说："羊祜深为帝言：'苞必不然。'帝不信。"[2]

石苞之子石乔此时在朝，武帝召其以试探石氏的动向，不料石乔"经日不至"，原因不明。这样一来，武帝内心推定石苞必叛，断然作出处置：一面以"不料贼势，筑垒遏水，劳扰百姓"为由，下诏免去石苞之职；一面迅雷不及掩耳地"遣太尉义阳王（司马）望率大军征之，以备非常。又敕镇东将军、琅邪王（司马）伷自下邳会寿春"。

武帝总揽，以皇从伯司马望假节并加大都督诸军事，率领禁军出京，屯于扬州西南的荆州，加上分镇扬州西北之豫州的皇叔司马骏、扬州东北之徐州的皇叔司马伷，形成"四马击石"之势。如此阵势，恍若当年司马氏镇压"淮南三叛"的历史重演，武帝新进扶植起的宗王

---

① 《三国志》卷13《王肃传》，上册第349—350页。事亦见《晋书》卷2《景帝纪》："(正元)二年春正月，有彗星见于吴楚之分，西北竟天。镇东大将军毌丘俭、扬州刺史文钦举兵作乱"等，第一册第30页。
② 《资治通鉴》卷79泰始四年，第四册第2098页。

势力在这里派上了大用场。

宗王压阵、石苞待罪

但武帝还是留有余地，在未有石苞反叛之确凿事据的情况下，"欲讨苞而隐其事"。司马望等的公开军事行动表面上以抗御孙吴的名义进行：在荆州方面，针对孙吴将领施绩、万郁扰江夏、寇襄阳，"遣太尉义阳王（司马）望屯龙陂。荆州刺史胡烈击败郁"。随后，在扬州方面，针对孙吴将领丁奉袭击苁陂，"安东将军汝阴王（司马）骏与义阳王望击走之"。

龙陂在今湖北省荆州市江陵县，苁陂在今安徽省淮南市寿县，两地与京师洛阳基本呈一等边三角形，边长五六百公里。两个月里，司马望率二万步骑游走其间，另有两大重镇宗王严兵相助，甚是壮观。

石苞事件事出偶然，事解也偶然。石苞接受他人推荐，召辟了一位名叫孙铄的幕僚。事发前，孙铄正在前往扬州的途中，此人与司马氏同乡，又与皇叔司马骏相识，路过豫州时便去拜访司马骏。适值司马望率兵讨伐石苞，司马骏出于同乡之谊悄悄告诉孙铄：不要去扬州了，"无与祸"。

但孙铄应是出于僚佐对府主的忠诚，没有听从司马骏的劝告，闻讯立即离开豫州、飞驰至扬州，"为苞画计"。束手无策的石苞听从孙铄的建议，"放兵步出，住都亭待罪"。这一自弃兵权、负荆请罪的举动，终于打消了武帝的疑虑，"帝闻之，意解"。

石苞很明事理，回到京师后，"以公还第"，并且"自耻受任无效而无怨色"。君臣之分，本不容石苞有怨；武帝则见好就收，没有治罪石苞，不久以石苞"忠允清亮，才经世务，干用之绩，所历可纪"，诏还石苞出任司徒①。

事件之疑团与武帝之收获

石苞事件颇为扑朔迷离,疑团如下:

一是事件的起因。武帝行事温和宽厚,对涉及"元老""勋旧"之事一向审慎,然此际仅以莫名的怀疑,即命三大宗王摆开"围剿"架势针对握有实权的异姓第一重臣,迫其就范,虽假御吴之名,但仅以"误会"释之,显难令人信服。并且,于情于理,如无顾虑、戒忌在先,武帝也生不出如此严重的怀疑来。

二是斥免石苞的理由。所谓"不料贼势""劳扰百姓",换言之就是防御过度。但后来羊祜都督荆州,兵出江陵、大败而归,有司奏请"免官,以侯就第",武帝仅将其"贬为平南将军"②。羊祜兵败的罪过与石苞之误完全不可同日而语,武帝问责却畸轻畸重,个中原由值得深思。似乎,武帝就是欲咎石苞,或者说,在武帝看来,石苞就是不宜继续镇抚淮南。

三是"四马击石"的讨伐阵势。石苞见疑,武帝以兵对其合围,荆州方向以司马望率军出京,"为二方重镇",徐州方向则以在朝为尚书右仆射的司马伷亲往徐州治下邳,"自下邳会寿春"。其时,督荆的是陈骞,督徐的是卫瓘,武帝却"舍近求远",未指派这两位异姓方镇参与。至少是在此际,东南异姓三督,似乎皆非武帝可用之臣③。

----

① 《晋书》卷 3《武帝纪》泰始四年,卷 33《石苞传》、《石乔传》和《孙铄传》,卷 37《司马望传》,卷 38《司马伷传》和《司马骏传》,第一册第 58 页,第四册第 1000—1009、1085—1087、1124—1125 页。

② 《晋书》卷 34《羊祜传》,第四册第 1016 页。

③ 《晋书》卷 3《武帝纪》泰始四年、卷 33《石苞传》、卷 35《陈骞传》、卷 36《卫瓘传》、卷 37《司马望传》、卷 38《司马骏传》和《司马伷传》,第一册第 58 页,第四册第 1001—1003、1035—1036、1057、1085—1087、1121—1122、1124—1125 页。

"关于这一事件(石苞事件)的前因后果,历来学者注意的并不多,似乎仅将其视为一个偶发事件而已。"①此言极是。在政治领域,没有绝对意义上的孤立事件,一个事件必与其他因素相关。对这类未解之谜,可以从微观的、个性化的角度深度发掘,笔者在此则尝试以石苞事件与晋初的政治形势、与武帝的经国理想之间的联系为出发点,进行相应的分析考量。

政治事件带来的利益结果、权势效应,往往是对事件本身的最佳解释。从这一角度看,石苞事件堪称武帝重构新朝政治版图以及调整对吴关系格局的一个具有突破性的绝佳契机,石苞事件落幕,武帝振作皇权的天下大略由此全面进展。

第三节　新朝经略天下的新局面与新样板

石苞事件后的西晋政治版图

由石苞事件,武帝得以调整人事、施展新策,新朝的天下格局全然改观。

石苞被免去大司马之职,而司马望由太尉"拜大司马"②,且大司马一职的地位因此上升。古制,大司马"位在三司上";入晋后"八公"并置,石苞任大司马,居于三司之后,但"自义阳王望为大司马之后,定令如旧,在三司上"③。

---

①　仇鹿鸣:《魏晋易代之际的石苞——兼论政治集团分析范式的有效性》,《史林》2012年第3期。

②　《晋书》卷3《武帝纪》泰始七年和卷37《司马望传》,第一册第61页,第四册第1085—1087页。

③　《晋书》卷24《职官志》,第三册第725页。"三司"即"三公"。

太尉之职由司徒荀颛接替①,荀颛所遗司徒后来被武帝恩赐给了石苞。

石苞都督的扬州,先由都督豫州的司马骏代镇,但为时很短。司

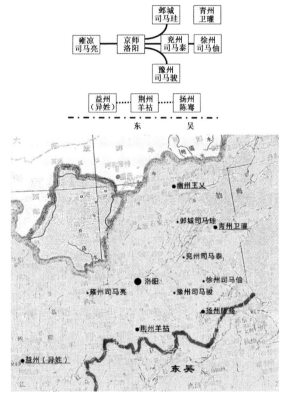

附注:石苞事件前,司马伷入朝为尚书右仆射,皇从叔司马泰接任兖州刺史。
说明:地图来源于谭其骧主编:《中国历史地图集》,北京:中国地图出版社,1982 年,第三册第 33—34 页。

图 2-2　石苞事件后的方镇及西晋与东吴对峙情况

---

① 《晋书》卷 39《荀颛传》,第四册第 1151 页。

马骏"寻复都督豫州，还镇许昌"，此后，陈骞卸荆州、督扬州①。

泰始五年二月，即事发两三个月后，陈骞的荆州换由腹心之一的羊祜执理，同时武帝又以本在朝中的皇叔司马伷为镇东大将军都督徐州诸军事，"代卫瓘镇下邳"，卫瓘则迁至更为偏远的青州，原监青州的鲁芝"年及悬车，告老逊位"，"征为光禄大夫"②。

一系列人事调整之后，东南不再是"未竟之地"。司马伷东进徐州及司马泰领兖，不仅使青、徐、兖区域的皇族势力不再孤弱，东南半壁的架构也转为皇亲司马伷在徐州、国戚羊祜在荆州，二人分别从东、西两侧制衡都督扬州的"勋旧"陈骞。随着人事变化，西晋的对吴战略也将"洗心革面"。

放眼天下，石苞事件之后，皇族管辖的腹心地域东扩，重镇宗亲都督地带由西而东横向延展至沿海地区，过去结成环状的异姓都督区"拱卫"腹地的局面发生变化，而原有的连接成线的异姓都督区则碎裂为互不相接的"孤镇"，新朝经略格局焕然一新。

西晋的对吴战略新态势

晋初武帝对东南经略之调整，并无系统的、归纳性的历史记载。不过，通过梳理、辨析诸多分散的史料，尤其是有关羊祜督荆期间所作所为的记载，不难发现，石苞事件后，西晋的对吴战略已出现重大的甚至是根本性的变化。

---

① 《晋书》卷35《陈骞传》和卷38《司马骏传》，第四册第1035 1036、1124—1125页。

② 《晋书》卷3《武帝纪》泰始五年、卷34《羊祜传》、卷36《卫瓘传》、卷38《司马伷传》和卷90《鲁芝传》，第一册第58页，第四册第1014—1015、1057、1121—1122页，第八册第2328—2329页。

一是简化守御、减少战事。石苞被免的"罪状"就是误判敌情、劳扰百姓。孙吴水军甚强,"唯有水战是其所便"①,"筑垒遏水""敛军坚垒"②本是自曹魏时代沿袭下来的做法③,可以遏制孙吴水军的机动性和攻击力。曹魏青龙年间(233 至 237 年),由于对吴前线的合肥"南临江湖,北远寿春,贼攻围之,得据水为势",主持抗御孙吴的满宠甚至建议在合肥城西建立"有奇险可依"的新城,"引贼远水,择利而动"④。到了石苞事件,事主却因采取这一做法而获咎、被免,其中虽有欲加之罪、何患无辞的成分,但也表明,这种守御方式是与武帝的想法相抵触的。

羊祜督荆后,对吴守御便"戍逻减半"。大致与羊祜督荆同时,孙吴方面以名将陆抗领军在荆州对抗西晋,作为敌对双方主将的羊祜、陆抗之间于是有了四五年的特殊交往。"抗尝病,祜馈之药,抗服之无疑心。人多谏抗,抗曰:'羊祜岂鸩人者!'"这一时期,晋吴双方"各保分界而已,无求细利",羊祜聚众游猎时也"常止晋地","不越其境"⑤。从西晋立国到太康元年灭吴的十五年间,西晋一方虽然占据优势,但基本没有主动发起大规模征战,而是以击退孙吴挑衅为主,泰始七年"孙皓帅众趋寿阳,遣大司马(司马)望屯淮北以距之","皓退,军罢"⑥。泰始八年,武帝"遣车骑将军羊祜帅众出江陵,荆州刺史杨肇迎(步)阐于西陵,巴东监军徐胤击建平以救(步)阐",是役并

---

① 《晋书》卷 34《羊祜传》,第四册第 1018—1019 页。
② 《三国志》卷 27《王基传》,下册第 627 页。
③ 宋杰:《三国兵争要地与攻守战略研究》"筑堤堰遏水的防守战术",下册第 1025—1032 页。
④ 《三国志》卷 26《满宠传》,上册第 602—604 页。
⑤ 《晋书》卷 34《羊祜传》,第四册第 1014—1015 页。
⑥ 《晋书》卷 3《武帝纪》泰始七年和卷 37《司马望传》,第一册第 60 页,第四册第 1085—1087 页。

非征伐,目的只是接应降晋的孙吴部将步阐①。

二是蚕食敌利、招降纳叛。减少战事并非消极防御。在击退孙吴挑衅的同时,西晋顺势而为,"进据险要,开建五城,收膏腴之地,夺吴人之资,石城以西,尽为晋有"②,渐进蚕食,逐步吞噬孙吴的元气。从后来六路大军灭吴,战事展开异乎寻常顺利的情形看,这一策略颇具成效。

招降纳叛古已有之,但如西晋以极为优厚的条件对孙吴招降纳叛的情形,并不多见。西晋立国仅半年后,重臣王沈去世,其所遗骠骑将军一职始终虚位以待孙吴降将。泰始六年年底,孙吴宗室成员孙秀降晋,武帝以骠骑将军酬之,并予其开府仪同三司位遇,封会稽公③。自此,孙吴将士降晋,几可以络绎不绝形容——西晋最终灭吴,形式上也是吴主孙皓举国以降。

三是简政抚民、悦服吴境。按旧例,主官如果死于官署之中,继任者便借口不吉,往往拆旧府、营新址。羊祜一改此弊,论以"死生有命",令下属一律禁止之。羊祜"开府累年,谦让不辟士",又于边境地区"开设庠序,绥怀远近,甚得江汉之心","出军行吴境,刈谷为粮,皆计所侵,送绢偿之"。其时对峙双方经常互相攻掠、掳获人口,羊祜一改此类陋习,"人有略吴二儿为俘者,祜遣送还其家。后吴将夏详、邵颙等来降,二儿之父亦率其属与俱"。狩猎野兽,"禽兽先为吴人所伤而为晋兵所得者,皆封述之"。此类措置,令孙吴民众"翕然悦服"。

---

① 《晋书》卷3《武帝纪》泰始八年和卷34《羊祜传》,第一册第62页,第四册第1016页。

② 《晋书》卷34《羊祜传》,第四册第1016—1017页。石城在今之安徽省池州市西南一带。

③ 《晋书》卷3《武帝纪》泰始六年和卷34《羊祜传》等,第一册第60页,第四册第1014—1017页。

此外,泰始五年,荆州刺史胡烈转任秦州;六年,扬州刺史牵弘转任凉州,二人似更擅长作战,先后都督荆、扬的陈骞称其"勇而无谋""非绥边之材"①。二人转任虽或有其他原因,但从中也能看出西晋对吴边事由重征战转向重抚绥的迹象。

四是明修仁德、"以德及远"。以儒家说法,"远人不服,则修文德以来之"②。调整战略后,西晋一方"与吴人开布大信,降者欲去皆听之""每与吴人交兵,克日方战,不为掩袭之计""吴将邓香掠夏口,祜募生缚香,既至,宥之",邓香感其恩信,后"率部曲而降"。

五是充实军备、上下同心。怀柔并非忘战。武帝有志于灭吴,羊祜深谙经武备战之道,"祜之始至也,军无百日之粮,及至季年,有十年之积",并且"缮甲训卒,广为戎备"③。同期,羊祜布局"伐吴必借上流之势"的益州。史载孙吴曾经流传"阿童复阿童,衔刀浮渡江","不畏岸上兽,但畏水中龙"的童谣,羊祜闻之,推断:"此必水军有功,但当思应其名者耳。"访查之后,发现益州刺史王濬小名"阿童",其时正值王濬被征为大司农入朝,羊祜急奏武帝,留王濬监益州诸军事并加龙骧将军,密令其修舟楫,以便灭吴时顺流而下。后来,灭吴之战,王濬果居头功。

羊祜督荆十年,以德怀柔、抚民绥远,史家多予美誉。羊祜死后,荆州民众追念不已,为避羊祜之名的音讳,纷纷将房屋的"户"改称为"门",还将掌管民户、祠祀、农桑等的官署"户曹"改称为"辞曹"。灭吴功成,武帝面对群臣泣曰"此羊太傅之功也",并"因以克定之功,策告祜庙",赞其"外扬王化,内经庙略,著德推诚,江汉归心,举有成资,

---

① 《晋书》卷 35《陈骞传》,第四册第 1036 页。

② 语出《论语·季氏》,《论语译注》,杨伯峻译注,第 246 页。

③ 《晋书》卷 34《羊祜传》,第四册 1014—1021 页。

谋有全策",盖棺论定,更印证羊祜的功业卓著①。

但也应该看到,武帝经略东南,晋吴毗接之地不止荆州,取得经略成就的不止羊祜。同期还有都督徐州的司马伷"镇御有方","吴人惮之"②;都督扬州的陈骞"攻拔吴枳里城,破涂中屯戍","统义东夏,方弘远绩"③,接任陈骞的王浑也颇有建树④。再则,督荆期间,武帝对羊祜多有奖掖也多有回护,朝议羊祜"当居台辅",武帝坚以"仗祜以东南之任"为由不允,可见,羊祜实系武帝推行对吴新略的支柱,羊祜贯彻的增修德信、不劳而定的对吴方针,契合、体现的是武帝本人的意志。

东南经略之变又是晋初礼法之治合乎逻辑的展开。任一战争,其终极目的都不在于战争本身。战争不过是一种手段。新朝方立,西晋必须保证内政的稳固和政权的延续,东南经略之变成为武帝重构天下经制格局的样本,孙吴政权的式微则为西晋推行新的、以逸待劳的抗御机制提供了时机和空间。武帝能够把握这一机遇,审时度势地舒缓战事、体恤民力,无论如何,对此的评价都应是积极的、正面的。

"圣人"羊祜:非一般的西晋重臣

《晋书》高度称誉羊祜。那么,羊祜究竟是个怎样的人?

羊祜出身泰山羊氏,又是东汉末期名噪一时的蔡邕的外孙,母为蔡文姬之妹⑤。羊祜少时便具声名,据说"郡将夏侯威异之,以兄霸

① 《晋书》卷34《羊祜传》,第四册第1014—1034页。"户"与"祜"同音。
② 《晋书》卷38《司马伷传》,第四册第1121—1122页。
③ 《晋书》卷35《陈骞传》,第四册第1035—1036页。
④ 《晋书》卷42《王浑传》,第四册第1201—1202页。
⑤ 《后汉书》卷60下《蔡邕列传》和卷84《烈女传》,第三册第1585—1613、2250—2252页。

之子(女)妻之"。以夏侯氏在曹魏时期的地位,结于夏侯得势之际的姻缘,究竟是夏侯下嫁还是羊氏攀附,读者可自作评判。其后,羊祜"与王沈俱被曹爽辟",王沈劝羊祜与其同事曹爽,但羊祜不愿意。等到曹爽被司马氏诛戮,王沈不得不叹服羊祜的先见之明①。不过,或许此非先见之明,而是羊祜背景复杂、有隐难言。作为夏侯氏之婿,羊祜效力于曹氏本是顺理成章,然其姊羊徽瑜为司马师的第三任妻子,从这一层姻亲关系来看,投于司马氏政敌门下殊为尴尬,与其"选边站",毋宁暂处事外。

如此一来,羊祜入仕甚晚,曹魏正元二年(255 年)司马昭为大将军,"辟祜,未就",这已是羊祜三十五岁后的事。后来,司马昭"公车征拜(羊祜)中书侍郎"②,在形式上满足了羊祜仕于朝廷而非效忠个人或团伙的沽名之愿。实际上,此际朝廷已由司马氏擅制,羊祜不会不明白这一点,所谓"公车征拜",只不过是司马氏特地为羊祜走了个过场。

入晋前,羊祜的地位及想法经历了三次大的变化:

一是曹魏甘露五年(260 年)曹髦被弑,曹奂即位后,羊祜"以少帝不愿为侍臣,求出补吏,徙秘书监"③。秘书监也是帝王近侍,司马氏专制,秘书监自然成为司马氏的眼线。羊祜给出的理由冠冕堂皇,其实质却是决然的弃曹投马。

二是曹魏景元五年即咸熙元年(264 年)钟会之乱平息,羊祜

---

① 《晋书》卷 34《羊祜传》,第四册第 1013—1014 页。
② 《晋书》卷 34《羊祜传》,第四册第 1014 页。
③ 《晋书》卷 34《羊祜传》,第四册第 1014 页。秘书监"典尚书奏事",见《晋书》卷 24《职官志》,第三册第 735 页。

不必再忌惮钟会。此后羊祜"拜相国从事中郎",与裴秀、荀勖"共管机密"①,这标志着羊祜开始进入司马昭的腹心之列。

三是曹魏咸熙二年(265 年)八月司马昭死、司马炎袭晋王位,九月以羊祜为中领军,三个月后,西晋代魏②。

羊祜一生之功,可归结于两个方面,一为魏晋禅代的佐命之功,二为督荆十年的治世之功。但由于传统史家诟病司马氏"得位不正",而羊祜又被史家塑造为完美之士,凸显羊祜在代魏过程中的作为,似乎有损其贤良美名,因此,《晋书》及其他诸多史籍并未浓墨重彩地传扬其作为西晋"佐命元勋"的功绩,反而语焉不详、多予回避。羊祜代替宗亲司马望担任中领军是在禅代前夕的关键时刻。中领军能够"悉统宿卫,入直殿中,执兵之要,事兼内外",如非倾力效忠司马氏,羊祜是不可能在此关头居此要任的。西晋建政之后,羊祜更进号中军将军加散骑常侍③。

这一经过似乎显示羊祜已成武帝腹心,其实不尽然,二人关系颇为微妙。武帝对羊祜不无贬抑。"会吴人寇弋阳、江夏,略户口,诏遣侍臣移书诘祜不追讨之意",即为其中一例。至于征战,羊祜则唯遗败绩,建树寥寥。终其一生,像样的、稍具规模的战事只有前述接应孙吴西陵督步阐来降。在孙吴陆抗出兵灭杀叛臣之际,武帝命羊祜率众化解孙吴攻势。是役,羊祜领兵五万出江陵,又以荆州刺史杨肇攻击陆抗,结果"不克而还",步阐被陆抗擒杀。就此事,有司奏劾道:

---

① 《晋书》卷 34《羊祜传》和卷 39《荀勖传》,第四册第 1014、1153 页。
② 《晋书》卷 3《武帝纪》泰始元年、卷 34《羊祜传》、卷 33《何曾传》和卷 37《司马望传》,第一册第 52 页,第四册第 1014、996—997 页,第四册第 1085—1087 页。《三国志》卷 4《三少帝纪》咸熙二年,上册第 128—129 页。
③ 《晋书》卷 34《羊祜传》和卷 39《荀勖传》,第四册第 1014、1153 页。

"祜所统八万余人，贼众不过三万。祜顿兵江陵，使贼备得设。乃遣杨肇偏军入险，兵少粮悬，军人挫衄。背违诏命，无大臣节。可免官，以侯就第。"武帝有所庇护，但仍以贬官惩之，刚刚加车骑将军、开府仪同如三司的羊祜被贬为平南将军，品秩从第一骤降到三品①。

客观而论，羊祜的成就主要在于以德怀柔、抚民绥远，其军事素养实在令人不敢恭维。泰始中后期雍凉异族叛乱，羊祜竟发"吴平则胡自定"之论，颇有"攘外必先安内"的意味。然而实情是"吴平"后胡并未"自定"，异族反叛之势反倒愈益蔓延扩大，直至西晋倾覆。唐德宗追封古之六十四名将，宋徽宗供奉古代七十二名将，羊祜皆列其中，就彰其谋划、筹措灭吴大策而言，或有一定道理。但具体到战役、战术层面，"顿兵江陵"、偏师出击，若是两军对垒，此举尚属可行，既是迎降、救援，这一应战路径便无异于舍本求末，"偏军入险"更是兵家大忌。战败被贬，羊祜着实不冤。

武帝贬抑羊祜，固然与其过失有关，但更是出于朝中政治斗争的需要。羊祜事晋十三年，除晋初短暂在朝三年，后十年一直都督荆州。其间，虽有"当居台辅"的朝议，武帝坚以"仗祜以东南之任"为由不允。直到病重，羊祜才得返京，不久离世②。

实际上，羊祜出朝都督荆州，在某种程度上也是卷入晋初朝争后的被"遣出"。

---

① 《晋书》卷 3《武帝纪》泰始八年和卷 34《羊祜传》，第一册第 62 页，第四册第 1016 页。

② 《晋书》卷 34《羊祜传》，第四册第 1014—1021 页。唐宋封、奉名将事，见《新唐书》卷 15《礼乐志五》，北京：中华书局，1975 年繁体竖排点校本，第二册第 377—378 页；《宋史》卷 105《礼志八》，北京：中华书局，1985 年繁体竖排点校本，第八册第 2556—2557 页。

第三章　泰始朝争的明流与暗流

第一节　武帝时期的主要势力与重要人物

武帝时期的朝局

武帝重振皇权的另一条主线是调整朝中权力关系,但在这一过程中,他没有重构皇朝政治版图时那般幸运,颇有能治天下而不能治左右的意味。

朝争之由,总在各系政治势力的利益扩张,泰始朝争也不例外。步入新朝的政治派系、政治人物多有进一步伸张权势的内在动机,而重振皇权是对既存权势关系的改变,不可避免地面临人、势的或支持或掣肘。两相作用,泰始年间的朝争一波三折。

禅代立朝之后因妥协而形成的全面容旧、有限纳新状态,有待以时间换空间地重整和改造,但朝中势力的盘根错节以及武帝本人的局限,皆令武帝难以强势、快节奏地施行相关政措。相反,武帝不得不更多地以安抚、迁就的方式平衡各方利益。例如,入晋之初,"八公"中疾病缠身、年事已高的异姓四人屡被奏免，其中王祥、郑冲、何曾也自请逊位，但武帝除允王祥"逊让"外，余概挽留①。朝中要臣的构成基本呈现布新不除旧的局面。

"布新"者有谁？ 在此，我们可以关注有关记载中频繁出现的"佐命"的说法②。"佐命"意为辅佐人君取得天下、登临帝位，"命"即天命，应乎君临天下系顺从天命之说。晋初异姓重臣，不乏被称为"佐命之勋"者。但西晋之立，改朝与换代交织，再加"嗣位之争"，"佐命之勋"便有两解：一是改朝之功，在魏晋交替中辅佐司马氏的，皆为功臣；二是换代之勋，在"嗣位之争"中力挺武帝的，才算真正意义上的心腹。该等心腹，入晋后已居权贵顶层，属立朝时的"布新"，但其仍将"进取"，并且其与武帝的关系、彼此之间的关系也将发生变化。

"元老""勋旧""佐命之勋"居朝占优，何以安身立命于新朝成为其他朝臣面临的难题。反向的，武帝欲重振皇权，则不能不培育更多忠诚于己的势力，魏晋更迭中随波逐流、无所作为的朝臣遂入其"法眼"。再者，"佐命之勋"各自伸张权势，武帝也急需能够制约、平衡朝局的"新进"者——实非真正意义上的新进，而是改朝换代后尚不及在司马氏麾下有所作为的旧臣。

应该如何给这类旧臣定性？ 或者说，史称武帝朝中"朋党纷然"③，这些朋党因何而聚、因何而斗？

拉帮结伙的政治斗争或是出于政治见解、政治倾向的不同，但贬

①　《晋书》卷 33《王祥传》《郑冲传》和《何曾传》，卷 39《荀颢传》等，第四册第 987—990、991—993、994—998、1150—1152 页。

②　"佐命""佐命之勋"等语见《晋书》卷 33《何曾传》、卷 34《羊祜传》、卷 35《陈骞传》和《裴秀传》、卷 39《王沈传》和《荀勖传》、卷 40《贾充传》，以及卷 3《武帝纪》等的相关记载，第四册第 996、1014、1035、1040、1145、1154、1156、1171 页，第一册第 81 页。

③　语出《晋书》卷 45《任恺传》，第四册第 1286 页。

义的党争多在于各求权位,甚至就是互存芥蒂,意气用事,此方主张什么,彼方就反对什么。史家对晋之"朋党"划分说法不一,有"亲曹派"与"亲马派"、"奸佞派"与"正直派"、"功臣派"与"清流派"等①。实际上,自新朝成立,亲曹、亲马之分已无意义,有晋一朝,根本没兴起任何复辟曹魏的波澜,亲曹者早已转向附马、随马,甚至曹植之孙曹志、曹叡之婿任恺也已仕晋②,更特出的如曹叡之妻明元郭皇后的堂弟甄悳,其先是成为司马师之婿,妻死后又迎娶司马昭之女③。

所谓"正直派""清流派",实情却是"正直"不正,"清流"不清。如以个人的思想倾向、家世背景、行事风格、仕途履历等为准据,依照是崇礼还是尚玄、是"儒家的豪族"还是"非儒家的寒族"④等,分门别类贴上"标签"划分派系,实也名实不符。

党争乱局的再一个特点是各个派别并无独到的政治诉求、政策主张。观点不一的未必不属一党,不属一党的反能主张一致⑤。由

① 曹文柱:《西晋前期的党争与武帝的对策》,《魏晋南北朝史论合集》,第104—120页;朱子彦:《中国朋党史》"武帝与西晋王朝的党争",第181—212页;权家玉:《魏晋政治与皇权传递》"齐王夺嫡背景下西晋政治的展开",北京:社会科学文献出版社,2019年,第69—103页;徐高阮:《山涛论》等。

② 《晋书》卷45《任恺传》和卷50《曹志传》,第四册第1285—1287页,第五册第1389—1391页。

③ 《三国志》卷5《文昭甄皇后传》和《明元郭皇后传》,上册第134—138、142页。

④ 《陈寅恪魏晋南北朝史讲演录》,万绳楠整理,第2、19页。

⑤ 例如互有"仰慕"的李憙与羊祜,前者鼓动朝廷大举出兵平息异族边患,后者则高论"吴平则胡自定";李憙心仪司马攸,然在李憙建言征发内附匈奴"鼓行而西"、为朝讨寇时,司马攸则力主诛杀内附匈奴的首领刘渊,以绝异族后患,见《晋书》卷41《李憙传》、卷34《羊祜传》和卷101《载记第一》,第四册1189—1190、1015—1016页,第九册第2646—2647页。反之,不属一党的亦可主张一致,后来武帝决策灭吴,同为入晋功臣的贾充、荀勖与羊祜意见不一,敌视贾、荀二人的诸多朝臣竟然一致反对羊祜,见《晋书》卷34《羊祜传》、卷36《张华传》、卷39《荀勖传》和卷40《贾充传》,第四册第1014—1021、1070—1071、1155—1156、1169—1170页。

魏入晋的诸多朝臣成长于长期丧乱、变故后纲纪崩溃、思想混乱的时期,他们构成复杂,政治倾向因时而定,在现实利益的诱惑面前,一切都显得苍白无力。

皇权之下的各系朋党,乃是当朝权势架构中因位遇、影响力、话语权不同而形成的利益集团。随大流入晋的朝臣,虽得"增封""增位"①,但在利益上并无特别斩获,如何伸张权势、提升地位,从不得势走向得势,成为其主要目标和内在动力。对这一群体的头面人物、代表人物,我们不妨以"功名派""功名之徒"称之。

在此,"功名"并非蔑称,不过是陈述功名需谋求、追逐甚至不择手段的事实或情状。政治派系和政治人物没有作为、不求功名,也就失去了存在意义。

功名派:西晋朝局中的非主流势力

关于武帝前期属于功名一系者,《晋书》提供了一条重要线索:以任恺为首,"庾纯、张华、温颙、向秀、和峤之徒皆与恺善",概为因禅代而不甚得势的曹魏旧臣。

任恺堪称晋初功名派的首领。与其时诸多朝臣一样,任恺父亦仕魏,本人则幸成曹叡的女婿,"累迁中书侍郎、员外散骑常侍",转入新朝后,受任侍中、近侍武帝,以曹婿之身投效新主。从后来表现看,任恺是不甘平庸的,专任侍中"总门下枢要,得与上亲接",借武帝"器而昵之,政事多谘"之机,迅即投身于泰始年间的争权夺利。如系旁人,正统史家或已斥其寡廉鲜耻,但任恺攻讦的是《晋书》视为大凶的贾充,故其被誉为"以社稷为己任",并且"有经国之干""有佐世器

---

① 《晋书》卷3《武帝纪》泰始元年,第一册第51—52页。

局"。然综其一生，有记载的"事迹"除了反对贾充，就是"豪侈"①。

再说庾纯。"博学有才义"的庾纯出身"为世儒宗"的颍川鄢陵庾氏，与兄庾峻同仕曹魏又同入西晋。庾氏盛在东晋，以身为国戚、专权于朝而名声大噪，西晋时期的庾氏尚在尊祖积德的蓄势之中。武帝既崇儒制，庾氏兄弟顺风顺水取得朝职，庾纯渐至中书令，位在武帝"心膂"②之一并长居监位的中书监荀勖之下，荀勖所得"倾国害时"恶议，其中当有庾纯的"功劳"③。

和峤一门更是三代仕魏，其本人又是夏侯玄之甥，所谓"少有风格"，"有盛名于世"，"慕舅夏侯玄之为人"。只是学坏容易学好难，夏侯玄曾以《时事议》《答司马宣王书》表达治政理念，未见和峤在这一方面有什么表现；相反，曹叡皇后毛氏出身低微，夏侯玄进见时"与皇后弟毛曾并坐，玄耻之，不悦形之于色"，和峤有样学样且更甚之，不管出身高低，看不顺眼便任性而为。中书监、令本应同车入朝，和峤任中书令时却极端鄙视中书监荀勖的为人，拒绝与其同车，遂监、令分车入朝，"自峤始也"④。

和峤的贪鄙也"青史留名"，"峤家产丰富，拟于王者，然性至吝，

---

①　《晋书》卷 45《任恺传》，第四册第 1285—1286 页。

②　语出《晋书》卷 35《陈骞传》："(陈骞)与贾充、石苞、裴秀等俱为心膂。"第四册第 1035—1036 页。

③　《晋书》卷 50《庾纯传》和《庾峻传》，卷 39《荀勖传》，第五册第 1397—1401、1391—1394 页，第四册第 1153—1157 页。有关庾氏于东晋中期盛极一时的情形，参见卷 73《庾亮传》、卷 93《庾琛传》等，以及卷 6《元帝纪》和《明帝纪》、卷 7《成帝纪》和《康帝纪》相关记载，第六册第 1915—1936 页，第八册第 2414 页，第一册第 159—165、169—187 页。另参阅白寿彝主编：《中国通史(第二版)》第五卷"庾亮"，第 8 册第 1004—1013 页；田余庆：《东晋门阀政治》"庾氏之兴与庾、王江州之争"，第 100—131 页等。

④　《三国志》卷 9《夏侯玄传》，上册第 245—253 页；《晋书》卷 45《和峤传》，第四册第 1283—1284 页。

以是获讥于世，杜预以为峤有钱癖"①。据说和峤家有上品李树，武帝想尝李子，和峤不过奉上区区数十枚。武帝姑父王济很是不屑又气不过，趁和峤不在家，率一拨少年进去，吃光了树上李子，又砍倒李树，扬长而去②。

功名派所以被称为功名派，其底色就是竞逐功名，遇危难则作鸟兽散。后来任恺、庾纯构陷贾充，未见和峤、张华等附和其事。任恺失势后，《世说新语》载，人问和峤：你为什么坐视任恺败于党争而不出手救他呢？和峤答称："非一木所能支。"③《世说世语》所录真伪难辨，但从任恺落难而和峤、张华等未受连累的情形看，功名派诸员的明哲保身，似应为真。

依其本性，功名之徒又是一个不断分化的群体，或立有事功则摇身一变成为功臣，或积攒年资、人脉渐至高位。张华即为其例，史称其出身"庶族"，但父辈仕魏，已为渔阳郡守。父逝较早，故而张华"少孤贫，自牧羊"，同郡要人、曹魏重臣卢钦、刘放④"见而器之"，刘放更"以女妻焉"，张华随即发迹。

武帝前期的功名派中，张华不甚活跃，后因才华，渐达"名重一世，众所推服"的段位。灭吴之役中，作为度支尚书的张华"量计运漕，决定庙算"，进封万户侯，跻身功臣行列；都督幽州时又有"抚纳新

---

① 《晋书》卷 45《和峤传》，第四册第 1283—1284 页。
② 《晋书》卷 42《王济传》，第四册第 1206 页。
③ 《世说新语·任诞》，(南朝宋)刘义庆、(南朝梁)刘孝标注、余嘉锡笺疏：《世说新语笺疏》，第 636 页。
④ 卢钦出身范阳卢氏，见《晋书》卷 44《卢钦传》，第四册第 1254—1255 页；刘放系曹魏大臣，在曹魏明帝曹叡临终确定辅政大臣时力推司马懿，见《三国志》卷 14《刘放孙资传》，上册第 380—384 页。

旧，戎夏怀之"的政绩；武帝身后，张华勉力维持朝局，功不可没，但在乱政中终遭冤杀①。

武帝扶植功名派为其重振皇权的助力，为时大约七八年。其后，除了任恺淡出朝局，余之诸人相继投向司马攸，泰始朝争以一种很特别的方式告结。

"齐献王争立"：泰始朝争的起点与本质

那么，晋初朝争的基本主题是否就是"佐命之勋"、功臣派与功名之徒在武帝重振皇权过程中的纠葛或冲突呢？并非如此。

"嗣位之争"所涉的司马攸，在入晋后受封齐王、死后谥献，关于其在入晋前和入晋后的表现，吕思勉直言不讳地以"齐献王争立"为题概之②。

史上绝无司马攸本人意在帝位的明录。即使是"嗣位之争"，史载也是司马昭非得将权位传给司马攸；新朝建立后，武帝重振皇权，泰始三年正月又册太子③，此时再争位更是大逆不道，一向示人"以礼自拘，鲜有过事"④的司马攸当然不可能公然越轨。

西晋朝争起于何时？泰始后期即泰始七年（271 年）后的朝争，多受史家关注，学界多以泰始七至八年贾充与任恺之间的"斗法"为西晋的首轮党争⑤，泰始前期诡秘莫测的朝局异动则通常被界定为"佐

---

①　《晋书》卷 36《张华传》，第四册第 1068—1074 页。

②　吕思勉：《两晋南北朝史》"齐献王争立"，上册第 28—33 页。

③　《晋书》卷 3《武帝纪》泰始三年和卷 4《惠帝纪》，第一册第 55、89 页。

④　语出《晋书》卷 38《司马攸传》，第四册第 1135 页。

⑤　曹文柱：《西晋前期的党争与武帝的对策》，《魏晋南北朝史论合集》第 104—120 页；朱子彦：《中国朋党史》"武帝与西晋王朝的党争"，第 181—212 页。

命之勋"彼此间的争夺①；《晋书》有关泰始前期朝争的记载也隐晦不明，却又存留蛛丝马迹的线索。

细察史料，武帝前期的朝争，看似混乱，实则清晰。"嗣位之争"的根源在入晋前，此时名分虽定，武帝与司马攸之间的权势之争却未结束。武帝虽然胜出，司马攸却始终没有放弃，入晋后其不甘寂寞、不甘示弱，所激出的暗流贯彻泰始年间，并对整个武帝政期甚至皇朝命运有着不可估量的影响。

被传统史家拔高、美化的司马攸

官修史书，褒贬分明。《晋书》是第一部官史，有颂扬对象司马攸和羊祜，也有恶之典型贾充。

司马攸生于曹魏正始九年（248 年），小武帝十二岁，年岁差距悬殊，八岁时被过继给司马师，后历任曹魏的散骑常侍、步兵校尉，"嗣位之争"时，推算其年在十七至十八。晋立之际，十五重臣中宗亲占三，司马氏三代各有一人，司马攸列其中，为卫将军，封齐王。

按照《晋书》的叙事逻辑，武帝得位实在是个历史悲剧。司马攸"少而岐嶷。及长，清和平允，亲贤好施，爱经籍，能属文，善尺牍，为世所楷。才望出武帝之右，宣帝每器之。……从征王凌，封长乐亭侯"。②其

---

① 有关这一方面的专述，可参见徐高阮：《山涛论》，北京：海豚出版社，2014 年；以及顾笔：《论山涛》，《西北师大学报》（社会科学版）1989 年第 7 期；肖衡源：《山涛与魏晋易代》，硕士学位论文，东北师范大学历史系，2012 年；樊荣：《山涛再论》，《焦作师范高等专科学校学报》2015 年第 4 期；杨恩玉：《山涛、羊祜与晋武帝朝之政争》，《史学月刊》2018 年第 4 期等。

② 《晋书》卷 38《司马攸传》，第四册第 1130 页。司马攸有《望近帖》存世，南齐王僧虔《论书》云："晋齐王攸书，京洛以为楷法。"《论书》成于《晋书》之前，所谓"为世所楷"，应指书法。参见江西美术出版社编：《中国古代书法家小楷精选·魏晋南北朝》之《望近帖》，南昌：江西美术出版社，2016 年。

他暂且不论,所谓"宣帝每器之",司马攸死于曹魏嘉平三年(251年),是时司马攸虚岁四岁,对一幼儿,"每器之"的说法能否成立? 并且叙述上,"宣帝每器之"一句竟置于司马攸"及长"之后,颇有误导的意味。

至于司马攸受封长乐亭侯,司马懿平息王凌之叛是在嘉平三年(251年),事后曹魏"策命帝(司马懿)为相国,封安平郡公,孙及兄子各一人为列侯"①,其中"孙"当为司马攸。对于司马氏宗亲因长辈、兄弟之功荫而受封,《晋书》平铺直叙甚至不无奚落②,唯独对于司马攸,虚构"从征"一事,非史家笔法。王夫之更抛开史料而推断,如果司马攸后来能够留中、不死,则"杨氏不得以擅国,贾氏不得以逞奸,八王不得以生乱"③,并且也不会有"五胡之能竞逐"的局面④。

传统史家拔高、美化司马攸的原因不一,对此不多作探析,笔者所关注的是:有"嗣位之争"于前,其本人又居于司马师嗣子和当朝皇帝同母之弟的特殊地位,西晋代魏之后,司马攸本人有哪些作为? 其作为与武帝重振皇权的措置之间究竟有怎样的互动关系?

其实,入晋之后的司马攸"基本上没有特别称道的业绩"⑤。归纳史料,无非居丧"哀毁过礼""降身虚己,待物以信""绥抚营部,甚有

---

① 《晋书》卷1《宣帝纪》嘉平三年,第一册第19—20页。

② 例如对司马懿诸子即司马昭之弟司马榦、司马伷、司马京、司马肜、司马伦,《晋书》记以"少以公子魏时封安阳亭侯""正始初封南安亭侯""魏末以公子赐爵""无他才能,以公子封乐平乡侯""魏嘉平初,封安乐亭侯",见《晋书》卷38《司马榦传》《司马伷传》《司马京传》和《司马肜传》,卷59《司马伦传》,第四册第1119—1121、1124、1127页,第五册第1597页。

③ (清)王夫之《读通鉴论》卷11,第二册第806页。

④ 《晋书》卷38《司马攸传》"史臣曰",第四册第1139页。

⑤ 朱子彦:《中国朋党史》,第211页。

恩惠""抚宁内外,莫不景附"等泛泛而发、并无实证的颂词①。

司马攸是意欲大有作为的,"每朝政大议,悉心陈之"。但武帝对这位"亲贤好施"的皇弟戒备、防范有加:从立朝起,司马攸居留洛阳十八年,自始至终未任实职,有所作为也不过是些善举,例如司马攸入晋后短暂任骠骑将军,"时骠骑当罢营兵,兵士数千人恋攸恩德,不肯去,遮京兆主言之,帝乃还攸兵"。又如司马攸受封为王,"虽未之国,文武官属,下至士卒,分租赋以给之,疾病死丧赐与之","国内百姓则加振贷",以至"国内赖之"②。

不过,既罢营兵,府主不遵诏命,反由公主游说、施压于武帝,以还兵于己,似非为臣的守贞不二之道;分租赋给藩国官属兵士,又有施恩、收买人心之嫌。后来司马攸的声望竟至"朝臣内外,皆属意于攸"的地步,无怪乎武帝的忌惮与日俱增。

贾充:西晋的"首功"与"首奸"

西晋历史上,贾充是无可回避的人物。贾充的经历,乃是魏晋期间朝局和权势关系构造、变化的主要动因之一。

贾充出身司州平阳襄陵的著姓③。其父贾逵,官至曹魏的建威将军、豫州刺史。贾充出生时,四十四岁的贾逵欣喜异常,"言后当有充闾之庆,故以为名字焉",此即贾充字公闾的由来。曹魏太和二年(228 年)贾逵死时,贾充年仅十二岁,先袭父爵后入仕,"累迁黄门侍郎、汲郡典农中郎将"④。

---

①② 《晋书》卷 38《司马攸传》,第四册第 1130—1135 页。
③ 平阳襄陵在今之山西省临汾市襄汾县一带。语出《三国志》卷 15《贾逵传》:"逵世为著姓。"上册第 400—406 页。
④ 《三国志》卷 15《贾逵传》,上册第 400—406 页;《晋书》卷 40《贾充传》,第四册第 1165—1166 页。

实际上，贾逵是抑郁而逝。曹丕时拟以贾逵假节为督，遭曹魏征东大将军曹休力阻，称"逵性刚，素侮易诸将，不可为督"，曹丕遂作罢。曹叡继位后对吴发动"石亭之战"①，主帅曹休大败，几至全军覆没，身为豫州刺史的贾逵率军全力救援，曹休才幸免于难。但得救后的曹休却恩将仇报、倒打一耙，诬称贾逵进兵迟缓导致兵败，"朝廷虽知逵直，犹以休为宗室任重，两无所非"，是年，贾逵溘然病逝。

曹休与"茂才"出身、有礼法背景的贾逵之间的冲突，似也是曹魏一系与礼法集团之间冲突的样本之一。至于贾逵被诬后病死与曹魏的苛刻、不公、排挤是否有直接联系，贾充后来一意投效司马氏是否与其父的遭遇有关，史未明载②。

贾充与司马氏的关系始于司马师时期的"参大将军军事"，在武帝的诸心腹中，其效力司马氏为时最早，其余心腹则在司马昭专权时才成为司马氏亲信。正元二年（255 年）田丘俭叛，贾充跟从司马师出征；司马师病重返回许昌时，"留充监诸军事"，可见此时贾充已获充分信任。司马师死后，贾充"为文帝（司马昭）大将军司马，转右长史"，不久作为使者游说、试探诸葛诞对司马氏的顺从度，遭诸葛诞怒斥，遂又参与策划平息诸葛诞的反叛。事平，"帝（司马昭）先归洛阳，使充统后事"，升任中护军，后更协助司马昭灭蜀、平钟会乱，"时军国多事，朝廷机密，（贾充）皆与筹之"。

西晋立国之前，贾充有两大突出事迹：

---

① "石亭之战"发生于曹叡在位的太和二年（228 年）。石亭在今安徽省安庆市、桐城市一带，有关记载见《三国志》卷 3《明帝纪》太和二年和卷 9《曹休传》、卷 47《孙权传》，上册第 79—81、232—233 页，下册第 945 页。

② 《三国志》卷 15《贾逵传》和卷 9《曹休传》，上册第 403—406、232—233 页。

一是弑杀魏帝曹髦，事见前述。这是贾充为司马氏立下的最大功勋，同时也是其遭魏晋众多朝臣及后世史家百般指斥、攻击的最大污点。事后，司马昭竭力包庇唆使弑君的贾充，直接动手的成倅、成济兄弟成了"替罪羊"。弑杀不驯服的魏帝，扫除了司马氏登顶的极大障碍，晋室对此当然没齿不忘，"自以成济之事，（贾充）与晋室当同休戚"①。

二是力挺武帝嗣位，亦如前述。以致司马昭临终时几乎等于顾命于贾充："及文帝寝疾，武帝请问后事。文帝曰：'知汝者贾公闾也。'"

新朝既建，论功行赏，"为晋元勋"的贾充为车骑将军、散骑常侍、尚书仆射，受封鲁公。

在《晋书》的视野中，贾充系西晋时期的元凶、首佞，"非惟魏朝之悖逆，抑亦晋室之罪人"②。按照封建正统理念，弑君十恶不赦，再加全力助晋僭魏，贾充于魏当然是元凶，但对西晋，其却是元勋。至于《晋书》贬其"无公方之操，不能正身率下，专以谄媚取容"③，帝王专制，单纯指斥佞臣并无太大意义。

对于西晋开国后贾充的在朝表现，史书不得不承认其理政"辩章节度，事皆施用"，"雅长法理，有平反之称"，且"务农节用，并官省职"，为人心怀谦抑、屡辞优待，"从容任职，褒贬在已，颇好进士"，尤其"所定新律既班于天下，百姓便之"。

---

① （唐）李德裕：《羊祜留贾充论》，（清）董诰等编：《全唐文》卷701，北京：中华书局，1983 年，第七册第 7272 页。"成济之事"即司马氏夺政过程中魏帝曹髦被贾充所率下属弑杀事件。

② 语出《晋书》卷40"史臣曰"，第四册第1181 页。

③ 《晋书》卷40《贾充传》，第四册第1165—1169 页。

"新律"即《晋律》(又称《泰始律》)。从曹魏咸熙元年(264年)七月到晋武帝泰始四年(268年)正月,在佐命武帝、促行禅代的同时,贾充受命主持"正法律",将原本庞杂臃肿、"本注烦杂"的前朝律令优化为"简法务本,惠育海内"的《晋律》。之前,"凡断罪所当由用者,合二万六千二百七十二条,七百七十三万二千二百余言",虽曾编修仍"科网本密";"正法律"之后,《晋律》"凡律令合二千九百二十六条,十二万六千三百言"①。后世普遍认为,《晋律》堪称中国法制史上的里程碑②。

贾充参与了司马氏登顶的全程十七年,在西晋朝中也是十七年。后之十七年,贾充虽然"深见宠异,禄赐常优于群官",直至命终,但与武帝的关系并不像前之十七年那样"一心一意"。

影响历史进程的贾氏婚事与家事

汉晋时期的联姻关系,全然一潭浑水,细究更是剪不断、理还乱的乱麻。说到贾充及其地位、评价等,不能不提及其两段婚事。

贾充的第一任妻子是曹魏大臣、后为中书令的李丰之女李婉。魏嘉平六年(254年),李丰收买宦官近侍,意图诛杀司马师,反被司

---

① 《晋书》卷40《贾充传》,并参见卷2《文帝纪》咸熙元年,卷3《武帝纪》相关记载和卷30《刑法志》,第四册第1166—1167页,第一册第44、56页,第三册第927—928页。

② 有关贾充,近年来已有少量专述,其中亦有对传统说法的"翻案",肯定并重新评价贾充在魏晋之交所起的积极作用,参阅汪奎:《贾充——专制体制下矛盾冲突的悲剧个体》,《许昌学院学报》2003年第1期;高贤栋:《贾充新论》,《山西大学学报》(哲学社会科学版)2003年第6期;丁晓梅:《魏晋平阳贾氏家族研究》,硕士学位论文,西北大学历史系,2010年;周鼎:《贾充与魏末晋初政治》,《南京晓庄学院学报》2011年第1期;董慧秀:《再析"羊祜亦党贾充论"》,《黑龙江史志》2012年第6期;崔园园:《贾充探析》,硕士学位论文,天津师范大学,2014年;陈婷婷:《贾充与魏晋易代研究》,硕士学位论文,湖北大学,2019年。

马师捶杀。

史称李婉"淑美有才行",与贾充"生二女褒、裕,褒一名荃,裕一名浚"①。李丰被诛后,李婉母女受牵连,徙乐浪郡②,贾充当在此时休妻,二女遂改姓李。与今天的社会观念、法律制度不同,根据当时父权社会的通例习俗,休妻弃女后,贾充与李婉之间的夫妻关系不复存在,与二女之间的父女关系亦已断绝。

妻被株连,却不问其夫,在当时也为惯例③。贾充未受李丰等的连累,司马氏与贾充的关系似乎也未因妻罪受到影响,次年,贾充从司马师征讨毌丘俭并仍得信重。

李氏母女流徙后不久,贾充娶曹魏骠骑将军郭淮的侄女、年不及二十的郭槐为第二任妻子,又生二女,即著名的贾南风和贾午④。据说郭槐妒忌成性、褊狭异常。贾充终生无子,《晋书》戏剧化地描述了贾充曾经得子却又失子的经过:贾充与郭槐生子贾黎民,三岁时,乳母抱之,子见贾充回家,开心不已,贾充就势爱抚儿子,郭槐

① 《晋书》卷40《贾充传》,第四册第1171—1172页。

② 《三国志》卷9《夏侯玄传》,上册第248—249页。乐浪郡在今朝鲜半岛北部,先属幽州,后属平州(见《晋书》卷14《地理志上》,第二册第425—428页)。

③ 佐证之例如曹魏骠骑将军郭淮,即贾充第二任妻子郭槐的伯父,郭淮之妻系王凌之妹,王凌"叛","凌诛,妹当从坐,御史往收","淮五子叩头流血请淮,淮不忍视,乃命左右追妻。于是追者数千骑,数日而还。淮以书白司马宣王(司马懿)曰:'五子哀母,不惜其身;若无其母,是无五子;无五子,亦无淮也。今辄追还,若于法未通,当受罪于主者,觊展在近。'书至,宣王亦宥之。"可见,郭妻受到牵连,郭淮无事。见《三国志》卷26《郭淮传》,上册第613页。

④ 司马师诛李丰等事件发生于曹魏嘉平六年(254年),贾充与第二任妻子郭槐所生长女贾南风生于曹魏甘露二年(257年),见《晋书》卷31《惠贾皇后传》,第四册第963—966页。有关郭槐的年龄,北京博物馆藏《夫人宜成宣君郭氏之枢铭》拓片记载:郭槐死于西晋元康六年(296年),寿限六十,乃据此推定。见赵超:《汉魏南北朝墓志汇编(修订本)》,天津:天津古籍出版社,1992年,第7—8页。

望见，认为贾充与乳母有私情，鞭杀乳母，黎民因思恋乳母，发病而死。后郭槐又生一子，悲剧再现，郭槐再杀乳母，此子再度"思慕而死"①。

西晋代魏，武帝大赦天下、兴灭继绝，流徙边地十四年的李婉母女得还洛阳②。

其后，李荃即贾褒的婚事，贾南风的婚事，甚至贾午的婚事，先后搅动起西晋朝局的巨大变故。

第二节　《晋书》"权臣"之谜

"权臣"是羊祜或贾充吗？

泰始初年，朝中并不平静。武帝强化皇权，亲制朝枢、委事腹心，尤其是"出纳王命，赋政四海"的尚书省③。但武帝以裴秀等执掌尚书省的安排，似不称某种人物或势力的心意；有股隐秘的"暗流"，千方百计欲染指朝枢。裴秀任职尚书令两年稍多，在任之初即遭攻讦。先是安远护军郝诩致函友人时提及："与尚书令裴秀相知，望其为益。"这一私下说道流传出去，有司竟然据此奏免裴秀，武帝斥责道：郝诩说些什么，哪里是裴秀管得了的！④

然诘责之声不绝，并且连带着将武帝又一亲信山涛卷入局。司隶校尉李意亲自出马，"复上言"武帝："骑都尉刘尚为尚书令裴秀占官稻田，求禁止秀。"武帝又以裴秀"有勋绩于王室，不可以小疵掩大

---

①② 《晋书》卷31《惠贾皇后传》、卷40《贾充传》和《郭槐传》，第四册第 963—966、1165—1173 页。

③ （唐）杜佑编纂：《通典》卷22《职官四·尚书上》。

④ 《晋书》卷35《裴秀传》，第四册第 1038—1039 页。

德",治刘尚之罪而为裴秀开脱。李憙仍不依不饶,泰始三年年初①,再上言针对尚书省的山涛等:"故立进令刘友、前尚书山涛、中山王睦、故尚书仆射武陔各占官三更稻田,请免涛、睦等官。陔已亡,请贬谥。"武帝诏咎刘友,其余不问②。

但"权臣"作祟,武帝最终还是未能庇护住裴秀和山涛。《晋书》载:"及羊祜执政,时人欲危裴秀,(山)涛正色保持之。由是失权臣意,出为冀州刺史,加宁远将军。"③裴秀则于泰始四年正月就司空虚职,也离开了尚书省④。

《晋书》讳言"权臣"的真实身份,引后世史家猜测不断,此即《晋书》有关晋初朝中的"权臣"之谜。

"嗣位之争"中,裴秀、山涛皆有大恩于武帝,此际皆被斥出朝枢。并且,山涛一向"中立于朝"——司马昭帐下,钟会与裴秀"居势争权",山涛却"与钟会、裴秀并申款昵","平心处中",无所偏向——此际何以一反常态地不再"中立","正色"维护裴秀而得罪"权臣"呢?

显然,危裴秀、逐山涛,"权臣"意在渗透、控制朝枢,削弱甚至抵消武帝的政事话语权。这当然是对武帝重振皇权的挑战。从素持中立、唯武帝是从且与司马氏有"中表亲"、深得司马昭和武帝父子信任

---

① 《晋书》未载李憙奏劾时间,见《资治通鉴》卷 79 泰始三年。

② 《晋书》卷 35《裴秀传》和卷 41《李憙传》等,第四册第 1037—1038、1188—1190 页。武陔其人,参见卷 45《武陔武茂传》,第四册第 1284—1285 页。

③ 《晋书》卷 43《山涛传》,第四册第 1224—1225 页。

④ 《晋书》卷 3《武帝纪》泰始四年和卷 35《裴秀传》,第一册第 56 页,第四册第 1039 页。

的山涛的表现看①，其已察觉了"权臣"的真实意图。

《晋书》三缄其口的"权臣"究竟为谁？按字面记载的"羊祜执政"，当然就是羊祜。为维护羊祜的至圣名誉，时隔一千五百多年，钱大昕质问："此传所言，似秀之危出于祜意，且以权臣目祜"，"羊公盛德，何致有此？"为有佐证，在"执政"一词为何意上，钱氏作解："泰始初，羊祜为尚书右仆射（实为尚书左仆射），故云执政。"又举"时王佑、贾充、裴秀皆前朝名望，祜每让，不处其右"等例，以证弄权作祟的"权臣"不是羊祜②。

谬之尤者是随心所欲的解读。徐高阮称："在晋中朝的一次真正最有决定性的政治大权的争夺里，正是山涛，以一个长老的地位，支持那次争夺中的一方面的主角羊祜。"在徐氏那里，山涛"正色保持"裴秀偷梁换柱地成了山涛"支持"羊祜，更进一步，徐氏断言：山涛之举意在对抗擅权弄政的贾充，力挺羊祜作"最大的政治争衡"，"所谓'时人'与'权臣'自然是指贾充"③。诚如周一良所评，"徐文对史料驱使之熟

---

①　山涛与武帝及司马氏的关系，以及山涛在武帝时期的政治态度等，见《晋书》卷43《山涛传》，第四册第 1223—1228 页。

②　（清）钱大昕：《廿二史考异》，方诗铭等点校，上海：上海古籍出版社，2014 年，上册第 366 页；并参见《晋书》卷 34《羊祜传》，第四册第 1014 页。尚书左、右仆射之出入，卷 34《羊祜传》记为右仆射，卷 3《武帝纪》泰始四年记为"以中军将军羊祜为尚书左仆射，东莞王伷为尚书右仆射"，第一册第 56 页。参以其他史料综合判断，本传记载为误。

③　徐高阮：《山涛论》，第 10、48 页。钱大昕仅言："祜传云，王佑、贾充、裴秀前朝名望，祜每让不处其右。此传所言，似秀之危出于祜意，且以权臣目祜，与彼传殊相矛盾矣。羊公盛德，何至有此？"参见（清）钱大昕：《廿二史考异》，方诗铭等点校，上册第 366 页。有关徐氏之谬，除周一良之"不同意其结论"外，还有不少史家批驳，参阅顾竺：《论山涛》，《西北师大学报》（社会科学版）1989 年第 7 期；董慧秀：《再析"羊祜亦党贾充论"》，《黑龙江史志》2012 年第 6 期；樊荣：《山涛再论》，《焦作师范高等专科学校学报》2015 年第 4 期；杨恩玉：《山涛、羊祜与晋武帝朝之政争》，《史学月刊》2019 年第 4 期等。

练与运用之巧妙使我叹服,但并不同意其结论"①,评语甚委婉,运用史料"巧妙"却不得确切、可信结论,史料竟被"驱使",绝非褒义。

综合史料,笔者以为,"权臣"不是羊祜也不是贾充。这里有一不容忽视的背景:"权臣"意在朝枢,且其权势极为强大,以至武帝也不得不有所迁就、退让,不得不虚尊裴秀、暂出山涛,以避朝中漩涡②。以晋初的朝局,作为"权臣"声讨裴秀、山涛之"抓手"的李憙没有这么大的力量,羊祜、贾充二人其时虽然得势,但也都不具备压迫武帝虚裴秀、出山涛的权势、地位和能量——很快,羊祜便受命出镇荆州,结束了短暂的"羊祜执政";贾充此际则心思全不在朝枢,并且,即使三四年后,武帝仍能随心所欲地逐出贾充。

更何况,《晋书》视贾充为大奸、首恶,若"权臣"就是贾充,《晋书》何须隐名、讳言!

"羊祜执政"和武帝遣其督荆州

入晋后羊祜任新设的中军将军职。泰始四年年初,裴秀因"危"虚为司空,同期武帝"罢中军将军";与裴秀去职同步,羊祜由军入政,为尚书左仆射③。

武帝显然不欲朝政中枢掌于一人,裴秀之后,原尚书仆射、刚刚完成"刊定律令"大任的贾充"守尚书令",随即就有羊祜和司马伷分任左、右仆射。这一尚书令并加左、右仆射的配置是武帝时期尚书省

---

① 周一良:《毕竟是书生——周一良自传(续三)》,《史学理论研究》1994 年第 4 期。

② 《晋书》卷 43《山涛传》,第四册第 1223—1224 页。

③ 《晋书》卷 3《武帝纪》相关年份、卷 24《职官志》和卷 34《羊祜传》,第一册第 52—53、56、58 页,第三册第 740—741 页,第四册第 1014 页。

的常态,隐现武帝提防重臣专权、令臣属相互制衡的驭朝手段,按理不该出现"羊祜执政"的情形。不意此际,贾母去世,贾充离朝守丧,尚书省遂由左仆射羊祜主领,从不久后石苞事件爆发、右仆射司马伷又赴徐州、武帝急急召回贾充的情形看,武帝并不愿看到"羊祜执政"的局面①。

　　武帝的心腹中,羊祜身份最为特殊:唯一的国戚——已被追尊景皇帝的司马师妻弟;唯一与司马攸有亲缘关系者——司马攸之舅。

　　值得一提的是,羊祜在"嗣位之争"中倾向不明②。无论亲缘关系还是权势关系,羊氏一门皆难有挺武帝而抑司马攸的动机和理由。至于入晋前羊祜受命接替不愿直接落下叛魏名声的司马望统领禁军,更像是羊氏审时度势的权宜之计:司马昭麾下的何曾、裴秀、贾充、山涛等同声拥戴武帝,且时年不及二十的司马攸也难上位,禅代在即,支持武帝才能获取最大政治利益。但新朝立后,武帝迅即复以司马望为中领军,置于中军将军羊祜之上,后又罢中军将军官,羊祜"由军转民",位在贾充之下,又有司马伷在旁③。禅代既成,武帝的

---

①　《晋书》卷3《武帝纪》泰始四年和卷40《贾充传》,第一册第51页,第四册第950—952、1171—1172页。裴秀为尚书令时,贾充为尚书仆射;唯贾充卸任、"代裴秀为尚书令",才有羊祜为尚书左仆射同时皇叔司马伷为尚书右仆射之事,见《晋书》卷3《武帝纪》泰始四年和卷40《贾充传》,第一册第56页,第四册第1167页。

②　晋初异姓重臣中堪为武帝心腹的五人中,裴秀、贾充力挺武帝,见诸史料。至于王沈,西晋代魏,武帝嗣父位,特召都督在外的王沈回朝为晋国御史大夫并守尚书令,代魏后又"欲委以万机",命短的王沈不及"万机"之任而骤死,武帝对其极尽哀荣,次年又"追思沈勋",加官增赐,诏称王沈的"翼亮佐世之勋",由这些迹象,可以推断王沈在"嗣位之争"中支持武帝的政治态度,见《晋书》卷39《王沈传》,第四册1145—1146页。另之羊祜、荀勖二人,情形不明。

③　《晋书》卷34《羊祜传》、卷37《司马望传》、卷3《武帝纪》泰始四年和卷24《职官志》,第四册1013—1014页,第四册第1085—1087页,第一册56页,第三册740—741页。

关切似有变化，主要忌惮也随之而变，态度难免微妙：羊氏是魏晋改朝的可靠辅佐，却非换代、正祚的亲信势力。

附及，如前所述，自立朝起，武帝在朝枢重地未予司马攸本人以实任位置。

石苞事件中，武帝没有理会羊祜为石苞的说项，又"以东南有事"，诏命"夺情"①贾充，"遣典军将军杨嚣宣谕，使六旬还内"②。事毕，在贾充、羊祜二人之间，武帝强令贾充留中，同时诏遣羊祜出朝都督荆州。很明显，武帝中意贾充，在武帝看来，"嗣位之争"中坚决支持自己并且与司马攸了无关联的贾充，更适宜作为自己掌制朝枢的柱石。

裴秀主政，多遭奏劾；"羊祜执政"的一年间③，朝中倒是没有什么负面声音，看来，"权臣"对羊祜不存异议。待羊祜离朝，换以贾充领班，意在朝枢的"权臣"会是什么态度呢？

贾充得势和司马攸暗渗朝枢

"权臣"意在朝枢，贾充则无意于朝枢。"及羊祜等出镇，充复上表欲立勋边境"，然"帝并不许"，留贾充在朝主事④。所谓"复上表"，证明贾充在母丧守制之前即有出镇愿望。

以晋之元勋地位，以及与裴秀的个人交谊渊源，贾充无需"危"裴

---

① "夺情"，又称"夺情起复"，古时对因父母之丧而去官守制的官吏，朝廷以政事需要命其不再守孝、继续任职或提前归朝，即所谓"夺"其孝情。

② 《晋书》卷 40《贾充传》，第四册第 1167 页。

③ 羊祜于泰始四年（268年）二月任尚书左仆射，次年二月出督荆州，见《晋书》卷 3《武帝纪》泰始四年和泰始五年、卷 34《羊祜传》，第一册第 56—59 页，第四册第 1014 页。

④ 《晋书》卷 40《贾充传》、卷 3《武帝纪》相关记载，第四册第 1167 页。第一册第 56、58 页。

秀。晋初"贾、裴、王"一体,王沈已死,贾、裴仍然紧密勾连,郭槐姊妹二人分别嫁给贾充和裴秀,二人为连襟①。"高平陵事变"后,二人同事司马氏,表现旗鼓相当、各事所长:"儒学洽闻,且留心政事"的裴秀偏于政仪、官制,"雅长法理""有刀笔才"的贾充则偏于军务、律令,各得其所②。晋初贾充作为尚书仆射,似在左光禄大夫、尚书令裴秀之下,但二人早已开府仪同三司、同样位列从公;"秩千石"的尚书令、尚书仆射重在职守③,反倒不是二人的位遇之别。入晋第七年,已为"当世名公"的裴秀去世,其后贾充仍很维护裴氏利益④。武帝死后,贾充、裴秀的后代更联袂当国,后将有述。

表 3-1　魏晋之际裴秀、贾充官职、位阶对照表

事件或时期	裴　秀	贾　充
曹爽与司马氏争权	曹爽大将军府之掾属、黄门侍郎	尚书郎、黄门侍郎、汲郡典农中郎将
司马师时期	廷尉正	参大将军(司马师)军事
司马昭辅政	司马昭之掾属、散骑常侍	大将军(司马昭)司马、右长史
弑曹髦、立曹奂后	尚书仆射	中护军、统领城外诸军,加散骑常侍
武帝嗣晋王位	晋国尚书令、开府仪同三司	晋国卫将军、开府仪同三司

---

　　① 《三国志》卷 26《郭淮传》,上册第 613 页;《晋书》卷 35《裴秀传》和《裴颀传》、卷 40《贾充传》和《郭槐传》、卷 31《惠皇皇后传》等,第四册第 1041、1165—1166、1170—1171、963—966 页。

　　② 《晋书》卷 2《文帝纪》咸熙元年、卷 39《荀颉传》、卷 35《裴秀传》、卷 40《贾充传》和卷 33《郑冲传》,第一册第 44 页,第四册第 1150—1152、1038、1166—1167、991—992 页。

　　③ 《晋书》卷 24《职官志》,第三册第 730 页。

　　④ 《晋书》卷 35《裴秀传》和《裴颀传》,第四册第 1041 页。裴秀身后,袭爵的裴秀长子裴浚又逝,裴浚之子"不惠",作为姨父的贾充为保裴氏荣显,上奏要求打破成制,以裴秀次子裴颀袭爵,得武帝诏准。

（续表）

事件或时期	裴　　秀	贾　　充
西晋代魏之际	尚书令、左光禄大夫、钜鹿公	车骑将军、散骑常侍、尚书仆射、鲁公
泰始四年	司空	守尚书令
泰始七年	（三月）去世	（八月）车骑将军、都督秦、凉二州诸军事

　　贾充与山涛似也不存过节，即在羊祜出督、贾充执领朝枢不久，武帝诏被逐的山涛返朝，"入为侍中，迁尚书"，由此贾充与山涛同朝共事逾十年，贾充死时，山涛仍在朝中①。另，钱氏举羊祜谦让之例，其实贾充也曾屡辞位遇，例如"以文武异容，求罢所领兵"；"时吴将孙秀降，拜为骠骑大将军。帝以充旧臣，欲改班，使车骑居骠骑之右。充固让，见听。"

　　贾充在朝"从容任职，褒贬在己"②。但树欲静而风不止，贾充既执掌枢要，意在渗透朝枢的"权臣"当然以他为围猎、拉拢的对象。即在此期，司马攸竟然娶结束流放、返回洛阳的李婉之女李荃即贾褒为妻，很怪异、很蹊跷地成了贾充事实上的女婿。

　　司马攸为什么要婚对李荃？史家罕有关注。笔者以为，正是司马攸的这一"非对称"③的"魔幻"婚事，成了解开《晋书》"权臣"之谜

---

① 《晋书》卷 43《山涛传》，第四册第 1225—1228 页。
② 《晋书》卷 40《贾充传》，第四册第 1167 页。
③ "非对称"也作"不对称"，这一概念在现代经济、社会、军事方面时有运用，泛指产生一定关系的双方因各自拥有的资源、条件等存在明显差异而处于不对等、不平衡状态，例如"信息不对称"指交易中双方拥有的信息不同，掌握信息比较充分的一方往往处于有利的地位，信息贫乏的一方则处于不利地位；"非对称战争"指敌对双方在军队数量、武器质量、技术支持、物质保障等方面存在很大差异的战争。

的关键。

　　汉晋联姻关系虽纷乱如麻，但讲求门当户对、结姻即结势的权势导向系其共性，政治人物、政治势力借助联姻结为一系，贵为先皇嗣子、武帝皇弟、获封宗王的司马攸更是无可例外。所以称其"魔幻"，一是司马攸有何原由纡尊降贵，非得娶赦返的逆臣之后？二是在晋初以礼法之治为重的背景下，迎娶之王妃竟是不存名分，母被夫家休黜、己尚不得归宗①的女子。三是司马攸嗣父司马师系亲自以极为残忍酷虐之手段杀害李荃外祖父的刽子手②，未知二人是如何化仇怨为良缘的。

　　政治斗争从不乏奇招。司马攸所相中的，无疑是李荃之父贾充当时所居的权位、所掌的权势③。结姻结势，尽管形式上贾充与李荃

━━━━━━━━━━

　　①　李婉母女赦返洛阳，武帝"特诏充置左右夫人，充母亦敕充迎李氏"，但贾充畏惧郭槐，不敢奉诏，"托以谦冲，不敢当两夫人盛礼"，见《晋书》卷40《贾充传》，第四册第1171—1172页。

　　②　《三国志》卷9《夏侯玄传》，上册第248—252页。

　　③　史载，武帝诏准贾充置左右两妇人，贾充母亲尚在，贾母曾希望贾充接纳李婉母女，但贾妻郭槐坚决反对："刊定律令，为佐命之功，我有其分。李那得与我并！"而"刊定律令"在泰始四年初，据此，诏准贾充迎回李婉，事在泰始四年二月之后。其后，贾母去世，同年十月至泰始五年初，发生孙吴寇边、石苞事件，武帝诏为母守丧的贾充回朝、羊祜与贾充争相出督等事件，直至泰始五年二月武帝以羊祜都督荆州，以贾充领中枢。归职后的贾充仍处丧期，按时制，"三年之丧，天下之通丧也"，且先前武帝即有"初令二千石得终三年丧"之诏，即使推定贾母最早死于泰始四年初，贾充也需泰始六年初才得终丧。其时，李婉母女尚存认祖归宗贾氏之望，不致违礼行事，丁贾母丧期安排李荃与司马攸成婚。

　　又，泰始四年三月，武帝和司马攸的生母、皇太后王元姬去世，依制，丧期至早亦至泰始六年初告终，虽已出嗣但素来逢丧便"哀毁过礼"的司马攸断不至于在生母丧期安排本人婚事。

　　又，泰始七年七月贾充被遣出督秦凉，其时李荃已为齐王司马攸妃。

　　综上，司马攸和李荃成婚，当在泰始六年初至泰始七年中之间。

　　相关史料，见《晋书》卷3《武帝纪》泰始三年至泰始七年，卷20《礼志中》，卷31《文明王皇后传》，卷38《司马攸传》和卷40《贾充传》，第一册第55—60页，第三册第613—622页，第四册第950—952、1130—1135、1166—1172页，以及《论语·阳货》，《论语译注》，杨伯峻译注，第268页。

没有父女名分，但司马攸与贾充已成事实上的婿翁。司马攸以自己的"魔幻"婚事，建立起预政、造势的特殊路径，对武帝的政治资源、权势体系则无异于"挖墙脚"，甚至"釜底抽薪"——贾充从武帝一系的最大支柱变成司马攸的可靠依仗，武帝重振皇权、维护晋之正祚的基础因此"塌方"。

任一政治势力的发展都不是某一个人的单打独斗，在司马攸的背后，还有谁在谋划、推动这一以架空武帝为目的的婚事呢？时之婚制，无论情理上还是礼数上，嗣父、生父皆亡的司马攸，其婚事定论当在其本人及其嗣母、生母三者，或还有其母族施加的某种影响。其时，司马攸亦即武帝的生母王元姬已逝，能够决定司马攸婚事的有其本人及其嗣母、司马师之妻、弘训太后羊徽瑜。不过，关于羊徽瑜及羊氏在司马攸婚事中具体起了怎样的作用等，史无明载，笔者在此不加深论。

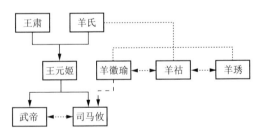

附注：图中，实线表示血亲关系，段状虚线表示继嗣关系，点状虚线表示兄弟姊妹或从兄弟姊妹关系。

图 3-1　司马攸亲、嗣关系示意图

武帝提防司马攸，而司马攸又有强烈的预政之欲——至于其是否还有进一步的目的，且不妄议。舅氏羊祜虽然出朝，但通过婚对李荃、勾连贾充,司马攸属意朝枢的"权臣"之愿再次实现。

联系前及的危裴秀、逐山涛等,此际能够令武帝用政、行事顾忌再三,甚至不得不妥协的势力或者说"权臣",也唯有司马攸及其支持者——史载"虽武帝亦敬惮之"①。解开了"权臣"之谜,也就解开了泰始年间武帝为何先重贾充、留贾充,后又制贾充、逐贾充等历史疑团,并揭示出晋初武帝重振皇权的主要阻力、羁绊和障碍所在。

第三节　武帝的"胜利"

雍凉大败、武帝意逐贾充

泰始朝争,表象是武帝、司马攸和贾充的"三人转",本质上却是武帝在朝重振皇权过程中与司马攸的"二人转",贾充无非是双方争相利用的重量级对象而已。武帝重用贾充作为自己的支柱,司马攸则婚对李荃、结势于贾充,朝中权势对比由此变异。

众多朝臣,尤其是功名派忧心忡忡,侍中任恺、中书令庾纯的心态具有代表性:"以充女为齐王妃,惧后益盛。"②首功重臣贾充与谋求权势的功名派龃龉在先,为数不少的朝臣顺势附和任恺、庾纯,"咸共疾之(贾充)"。

这里有一颇可关注的情节,先前,"(任)恺恶贾充之为人也,不欲令久执朝政,每裁抑焉",而"充病之,不知所为"③。以这一事例可见,贾充确实不及"权臣"之地位,但贾充成为司马攸的岳父后,情形就不同了,众臣生怕贾充权势更甚,这倒从又一侧面佐证了司马攸的

---

① 《晋书》卷38《司马攸传》,第四册第1135页。
② 《晋书》卷40《贾充传》,第四册第1167—1168页。
③ 《晋书》卷45《任恺传》,第四册第1285—1286页。

强势威权。

众臣如此，武帝更是不能容忍贾充改换门庭。恰在此际，雍凉地区发生叛乱，朝廷军队镇压失利，战事大败，秦、凉连陷敌手，内外交困令"武帝为之旰食"，功名派趁机斥逐政敌。任恺言于武帝，鼓动以贾充西出镇抚，庾纯顺势帮腔。二人与武帝"一拍即合"，泰始七年（271 年）七月，武帝诏以车骑将军、守尚书令贾充都督秦、凉二州诸军事①。

得令的贾充抑郁至极，"自以为失职"，衔恨不已②。

颇可称奇的是，泰始五年二月羊祜出督荆州，贾充亦欲"立勋边境"，"帝并不许"，留贾充主持朝枢；时隔两年半，武帝、贾充的想法完全逆转，尤其是贾充，不再想着出镇立功了。

秦、凉不同于荆州，更重要的是武帝的安排带有明显的惩戒、驱逐之意。有论认为，武帝名为诏命贾充出镇，实是视贾充为司马攸一系而将其逐出，军情不过为次③。综以前述，确当如此。

诏贾充出督的临敌变阵，更能显现武帝驱逐贾充之意。

雍凉地区实为雍、秦、凉三州④，东接以洛阳为中心的腹地，构成西晋伸向西北的"皇朝之臂"。

泰始六年（270 年）六月，"秦州刺史胡烈击叛虏于万斛堆"。胡烈

---

① 《晋书》卷 3《武帝纪》泰始七年、卷 40《贾充传》、卷 45《任恺传》和卷 50《庾纯传》，第一册第 61 页，第四册第 1167—1168、1285—1286 页，第五册第 1397—1401 页。

② 《晋书》卷 40《贾充传》，第四册第 1168 页。

③ 权家玉：《魏晋政治与皇权传递》，第 69—103 页。

④ 泰始五年（269 年）二月析出原为雍州的陇右五郡及凉州的金城、梁州的阴平等郡，新置秦州，见《晋书》卷 3《武帝纪》泰始五年和卷 14《地理志上》，第一册第 58 页，第二册第 430—436 页。

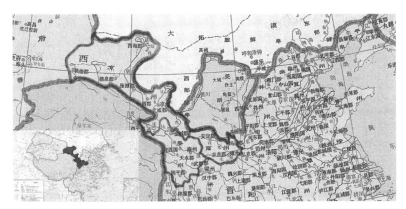

说明:地图来源于谭其骧主编:《中国历史地图集》,北京:中国地图出版社,1982 年,第三册第 33—34 页。

图 3-2　雍、秦、凉三州的战略地位示意图

力战,时为雍凉都督的皇叔司马亮遣军援救,但援军竟然"不进",导致胡烈兵败身死,司马亮被免①,其弟、原都督豫州的司马骏受命接替。泰始七年四月,"北地胡寇金城,凉州刺史牵弘讨之。群虏内叛,围弘于青山,弘军败,死之"。②

　　不到一年,秦、凉连没,作乱的秃发鲜卑部后又"败凉州刺史苏愉于金山,尽有凉州之地"③。同期,西晋之危不止秦、凉,又有北

---

　　①　《晋书》卷 59《司马亮传》,第五册第 1591 页。

　　②　《晋书》卷 3《武帝纪》泰始六年和七年、卷 38《司马骏传》,第一册第 60 页,第四册第 1124—1126 页。

　　③　《晋书》卷 126《载记二十六》,第十册第 3141—3142 页。参阅(北魏)崔鸿、(清)汤球辑补:《十六国春秋辑补》,聂溦萌、罗新、华喆点校,中国史学基本典籍丛刊,北京:中华书局,2020 年;以及陈琳国:《中古北方民族史探》"匈奴内乱、南迁与杂胡化",北京:商务印书馆,2010 年,第 20—110 页;[日]三崎良章:《五胡十六国》"东汉—西晋时代的少数民族",刘可维译,北京:商务印书馆,2019 年,第 6—28 页等。

边"匈奴帅刘猛叛出塞"①，"幽并东有务桓，西有力微，并为边害"②，骤然之间，晋初边地平静的"窗口期"被打破，大半边境告危。

雍、凉、秦"西土"古来一体，以有威望的重臣镇督西北乃是惯例，但诏遣贾充出镇的一年前，司马骏已督雍、凉，此际临敌分督，贾充受任的仅是秦、凉③。从上图可见，离开了雍州，一旦事变，地处偏远、人口稀少的秦、凉战之不胜、守之不能，堪称"断臂"、死地④。

---

① 《晋书》卷 3《武帝纪》泰始七年，第一册第 60 页。

② 《晋书》卷 36《卫瓘传》，第四册 1057 页。

③ 史载有所出入。《晋书》的《任恺传》云："会秦、雍寇扰，天子以为忧。恺因曰：'秦、凉覆败，关右骚动，此诚国家之所深虑。宜速镇抚，使人心有庇。自非威望重臣有计略者，无以康西土也。'帝曰：'谁可任者？'恺曰：'贾充其人也。'中书令庾纯亦言之，于是诏充西镇长安。"见《晋书》卷 45《任恺传》，第四册第 1286 页。《武帝纪》和《贾充传》则记："及氐羌反叛，时帝深以为忧，恺因进说，请充镇关中。"长安是雍州治所，"西镇长安"自是都督雍、凉，甚或包括秦在内，诏命却是以贾充"都督秦凉二州诸军事"，雍州不在其内，见《晋书》卷 3《武帝纪》泰始七年和卷 40《贾充传》，第一册第 61 页，第四册第 1168 页。从司马骏任职看，其镇长安长期未变，直至去世，见《晋书》卷 38《司马骏传》，第四册第 1124—1125 页。《资治通鉴》取论：泰始七年七月，"以充为都督秦、凉二州诸军事，侍中、车骑将军如故"。见《资治通鉴》卷 79 泰始七年，第四册第 2105 页。另可为证的有"石函之制，非亲亲不得都督关中"（语出《晋书》卷 59《司马颙传》，第五册第 1619—1620 页），自曹魏后期起，镇长安者始终为司马氏宗亲，作为异姓重臣的贾充不具资格；何况，此际的贾充乃是武帝的政治"敌手"。综之，贾充当是仅督秦、凉。

④ 雍、凉、秦三州的设置，参见《晋书》卷 14《地理志上》，第二册第 430—436 页；谭其骧主编：《中国历史地图集》"西晋时期图组"，第三册；顾颉刚、史念海：《中国疆域沿革史》"三国鼎峙中之疆域"和"西晋统一后之疆域及其地方制度"，第 95—108 页；汪清：《两汉魏晋南朝州、刺史制度研究》，合肥：合肥工业大学出版社，2006 年；王谨：《魏晋南北朝州制度研究》，天津：天津古籍出版社，2012 年等。秦、凉二州的在籍户口，秦州"户三万二千一百"、凉州"户三万七百"，两州合计，不及雍州"户九万九千五百"，更难及司、荆、扬、冀等大州；况类似数据多是太康年间统计，雍凉大败之际似当更少，按"统计到的人口才是可用的人口"之律，秦、凉之力相当薄弱，参见《晋书》卷 14《地理志上》和卷 15《地理志下》，第二册第 405—468 页。

无怪乎贾充忧心忡忡、"计无所从";也无怪乎其女李荃不顾王妃之尊,于贾充出征前"公卿供帐祖道"的公开场合,姊妹二人"排幔出于坐中,叩头流血,向充及群僚陈母应还之意",看似失态,实因贾充此去凶多吉少,李荃似是赶在此际求贾充接还其母、以正名分①。

荀勖建策、贾氏女成为太子妃

对于贾充出镇一事,"佐命之勋"中的荀勖深叹"贾公远放,吾等失势",其才思敏捷,于复杂政势中先人一步,领悟了武帝的心思。

贾充"将之镇,百僚饯于夕阳亭,荀勖私焉"。荀勖为贾充出策:"若使充女得为(太子)妃,则不留而自停矣。"并自告奋勇出头成就大事,"俄而侍宴,论太子婚姻事,勖因言充女才质令淑,宜配储宫"②。

天公亦作美,贾充命不该绝,"会京师大雪,平地二尺,军不得发"③,贾充以及荀勖等得以从容施策。为说服武帝,贾充、荀勖多方疏通,"贾充妻郭氏使略后,求以女为太子妃"④;荀氏更是促成太子婚对贾氏的关键,不仅荀勖,又有荀勖的族叔、开国元老荀顗"上言贾充女姿德淑茂"⑤。

在郭氏及荀氏的努力下,皇后杨艳先被说服,但武帝似乎还在犹豫之中,"初,武帝欲为太子取卫瓘女,元后(杨艳)纳贾郭亲党之说,

---

①　《晋书》卷 40《贾充传》,第四册第 1171—1172 页。
②　《晋书》卷 39《荀勖传》、卷 40《贾充传》和卷 45《任恺传》,第四册第 1153—1154、1168、1286—1287 页。
③　《晋书》卷 40《贾充传》,第四册第 1167—1168 页;卷 29《五行志下》亦载:"(泰始)七年十二月,又大雪。"(第三册第 873 页)应即此时。
④　《晋书》卷 31《武元杨皇后传》,第四册第 952—954 页。
⑤　《晋书》卷 39《荀顗传》,第四册第 1150—1152 页。

欲婚贾氏"。武帝有倾向性,"帝曰:'卫公女有五可,贾公女有五不可。卫家种贤而多子,美而长白;贾家种妒而少子,丑而短黑。'"其后,"元后固请,荀颉、荀勖并称充女之贤,乃定婚"①。

帝王无家事,选妃不是选美、选贤,其中的政治真谛:选妃乃是表象,选父才是宗旨。《晋书》载一轶事:起初太子妃定的是贾充幼女、年十二的贾午,然其年幼,身形短小,婚衣配不上,无可奈何,便改由长女、年十五的贾南风嫁与太子②。此录如非"戏说",可见妃者为谁并不重要,妃父是贾充即可。

泰始八年(272 年)二月,贾南风被册拜为太子妃③。

如荀勖言:"公(贾充),国之宰辅,而为一夫所制,不亦鄙乎! 然是行也,辞之实难,独有结婚太子,不顿驾而自留矣。"④由此,泰始朝争以至整个朝局完全逆转,已为太子妃父的贾充"遂不西行",武帝收回成命,先"诏充居本职",又"以车骑将军贾充为司空","侍中、尚书令、领兵如故"⑤,贾充终登"公"位,并大权在握,再度成为武帝阵营的巨擘。

据说此际再显天人感应,泰始八年"五月,旱","是时帝纳荀勖邪说,留贾充不复西镇,而任恺渐疏,上下皆蔽之应也。及李憙、鲁芝、李胤等并在散职,近厥德不用之谓也"⑥。此说如为真,那么先

---

① 《晋书》卷 31《武元杨皇后传》和《惠贾皇后传》,第四册第 952—954、963—964 页。

②③ 《晋书》卷 31《惠贾皇后传》,第四册第 963—966 页。

④ 《晋书》卷 40《贾充传》,第四册第 1168 页。其中"独有结婚太子,不顿驾而自留矣"之类言辞,又见卷 39《荀勖传》,第四册第 1153—1154 页。

⑤ 《晋书》卷 40《贾充传》和卷 3《武帝纪》泰始八年,第四册第 1167—1169 页,第一册第 62 页。

⑥ 《晋书》卷 28《五行志中》,第三册第 838 页。

前天降大雪,贾充始得"起死回生",且随之"宠幸愈甚",又作何解呢?

朝争的余波与武帝的得失

太子婚事关乎国本、皇祚,也是武帝重振皇权的"命门",荀勖"久在中书,专管机事",并且极善"探得人主微旨"①,深悉太子妃选择的利害攸关。有史家甚至认为"荀勖向贾充提的建议极有可能代表的就是晋武帝本人的意思"②,这一说法过于揣度、推测,难得实据。但出策并促成贾氏女婚对太子,一则将贾充从司马攸一系拉回武帝阵中,反行"釜底抽薪";二则"元老""勋旧""功臣"重集武帝旗下,武帝为政及太子地位有了"保驾护航"的可靠势力。荀勖之策无疑高度契合了武帝的意愿和想法,颇有"石破天惊"之效。

以荀颉为例,其既为大名鼎鼎的曹魏创业首辅荀彧之子,又与司马氏三代交集,曹魏时期已居公位,入晋为"八公"之一的司空,被置于虚尊之位。到司马攸一系渗透中枢,本已"赋闲"的荀颉由司空而任司徒,再"迁太尉、都督城外牙门诸军事,置司马亲兵百人",由虚返实。何曾、石苞的情形也类似。显然,面对司马攸等意欲伸张权势的暗流,武帝已笼络"元老""勋旧"为助力。武帝还以荀颉代替亲近司马攸的李憙"行太子太傅",借"元老"之力护佑太子,荀颉此后的表现,也确未令武帝失望③。

今日看来,贾充一女婚叔、一女嫁侄,极为荒唐。荀颉之用,或

---

① 《晋书》卷 39《荀勖传》,第四册第 1152—1154 页。
② 李迪:《贾充与司马攸之死》,《濮阳职业技术学院学报》2018 年第 1 期。
③ 《晋书》卷 39《荀颉传》,第四册第 1150—1152 页。

还在其于儒学礼制领域的赫赫声名。史称荀𫖮"博古洽闻""理思周密""至行纯备""宜掌教典",司马昭、武帝曾命荀𫖮"定礼仪",后"撰定晋礼"①。贾充二女分嫁叔侄,或遭时议。虽以其时之制,休妻弃女,名分不再,贾充拒绝迎还李婉母女,司马攸所娶便"非贾充之女",但人君世之师表,崇奉礼制的武帝及皇后杨艳对人言未必全无所虑。此时以堪称礼宗的荀𫖮出面,更能平息舆论,所起作用,他人无可代替。史上,贾充所获恶评多多,但对其一女妻叔、一女嫁侄事,却无讥言②。

然而,任恺、庾纯本来助力武帝排挤贾充,不料贾充反成太子妃之父,与武帝连于一体,这种境遇几近被戏用于先又被弃如敝屣的刍狗③。贾充重新得势后,任恺、庾纯失去武帝支持,运势不可避免地急转直下。任恺已无可恃,"侍觐转希",主动权皆在贾充,其后,在贾充等的穷追猛打下,朝中对失官的任恺已是"毁谤益至,帝渐薄之",终遭免官后,任恺郁郁而终④。

庾纯由中书令转河南尹,不久,意气未消的庾纯高调与贾充公开

---

① 《晋书》卷2《文帝纪》咸熙元年和卷39《荀𫖮传》,第一册第43—44页,第四册第1150—1152页。荀𫖮制定礼仪事,亦见19《礼志上》、卷20《礼志中》和卷21《礼志下》,第三册第580—581、613—615、662页。

② 推断荀𫖮在这一问题上的作用是有依据的。汉末以降,婚姻家庭关系违礼失序现象颇为多见。从史料看,荀𫖮的礼制主张恰恰契合了此际贾充以至武帝的需要。据《晋书》的《礼志中》,曾有二妻并立、嫡庶难分的案例,郑冲等耆宿以为"礼疑从重""二嫡并在",荀𫖮则坚持"古之明典","不可以犯礼并立二妻",正妻唯一。太子大婚后,武帝下诏禁绝了贾充与李婉母女之间的关系,其依据应是荀𫖮之论。见《晋书》卷20《礼志中》、卷40《贾充传》,第三册第640页,第四册第1171—1172页。

③ 古时祭祀,以草扎制成狗,作为祭品,是谓"刍狗"。祭祀之前,刍狗为人重视,祭祀之后,刍狗则被抛弃。

④ 《晋书》卷45《任恺传》,第四册第1285—1286页。

发生冲突,庾纯愤指:贾充! 天下凶凶,由尔一人! 贾充辩称:本人辅佐二代,荡平巴蜀,有何罪致天下凶凶呢? 庾纯怒极失言:高贵乡公(指曹髦)不是被你杀的吗? 言指贾充弑君。此言既出,大祸临头,贾充手下欲执拿庾纯,在同席的国戚羊琇、王济的维护下,庾纯勉强从现场脱身。西晋天下,竟以弑杀魏帝一事指斥贾充,无疑口出悖言,庾纯后怕不已,上表自劾,自请免职、加罪。武帝以"陵上无礼,悖言自口,宜加显黜,以肃朝伦",诏免庾纯官职①。后来,武帝态度缓解,庾纯复职国子祭酒加散骑常侍②,但其行事一直态度消极、忠奉不再③。

庾纯的变化是颇多朝臣心迹变化的缩影。武帝意逐贾充之际,功名派几乎是弹冠相庆,"朝之贤良欲进忠规献替者,皆幸充此举,望隆惟新之化"④。贾充成为太子妃父后,情势逆转,朝中为数甚众的功名之徒意兴阑珊,由此渐疏武帝。

并且,先前庾纯因贾充成为司马攸事实上的岳父而构陷贾充,至此竟是司马攸的从舅羊琇等对落难的庾纯施以援手,这一动向,暗藏着朝局未来走势的异兆。

随着武帝与贾充勾连并与开国权贵再度结合,在武帝看来,重振皇权的进程中,显然是自己胜利了。实际上,这是一个虚妄的胜绩。本附从武帝且占朝中多数的功名之徒从此开始转向、靠拢司马攸一系,另辟政治蹊径。不仅庾纯,与任恺、庾纯一党的张华、温颙、向秀、

---

①③ 《晋书》卷50《庾纯传》,第五册第1397—1401页。

② "祭酒"本指古代飨宴时酹酒祭神的长者,后亦以泛称年长或位尊者,用作官名多指国子学(监)的主管官员。西晋于咸宁四年设国子学,庾纯"复为国子学祭酒"按理应在此时,参见《晋书》卷24《职官志》,第三册第736页。

④ 《晋书》卷40《贾充传》,第四册第1168页。

和峤,除温颙史载不详外,余皆成为司马攸的支持者①;到八九年后武帝强力排挤司马攸,庾纯等人皆为司马攸阵营的忠实成员②。

　　泰始末期这一潜在的朝局撕裂、朝中势力对立格局,对于皇朝,绝非福音。

---

① 《晋书》卷 36《张华传》、卷 48《向雄传》和卷 45《和峤传》,第四册第 1068—1071、1283—1284 页,第五册第 1336 页。
② 《晋书》卷 50《庾纯传》,第五册第 1397—1401 页。

第四章　咸宁变局、武帝转向

第一节　二次立国与朝中异变

二次立国

泰始年号历十年后，武帝改元咸宁①。咸宁年间，事端诸多，晋初朝争的虚妄胜利欺骗了武帝，也可说是武帝自欺，接之而来的咸宁变局碎灭了前期武帝苦心经营的朝中权势架构，唯咸宁之末灭吴功成，方为此期添得若干亮色。

咸宁元年（275年）十二月，武帝"追尊宣帝庙曰高祖，景帝曰世宗，文帝曰太祖"②，"太祖"庙号不再虚位，晋源司马昭成为正解。有了十年当国的政治积累，武帝似乎解决了禅代之际不得不回避的皇朝正统重大难题，这一正本清源之举，无异于二次立国。

正祚既定，武帝又"以故太傅郑冲、太尉荀颉、司徒石苞、司空裴

---

①　《晋书》卷3《武帝纪》咸宁元年，第一册第64页。

②　《晋书》卷3《武帝纪》咸宁元年，第一册第65页。

秀、骠骑将军王沈、安平献王孚等及太保何曾、司空贾充、太尉陈骞、中书监荀勖、平南将军羊祜、齐王攸等皆列于铭飨"①,晋初十五重臣,入列十二②。

所谓"铭飨",即"存铭太常,配食于庙"③,列名太庙受祭,堪称朝臣的最高荣誉。东汉明帝曾列"云台二十八将",以志开国元勋之功④;曹魏也以功臣"配享武帝(曹操)庙"⑤,司马懿即为其中之一。但汉魏所祭皆死后得祀,武帝则不待盖棺论定,无论死活皆入太庙受祭,十二人中,六人尚在人世。

陪祭太庙既为昭功,也是约束,急急以生人入祀,用意似在生者。臣属陪祭身份既定,若再改换门庭、改奉其主,不免有"贰臣"⑥或者"贰"于其主之嫌。不过,此或为武帝的一厢情愿和自我安慰。司马懿死后,魏帝诏其"配享"曹操,且"有司奏诸功臣应飨食于太祖庙者,更以官为次,太傅司马宣王功高爵尊,最在上"⑦,隆重至此,

---

① 《晋书》卷3《武帝纪》咸宁元年,第一册第65页。

② 晋初十五重臣中的王祥、司马望和卫瓘未在铭飨之列。

③ 《晋书》卷33《郑冲传》和《石苞传》及卷35《裴秀传》、卷39《荀颛传》和《荀勖传》等,第四册第991—993、1000—1003、1038—1041、1150—1157页。

④ 《后汉书》卷22"论曰":"永平中,显宗追感前世功臣,乃图画二十八将于南宫云台,其外又有王常、李通、窦融、卓茂,合三十二人。"第一册第619—620页。

⑤ 曹魏时期受祭者共二十六人,先后为青龙元年(233年)诏夏侯惇等三人、正始四年(243年)诏曹真等二十人、正始五年(244年)诏荀攸、嘉平三年(251年)诏司马懿、景元三年(262年)诏郭嘉"配享武帝庙",见《三国志》卷3《明帝纪》和卷4《三少帝纪》相关年份,上册第84、101—102、105、125页。

⑥ "贰臣"实为后世用语,在此借用之。"贰臣"本指在前一朝代做官,投降后一朝代之后又做官的人,此类现象在汉晋以至南北朝极为普遍,如严格据此,其时诸多朝臣皆为"贰臣"。

⑦ 《晋书》卷1《宣帝纪》嘉平三年,第一册第19—20页;《三国志》嘉平三年,上册第105页。

其后代夺政曹魏却也不曾有所犹豫，最终连曹魏的太庙本身也易主改姓了。

咸宁不宁：疾疫触发的重大变故

《易经》曰，"首出庶物，万国咸宁"①，"咸宁"二字，有天下太平、万方安宁之意，武帝改元咸宁，是否语出、意出于此，史无确载。但择定年号，总有其意，或赋予某种希望，或取自某种吉兆，或出于其他具有特殊意义的事由。只是咸宁不宁，寄意"咸宁"未能如愿以偿。

谥定太祖、飨铭元勋，随之而来的并非新氛围、好兆头。就在仪典之际，"是月大疫，洛阳死者大半"②。依五行说，"帝王者，配德天地，叶契阴阳"③，如此大事却伴如此灾异，人君、朝臣的灰暗心态似可想见。

次月，武帝也染病，"以疾疫废朝"，从患病期间"赐诸散吏至于士卒丝各有差"、改元大赦仅一年后再次"赦五岁刑以下"等情形看，其病甚重④。

正是在武帝病程之中，陡生一起"偶发"事件："初，帝疾笃，朝廷属意于（司马）攸。河南尹夏侯和谓（贾）充曰：'卿二女婿，亲疏等耳，

① 《周易·乾·彖》，《周易》，杨天才、张善文译注，北京：中华书局，2011 年，第6 页。
② 《晋书》卷 3《武帝纪》咸宁元年，第一册第 65—66 页。此载或过于夸张，成于《晋书》之前的《宋书》则记："晋武帝咸宁元年十一月，大疫，京都死者十万人。"两相比较，一是时间有所出入，如在十一月，则追尊之前已经疫病流行；二是死者人数，洛阳所在的司州河南郡"户一十一万四千四百"（见《晋书》卷 14《地理志上》，第二册第 415—416 页)，十万之数不达"死者大半"的程度。更有学者考证，其时洛阳人口应在七十万人以上，参见来学斋：《洛阳历代人口发展考索》，《河洛春秋》1991 年第 2 期。
③ 语出《晋书》卷 27《五行志上》，第三册 799 页。
④ 《晋书》卷 3《武帝纪》咸宁二年，第一册第 65—66 页。

立人当立德。'充不答。"①

所谓"卿二女婿"，一谓司马攸，一谓皇太子。夏侯和的话，无所顾忌地挑明也间离了武帝与贾充之间的关系，无所顾忌地支持司马攸且促贾充支持司马攸，无所顾忌地质疑太子的储君地位。

夏侯和系羊祜岳父夏侯霸之弟、司马师第一任妻夏侯徽的从叔，从亲属关系看自然归于司马攸一系②。入晋后，死去三十多年的夏侯徽被尊为景怀皇后，夏侯一族遂成为晋之国戚③，似也只有贵为国戚者敢于如此肆无忌惮地对武帝及其心腹摊牌。

武帝病愈后闻之，不忌灾异之后人君理当"退而自省，责躬修德"以"消祸而福"的成规④，径置夏侯和于虚职，贾充兵权被夺，随即又由司空、尚书令迁太尉并录尚书事；尚书令一职转由行事风格谦和、朝议口碑甚佳、女儿又系武帝嫔妃的资深朝臣李胤出任。按照这一安排，贾充看似仍参预政务，实际已是挂名，同期又有资历甚超贾充的卢钦为尚书仆射，得势朝中不过四年的贾充显遭抑制⑤。

---

① 《晋书》卷 40《贾充传》，第四册第 1169 页。

② 《三国志》卷 9《夏侯渊传》，上册第 225—228 页。

③ 夏侯徽死于曹魏青龙二年（234 年），泰始二年（266 年）十一月，在司马师第三任妻、弘训太后羊徽瑜的一再坚持下，武帝"追尊景帝夫人夏侯氏为景怀皇后"。其时，"任茂议以为夏侯初嫔之时，未有王业"，但武帝让步，"初未追崇，弘训太后每以为言，泰始二年始加号谥"，因夏侯徽被追尊，夏侯氏一族成为西晋帝室之戚，见《晋书》卷 3《武帝纪》泰始二年、卷 19《礼志上》、卷 31《景怀夏侯皇后传》和《景献羊皇后传》，第一册第 55 页，第三册第 601—603 页，第四册第 949—950 页。

④ 《晋书》卷 27《五行志上》，第三册第 800 页。

⑤ 《晋书》卷 3《武帝纪》咸宁二年、卷 40《贾充传》、卷 44《李胤传》和《卢钦传》，第一册第 66 页，第四册第 1169、1253—1255 页。李胤之女为武帝嫔妃事，见卷 31《武元杨皇后传》："司徒李胤、镇军大将军胡奋、廷尉诸葛冲、太仆臧权、侍中冯荪、秘书郎左思及世族子女并充（武帝）三夫人九嫔之列。"第四册第 952—954 页。

前期重振皇权成果多成镜花水月

武帝为太子纳妃后依赖开国权贵,贾充为该集团首领;夏侯和则是司马攸及羊氏一系的代言人。如果事仅止于二人被贬斥,尚可视为泰始朝争的继续,不至于形成朝局危机。但严重之处在于:此际朝议全然转到不利于武帝、拥护司马攸的方向。武帝"不豫"、不省人事期间,朝臣惶然、纷议不测,在太子与司马攸孰堪大任之事上,"朝望在攸""朝廷属意于攸"①。

朝议一边倒地倾向司马攸,意味着在武帝与司马攸的政治争夺中,众多朝臣的政治态度已经发生逆变。并且先前追随武帝、依附武帝但在泰始朝争中受重挫的功名派,显已转向司马攸。武帝借贾氏势力维护太子、助力皇嗣,这一目的非但没有达到,反使自己牵连、裹挟于贾充一系,站到众臣的对立面上。

为什么夏侯和几句"间言"便造成朝局的颠覆性变故?

其实,"间言"所言乃是实情,不过是捅破了朝中微妙关系的"窗户纸"而已。武帝以泰始朝争的胜利者自居,"收"得贾充,以其女为太子妃,割断贾充与司马攸之间的关系,貌似占据朝局优势地位,此亦二次立国的底气所在。但一场疾疫加上夏侯和的"点拨",前期所谓胜绩无异于镜中花、水中月,而"窗户纸"一旦被捅破,泰始朝争武帝运筹朝中、重振皇权的成果便成了"皇帝的新装"。再则,贾充听闻夏侯和的"间言",竟然"不答",更未驳斥,态度暧昧不明,足令武帝极度恼怒,抑或还有懊悔。

①　类似说法,见《晋书》卷38《司马攸传》、卷39《冯纨传》和卷40《贾充传》等,第四册第1133—1134、1162—1163、1169页。

荀勖及武帝极为宠幸的近侍冯纨事后言于武帝："陛下前者疾若不差，太子其废矣。""百僚内外皆归心于齐王，太子焉得立乎！"①

是年，武帝四十一岁，本无需多虑身后之事，然经此疫，朝局骤变，咸宁二年也由此成为值得特别关注的年份。

第二节 "太子暗弱"②：政治斗争的说辞

"太子不令"③

裴秀的从弟裴楷"以盛德居位"，武帝曾询之："朕应天顺时，海内更始，天下风声，何得何失？"裴楷对曰："陛下受命，四海承风，所以未比德于尧舜者，但以贾充之徒尚在朝耳。方宜引天下贤人，与弘正道，不宜示人以私。"④实际上，武帝之"私"，不在贾充，而在太子。

武帝对夏侯和恼羞成怒，不仅因其挑明贾充一人二婿、一身二任、一臣二主的真相，离间君臣关系及贾充与太子的翁婿关系，更因"立人当立德"一语道破了困扰武帝的难言之隐与内心大忧："皇太子不堪奉大统。"⑤

入晋后武帝立嗣有所迟滞，泰始三年（267 年）正月，武帝与皇后杨艳所生的司马衷被立为皇太子，时年九岁；七年正月太子行冠礼；

---

① 《晋书》卷 38《司马攸传》和卷 39《冯纨传》，第四册第 1133—1134、1162—1163 页。

② 语出《晋书》卷 39《荀勖传》："时帝素知太子暗弱，恐后乱国，遣（荀）勖及和峤往观之。"第四册第 1157 页。

③ 语出《晋书》卷 38《司马攸传》，"及帝晚年，诸子并弱，而太子不令"和卷 45《和峤传》，第四册第 1133、1283—1284 页。

④ 《晋书》卷 35《裴楷传》，第四册第 1048—1049 页。

⑤ 语出《晋书》卷 31《武元杨皇后传》："帝以皇太子不堪奉大统，密以语后。"第四册第 952—954 页。

八年二月，十四岁的司马衷以贾充之女贾南风为太子妃。武帝对皇嗣的安排看似井然有序①。

但事非人力可预，随着年龄渐长，太子竟然智力不逮、"不堪政事"，后世甚以"白痴皇帝"称之。典型事例有："帝（太子后为惠帝）又尝在华林园，闻虾蟆声，谓左右曰：'此鸣者为官乎，私乎？'或对曰：'在官地为官，在私地为私。'及天下荒乱，百姓饿死，帝曰：'何不食肉糜？'其蒙蔽皆此类也。"②

"何不食肉糜"遂成千古名句。今人根据精神病学原理，结合史料作过考析③，依智力障碍（MR，又称智力缺陷，Mental Retardation）的白痴（Idiocy）、痴愚（Imbecile）和愚鲁（Moron）三类，以为太子似属程度最轻的愚鲁。从太子能够辨析基本的善恶、利害，以及与贾南风生有四女等情形看，这一推论具有较高的可信度④，但以此智力，其为人君，自然不堪。夏侯和所语之"立德"，如将"德"字泛释为"良好品行""心志情意"之类，也能成立。严格意义上，太子不是"德不配位"，而是智不堪任。

武帝坚挺太子：礼法之囿还是现实之缚？

皇统攸关，又有司马攸从旁觊觎，入晋后武帝急于册立嫡长、稳定嗣序，太子九岁得立，年幼聪愚难辨，并不令人意外。

---

①　《晋书》卷3《武帝纪》泰始三年和泰始七年、卷31《惠贾皇后传》，第一册第55、60页，第四册第963页。

②　《晋书》卷4《惠帝纪》，第一册第108页。

③　刘驰：《六朝士族探析》"晋惠帝白痴辨——兼析其能继位的原因"，北京：中国广播电视大学出版社，2000年，第219—232页。

④　参见《晋书》卷4《惠帝纪》、卷31《惠贾皇后传》、卷60《张方传》、卷89《嵇绍传》等相关记载，第一册第102—104页，第四册第966页，第六册第1645页，第八册第2299—2302页。

随着时间推移,智力低下总会显露。史载:"帝以皇太子不堪奉大统,密以语后(即太子生母杨艳)。后曰:'立嫡以长不以贤,岂可动乎?'"①可见,立嗣之后,武帝已经发现"太子不令",但储君之重,"太子天下本,本壹摇天下震动,奈何以天下戏!"②储君既定,再行废立将对朝局以至西晋皇朝的命运产生致命性的不利影响。

皇后杨艳死于泰始十年(274 年)七月③。据此推断,泰始朝争、武帝选择太子妃父,应已涉及储君不堪的皇嗣困局。太子年十四便速行大婚,虽不能说事出反常,但杨艳全情钟意贾氏,而武帝在卫瓘与贾充之间择后者为太子妃父,过程不无诡异之处。武帝不忌权势已重的太子妃父或成"后难",也显有借重外家之力以助"不慧"④太子之意。

杨艳死前,为保太子无虞,又特嘱武帝。"及后有疾,见帝素幸胡夫人,恐后立之,虑太子不安。临终,枕帝膝曰:'叔父骏女男胤有德色,愿陛下以备六宫。'因悲泣,帝流涕许之。"⑤

世间没有不透风的墙,从武帝"疾笃"之际夏侯和之言,以及众臣不约而同属意司马攸的情形看,至迟在泰始与咸宁之交,有关"太子愚劣"⑥一类的说法已不胫而走、风闻于朝,并且在很大程度上,恐太子不堪朝政之虑也是促使众臣存有异心、偏向司马攸的重要成因之一。

---

① 《晋书》卷 31《武元杨皇后传》,第四册第 952—954 页。
② 《汉书》卷 43《叔孙通传》,第三册第 1862 页。
③ 《晋书》卷 3《武帝纪》泰始十年和卷 31《武元杨皇后传》,第一册第 64 页,第四册第 952 954 页。
④ 语出《晋书》卷 31《惠贾皇后传》:"帝常疑太子不慧。"第四册第 963 页。
⑤ 《晋书》卷 31《武元杨皇后传》,第四册第 952—954 页。
⑥ 语出《晋书》卷 39《冯纨传》:"(荀)勖以太子愚劣,恐攸得立。"第四册第 1162 页。

一意维护晋之正祚的武帝为什么坚以"愚鲁"之子继嗣大统呢?

嫡长继承的礼法无疑支配着武帝,"嗣位之争"以及入晋后册立太子,皆从此序。但宗法准则、礼制教条本身并非绝对的不二法门,更多只是作为说辞,实则一切皆出于现实政治的考量。武帝"疾笃"、朝议归向司马攸而非太子,可见众臣并未拘泥于嫡长之制;武帝处心积虑二次立国、正源晋祚、追尊己父为太祖,也是在规避礼制规则的约束。

但即使只是说辞,说到后来,便难免成为束缚自己的桎梏。太子既立,如以智力不济为由废黜身为嫡长的太子,无疑自废信条、自毁教门,如此,岂不是为司马攸及其拥戴者提供口实与机会! 是故,武帝虽知太子智力不逮,却不得不将错就错。

"太子不堪奉大统"是西晋短命而亡的主因吗?

储君不堪,无非三种情形,或是触怒人君,或是荒嬉误事,或是自身愚劣。明知愚劣、不堪承统却以为储,通常与皇权政治的异常状态相关。如外戚干政、权臣专制、宦官擅权等,把持朝政者推出年幼无知、智力低下者继位,以便操弄,这类情形尤以汉魏期间多见。人君亲政,未有明知后嗣不堪而以为储君的先例,武帝的做法尽管出于受制于朝局的无奈,仍系极为罕见的历史异数。

《晋书》苛责武帝未能"弃一子者忍之小,安社稷者孝之大",对太子"可废而不废"①,自此,颇多史论将西晋寿限短暂的主要原因归咎

---

① 语出《晋书》卷3《武帝纪》"制曰":"惠帝可废而不废,终使倾覆洪基。"第 一册第82页。该"制曰"由唐太宗李世民亲撰,实际上李世民诸子争位甚过武帝。李世民十四子中,因争位而黜、死者五人,参见《旧唐书》卷76《太宗诸子传》,第八册第2647—2667页;《新唐书》卷80《太宗诸子传》,第十二册第3563—3584页;武帝二十六子,作乱皇子三人,参见《晋书》卷59《司马玮传》《司马乂传》和《司马颖传》,第五册第1596—1597、1612—1619页。

于太子司马衷不堪。这类观点不过是后世人以后见之明对历史的反演,立论并不可靠,且无从验证。

皇嗣的无可争议源于皇权本身的不可置疑,武帝迫不得已维护太子,实际表明在其时的权势关系构造内,武帝本人的权威已遇严峻挑战,以此情势和背景,诸如武帝能不能废黜太子、武帝更换储君是否有利皇朝可以续命更长之类论点,不仅无从实证,推导下去还可能陷入皇朝命运系乎一人的逻辑陷阱。应该说,还是东晋干宝总结的武帝误在"树立失权"之论相对客观①。西晋后期武帝诸子之间、司马氏宗亲之间兵戎相见,足以反证:无论册立谁,天下皆难太平。

重振皇权、延续皇祚,归根到底,不是"找谁来确保皇权"或"由谁来确保皇权",而是"皇权依靠什么才得强化、维系"的命题,二者看似相仿,实则完全不是一回事。但武帝所在的时代和世道,注定其只能在"找谁""由谁"确保皇权的窠臼内腾挪、挣扎,面对疾疫触发的皇权危机,武帝开始转向一条不同于前的重振皇权道路。

第三节　重振皇权:武帝另辟蹊径

咸宁变局的基调

咸宁变局不止于咸宁二年,武帝"疾笃"而愈并非咸宁变局的结束,而只是变局的开启。

变局贯穿整个咸宁年间,从其间一系列措置看,武帝已否定了前期为重振皇权所规制的基本架构,所信用、依赖的力量也发生根本变

---

① 《晋书》卷 5《愍帝纪》"史臣曰"引干宝《晋纪》,第一册第 133 页。干宝(?—336年),字令升,汝南郡新蔡县(今河南省新蔡县)人,东晋文学家、史学家。东晋时撰国史《晋纪》,全本已佚,存有片段。其所作志怪小说《搜神记》,在中国文学史上有着较大影响。

化。可以说，变局所以是变局，是因为客观上武帝已无奈承认前期的失败，走上新的重振皇权路径。

重振皇权，主题一致，用政的方向和措置却有所不同。泰始朝争，重心在于武帝本人与司马攸之间争夺主导朝政的权势，虽然泰始后期先遣出贾充后又以贾氏女为太子妃，含有维护太子的成分，但要旨还是将贾氏势力拉回武帝一方。咸宁变局，司马攸等伺机而动、煽风点火，同时贾充模棱两可、朝臣意向大变，相对应地，历经朝争、皇祚甫定后的武帝绝不会放任对皇权的任何挑战，势必更关注于维护、护卫太子。这意味着武帝将不得不亲手改造甚至打碎自己先前造就的格局，换以新的、能够支持西晋皇祚按照司马昭、武帝和太子一系传承的体系。

自此，武帝刻意压制不利于太子、有利于司马攸的朝议舆论，凡涉太子智弱及夸赞司马攸之辞，皆成禁忌。例如，侍中和峤见太子不令，委婉言于武帝："太子有淳古之风，而季世多伪，恐不了陛下家事。"后和峤与荀颤、荀勖同侍，武帝道："太子近入朝，差长进，卿可俱诣之，粗及世事。"去而复归，荀颤、荀勖皆称太子明识弘雅，和峤却说："圣质如初耳！"武帝极为不悦①。

又载，"帝常疑太子不慧"，朝臣也多议论，"咸谓纯质，不能亲政事"。"纯质"者，无非愚钝、木讷、不谙人事的委婉说法。已入中枢的重臣卫瓘"每欲陈启废之，而未敢发"，后值宴会，卫瓘假装醉酒，跪于

---

①　《晋书》卷45《和峤传》，第四册第1283—1284页。此则史料或有误，和峤为侍中已是太康三年之后，而荀颤死于泰始十年四月，距太康三年已历八年。如事发时荀颤的确在场，则应是泰始十年以前。内容相近似的一则史料或更可信："时帝素知太子暗弱，恐后乱国，遣（荀）勖及和峤往观之。勖还盛称太子之德，而峤云太子如初。于是天下贵峤而贱勖。"见《晋书》卷39《荀勖传》，第四册第1157页。

武帝前："臣欲有所启。"却欲言而止，最后还是未敢直言，只能手抚御榻婉言："此座可惜！"武帝恍悟其意，责之："公真大醉耶？"卫瓘从此不复为言①。

武帝甚至"尽召东宫大小官属，为设宴会，而密封疑事，使太子决之，停信待反"。贾南风大感恐慌，找近侍代为作答、引经据典，亲随张泓说："太子不学，而答诏引义，必责作草主，更益谴负。不如直以意对。"贾南风大喜，许诺张泓："便为我好答，富贵与汝共之。"于是张泓起草、太子抄录，回复武帝。武帝看了很高兴，特别将太子抄录的答案给卫瓘等人看。朝臣本已知道卫瓘对太子智力有所质疑，武帝刻意如此，弄得卫瓘极为尴尬和"跰踱"②。

后人甚难理解：太子不堪大统而武帝却不更立，太子愚劣而武帝千方百计地掩饰回护，其由何在？实际上，将该等情节置于咸宁之后武帝全力巩固皇嗣地位的特定情境之中，问题不难有解。至于如此"做戏"是否真能消除朝中疑惑、改变朝臣对太子的看法，武帝自己似也不抱太大指望，否则，径由太子参预朝政即可，何必亲力亲为地大费周章。

武帝在咸宁变局中护卫皇嗣的直接、具体的举措，包括整理朝中、抑制皇族、扶助太子、抬举新的可靠势力四个方面。

整理朝中

除了前述的徙夏侯和、夺贾充权，武帝又恐"简亮持重"却"素羸、

---

① 《晋书》卷 36《卫瓘传》和卷 31《惠贾皇后传》，第四册第 1058—1059、963—964 页。

② 《晋书》卷 31《惠贾皇后传》，第四册第 963—964 页。"跰踱"，恭敬、唯诺而不自然的样子，语出《论语·乡党》："君在，跰踱如也。"《论语译注》，杨伯峻译注，第 139 页。

不宜久劳之"的李胤不足以掌制朝局，便于咸宁四年十月将出镇长达十五年的重臣卫瓘征召回朝任尚书令并加侍中①。卫瓘早期"无所亲疏"，不似贾充等人紧跟司马氏，入晋后虽为异姓重臣之一，但表现一直平淡、中立甚至边缘化，由镇督徐州到青州再到幽州，愈行愈远。武帝选太子妃，曾在卫氏女与贾氏女之间权衡，最终还是取贾舍卫。卫瓘回朝后，武帝大加笼络，以皇女嫁卫瓘之子，"瓘自以诸生之胄，婚对微素，抗表固辞，不许"，终与武帝联姻。大体同期，武帝还以皇子娶荀勖之女②。此外，与司马氏渊源深厚、全心全意于武帝一系的山涛此时年逾七十，"固辞以老疾"，甚至"章表数十上，久不摄职"，武帝一再不许，从咸宁二年算起，山涛不得不以老朽之躯继续在朝视事八年，直至临终③。

　　司马攸仍是一如既往地没有实任。咸宁四年，羊徽瑜、羊祜相继去世④，司马攸失去重要后盾。羊徽瑜死后，武帝自然乐见司马攸居丧受制，置身朝局之外，但由此派生出问题：司马攸以什么身份守丧？武帝和司马攸的舅氏、河南尹王恂建言：羊徽瑜入庙合于景皇帝受祀，齐王攸不得行其子礼。王恂的意思很明确：司马攸不能按对父母的礼制去祭祀先皇帝和故太后，也就是不能以先皇之子的名分守丧，以免晋之正祚受到不利影响。

---

　　①　《晋书》卷 3《武帝纪》咸宁四年、卷 36《卫瓘传》和卷 44《李胤传》，第一册第 69 页，第四册第 1057、1253—1254 页。

　　②　《晋书》卷 5《愍帝纪》、卷 36《卫瓘传》和卷 39《荀组传》，第一册第 125 页，第四册第 1057—1059、1159—1160 页。荀勖之女嫁皇子司马晏，生晋愍帝。

　　③　《晋书》卷 43《山涛传》，第四册第 1225—1228 页。

　　④　《晋书》卷 3《武帝纪》咸宁四年、卷 31《景献羊皇后传》和卷 34《羊祜传》，第一册第 69 页，第四册第 949—950、1021 页。

但司马攸如果不行"子礼"，又怎能"禁锢"其三年呢？贾充或为弥补咸宁二年武帝疾笃时态度骑墙之大过，称：司马攸可以着儿子对父母的丧服、行臣子对先皇的礼数。武帝"从充议"①。未知司马攸以何心情度过不伦不类的三年丧期。自咸宁四年六月羊徽瑜死时算起，司马攸解脱"禁锢"已是太康元年七月之后，是时，天下一统、改元太康，武帝声望正如日中天②。

抑制皇族

藩国新政是咸宁年间武帝实施的重大政治举措。武帝病重、"朝望在攸"，其中宗亲是怎样的态度、起怎样的作用，史载不详；从武帝随后推行藩国新政、尽逐宗亲离京就国的情形看，倾向司马攸的"朝望"，似有相当部分来自在京宗王。也正因此，"咸宁三年，卫将军杨珧与中书监荀勖以齐王攸有时望，惧惠帝有后难，因追故司空裴秀立五等封建之旨，从容共陈时宜于武帝，以为'古者建侯，所以藩卫王室。今吴寇未殄，方岳任大，而诸王为帅，都督封国，既各不臣其统内，于事重非宜。又异姓诸将居边，宜参以亲戚，而诸王公皆在京都，非扞城之义，万世之固'"③。

议定后的藩国新政之制，较晋初藩国形态改变甚多：

一是宗王归藩就国。不同于入晋时的"王不之国，官于京师"，新政之后，宗王"所增徙各如本奏遣就国"。

二是勘定藩国数量和规模。晋初宗王食邑二万户以上为大国，万户为次国，五千户为小国；新政定大国仅五，次国为六，余皆小国，

---

① 《晋书》卷 40《贾充传》，第四册第 1169 页。
② 《晋书》卷 3《武帝纪》咸宁五年和太康元年，第一册第 69、71 页。
③ 《晋书》卷 24《职官志》，第三册第 744—745 页。

但"皆制所近县益满万户"。

三是规制藩国兵力。晋初大国"置上中下三军,兵五千人",次国"置上军下军,兵三千人",小国"置一军,兵千五百人"。新政之后,"大国中军二千人,上下军各千五百人,次国上军二千人,下军千人","皆中尉领兵",兵员规模随宗王逐代递减,"大国始封之孙罢下军,曾孙又罢上军,次国始封子孙亦罢下军,其余皆以一军为常",长此以往,最终藩国兵制将是"皆以一军为常"。

四是推恩增封。晋初并无推恩之说,新政则确定,"诸王之支庶,皆皇家之近属至亲,亦各以土推恩受封","其大国次国始封王之支子为公,承封王之支子为侯,继承封王之支子为伯。小国五千户已上,始封王之支子为子,不满五千户始封王之支子及始封公侯之支子皆为男,非此皆不得封"。如此实行,大国、次国宗王支庶受封不逾四代,小国宗王及公、侯支庶受封仅限二代。

五是加恩公侯。晋初似无公、侯属国置军之制,新政则规定"郡公制度如小国王,亦中尉领兵。郡侯如不满五千户王,置一军一千一百人,亦中尉领之"。并可推恩,"始封公侯之支子皆为男"。

六是受封者中,"其未之国者,大国置守土百人,次国八十人,小国六十人,郡侯县公亦如小国制度"。

七是灭吴之后对宗王的约束更进一步,"王公以国为家,京城不宜复有田宅","今可限之,国王公侯,京城得有一宅之处。近郊田,大国田十五顷,次国十顷,小国七顷"①。

八是移封就镇。对出镇宗王,封国定在其镇督之地。从实际情

---

① 《晋书》卷 26《食货志》,第三册第 790 页。

况看,晋初分封时,对重镇宗王已有镇、封一致或就近的考虑,例如武帝的三位出镇皇叔①。新政的移封就镇,将晋初重镇宗王的特例转成了定制。

九是"自此非皇子不得为王"。这是藩国新政最为重要的一项内容,与晋初凡曾祖司马防的后裔、从兄以上的亲等皆封为王的做法大相径庭。自此,武帝也确实没有再封皇子以外的宗王,唯皇孙司马遹是例外②。

咸宁三年八月,依新政之规,武帝诏,"徙扶风王亮为汝南王,东莞王伷为琅邪王,汝阴王骏为扶风王,琅邪王伦为赵王,渤海王辅为太原王,太原王颙为河间王,北海王陵为任城王,陈王斌为西河王,汝南王柬为南阳王,济南王耽为中山王,河间王威为章武王。立皇子玮为始平王,允为濮阳王,该为新都王,遐为清河王"③,随即命宗王概

----

① 《晋书》卷38《司马伷传》和《司马骏传》、卷59《司马亮传》,第四册第1121—1123、1124—1126页,第五册第1591—1594页。

② 《晋书》卷14《地理志上》和卷24《职官志》,第二册第413—415页,第三册第743—745页。相关原文为:"有司奏从诸王公,更制户邑,皆中尉领兵。其平原、汝南、琅邪、扶风、齐为大国,梁、赵、乐安、燕、安平、义阳为次国,其余为小国,皆制所近县益满万户。又为郡公制度如小国王,亦中尉领兵。郡侯如不满五千户王,置一军一千一百人,亦中尉领之。于时,唯特增鲁公国户邑,追进并故司空博陵公王沈为郡公,钜平侯羊祜为南城郡侯。又南宫王承、随王万各于泰始中封为县王,邑千户,至是改正县王增邑为三千户。制度如郡侯,亦置一军。自此非皇子不得为王,而诸王之支庶,皆皇家之近属至亲,亦各以土推恩受封。其大国次国始封王之子为公,承封王之支子为侯,继承王之子为伯。小国五千户已上,始封王之子为子,不满五千户始封王之支子及始封公侯之子皆为男,非此皆不得封。其公之制度如五千户国,侯之制度如不满五千户国,亦置一军千人,中尉领之,伯子男以下各有差而不置军。大国始封之孙罢下军,曾孙又罢上军,次国始封子孙亦罢下军,其余皆以一军为常。大国中军二千人,上下军各千五百人,次国上军二千人,下军千人。其未之国者,大国置守土百人,次国八十人,小国六十人,郡侯县公亦如小国制度。"

③ 《晋书》卷3《武帝纪》咸宁三年,第一册第67—68页。

就国，"而诸公皆恋京师，涕泣而去"①。

　　藩国新政概括起来就是："自此非皇子不得为王。"同时，宗王之国、逐代推恩、削减藩权、食邑稍增。随着新政推行，多数宗王有所增邑，三大出镇皇叔皆得大国，远支宗王皆为小国。对比晋初宗王食邑总数二十万户的规模，新政后的宗王食邑总数增至四十万户左右，几近翻了一番，增量中的很大部分普惠于晋初邑户五千左右或者更少的小国，其得"益满万户"、食邑倍增，仅此一类即增邑近十万户。武帝付出此代价，换得新政的推行，抑制宗亲尾大不掉之势，也算政治上的明智。

　　但宗亲作为一系政治势力，权势明显下降，皇族这一晋初新进扶植起来的群体走向分化；武帝对宗亲的政策和态度也明显改变，大体形成拔擢皇子、安抚近支、赎买并逐出远支的格局。其中，近支宗亲指司马懿的后代，远支宗亲则为司马懿兄弟的后代。

表 4-1　藩国新政后宗王情况列表

祖辈	晋初受封	新政前食邑规模	新政后食邑规模	咸宁三年徙封、加封情况
司马朗	义阳王司马望	次国	次国	义阳王司马奇（继嗣）
	河间王司马洪	（不详）	小国	章武王司马威（继嗣、徙封）
	东平王司马楙	小国	小国	（存续）
司马懿	平原王司马榦	次国	大国	（存续）
	扶风王司马亮	次国	大国	汝南王司马亮（徙封）
	东莞王司马伷	次国	大国	琅邪王司马伷（徙封）
	汝阴王司马骏	次国	大国	扶风王司马骏（徙封）

---

①　《晋书》卷 24《职官志》，第三册第 745 页。

祖　辈	晋初受封	新政前食邑规模	新政后食邑规模	咸宁三年徙封、加封情况
司马懿	梁王司马肜	小国	次国	（存续）
	琅邪王司马伦	小国	次国	赵王司马伦（徙封）
	齐王司马攸	（不详）	大国	（存续）
	乐安王司马鉴	（不详）	次国	（存续）
	燕王司马机	小国	次国	（存续）
	司马定国		小国	辽东王司马蕤（继嗣、追封）
	司马广德		小国	广汉王司马赞（继嗣、追封）
		（不详）	（不详）	南阳王司马柬（徙封）
			（不详）	始平王司马玮（始封）
			（不详）	濮阳王司马允（始封）
			（不详）	新都王司马该（始封）
			（不详）	清河王司马遐（始封）
司马孚	安平王司马孚	大国	—	（咸宁二年国绝）
	渤海王司马辅	小国	小国	太原王司马辅（继嗣、徙封）
	下邳王司马晃	小国	小国	（存续）
	太原王司马瓌	小国	小国	河间王司马颙（继嗣、徙封）
	高阳王司马珪	小国	小国	高阳王司马缉（继嗣）
	常山王司马衡	小国	小国	常山王司马敦（继嗣）
	沛王司马景	小国	小国	沛王司马韬（继嗣）
司马馗	彭城王司马权	小国	小国	（存续）
	陇西王司马泰	小国	小国	（存续）
	范阳王司马绥	（不详）	小国	（存续）

（续表）

祖　辈	晋初受封	新政前食邑规模	新政后食邑规模	咸宁三年徙封、加封情况
司马恂	济南王司马遂	（不详）	小国	中山王司马耽（继嗣、徙封）
司马进	谯王司马逊	小国	小国	谯王司马随（继嗣）
	中山王司马睦	小国	—	（贬为县侯）
司马通	北海王司马陵	小国	小国	任城王司马陵（徙封）
	陈王司马斌	小国	小国	西河王司马斌（徙封）

附注：

安平国绝，《晋书》卷 37《司马孚传》载：司马孚死，世子司马邕早卒，"邕子崇为世孙，又早夭。泰始九年，立崇弟平阳亭侯隆为安平王。立四年，咸宁二年薨，谥曰穆，无子，国绝"。但卷三《武帝纪》却载：咸宁三年"安平穆王隆弟敦为安平王"，太康二年"安平王敦薨"。

扶助太子

咸宁初，太子出居东宫[1]，东宫制度及太子官属发生重大变化。其中，太子詹事的设置尤其能够体现武帝的意图。

太子太保、太子太傅、太子太师皆为训导、教习太子之职，统称"太子三师"，太子的少保、少傅、少师亦然[2]。初时，"皇太子立，以（李）憙为太子太傅"，但李憙在政治渊源、倾向方面与司马攸一系颇存关联，于是武帝后诏"元老"荀颜代替李憙[3]。荀颜不负使命，任内促成太子大婚，协同武帝及杨艳争得贾充一系回归武帝一方[4]。

司马攸原为太子少傅。咸宁变局，武帝病愈后，以贾充行太子太

---

① 《晋书》卷 44《李胤传》："咸宁初，皇太子出居东宫。"第四册第 1253—1254 页。

② 《晋书》卷 24《职官志》，第三册第 742 页。

③ 《晋书》卷 41《李憙传》，第四册第 1189—1190 页。危裴秀、逐山涛，时为司隶校尉的李憙颇多尽力，后来，"及齐王攸出镇，憙上疏谏争，辞甚恳切"。

④ 《晋书》卷 39《荀颜传》，第四册第 1150—1152 页。

保,司马攸为太子太傅①,但自咸宁起,二傅已"不复领(东宫)官属"②,太子保傅已成虚位。武帝对二人的安排,更像是在太子与贾充、与司马攸之间正以储君与臣属之仪,显示"储副体尊"③,提醒二人严守为臣之本分。

新任皇后的亲叔父杨珧为太子詹事,"掌宫事",执理东宫④。到太康年间杨珧升任卫将军领太子少傅,武帝又即裁撤太子詹事,东宫之务重归二傅⑤。不过,此际的太子太傅已非司马攸:太康中是顺从、驯服且懦弱无能的皇叔司马亮,太康末则是杨珧之兄杨骏⑥。

杨珧及杨骏的获任,又是咸宁变局中武帝抬举新的可靠势力的基本线索之一。

抬举新的可靠势力

泰始十年(274 年)七月,武帝的皇后杨艳去世,两年多后的咸宁

---

① 《晋书》卷 3《武帝纪》咸宁二年、卷 40《贾充传》和卷 38《司马攸传》,第一册第 66 页,第四册 1169、1132—1133 页。

② 《晋书》卷 3《武帝纪》咸宁元年、卷 24《职官志》,第一册第 65 页,第三册第 742 页。

③ 语出《晋书》卷 24《职官志》,第三册第 742 页。

④ 太子詹事何时置,史载两种说法,一云泰始中即有"太子詹事杨珧加给事中光禄大夫"事,又云咸宁元年六月"置太子詹事官","掌(东宫)宫事",见《晋书》卷 3《武帝纪》咸宁元年和卷 24《职官志》,第一册第 65 页,第三册第 742 页。何者为准,似无碍作论,太子太傅、太子少傅虚置而太子詹事实掌东宫是在咸宁之初。

⑤ 《晋书》卷 24《职官志》和卷 40《杨珧传》,第三册第 742 页,第四册第 1180 页。

⑥ 《晋书》卷 40《杨骏传》、卷 59《司马亮传》和卷 3《武帝纪》太熙元年,第四册 1177—1178 页,第五册第 1592 页,第一册第 80 页。武帝时期太子保、傅设置及司马攸为太子太傅事,近年颇引关注,参阅韩树峰:《武帝立储与西晋政治斗争》,《中国人民大学学报》2009 年第 6 期;刘啸:《再论晋初太子之争——以太子太傅、少傅、詹事的设置为中心》,《历史教学问题》2010 年第 2 期;刘雅君:《试论两晋太子师傅制度》,《华东师范大学学报》(哲学社会科学版)2011 年第 3 期;方韬:《从〈晋辟雍碑〉看晋武帝立嗣》,《贵州文史丛刊》2011 年第 4 期。

二年十月,武帝立杨艳从妹杨芷为后①。咸宁变局既为加固皇权,而朝臣又多偏向司马攸,武帝更需新的政治势力服务于己,于是杨芷之父杨骏、叔父杨珧和杨济等由此开始成为武帝信重有加的"后党",人谓"三杨"②。

杨氏入政,甚为活跃,藩国新政即出自其策。借助新政,武帝的诸皇子也脱颖而出,形成不同于老牌宗王的另一系势力。晋初宗王二十七,其后一绝一贬,新政时宗王增至三十二,实增的七宗王中,皇子占了五人。

上述迹象,显露出武帝寄望于通过变局,以杨氏及诸皇子为朝政新局支柱力量的政治预期。当然,对于皇子,咸宁年间武帝尚有期待,受封五子,司马柬十六岁,司马玮七岁,司马允和司马该六岁,司马遐五岁,除司马柬接近成年,其余皆幼,其有作为,尚需时日③。

第四节 皇孙降世:皇嗣困局的意外救赎

"然恃皇孙聪睿,故无废立之心"

旨在加固皇统的咸宁变局行至后期,武帝意外获得救赎。咸宁四年(278 年),皇孙司马遹出世,尽管其系太子庶出,仍不啻武帝走出皇嗣困局的良对和佳音。

---

① 《晋书》卷 3《武帝纪》泰始十年和咸宁二年、卷 31《武元杨皇后传》和《武悼杨皇后传》,第一册第 64—66 页,第四册第 954—957 页。

② "三杨"即新任皇后杨芷之父杨骏及叔父杨珧、杨济,语出《晋书》卷 40《杨骏传》:"帝自太康以后,天下无事,不复留心万机,惟耽酒色,始宠后党,请谒公行。而骏及珧、济势倾天下,时人有'三杨'之号。"

③ 《晋书》卷 64 和卷 59 相关记载,第六册第 1719—1725 页,第五册第 1596—1597、1612—1619 页。

司马遹的来历，今日看来，颇为"狗血"。太子已是及早而冠①、及早而婚，武帝更为急切，"虑太子尚幼，未知帷房之事"，使出了在后人看来极为荒唐甚至不伦的一招：令自己的才人谢玖"侍寝"太子夫妇。不意歪打正着、喧宾夺主，谢玖竟然得幸于太子，咸宁四年生出皇长孙司马遹②，而身为皇后的贾南风，终其一生反而未有男胤③。

谢玖"清惠贞正而有淑姿"，怀孕后唯恐贾南风妒而加害，"求还西宫"，司马遹因此直接得到武帝的关爱与呵护。司马遹三四岁时，太子入朝，见其与武帝的诸皇子共戏，以为也是弟弟，执其手，武帝才告诉他：这是你的儿子。④此亦有关太子的笑谈之一。

史称司马遹"幼而聪慧，武帝爱之，恒在左右"。五岁时，推算即太康三年左右，夜间宫内发生火灾，其随武帝登楼观之，立牵武帝的衣裾避入暗处，武帝问其缘故，答曰：夜黑有变，应防万一，不宜让别人看见人君所在。又载，司马遹随武帝路过宫中养猪的地方，对武帝说：猪已经够肥了，为什么不杀掉犒劳众人，还让它们继续糟蹋粮

---

① "冠礼"为古时成人之礼，"凡人之所以为人者，礼义也。礼义之始，在于正容体、齐颜色、顺辞令。容体正、颜色齐、辞令顺，而后礼义备。以正君臣、亲父子、和长幼。君臣正、父子亲、长幼和，而后礼义立。故冠而后服备，服备而后容体正、颜色齐、辞令顺。故曰：'冠者礼之始也。'"见《礼记·冠义》，《礼记》，胡平生、张萌译注，下册第 1177 页。按周制，男子二十而行冠礼，帝王、贵胄之家，冠礼尤具重要意义，未行冠礼，"不可治人也"，故天子、诸侯之嗣多早行冠礼，《仪礼·士冠礼》贾公彦疏："诸侯十二而冠也。若天子，亦与诸侯同，十二而冠。"见（汉）郑玄注、（唐）贾公彦疏：《仪礼注疏》卷 1《士冠礼》，上海：上海古籍出版社，2008 年，上册第 2 页。泰始七年（271 年）正月，"皇太子冠"，是时司马衷十三岁，见《晋书》卷三《武帝纪》泰始七年，第一册第 61 页。

② 《晋书》卷 31《谢夫人传》，第四册第 968 页。"才人"系后宫嫔妃之一类。

③ 《晋书》卷 31《惠贾皇后传》：贾南风"生河东、临海、始平公主、哀献皇女"。第四册第 966 页。

④ 《晋书》卷 31《谢夫人传》和卷 53《愍怀太子传》，第四册第 968 页，第五册第 1457 页。

食呢？

　　武帝对司马遹的表现称誉有加，不无用意地言于廷尉傅祗：这个孩子可以保持我家皇业的兴旺啊！武帝还对群臣赞叹司马遹有司马懿的品貌，司马遹的名声由此广传于朝①。

三世基业的梦想

　　"三世基业"之说来自曹操。据说曹叡"数岁而有岐嶷之姿"，曹操极为看重，感慨道：有了你，我的功业可以延续三代了②。此载见诸裴松之注《三国志》所引王沈、荀颉等撰制的《魏书》。《魏书》全本已亡佚，零散片段见诸其他史籍所引。王沈、荀颉既为西晋重臣，著述中的诸如二世基业一类故事，当为武帝所闻。不止西晋，观皇孙以期三世基业、观皇孙而立储的做法，对后世影响亦大③。

　　皇孙降世，对于武帝，不啻天助。储君"不堪奉大统"，更立太子又是"以天下戏"，绞尽脑汁、机关算尽却难以完全破解的皇嗣危局，因皇孙降世，峰回路转。武帝遂"恃皇孙聪睿，故无废立之心"④，临终甚至打破自己确定的"非皇子不得为王"的限制⑤，"时望气者言广陵有天子气"，特封皇孙司马遹为广陵王，邑五万户⑥。

---

　　①　《晋书》卷 53《愍怀太子传》，第五册第 1457—1458 页。
　　②　《三国志》卷 3《明帝纪》（裴注引自《魏书》），上册第 77—78 页。
　　③　例如明太祖朱元璋册立皇太孙，《明史》卷 3《太祖本纪三》洪武二十五年和卷 4《恭闵帝本纪》，北京：中华书局，1974 年繁体竖排点校本，第一册第 49—50、59—60 页；清圣祖康熙重待皇孙乾隆，《清史稿》卷 10《高宗本纪一》，北京：中华书局，1977 年繁体竖排点校本，第三册第 343 页。
　　④　语出《晋书》卷 3《武帝纪》"制曰"，第一册第 80 页。
　　⑤　《晋书》卷 24《职官志》，第三册第 744 页。
　　⑥　《晋书》卷 53《愍怀太子传》和卷 3《武帝纪》太康十年，第五册第 1457—1458 页，第一册第 79 页。

梦想三世基业,无可厚非,但曹操的三世之说与武帝的三世之梦,貌似相同,实是相去殊远。祚延三世不是一个简单的生殖繁衍概念,而是逐世继袭、依次递延的政治进程,二世不逮,遑论三世! 如果曹丕不堪,曹魏的三世基业岂不梦归黄粱?

如此大谬,武帝似未明察。更何况,司马遹非皇后贾南风所出,人算不如天算,这一先天缺陷后来成为引发皇朝正统崩塌的致命之伤。

第五章　武帝功业及外戚势力的复活

第一节　兴兵灭吴与太康之治①

咸宁变局后武帝施政风格、用政方向的变化

从咸宁后期开始,武帝一改前期行事多留有余地的风格,推行重大政措相当强势而果断,全然不在乎朝议之臧否、向背。如此风格,先前仅应对、处理石苞事件一事时堪与比拟。

至少对于三项重大政治决断,武帝前所未有地态度坚决且毫不妥协:

一是兴兵灭吴,改变自己"有禅代之美,而功德未著"②的窘境。

二是灭吴之后,挟赫赫声威逐出司马攸,敕令在卧榻之侧鼾睡长达十七年的司马攸归藩,朝中因此剧烈震荡,但武帝坚不让步③。

---

① 咸宁六年(280年)灭吴大功告成,武帝改元太康,太康年号凡十年(280至289年)。
② 语出《晋书》卷34《羊祜传》所载羊祜建言武帝伐吴的奏言,第四册第1021页。
③ 《晋书》卷38《司马攸传》、卷3《武帝纪》太康三年和太康四年,第四册第1133—1135页,第一册第74页。

三是力擢外戚,咸宁变局中杨珧等人受信重,已现武帝"宠爱后党"之端倪①,其后十多年,诸多朝臣一再谏止,但"帝虽悟而不能改",或是索性"帝不听",直至命终②。

皇孙降世的次年,即咸宁五年(279 年),武帝力排众议、兴兵灭吴,时隔大约十四年,晋初被搁置的灭吴议程付诸实施。

武帝已为平吴造势、蓄力多年,其间羊祜多次奏行伐吴大略,甚以"军不逾时,克可必矣"等辞说之,虽"帝深纳之",却再无下文,武帝所遭掣肘似可想见。此际武帝决断,仍如前之十多年,几乎举朝一致反对兴兵,"朝议多违,唯(杜)预、羊祜、张华与帝意合"③。其中,又有"羊祜与朝臣多不同,不先博画而密与陛下共施此计,故益令多异"④,进一步加剧了朝臣对灭吴大举的抵触心态。更吊诡的是,连向来亲近、顺从武帝的贾充、荀勖、冯𬘬等也"苦谏不可"。《晋书》讥贬该等"专以谄媚取容""不犯颜忤争"似乎不确,重大兵事当前,其颇有主见,并非一意唯上⑤。

然而,武帝根本无视朝议,决意兴兵。战策既定,诏以贾充总统诸军,贾充推脱,武帝甚言:"君不行,吾便自出。"⑥

"战争总是在某种政治形势下产生的,而且只能是某种政治动机引起的",归根到底,"战争无非是政治通过另一种手段的继

---

① 《晋书》卷 3《武帝纪》"制曰",第一册第 80 页。
② 《晋书》卷 43《山涛传》和卷 45《郭奕传》,第四册第 1226、1288—1289 页。
③ 《晋书》卷 34《杜预传》、卷 36《张华传》和卷 42《王濬传》等,第四册第 1028、1070、1208—1209 页。
④ 《晋书》卷 34《杜预传》,第四册第 1028—1030 页。
⑤ 《晋书》卷 39《荀勖传》和《冯𬘬传》、卷 40《贾充传》,第四册第 1154—1156、1162—1163、1169—1170 页。
⑥ 《晋书》卷 40《贾充传》,第四册第 1169—1170 页。

续"①。咸宁变局间重构政治安排,三世基业梦想又成为希望所在,武帝新的重振皇权、重固皇统之宏愿,进一步推进其中任何一项,皆需威势皇权作为依托,而其时能够成就武帝威权的最佳路径,即是灭吴。

令武帝功德昭著的灭吴之役

历史地看,伐灭孙吴、一统江山乃西晋皇朝的使命,也是迟早必行的大政。西晋前期,吴主孙皓骄奢淫逸、暴虐无道,以致内外交困、穷途末路②;武帝及羊祜、王浑等一改先前策略,在接境区域示以德政、柔性防御,所谓以德及远、以逸待劳,双方实力对比转向全然有利西晋的态势③,孙吴已入苟延阶段。羊祜甚至出言"取吴不必须臣自行"④,伐吴之胜局,几无悬念。

战事进展亦证明羊祜等人的乐观预判。咸宁五年十一月,武帝"遣镇军将军、琅邪王(司马)伷出涂中,安东将军王浑出江西,建威将军王戎出武昌,平南将军胡奋出夏口,镇南大将军杜预出江陵,龙骧将军王濬、广武将军唐彬率巴蜀之卒浮江而下,东西凡二十余万",又"以太尉贾充为大都督,行冠军将军杨济为副,总统众军",仅四个月即兵至孙吴都城建业,"孙皓大惧,面缚舆榇,降于军门"⑤。

六路并举,实际上是一军突击、诸军固后。突击之军王濬等部自

① 〔德〕卡尔·冯·克劳塞维茨:《战争论》,中国人民解放军军事科学院译,北京:商务印书馆,1982年,第1卷第42、43页。

② 《三国志》卷48《三嗣主传》等相关记载,下册第970—983页。

③ 王浑接替陈骞都督扬州事,见《晋书》卷42《王浑传》,第四册第1201—1202页。

④ 《晋书》卷34《羊祜传》,第四册第1020—1021页。

⑤ 《晋书》卷3《武帝纪》咸宁五年和太康元年,第一册第69—71页。

巴蜀顺江而下,一路经过西陵、江陵、夏口、武昌、江西、秣陵,直向吴都建业①,贯之西东、横行千里。依武帝之命,王濬之军攻至江陵,接替羊祜任都督的杜预进伐孙吴所占荆州江南之地,"当镇静零(陵)、桂(阳),怀辑衡阳"②,"荆州南境固当传檄而定";进至夏口、武昌,胡奋、王戎南渡长江"审量其宜";兵临吴都建业,则由王浑掌制战事③。在两军对峙的漫长战线上,优势方因地形、地势实施贯穿全线的机动穿插进击,所到之处配以协同之军扩大战果,达到攻城略地、快速制胜的目的,灭吴之役堪称兵事经典之一。

　　风卷残云、摧枯拉朽式的战局,与之配合的政治谋略也有其出奇之处,武帝调遣、节度的深谋远虑令人印象深刻。王濬初胜后,随战事进程,又命其先后入荆州"受杜预节度"、入扬州"受王浑节度"。每一向前突击的战果,皆受固后之军制约,故而突击之军成为过河之卒,只能一路向前;而固后之军只能画地为牢,无以扩张势力。

　　出兵六路,实际皆由武帝直接指挥。名义上贾充领中军"为诸军节度",副之则为皇后之叔父、冠军将军杨济,但二人角色与其说是"总统诸军",毋宁说是监制诸军,且二人分屯两地,贾充屯项地④可监督徐、扬的司马伷、王浑,杨济屯襄阳则制约荆、豫的杜预、王戎、胡

---

　　①　西陵在今湖北省宜昌市,江陵在今湖北省荆州市,夏口、武昌在今湖北省武汉市的汉阳、武昌,秣陵、建业(即后之建邺、建康)在今江苏省南京市。

　　②　零陵郡、桂阳郡、衡阳郡皆属孙吴荆州,在长江以南、今湖南省。

　　③　《晋书》卷 3《武帝纪》咸宁五年和太康元年、卷 34《杜预传》、卷 42《王浑传》和《王濬传》、卷 43《王戎传》等,第一册第 69—71 页,第四册 1028—1030、1201、1208—1210、1232—1233 页。

　　④　在今河南省沈丘县。

奋等。武帝与其先辈一样,深谙帝王驾驭臣属之术,灭吴的不世之功遂无一二人独居之虞①。

客观上,灭吴顺应了历史大势,"汉室失统,吴蜀鼎峙,兵兴以来,近将百年",毕功于一役,终止长期的分裂与战乱,"帝王之盛业,天人之至望"。由此,西晋所辖疆域大体恢复到两汉盛期的幅员规模,"东渐于海,西被流沙,大漠之阴,日南北户,莫不通属,芒芒禹迹,今实过之"。"荡清江表""混一六合"后,武帝权势、声望盛极于世、如日中天,朝臣谀道,"天人之道已周,巍巍之功已著","勋

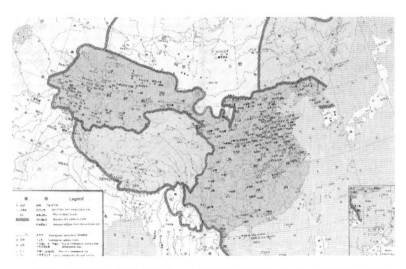

说明:地图来源于谭其骧主编:《中国历史地图集》,北京:中国地图出版社,1982年,第二册第13—14页。

图 5-1　西汉全图

---

① 《晋书》卷3《武帝纪》咸宁五年和太康元年、卷40《贾充传》和《杨济传》、卷42《王浑传》和《王濬传》、卷43《王戎传》、卷57《胡奋传》等,第一册第69—71页,第四册第1169—1170、1181、1201、1208—1210、1232—1233页,第五册第1556—1557页。

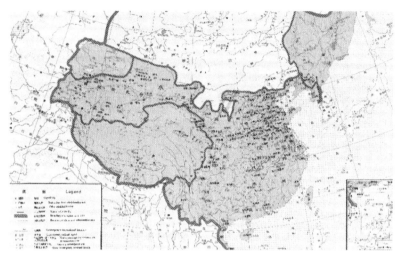

说明:地图来源于谭其骧主编:《中国历史地图集》,北京:中国地图出版社,1982 年,第二册第 40—41 页。

图 5-2 东汉全图

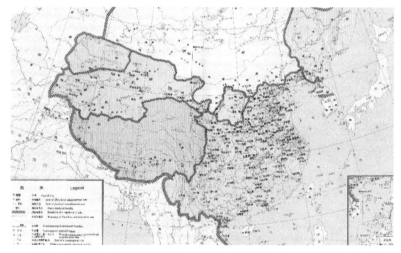

说明:地图来源于谭其骧主编:《中国历史地图集》,北京:中国地图出版社,1982 年,第三册第 33—34 页。

图 5-3 西晋灭吴后的疆域全图

高百王,德无与二"①。

"民和俗静,家给人足"②的太康之治

武帝的另一主要功业即太康之治,又称"太康盛世"。史载,"世祖武皇帝太康元年,既平孙皓,纳百万而罄三吴之资,接千年而总西蜀之用,韬干戈于府库,破舟船于江壑,河滨海岸,三丘八薮,末耰之所不至者,人皆受焉。农祥晨正,平秩东作,荷锸赢粮,有同云布。若夫因天而资五纬,因地而兴五材,世属升平,物流仓府,宫闱增饰,服玩相辉","是时天下无事,赋税平均,人咸安其业而乐其事"③。

所谓"纳百万"系指灭吴而"得州四,郡四十三,县三百一十三,户五十二万三千……男女口二百三十万",至此西晋疆域的人口,"大凡户二百四十五万九千八百四十,口一千六百一十六万三千八百六十三"④。史家考证,因隐匿或其他原因,统计数字或不充分、不完全。按《中国人口史》所作推算,汉魏之交的人口,最少时竟至两千两百万人的谷底,随后,"在原东汉的疆域范围内,到三国末期有三千万人",太康年间结束,实际人口可能达到三千五百万人⑤,该统计似更合乎

---

① 语出《晋书》卷 21《礼志下》平吴后群臣奏请"封禅"之言,第三册第 655—657 页。"封禅"指帝王在重大盛事或祥瑞之际祭祀天地的大型典礼,一般由帝王亲登泰山举行。

② 语出《晋书》卷 3《武帝纪》"制曰",第一册第 81 页。

③ 《晋书》卷 26《食货志》,第三册第 783、791 页。

④ 《晋书》卷 3《武帝纪》太康元年和卷 14《地理志上》,第一册第 71 页,第二册第 407—408 页。如依《晋书·地理志》中的各州郡数字,相加之后则是户二百四十八万七百零五,稍有出入,但基本一致,见《晋书》卷 14《地理志上》和卷 15《地理志下》,第二册第 405—468 页。

⑤ 葛剑雄主编:《中国人口史》第一卷,第 447、458 页。

实际。如此增量，主要来自司马氏主政的魏末和西晋，在当时历史条件下，这已是相当不凡的成就。

"治"本义安定太平，多为后世所赋，如西汉"文景之治"、东汉"明章之治"以及后来的"贞观之治"等，实谓乱世终结后经过一段休养生息而呈现出社会安定、经济繁荣且政治相对清明的时期。

武帝的"治"，实际上不仅在太康年间，泰始末即有诸如"凿陕南山，决河，东注洛，以通运漕"①，"光禄勋夏侯和上修新渠、富寿、游陂三渠，凡溉田千五百顷"②等成就。西晋代魏之始，社会各方面多已摆脱动荡不安状态，到太康之时已十四年。对于农耕社会，十四年的政简人和、无为而治，足以恢复元气和生机，这也是武帝决意灭吴的底气。

进入太康年间，朝臣的此类政绩更为多见。杜预镇守荆州而"修邵信臣遗迹，激用滍淯诸水以浸原田万余顷，分疆刊石，使有定分，公私同利"，"众庶赖之，号曰'杜父'"③；原廷尉刘颂转任河内郡守后，"郡界多公主水碓，遏塞流水，转为浸害，颂表罢之，百姓获其便利"，任淮南国相时又一改"旧修芍陂，年用数万人，豪强兼并，孤贫失业"之弊，"使大小勠力，计功受分，百姓歌其平惠"④；傅祗为荥阳太守，造沈莱堰，从而"兖、豫无水患，百姓为立碑颂焉"⑤。

人口增量系"治"的基础，战乱和徭役乃农耕社会最大的人祸。武帝时期的战事，兴师动众仅灭吴一役，《晋书》赞其"师不延时""兵

---

① 《晋书》卷 3《武帝纪》泰始十年，第一册第 64 页。

② 《晋书》卷 26《食货志》，第三册第 786—787 页。

③ 《晋书》卷 34《杜预传》，第四册第 1031 页。

④ 《晋书》卷 46《刘颂传》，第五册第 1293—1294 页。

⑤ 《晋书》卷 47《傅祗传》，第五册第 1330—1332 页。

无血刃","兵威暂加,数旬荡定"①。速战速决、耗力有限,疆域却因之扩大三分之一,人口增加大约四分之一以上,缴获和收益远超战争所消耗的国力,并且此后不再有屯兵守戍、边境寇扰之累,在人口数量、疆域面积对政治、经济具有决定性意义的时代,灭吴的兵战之弊几可不计。至于武帝时期的其他边患,生于肘腋,对腹地影响不大。

基本没有内乱也是武帝时期的一大特征,无论是饥寒交迫促成的民变,还是争权夺利引致的叛乱。泰始前期因石苞事件而发起的军事行动,更似一次跨区域的军事演习,除此之外的权势争斗限于朝中、限于政治手段的范畴内。

第二节　武帝的历史评价与历史地位

武帝作为仁君、明君的一面

西晋五十年,武帝政期居半,有灭吴统一天下、成就太康之治两大历史贡献,后人对武帝政绩多有肯定。东晋干宝称其"仁以厚下,俭以足用,和而不驰,宽而能断,故民咏维新,四海悦劝矣"②。撰成于西晋覆亡三个多世纪后的唐代官修《晋书》所载唐太宗李世民御制评语,在罗列武帝之失的同时,也赞其"握图御宇,敷化导民,以佚代劳,以治易乱","仁以御物,宽而得众,宏略大度,有帝王之量焉",且"通上代之不通,服前王之未服"③。

现代史家对武帝的为政举措和历史贡献,一般认为,"武帝在位

---

① 语出《晋书》卷 3《武帝纪》"制曰"和卷 21《礼志下》,第一册第 81 页,第三册第 655 页。

② 《晋书》卷 5《愍帝纪》"史臣曰"引干宝《晋纪》,第一册第 133 页。

③ 《晋书》卷 3《武帝纪》"制曰",第一册第 80—82 页。

的二十五年,是西晋皇朝相对安定时期","这期间,从太康元年(280)到十年(289),是西晋比较繁荣的时期,保持了一个小康的局面"①;武帝当政,"改章易制,多所变革",并"完成一统大业",对历史发展皆具积极意义②。

吕思勉言,东汉末期以降,"百端待理者,实皆萃于武帝之初"。对此"百端待理者",西晋给出并宣示的礼法之治,在武帝治世理政的二十五年中,多有积极实行的相关政策,其突出之处,我们似可归为"六无":

一是没有重大冤狱。武帝对庶众之冤,屡有"录囚徒""理冤枉""亲平决""多原遣"之举③,以舒缓而非高压、残暴的方式处理社会矛盾。成于武帝时期的《晋律》(《泰始律》)"补前律所未逮,矫前律之弊端"④,更以其宽简,删繁就简、除苛行仁,成为中国古代法制的典范。

二是没有血腥朝争。虽然武帝时期朝中龃龉不断,但类似曹操诛杀孔融、杨修⑤,曹丕迫害鲍勋、杨俊的恶例⑥,不曾出现,更无东汉

---

① 白寿彝主编:《中国通史(第二版)》第五卷,第 7 册第 150 页;何兹全等:《魏晋南北朝史》,第 72 页。

② 白寿彝主编:《中国通史(第二版)》第五卷,第 8 册第 821、829 页。另参阅范文澜:《中国通史》,第二册;翦伯赞:《中国史纲要(增订本)》,上册;何兹全等:《魏晋南北朝史》;王仲荦:《魏晋南北朝史》,上册等有关西晋的部分。

③ 《晋书》卷 3《武帝纪》泰始四年、泰始五年和泰始十年,第一册第 58、64 页。

④ 李俊芳:《晋朝法制研究》,第 275 页。

⑤ 《后汉书》卷 54《杨震列传》和卷 70《郑孔荀列传》,第二册第 1430—1431 页,第三册第 1814—1830 页;《三国志》卷 19《曹植传》等,上册第 463—466 页。

⑥ 《三国志》卷 2《文帝纪》、卷 12《鲍勋传》和卷 23《杨俊传》相关记载,上册第 72—74、320—322、551—553 页。

党锢之祸似的大规模迫害①。武帝与司马攸兄弟阋墙,彼此斗法近二十年,连带诸多皇亲、国戚、朝臣卷涉其中,但自始至终,争斗的手段、方式限于非暴力。

三是没有祸及无辜。《晋书》谓武帝"宇量弘厚,造次必于仁恕","容纳谠正,未尝失色于人"②,从武帝长期当政的记录看,此论基本成立。不仅如此,对祖辈、父辈屠戮之事,武帝即位后多有纠正、弥补③,客观上一扫数十年间政事暴戾之气,"临朝宽裕,法度有恒"。

四是没有横征暴敛。武帝政期始终推行轻徭薄赋之策,所创占田制及户调式颇具惠民特性④。遇天灾,晋廷多有恤民振施之举措,

① 《后汉书》卷 67《党锢列传》,第三册第 1753—1784 页。

② 语出《晋书》卷 3《武帝纪》,第一册第 80 页。

③ 诸如禅代之际"除旧嫌,解禁锢,亡官失爵者悉复之"(《晋书》卷 3《武帝纪》泰始元年,第一册第 51 页),以及赦免被司马懿、司马师、司马昭杀害的王凌、许允、李丰、诸葛诞、邓艾等的家人或族人(《晋书》卷 3《武帝纪》相关记载,第一册第 51—55 页;《三国志》卷 9《夏侯玄传》、卷 28《诸葛诞传》和《邓艾传》等,上册第 248—253 页,下册 645—646、651—653 页)。

④ 占田制及户调式在中国古代田制、民役制度中有特殊的地位,具有耕者有其田,"赋税平均,人咸安其业而乐其事"等特性,较之汉末以降屯田制下民为官府之奴的情状,占田制具有极大的积极意义。其主要内容:"丁男之户,岁输绢三匹,绵三斤,女及次丁男为户者半输。其诸边郡或三分之二,远者三分之一。夷人输賨布,户一匹,远者或一丈。男子一人占田七十亩,女子三十亩。其外丁男课田五十亩,丁女二十亩,次丁男半之,女则不课。男女年十六已上至六十为正丁,十五已下至十三,六十一已上至六十五为次丁,十二已下六十六已上为老小,不事。远夷不课田者输义米,户三斛,远者五斗,极远者输算钱,人二十八文。其官品第一至于第九,各以贵贱占田,品第一者占五十顷,第二品四十五顷,第三品四十顷,第四品三十五顷,第五品三十顷,第六品二十五顷,第七品二十顷,第八品十五顷,第九品十顷。而又各以品之高卑荫其亲属,多者及九族,少者三世。宗室、国宾、先贤之后及士人子孙亦如之。而又得荫人以为衣食客及佃客,品第六已上得衣食客三人,第七第八品二人,第九品及举辇、迹禽、前驱、由基、强弩、司马、羽林郎、殿中冗从武贲、殿中武贲、持椎斧武骑武贲、持钑冗从武贲、命中武贲武骑一人。其应有佃客者,官品第一第二者佃客无过五十户,第三品十户,第四品七户,第五品五户,第六品三户,第七品二户,第八品第九品一户。"见《晋书》卷 26《食货志》,(转下页)

如泰始四年九月"青、徐、兖、豫四州大水，伊、洛溢，合于河，开仓以振之"；七年五月闰月"大雩，太官减膳"，"诏交趾三郡、南中诸郡无出今年户调"；同年六月"大雨霖，伊、洛、河溢，流居人四千余家，杀三百余人，有诏振贷给棺"。类似之例，不一而足。泰始四年，朝廷"立常平仓，丰则籴，俭则粜，以利百姓"①，是举颇具历史意义。

五是没有沉重徭役。曹魏时期，先则战事频仍，后则民役繁重，曹叡后期更大营宫室，以至"农夫废业，民有饥色"，举朝文武，劝谏如潮②。西晋建政之后，几绝大发民役。立国次月，"有司请建七庙，帝重其役，不许"；甚至对先皇陵寝，武帝也诏令："上惟祖考清简之旨，所徙陵十里内居人，动为烦扰，一切停之。"③武帝"即位二十有六载，宫室台榭无所新营"④，轻徭薄赋的政策贯彻始终。

（接上页）第三册第790—791页。有关占田制和户调式的研究探讨，系20世纪五六十年代的"显学"之一，论述殊多，唐长孺、缪钺等的专述对其有较为系统的阐释，见唐长孺：《魏晋南北朝隋唐史三论》"社会经济的变化"，北京：商务印书馆，2011年，第20—39页；唐长孺：《西晋田制试释》和《魏晋户调式及其演变》，《魏晋南北朝史论丛》，第34—54、55—82页；唐长孺：《西晋户调式的意义》，《魏晋南北朝史论丛续编》，北京：中华书局，2011年，第1—18页；唐长孺：《魏晋南北朝时期的客和部曲》《魏晋南北朝史论拾遗》，第1—24页；缪钺：《关于西晋的户调式》，《读史存稿》，北京：北京大学出版社，2017年，第143—148页；郑欣：《魏晋之际土地赋税制度的变化》和《两晋租赋制度的若干问题》，《魏晋南北朝史探索》，济南：山东大学出版社，1989年，第94—110、217—230页；曲阜师范学院历史系中国古代史研究室主编：《魏晋南北朝隋唐五代史论文资料索引（1949—1982年）》，1983年。

　① 《晋书》卷26《食货志》，第三册第786页。

　② 《三国志》卷14《蒋济传》，卷25《辛毗传》《杨阜传》和《高堂隆传》等，上册第377—378、583—584、589—591、592—598页；《晋书》卷1《宣帝纪》青龙四年，第一册第9—10页。

　③ 《晋书》卷3《武帝纪》泰始二年，第一册第53—55页。

　④ 《晋书》卷54《陆云传》，第五册第1482页。"二十有六载"，如以使用武帝年号的年数计算，可以成立。

六是没有滥行征伐。如曹魏时期动辄"十万之军,东西奔赴"①的大规模征伐,武帝政期仅有灭吴一役,历时不过四月,如前所述②。偃武修文对农耕经济的益处不言而喻,不擅兵、役,民得以安,世得以靖,否则,太康之治也无从说起。

纵观两千多年间乱哄哄你方唱罢我登场的诸多帝王,当政二十五年而能持以上"六无"者,可得几何?

千秋之过:皇朝长期政治安排的失败

对于武帝之过,士夫之责为"晋武之不终也"③,所谓"不终"即不能始终如一,这也是后世讥贬武帝的主要之处,包括执政后期"怠于政术,耽于游宴,宠爱后党,亲贵当权"④,"以荒淫怠惰,遗患后嗣名"⑤;又有"建立非所""委寄失才"大弊,所立太子智力低下、不堪大统,"可废而不废",致身后朝局大乱、天下嚣扰⑥。

从类似评价,我们实际上看到的是两个武帝:一方面,其于晋初革新皇朝政局,后又一统天下、缔造治世,成就不凡;另一方面,则是朝争长期纷然不断,以至身后朝中频生变乱,西晋终陷天下劫难、基业覆灭的悲剧。

皇朝建政立制,实质上都是提供一套顺应社会及民众政治需求的解决方案,包括建构权势关系、容纳各种势力的解决方案,消解社会冲突的解决方案,回应民众关切的解决方案等。

---

① 语出《三国志》卷 25《杨阜传》所载杨阜谏言,上册第 591 页。
② 《晋书》卷 3《武帝纪》咸宁五年和太康元年,第一册第 69—71 页。
③ (清)王夫之《读通鉴论》卷 11,第二册第 772、782—784 页。
④ 《晋书》卷 3《武帝纪》"制曰",第一册第 80 页。
⑤ 吕思勉:《两晋南北朝史》,上册第 10 页。
⑥ 《晋书》卷 3《武帝纪》"制曰",第一册第 80—82 页。

从魏晋之交的政治实践看，礼法之治对恢复社会秩序、缓解社会矛盾有特殊的效用，但在统合新朝执政集团内部关系上，尤其是在如何容纳少数民族等社会新成分、如何对统治集团本身革故鼎新的问题上，以崇复古制为基调的礼法之治无法控制、引导各类政治利益的冲动，更难以推动建立合乎时势发展和历史趋势的新兴政治生态。

就其时的历史条件、历史进程而论，比较典型的有矫治"九品之制"严重弊端的问题。对"九品之制"的探究是魏晋南北朝史领域的一大热点，著述汗牛充栋。在此我们无意具体考证此制细节，但毫无疑问的是，武帝后期，朝中时有对"九品之制"的诟病、批评甚至质疑、发难，例如名臣刘毅以"魏立九品，权时之制，未见得人，而有八损"为由的指责①，资深重臣卫瓘、新进朝臣李重以九品之制"始于丧乱""是权时之制，非经通之道"为由而建议破除②，等等。武帝虽深明"政在得人""知之至难"之理，也曾多次亲自策试新进，但所有应对从来不涉成制，仅增加了诏令举才的招数，此外别无新策③。

皇朝长期政治安排的另一项重大而遗患无穷的缺失是未及时处

①　刘毅上奏武帝论，"立中正，定九品，高下任意，荣辱在手。操人主之威福，夺天朝之权势。爱憎决于心，情伪由于己。公无考校之负，私无告讦之忌"，"今之中正，不精才实，务依党利，不均称尺，备随爱憎。所欲与者，获虚以成誉；所欲下者，吹毛以求疵"，以致"上品无寒门，下品无势族"，故"宜罢中正，除九品，弃魏氏之弊法，立一代之美制"，见《晋书》卷 45《刘毅传》，第四册第 1273—1279 页。

②　《晋书》卷 36《卫瓘传》和卷 46《李重传》，第四册第 1058 页，第五册第 1309—1312 页。

③　《晋书》卷 52《郤诜传》《阮种传》和《华谭传》，第五册第 1439—1455 页。诏令举才，如泰始四年十一月"诏王公卿尹及郡国守相，举贤良方正直言之士"；五年十二月"诏州郡举勇猛秀异之才"；七年六月"诏公卿以下举将帅各一人"；八年二月"诏内外群官举任边郡者各三人"；太康九年正月"令内外群官举清能，拔寒素"，五月又"诏内外群官举守令之才"等，见《晋书》卷 3《武帝纪》相关年份，第一册第 57—62、78 页。

理与内迁、内附少数民族之间的关系。汉晋时期，内迁、内附的少数民族之众，据葛剑雄等估算，南迁匈奴及散居汉地的匈奴总数可能超过五十万人；建安十二年（207 年）曹操北征，俘获和强迫内迁的乌桓在十五至二十万人之间；羌、氐之族也各达数十万众①；这还没有计入南方诸族的规模。唐长孺认为，"魏晋期间各族的内迁是为了满足统治者扩大军队，补充劳动力的需要"②，既然如此，皇朝治下，不能不对如此众多的少数民族附众作出制度性、长期性的规制。武帝并非一味坚持"胡夷兽心，不与华同"③之执念的迂阔之人，对少数民族问题大体取有限开明的姿态，但其在位时期，西晋朝中的主流势力对该问题的背景及其趋势几无例外地缺乏认知，因此武帝对少数民族的开明也仅限于"抚纳"④，时而加以一定的"表信殊俗，怀远以德"⑤。

---

　　①　葛剑雄主编：《中国人口史》第一卷"东汉户籍统计以外的人口"，第 425—435 页。唐长孺、周一良、田余庆、陈琳国等史家称之为"杂胡化"，"杂胡"一词，语出《晋书》卷 97《北狄匈奴传》，第八册第 2549 页。陈琳国指出，"杂胡化是魏晋南北朝时期民族大迁徙到民族大融合中间重要的一环"，"从匈奴别部到各族在迁徙运动中不断混杂，西晋黄河以北地区终于形成了杂胡化趋势"。有关这些内容，参见唐长孺：《魏晋杂胡考》，《魏晋南北朝史论丛》，第 377—447 页；周一良：《北朝的民族问题与民族政策》，《魏晋南北朝史论集》，北京：中华书局，1963 年，第 117—176 页；田余庆：《代北地区拓跋与乌桓的共生关系》，《拓跋史探（修订本）》，北京：三联书店，2019 年，第 99—201 页；陈琳国：《中古北方民族史探》，第 64 页等。

　　②　唐长孺：《晋代北境各族"变乱"的性质及五胡政权在中国的统治》，《魏晋南北朝史论丛》，第 127—190 页。

　　③　语出《晋书》卷 47《傅玄传》，第五册第 1322 页。

　　④　语出《晋书》卷 97《北狄匈奴传》：对降、附之异族，"帝并抚纳之"，第八册第 2549 页。

　　⑤　"秦凉覆没，帝畴咨将帅"时，李憙建言出"五部匈奴"组兵征西，土浑、王济父子赞同其议，但不得其他朝臣认同，武帝只能作罢。司马攸甚至要求武帝"先下手为强"，诛杀在洛阳为人质的匈奴人刘渊，绝灭后患。王浑反对擅杀刘渊，言于武帝："大晋方表信殊俗，怀远以德，如之何以无萌之疑杀人侍子，以示晋德不弘。"见《晋书》卷 41《李憙传》和卷 101《载记第一》，第四册第 1190 页，第九册第 2646—2647 页。

如此，皇朝不能摆脱"夷夏大防"之囿①，政治共同体不能容纳新生成分、新兴因素，崩溃和劫难便难以避免。

皇朝长期政治安排的第三个重大缺失即前及的皇嗣困局。吕思勉曾论，武帝"所不幸者，则以仅足守成之才，而当开创之世耳"，"以中材而涉乱世之末流"②，这一说法不无偏颇。问题不在于武帝个人才干，而在于其时朝中各系政治势力不可能成为实现皇朝长期政治安排的积极力量，皇嗣困局便是这一点最集中、最典型的表现。与此相应，武帝本人也就不能不陷入巨大的政治误区之中。挟灭吴大胜的威权盛势，武帝继续咸宁变局，走上扶持、重用外戚的谬途，此非武帝个人品性、才具所致，根子在于其无法逾越的历史局限。

第三节　司马攸归藩

武帝诏遣司马攸出朝

太康年间，武帝继续整理朝中，其中最著名的事件即遣出司马攸。事起始于太康三年四月的贾充之死。从迹象上看，贾充既是太子妃父又是事实上的齐王妃父，其为武帝亲信，在一定程度上也是牵制武帝对待司马攸的态度的要角。贾充生前，武帝对司马攸未有过激处置；其死八个月后，武帝对司马攸再无顾忌，太康三年（282年）十二月，武帝诏以司马攸为大司马、都督青州诸军事，命

---

①　夷指四方的少数民族、"异族"，亦可泛指异邦；夏即华夏之邦。语出《春秋公羊传·成公十五年》"内诸夏而外夷狄"，《春秋公羊传》，黄铭、曾亦译注，第504页和《论语·八佾》："夷狄之有君，不如诸夏之亡也。"《论语译注》，杨伯峻译注，第33页。
②　吕思勉：《两晋南北朝史》，上册第10页。

其归藩①。咸宁年间"以齐王攸有时望,惧惠帝有后难"而推出的藩国新政②,在五年之后终得实现原旨。

青州临海而置、偏于东隅,地域不大,"户五万三千",本无宗王出镇必要,灭吴后其战略地位进一步下降,都督青州与出镇雍、豫、冀、徐、荆、扬等全不可同日而语。此前,都督徐州的司马伷兼督青州,足以统制,但武帝下诏,俨然督青乃不世之大任,唯"宜登显位,以称具瞻"的司马攸堪以为镇③。

诏命既出,司马攸"不悦",拖延不行;武帝则态度决绝。幕僚劝司马攸暂且从命、从长计议,遭其斥拒④,很明显,司马攸寄托于自己的"朝望",希望朝中群臣可迫武帝收回成命。

史载,逐出司马攸出自荀勖、冯𬤇的构陷。二人深惧司马攸得势,其中荀勖不受司马攸待见,"恐其为嗣,祸必及己",故以司马攸不利于太子为由,建言武帝,"陛下试诏齐王之国,必举朝以为不可,则臣言有征矣";冯𬤇也附和:"陛下遣诸侯之国,成五等之制者,宜先从亲始。亲莫若齐王。"⑤实际上,最忌惮司马攸、最迫切希望了断由来已久的权势争端的,还是武帝本人。

---

　　①　有关贾充与司马攸的关系,可参见汪奎:《贾充——专制体制下矛盾冲突的悲剧个体》,《许昌学院学报》2003 年第 1 期;高贤栋:《贾充新论》,《山西大学学报》(哲学社会科学版)2003 年第 6 期;李迪:《贾充与司马攸之死》,《濮阳职业技术学院学报》2018 年第 1 期。

　　②　《晋书》卷 24《职官志》,第三册第 744—745 页。

　　③　《晋书》卷 3《武帝纪》太康三年和卷 38《司马攸传》,第一册第 74 页,第四册第 1133—1135 页。

　　④　《晋书》卷 38《司马攸传》所载:"主簿丁颐曰:'昔太公封齐,犹表东海;桓公九合,以长五伯。况殿下诞德钦明,恢弼大藩,穆然东轸,莫不得所。何必绛阙,乃弘帝载!'攸曰:'吾无匡时之用,卿言何多。'"第四册第 1134 页。

　　⑤　《晋书》卷 38《司马攸传》和卷 39《冯𬤇传》,第四册第 1133—1135、1162—1163 页。

众臣拥戴司马攸

诏令司马攸归藩引致举朝政治反弹,或是武帝始料未及的。

一是皇亲国戚的说项。皇族之中,"清贞守道,宗室之中最为俊望"的皇叔司马骏和"孝友贞廉,谦虚下士,甚得宗室之称"的皇从叔司马晃,态度甚为明朗。都督雍凉多年并有绥边平乱大功的司马骏"表谏恳切"、请求武帝改变逐离司马攸的初衷,遭拒,司马骏"遂发病薨"。司马晃似也招忌,后来司马攸死,青州都督空缺,武帝遂遣尚书右仆射司马晃离朝出镇青州,隐现责意①。

贵戚中更不乏司马攸的支持者。常山公主之夫、侍中王济与另一位驸马甄悳直陈武帝,请留司马攸;二人"又累使(常山)公主与甄悳妻长广公主俱入,稽颡泣请帝留攸"。武帝怒不可遏:"兄弟至亲,今出齐王,自是朕家事,而甄悳、王济连遣妇来生哭人!"盛怒之下,将王济调为国子祭酒②。

其时羊徽瑜、羊祜已死,司马攸从舅、中护军羊琇"切谏"武帝,也无成效,愤怒至极的羊琇与北军中侯成粲走向极端,谋划暗杀杨珧。杨珧得知后谎称有病,不敢出,暗地里指使有司奏劾羊琇,武帝遂将羊琇转为太仆虚职。羊琇"既失宠愤怨,遂发病,以疾笃求退",武帝顺水推舟,对其"拜特进,加散骑常侍,还第",不久,羊琇死去③。

皇亲国戚支持司马攸自有现实的、不可替代的利益考量。在太子和司马攸之间,后者若有幸上位,则诸亲戚亲等不变、位遇无替,且

---

　　①　《晋书》卷 37《司马晃传》和卷 38《司马骏传》,第四册第 1090—1091、1124—1126 页。

　　②　《晋书》卷 42《王济传》,第四册第 1205—1206 页。

　　③　《晋书》卷 93《羊琇传》和卷 40《杨珧传》,第八册第 2410—2411 页,第四册第 1180—1181 页。

有拥立之功，在这一方面，武帝及太子实在没有取得政治支持的优势。羊琇的情形最为明显，其与武帝有发小之谊，但与太子几无渊薮，如太子即位，其地位势必下降，铤而走险毫不奇怪①。

二是功名之徒的抗拒。司马攸拒不从命，武帝以优宠诱其就范，"诏下太常，议崇锡之物"，由此触发更大的反对声浪。太常博士庾旉、太叔广、刘暾、缪蔚、郭颐、秦秀、傅珍等援引古制群起进谏，要求司马攸留朝。博士们的谏言，事前又得到武帝的同年、时为太常的郑默和博士祭酒曹志认同，并且，庾旉还曾将奏稿呈请其父庾纯审览，"纯不禁"②。

事至于此，武帝恼羞成怒之下也走了极端，"以博士不答所问，答所不问，大怒，事下有司"，议其罪。尚书朱整、褚䂮以庾旉等八人付廷尉问罪，"廷尉刘颂奏旉等大不敬，弃市论"③。尚书、廷尉顶不住武帝的压力，作出违心判决，夏侯和之侄、亦为尚书的夏侯骏责备朱整：你们是要诛杀谏臣吗？官立八座④，正为此时，你们应该纠正这一错判。朱整不从，夏侯骏随即独自上书，不久之后，武帝不得不找个借口，自己给自己下台阶，赦免当事人之罪，郑默、曹志、庾旉等以免官、除名了事⑤。

---

① 《晋书》卷 93《羊琇传》，第八册第 2410—2411 页。

② 《晋书》卷 44《郑默传》、卷 50《曹志传》和卷 50《庾旉传》，第四册第 1251—1252 页，第五册第 1389—1391、1402—1404 页。

③ 此处廷尉刘颂之载似有误，太康元年灭吴之后，王浑与王濬争功，武帝"遣颂校其事"，刘颂称王浑大功、王濬中功，武帝斥其"持法失理"，迁为京兆太守，后又转任河内。其后因母忧去职，再任淮南相，直至武帝死。此际廷尉应另有其人。见《晋书》卷 46《刘颂传》，第五册 1293—1294 页。

④ "八座"指古代朝廷的八种高官，晋时列曹尚书在此列。

⑤ 《晋书》卷 44《郑默传》，卷 50《曹志传》《庾旉传》和《秦秀传》，第四册第 1251—1252 页，第五册第 1389—1391、1402—1406 页。

此次庾纯倒是没有像当年得罪贾充时那样畏惧不安、懦弱求饶。得知其子庾旉等获罪，庾纯径向廷尉"自首"：庾旉他们的奏稿，我事前看过的，是否治我的罪，你们看着办吧！武帝迫于朝议，也不得不诏免其罪。

功名之徒难免带有个人情绪，例如在泰始党争中庾纯先被武帝利用、又被武帝抛弃，不能说其倾向司马攸全无计较前怨的成分①。但功名派的出头，有赖明智之君，这一理念似是其共同行动的思想基础。曹志系曹植庶子，早年偶见武帝，"帝与语，自暮达旦，甚奇之"，遂相交谊；武帝逐司马攸，庾旉等人谏上，曹志意犹未尽，独再上奏："今圣朝创业之始，始之不谅，后事难工。干植不强，枝叶不茂；骨鲠不存，皮肤不充。自羲皇以来，岂是一姓之独有！欲结其心者，当有磐石之固。夫欲享万世之利者，当与天下议之。故天之聪明，自我人之聪明。秦、魏欲独擅其威，而财得没其身；周、汉能分其利，而亲疏为之用。此自圣主之深虑，日月之所照。事虽浅，当深谋之；言虽轻，当重思之。"②曹志的说辞，反映出众多朝臣的内心意愿。

三是朝中要臣的世故。专任侍中五人③，其中王济、甄悳、和峤明显偏向司马攸④。尚书省中，尚书令卫瓘填补了司马攸迁大司马后所遗的司空职，此际唯有谢恩、难以出言，但其对太子一直是不以

----

① 《晋书》卷 50《庾纯传》和《庾旉传》，第五册第 1397—1404 页。

② 《晋书》卷 50《曹志传》，第五册第 1389　1391 页。

③ 《晋书》卷 24《职官志》：专任侍中"魏晋以来置四人"，第三册第 732—733 页；此际为五〔清〕万斯同《晋将相大臣年表》，《两晋南北朝十史补编》，第一册第 27—38 页，或因同年更迭者皆记其中所致。

④ 《晋书》卷 45《和峤传》，第四册第 1283—1284 页。

为然的；尚书左、右仆射魏舒、司马晃皆支持夏侯骏的意见①，尚书省也非武帝所能左右了。

资深朝臣为什么支持司马攸？灭吴功臣、王济之父王浑向武帝谏言，其阐述颇为到位，可引以为回答："若以妃后外亲，任以朝政，则有王氏倾汉之权，吕产专朝之祸。若以同姓至亲，则有吴楚七国逆乱之殃"，"愚以为太子太保缺，宜留攸居之，与太尉汝南王亮、卫将军杨珧共为保傅，干理朝事。三人齐位，足相持正，进有辅纳广义之益，退无偏重相倾之势"②。王浑之言，点明其时朝局的奥妙，重臣心思在于对未来朝局的判断：不欲外戚杨氏坐大专权。

无论说辞、用心如何不一，两汉四百年间频繁出现的外戚干政现象乃是各系政治势力挥之不去的梦魇，也是其不约而同地反对司马攸就国、以防"三杨"专权的共性认知。河南尹向雄谏留司马攸，有言"齐王卧在京邑，所益实深，不可不思"③，其中的"益"之"深"处，即在于此。

司马攸之死及其殉者

面对朝臣接二连三的谏止，武帝并未让步，司马攸遂"愤怨发疾"，最终又祭出"乞守先后陵"以留京师一招，武帝仍然"不许"。三个多月抗争无果，太康四年二月，司马攸"欧血而薨，时年三十六"④。

司马攸之死，附带产生三个史有所载的"殉者"：司马骏、羊琇和

----

① 《晋书》卷47《傅咸传》载："司徒魏舒，（夏侯）骏之姻属。"第五册第1324页。

② 《晋书》卷42《王浑传》，第四册第1203—1204页。

③ 《晋书》卷48《向雄传》，第五册第1336页。

④ 《晋书》卷3《武帝纪》太康四年和卷38《司马攸传》，第一册第74页，第四册第1133—1135页。

向雄。据说三人都是因为谏言未得采纳,愤怨而死。羊琇、向雄死期无考,唯司马骏,乃是"表谏恳切"后,"以帝不从,遂发病薨"。不过,"表谏"司马攸留朝是在太康三年与四年之交,史载其死是在七年九月,时隔三年半以上,将其死归咎于进谏不得采纳,理由并不充分①。

司马攸死,"帝哭之恸"。被贬为奸佞之一的近侍冯纨劝道:"齐王名过其实,而天下归之。今自薨陨,社稷之福也,陛下何哀之过!"闻言,"帝收泪而止"②。不过,提议遣出司马攸的荀勖、冯纨后来并无好报,也成了外戚政治的拦路石。

在武帝看来,司马攸死后,晋祚再无隐忧。但后来的"八王之乱",祸首之一司马冏正是司马攸之子。

第四节　"三杨"势倾天下

皇后更迭与外戚杨氏的得势

咸宁变局之际,武帝立意以外戚杨氏为皇嗣固位、实现三世基业的主力,自此,西晋朝局及权势结构关系中,外戚势力急剧膨胀、上升,到太康年间,皇后一族的"三杨"已经"势倾天下"。

武帝皇后本为弘农杨氏③的杨艳,其嫁武帝后"甚被宠遇",生有

---

① 《晋书》卷38《司马骏传》和卷3《武帝纪》太康七年,第四册第1124—1126页,第一册第77页。

② 《晋书》卷38《司马攸传》,第四册第1134—1135页。

③ 弘农郡在今陕西省商洛市和河南省三门峡市及南阳市西部一带,晋时属皇朝腹地司州。弘农杨氏可溯源至杨喜,为共斩项羽的五人之一,以功受封西汉的赤泉侯。杨喜的曾孙、位及高官且成司马迁女婿的杨敞被奉为弘农杨氏的始祖。弃武从文后,弘农杨氏逐渐洗脱源族上的血腥气,始得崇儒尊礼之名,于东汉时期盛极一时,"四世三公",地位似仅汝南袁氏可与比肩;同期诸如河东裴氏、泰山羊氏以及司马氏等族皆难望其项背。但到杨彪居"三公"之位时,曹操擅政、献帝为傀儡,杨彪消极对待曹魏,(转下页)

三子三女，包括太子司马衷。

　　杨艳早年经历颇为坎坷，父母皆"早卒"，有相术高人称杨艳命当"极贵"，司马昭听闻，遂聘杨艳为武帝妻，入晋后被立为皇后①。

　　杨艳护犊、"性妒"，但其为人处世还是比较隐忍、克制的，"有司奏依汉故事，皇后、太子各食汤沐邑四十县，而帝以非古典，不许"②。对杨氏亲眷，杨艳为后十年，仅"追怀舅氏之恩，显官赵俊，纳俊兄虞女粲于后宫为夫人"③，三个叔父即"三杨"早先未得重用。在太子纳妃、偏护嫡长以及临终泣求以从妹杨芷继为皇后等事上，杨艳对武帝施加的影响成为皇朝祸患的由来，但仅仅是由来，传统史家所发"武

（接上页）后更称病不出；杨彪之子杨修则热衷于权势，成为曹植心腹，触犯大忌，被曹操找借口诛杀。弘农杨氏正宗在于杨震、杨彪一支，杨艳、杨芷以及"三杨"则为旁支。杨艳之父杨炳，字文宗，袭荔亭侯，仕曹魏时为职位不高的通事郎，且早死。见《史记》卷18《高祖功臣侯者年表》："（杨喜）以郎中骑汉王二年从起杜，属淮阴，后从灌婴共斩项羽，侯，千九百户。"第二册第859页；卷95《樊郦滕灌列传》："项籍败垓下去也，（灌）婴以御史大夫受诏将车骑别追项籍至东城，破之。所将卒五人共斩项籍，皆赐爵列侯。"第四册第2339页。《汉书》卷41《樊郦滕灌傅靳周传》："项籍败垓下去也，（灌）婴以御史大夫将车骑别追项籍至东城，破之。所将卒五人，共斩项籍，皆赐爵列侯。"第三册第1824页。《三国志》卷19《曹植传》，上册第463—466页；《后汉书》卷54《杨震列传》，第二册第1405—1434页。《晋书》卷31《武元杨皇后传》和卷93《杨文宗传》，第四册第952—954页，第八册第2412—2413页。

　　① 《晋书》卷31《武元杨皇后传》和卷93《杨文宗传》，第四册第952—954页，第八册第2412—2413页。

　　② "汤沐邑"类似于食邑，源于周朝，本为诸侯朝见天子而由天子所赐予的在王畿以内用于住宿、斋戒、沐浴的封地，后则为帝王赐予皇后、储君、公主等受封者收取赋税的私邑。

　　③ 《晋书》卷31《武元杨皇后传》，第四册第952—954页。如依曹魏之制"自夫人以下爵凡十二等：贵嫔、夫人，位次皇后，爵无所视；淑妃位视相国，爵比诸侯王；淑媛位视御史大夫，爵比县公；昭仪比县侯；昭华比乡侯；修容比亭侯；修仪比关内侯；婕妤视中二千石；容华视真二千石；美人视比二千石；良人视千石"，"纳为夫人"待遇甚高。见《三国志》卷5"序"，上册第131—132页。

帝误于杨后"之论并不成立①。

咸宁二年，杨芷继为皇后，"三杨"开始伸张自身权势。皇后之父杨骏作为镇军将军封临晋侯；杨珧先任武帝为其量身定制的太子詹事，后又以卫将军领太子少傅，掌制东宫，并对朝政大事拥有相当大的话语权；杨济"行"冠军将军。武帝强力助杨，为提高"三杨"在朝中的声望，灭吴时特意以杨济副贾充统诸军出征，未见其功，但在论功封赏之列②。

"三杨"得势，有三个关键的时间节点：

一是咸宁二年，武帝"疾笃"，司马攸因其"朝望"、贾充因立场模棱两可而见忌，杨珧趁机兜售藩国新政之策。其间武帝立杨芷为后，更增"三杨"权重，杨氏开始取代贾充，成为武帝维护晋祚的主要政治支点。也即此际，太子"出居东宫"，而杨珧以太子詹事职把持东宫、架空太子保傅，"三杨"从此势起。

二是咸宁四年，皇孙降世，却非贾南风所出。武帝生出三世基业之梦，与皇孙并无血缘关系的贾氏处于尴尬境地，"三杨"一系被视为护卫太子的更可靠力量，地位再度提升。

三是太康三年杨珧"合朋党，构出齐王攸"③，此际杨氏在朝中已可呼风唤雨。

---

① （清）王鸣盛：《十七史商榷》，黄曙辉点校，中册第566—567页。这一"武帝误于杨后"的论调颇获认同，更有甚者将武帝开脱得干干净净，"武帝未有失德，而杨元后以市井庸妇见识佐之，以嫡立惠，以妹继室，以贾为妇……祸流生民数百载"，此类说法极度夸大武帝"惧内"的个性因素，迂阔且无稽，见（宋）叶适：《习学记言序目》卷29，《习学记言序目》，北京：中华书局，1977年，第417页。并且，信重"三杨"系武帝所为，杨艳仅是临终求以从妹杨芷继为皇后，史上并无其遗嘱武帝倚重"三杨"的记载。

② 《晋书》卷40《杨骏传》《杨珧传》和《杨济传》，卷3《武帝纪》咸宁五年和太康元年，第四册第1177—1181页，第一册第69—71页。

③ 《晋书》卷40《杨珧传》，第四册第1180—1181页。

杨氏"自专权重"①

外戚并非一概可恶,在传统政治形态下,扶持外戚势力本身未必为过。一方面,通过联姻强化皇权、以姻亲关系襄助朝政的做法,由来已久;另一方面,武帝也确实需要新的政治势力助其支撑朝局、维系皇统。不过,有一概念需予界定:依靠姻亲关系攀附上位、垄断权力、擅政专制的家族团伙属于外戚;原本权重势大或名誉卓著、帝王欲笼络其为"自己人"而与之结姻的,如贾充、卫瓘、荀勖以及女被武帝纳入宫中的李胤、胡奋等朝臣,并非本书所说的外戚,与"三杨"迥然不同。

"三杨"得势前与得势后,自始至终,全无经世善举,更无勋绩事功,只是一味擅权揽势。史书对"三杨"之首杨骏的评价犹低,记载了不少其见恶于朝臣的事例:

"素为朝之望"的山涛"中立于朝,晚值后党专权,不欲任杨氏,多有讽谏,帝虽悟而不能改";尚书郭奕"有重名,当世朝臣皆出其下",与另一尚书褚䂮皆百般抵触"三杨"②。

杨骏积极壮大家门,欲与裴楷结姻,"然楷素轻骏,与之不平"③;又欲与郑默结姻,遭拒绝,"骏深为恨",值郑默去世,卫瓘提议追赠郑默"三公之位","骏议不同,遂不施行"④。

---

① 语出《晋书》卷36《卫瓘传》:"(杨)骏复欲自专权重。"第四册第1059页。

② 《晋书》卷43《山涛传》和卷45《郭奕传》,第四册第1226、1288—1289页。

③ 《晋书》卷35《裴楷传》,第四册第1049页。

④ 《晋书》卷44《郑默传》,第四册第1251—1252页。关于郑默去世时间,《郑默传》载:"太康元年卒,时年六十八,谥曰成。"又载太康三年和四年,"及齐王攸当之国,下礼官议崇锡典制。博士祭酒曹志等并立异议,默容过其事,坐免。寻拜大鸿胪。遭母表,旧制,既葬还职,默自陈恳至,久而见许。遂改法定令,听大臣终丧,自默始也。服阕,为大司农,转光禄勋"。两则记载互相抵触,从太康年间郑默又拒与杨氏联姻等情形看,"太康元年卒"的说法为误。

资深朝臣胡奋之女为武帝嫔妃，其与杨骏有一对白："时杨骏以后父骄傲自得，奋谓骏曰：'卿恃女更益豪邪？历观前代，与天家婚，未有不灭门者，但早晚事耳。观卿举措，适所以速祸。'骏曰：'卿女不在天家乎？'奋曰：'我女与卿女作婢耳，何能损益！'时人皆为之惧，骏虽衔之，而不能害。"①

《晋书》贬抑杨骏，甚至杨骏因女为皇后而获封临晋侯也遭诟病："夫封建诸侯，所以藩屏王室也。后妃，所以供粢盛，弘内教也。后父始封而以临晋为侯，兆于乱矣。"②"临晋"二字似无凶义，对其预示之吉凶的解读，更多出于主观的见仁见智，将"临晋"释为乱兆，实是表达了解读者对"三杨"跋扈的愤愤然。

史书对杨骏有恶评，对杨芷以及杨珧、杨济则尚有好言，声称杨珧、杨济"深虑盛满"，屡屡规劝杨骏不可专横。又载贾充死后，"太子妃贾氏妒忌"，甚至"以戟掷孕妾，子随刃堕地"，"帝将废之"，杨芷为之言，"贾公闾（贾充字公闾）有勋社稷，犹当数世宥之，贾妃亲是其女，正复妒忌之间，不足以一眚掩其大德"，劝解武帝打消废黜贾南风的念头。杨珧也劝说武帝："陛下忘贾公闾耶？"由此，贾南风的地位得以保全③。然而，杨氏此举不是行善，也不是念贾氏旧德，更不是宽怀大度——此时更立太子妃，不知再将引何一势力入朝，杨芷及"三杨"也不知将面对怎样一个新的太子妃父为其权势的挑战者，一个父死、无子的太子妃贾南风，岂不是一个最有利于"三杨"的

---

① 《晋书》卷 57《胡奋传》，第五册第 1556—1557 页。
② 《晋书》卷 40《杨骏传》，第四册第 1177 页。
③ 《晋书》卷 40《杨珧传》和《杨济传》、卷 31《武悼杨皇后传》和《惠贾皇后传》，第四册第 1180—1181、954—957、963—966 页。

存在！

"三杨"及杨芷在根本利益上无疑一致。"解救"贾南风，以及杨珧"初以退让称，晚乃合朋党，构出齐王攸"，皆为维护杨氏的权势和地位。其所惧者，只是杨骏行事无度。为免祸端，立杨芷为后之际，杨珧即奏请武帝："历观古今，一族二后，未尝以全，而受覆宗之祸。乞以表事藏之宗庙，若如臣之言，得以免祸。"①但这一预留的退路能够行得通，前提是外戚不擅权、不专朝，"三杨"能做到吗？

皇族、朝臣集体凋零

至迟到太康中后期，朝局已是外戚一系独大。

其表现，一是宗室消沉。司马攸已死；太康四年五月，长期镇督徐州的司马伷死；七年九月，长期镇督雍凉的司马骏死，始于魏晋之交的至亲皇叔掌控重镇的格局明显松动、残缺。武帝以皇从叔司马晃、司马泰替补二缺，阵仗权势显不及前，不久司马泰又"以疾还京师"②。

"点缀"于朝的仅存皇叔司马亮，"迁太尉、录尚书事、领太子太傅，侍中如故"③。本来，摆设在朝中的司马亮与司空卫瓘、司徒魏舒"三公"一体，尚可发挥一定作用，但在外戚的挤兑下，魏舒、卫瓘先后告退，剩下的司马亮孤掌难鸣，终被出朝④。

---

① 《晋书》卷40《杨珧传》，第四册第1180—1181页。"石函之制"的做法有其先例。曹魏末期，钟会之兄钟毓得知司马昭重用钟会，"密启司马文王，言会技术难保，不可专任"，司马昭承诺：如果你不幸言中，不会连累你们同宗。见《三国志》卷28《钟会传》和卷十三《钟毓传》，下册第660—661页。

② 《晋书》卷37《司马晃传》和《司马泰传》、卷3《武帝纪》太康四年和太康七年，第四册第1090—1091、1094—1095页，第一册第74、77页。

③ 《晋书》卷59《司马亮传》，第五册第1592—1594页。

④ 《晋书》卷3《武帝纪》太康十年、卷59《司马亮传》、卷36《卫瓘传》和卷41《魏舒传》，第一册第79页，第五册第1592页，第四册第1059、1186—1188页。

二是功勋亡没。贾充死后,晋初重臣唯存卫瓘、荀勖。武帝拉拢卫瓘,卫瓘之子卫宣又成武帝之婿,杨氏遂剑指卫瓘,"宣若离婚,瓘必逊位",看准时机以卫宣"数有酒色之过",间言于武帝,令公主与卫宣离婚,果然卫瓘不得不因此"告老逊位","以公就第"。杨氏仍然穷追猛打,指使人"奏收宣付廷尉,免瓘位,诏不许",等到真相大白、武帝醒悟,卫宣已经"疾亡"①。

曾经与"三杨"联手、长期近侍武帝的荀勖也成为"三杨"的排斥对象。荀勖曾陈请"使杨珧参辅东宫",又与杨珧鼓动武帝逐出司马攸,为"三杨"增势开辟了道路,但"三杨"似乎并不领情。和"三杨"擅权同步,居位中书监二十多年的荀勖竟失其位,转而"守尚书令",有人贺之,"罔罔怅恨"的荀勖则愤愤然:夺我凤凰池,你们还祝贺我!表面上,由中书监而"守"尚书令,似无太大贬抑,但取而代之的华廙和荀勖有旧怨:"中书监荀勖先为中子求廙女,廙不许,为恨",荀勖遂间言于武帝,致华廙免官削爵。从华廙后来的表现看,其屈从于"三杨",以此人代荀勖,几近羞辱②。武帝死前不久,荀勖也死去③。

三是名臣凋落。重要者如魏舒、李憙、李胤、山涛、卢钦、刘毅等,或年迈致仕,或驾鹤西去④。受征召入朝似乎也成了重臣的催命符,代替羊祜都督荆州并立灭吴大功的名臣杜预,"累陈家世吏职,武非其功,请退",但武帝"不许","其后征为司隶校尉,加位特进,行次邓

---

① 《晋书》卷 36《卫瓘传》,第四册第 1059 页。
② 《晋书》卷 44《华廙传》,第四册第 1260—1262 页。
③ 《晋书》卷 39《荀勖传》和《冯纨传》,第四册第 1156—1157、1162—1163 页。
④ 《晋书》卷 41《魏舒传》和《李憙传》、卷 43《山涛传》、卷 44《李胤传》和《卢钦传》、卷 45《刘毅传》及卷 3《武帝纪》相关年份,第四册第 1187—1188、1189—1190、1237—1238、1253—1254、1277—1280 页,第一册第 68、73、74、79 页。

县而卒"①；太康八年被征为尚书右仆射的胡奋，九年二月去世②。朝中诸臣，太康九年为尚书右仆射的朱整，十年四月去世③；曾经"并表（杨）骏小器，不可以任社稷之重"的尚书褚䂮和郭奕，一遣扬州、一病死④。

荀勖死后，杨珧径为尚书令，不日便将尚书左仆射王浑推至司徒虚位⑤。

武帝对"三杨"的真实态度

晚年"宠爱后党"是武帝遭后人诟病的主要事状，似乎武帝一改先前从不独宠一系的当朝风格，以后事托付外戚，后期政务尽由"三杨"。然实际上，武帝无法确知自己命期，扶植外戚不过是为了清理、对抗朝中有异心的势力，不能谓其自始便有顾命"三杨"之意。

外戚干政的弊害可能被晋武帝低估。以西晋之前的两汉为例，外戚把持朝政的时间几占皇朝全期之一半，但除西汉末期王莽夺国乱政外，外戚似无倾覆皇统、取而代之之举，即使刘邦死后吕雉临朝称制、加封诸吕，也未公然僭夺刘氏天下⑥。相反之例则是"七国之

---

① 《晋书》卷 3《武帝纪》太康五年和卷 34《杜预传》，第一册第 75 页，第四册第 1032 页。

② 《晋书》卷 3《武帝纪》太康九年和卷 57《胡奋传》，第一册第 78 页，第五册第 1556—1557 页。

③ 《晋书》卷 3《武帝纪》太康十年，第一册第 79 页。

④ 《晋书》卷 3《武帝纪》太康六年、卷 45《郭奕传》和卷 40《杨骏传》，第一册第 76 页，第四册第 1288—1289、1177 页。

⑤ 《晋书》卷 40《杨珧传》、卷 42《王浑传》和卷 3《武帝纪》太熙元年，第四册第 1180—1181、1204 页，第一册第 80 页。

⑥ 《史记》卷 9《吕太后本纪》相关记载，第一册第 333—347 页；《汉书》卷 3《高后纪》相关记载，第一册第 83—91 页。

乱"，同姓宗王反叛自立、祸国殃民，皇朝伤筋动骨，侥幸转危为安①。由此难免给人以宗亲作乱事发祸重、外戚干政为患于轻的误导，加之异姓重臣难免生出异心、难以制约，一身、一族荣华皆系于亲属血缘以及和帝室姻缘的外戚俨然成为维系国本的首选。

武帝以外戚"荷栋梁之任"②，维护晋祚，但还不是任由"三杨"为所欲为；清理朝中也是为了防范对帝室的威胁因素，并非迁就"三杨"权欲。例如对卫瓘父子，杨骏欲置于死地，武帝得知卫宣系被诬陷，欲命公主与之复婚③；荀勖守尚书令后，"居职月余"便以母忧请求去职，武帝却是"不许"④。太康年间旧臣凋零，多系自然淘汰，少有武帝刻意压制所致。这当然可以说是武帝的"帝王术"，但从武帝后来临终的政治安排看，"三杨"不过是工具，其价值只在于改变帝系孤危的局面。

---

① 西汉景帝时期吴王刘濞等七诸侯国的叛乱。参见《史记》卷 11《孝景本纪》、卷 101《袁盎晁错列传》和卷 106《吴王濞列传》，第一册第 372—374 页，第四册第 2399—2402、2461—2473 页；《汉书》卷 5《景帝纪》和卷 49《爰盎晁错传》等，第一册第 124—126 页，第三册第 2005—2008 页。

② 语出《晋书》卷 40"史臣曰"，第四册第 1182 页。

③ 《晋书》卷 36《卫瓘传》，第四册第 1059 页。

④ 《晋书》卷 39《荀勖传》，第四册第 1156—1157 页。

第六章 "辛亥三变":从武帝之死到贾南风临朝

第一节 武帝之死、风云突变

天不假年

太康后期,异兆不断。"太康五年(284 年)五月,宣帝庙地陷,梁折"。修复后,八年正月又"日有蚀之""太庙殿陷",于是再次"改作庙",却"筑基及泉"。一年多后,十年四月,"太庙成","迁神主于新庙",武帝"迎于道左,遂袷祭",到十二月,落成仅仅八个月的新营太庙,竟然再次"梁折"①。稍前的十一月,"帝疾瘳",何时起疾不详。进入新年,改元太熙(290 年),四月,"帝崩于含章殿,时年五十五"②——终年与其父司马昭完全一致③。

---

① 《晋书》卷 3《武帝纪》太康十年、卷 12《天文志中》和卷 27《五行志上》,第一册第 80 页。"袷祭"指集合远近祖先神主于太祖庙的合祭仪式。

② 《晋书》卷 3《武帝纪》太康十年和太熙元年,第一册第 79—80 页。

③ 《晋书》卷 2《文帝纪》咸熙二年:"(文)帝崩于露寝,时年五十五",第一册第 44 页。

武帝政期二十五年,所留遗产分正负两方面,一方面是太平世道,另一方面是纷乱朝局。武帝驾崩后,再无约束的各系政治势力迅速展开殊死较量,客观上,武帝临终前的犹豫和安排的不足,更加剧了政治冲突的血腥气和残酷性。

一变再变的武帝临终之制

从太康十年十一月"疾瘳"到太熙元年四月去世,大约半年间,武帝对身后之事作了不少安排,也颇有犹豫。

"疾瘳"当月,武帝诏:"以汝南王亮为大司马、大都督、假黄钺。改封南阳王柬为秦王,始平王玮为楚王,濮阳王允为淮南王,并假节之国,各统方州军事。立皇子乂为长沙王,颖为成都王,晏为吴王,炽为豫章王,演为代王,皇孙遹为广陵王。立濮阳王子迪为汉王,始平王子仪为毗陵王,汝南王次子羕为西阳公。徙扶风王畅为顺阳王,畅弟歆为新野公,琅邪王觐弟澹为东武公,繇为东安公,漼为广陵公,卷为东莞公。改诸王国相为内史。"①

依此诏,并结合其时朝中"三杨"及皇族、朝臣的情形,初定的临终之制将形成以下权力格局:

一是皇子系——惠帝即位后则为皇弟系——横空出世。"武帝二十六男",早夭者十七②,余之九子,除了太子,武帝在临终前皆有重封,且三位成年皇子司马柬、司马玮和司马允出镇于外、藩镇合一③。此外,孙辈之中,司马遹获封广陵王,又以出继给死去的叔父

---

① 《晋书》卷3《武帝纪》太康十年,第一册第79页。此载,未列入已为清河王的司马遐,但列入了武帝死后早夭的司马演。

② 《晋书》卷64"序",第六册第1719页。

③ 《晋书》卷3《武帝纪》太康十年,第一册第79页。咸宁三年藩国新政或之前,有四位皇子获封为王,余五人获封于太康十年武帝临终前夕。

为名，司马允之子获封汉王、司马玮之子获封毗陵王。皇弟食邑皆超五万户，与太子同母的司马柬得八万户，司马颖更至十万户。总体算来，武帝之皇子以及皇孙的食邑总共在五十万户以上，占到晋朝全部户口的逾 1/5，规模大大超过此前诸王①。

二是老牌宗王离开朝枢。平庸而忠心的皇叔司马亮由太尉转为大司马、大都督，名分上较太尉更尊一格②，但被遣出镇豫州，失去先前的录尚书事、太子太傅等朝中之职③。

三是"三杨"把持禁中。借武帝临终"朝臣惶惑，计无所从"之机，依靠杨芷的皇后身份，后父杨骏"亲侍左右"，"尽斥群公"，"树其心腹"④。

这一权力架构呈三系互制的动态关系。朝中是外戚杨氏，皇子系外督重镇，老牌宗王司马亮加上督邺城的司马伦、督青州的司马晃等与皇子系相平行，两大外镇集团既互制，又同时震慑朝中、以外制内，貌似武帝为太子即位加上了双保险。

但武帝何以无视朝中"三杨"独大的危险？抑或此时武帝尚未意识到自己大限将至？及至再次病危，武帝变卦，"诏留（司马）亮委以后事"，欲其与杨骏"夹辅王室"、共掌朝枢，但诏书被杨骏

---

① 《晋书》卷 3《武帝纪》太康十年、卷 53《愍怀太子传》、卷 59《司马玮传》和《司马颖传》、卷 64《司马柬传》和《司马允传》，第一册第 79 页，第五册第 1457—1458、1596、1615 页，第六册第 1720、1721—1722 页。

② 《晋书》卷 24《职官志》载：泰始年间司马望为大司马后，该职"在三司上"，第二册第 725 页。

③ 《晋书》卷 3《武帝纪》太康十年、卷 59《司马亮传》和《司马柬传》，第一册第 79 页，第五册第 1592—1594 页。

④ 《晋书》卷 40《杨骏传》，第四册第 1177—1178 页。

截留藏匿①。

末日将临，孤家寡人、身不由己的武帝不得不接受杨氏的摆布。

> 后奏帝以骏辅政，帝颔之。便召中书监华廙、令何劭，口宣帝旨使作遗诏，曰："昔伊望作佐，勋垂不朽；周霍拜命，名冠往代。侍中、车骑将军、行太子太保，领前将军杨骏，经德履吉，鉴识明远，毗翼二宫，忠肃茂著，宜正位上台，拟迹阿衡。其以骏为太尉、太子太傅、假节、都督中外诸军事，侍中、录尚书、领前将军如故。置参军六人，步兵三千人、骑千人，移止前卫将军珧故府。若止宿殿中宜有翼卫，其差左右卫三部司马各二十人、殿中都尉司马十人给骏，令得持兵仗出入。"诏成，后对廙、劭以呈帝，帝亲视而无言。自是二日而崩，骏遂当寄托之重，居太极殿。②

攸关皇朝命运的遗诏中，哪些是武帝的真意，哪些出自杨芷"口宣帝旨使作遗诏"所夹带、搭载的自作主张，无以考辨。笔者在此不厌其烦录出遗诏，实是因为其出奇之处：对国务政事一无所涉，却对岳父的安全保卫、生活设施之类琐事铺排得不厌其烦、无微不至，令人叹为观止。

"三杨"揽政

太子即位后，杨骏更进太傅，"辅政"③。在杨氏父女的把持下，

---

① 《晋书》卷 59《司马亮传》载，司马亮"未发，帝大渐，诏留亮委以后事"，该"共辅之诏"，"杨骏闻之，从中书监华廙索诏视，遂不还"，第五册第 1592 页。卷 40《杨骏传》则载，武帝"诏中书，以汝南王亮与骏夹辅王室"，"骏恐失权宠，从中书借诏观之，得便藏匿。中书监华廙恐惧，自往索之，终不肯与"，第四册第 1177—1179 页。

② 《晋书》卷 40《杨骏传》和卷 3《武帝纪》太熙元年，第四册第 1177—1178 页，第一册第 80 页。"阿衡"，又称"宰衡""保衡"等，原为商代类似后世太师、太保的官名，后引申作为辅弼之任、宰相之职的代称，进一步演变为辅佐人君的权臣之谓。

③ 《晋书》卷 4《惠帝纪》太熙元年："以太尉杨骏为太傅，辅政。"第一册第 89 页。

武帝身后的"三杨"专制由此开篇。武帝去世之初，"三杨"揽政的一系列措施，大概可分为以下几个方面：

一是奉立新君、维系皇统。武帝驾崩当日，智力不逮的太子司马衷即位，是为惠帝；相应地，杨芷成为太后，贾南风则成为皇后。四个月后，十三岁的司马遹被立为太子，太子官属盛极一时，"以中书监何劭为太子太师，吏部尚书王戎为太子太傅，卫将军杨济为太子太保"，又有太子少师裴楷、太子少傅张华、太子少保和峤。叠床架屋不够，还加太保卫瓘等六高官之子"与太子游处"，所谓"宜得正人使共周旋""能相长益"①。杨氏如此做作，实为自显其忠实于武帝遗愿，也颇符合杨骏"为政严碎"②的特质和拉拢众臣的需要。

二是"内怀猜忌"、全力自保。安葬武帝之时，"梓宫将殡，六宫出辞，而骏不下殿，以武贲百人自卫"，又"遣南中郎将石崇、射声校尉胡奕、长水校尉赵俊、扬烈将军赵欢将屯兵四出"③。居辅政之位，却如惊弓之鸟，似乎武帝所遗的不是朝政，而是困守的危城。

三是"大开封赏，欲以悦众"。武帝葬毕，杨骏主使下诏，"增天下位一等，预丧事者二等，复租调一年，二千石已上皆封关中侯"，封赏规模甚至超过西晋立国和灭吴功成④。自古"未有帝王始崩，臣下论功者也"⑤，杨氏以"无功而厚赏"收买人心，贻害无穷，后也

---

① 《晋书》卷 4《惠帝纪》太熙元年和卷 53《愍怀太子传》，第一册第 89 页，第五册第 1457—1458 页。

② 语出《晋书》卷 40《杨骏传》，第四册第 1178 页。

③ 《晋书》卷 40《杨骏传》和卷 4《惠帝纪》太熙元年，第四册第 1177—1178 页，第一册第 89 页。

④ 《晋书》卷 33《石崇传》，第四册第 1006 页。

⑤ 语出《晋书》卷 47《傅祗传》所载傅祗谏止滥行封赏之言，第五册第 1331 页。

自食其果①。

四是"百官总己","天下愤然"。杨骏本人"为太傅、大都督、假黄钺,录朝政",加上杨珧、杨济以及任近侍之职的其甥段广、张劭等人,杨氏亲属一统朝事。"凡有诏命,帝省讫,入呈太后,然后乃出"②,较以往一般意义上的太后临朝更有过之。

杨骏的关注焦点和畏惧所在,还属司马亮。二人虽是死对头,但在色厉内荏、颠顶无能方面却为一路货色。武帝死后,仍逗留于京师的司马亮不敢入宫临丧,"辞疾不入,于大司马门外叙哀而已",并唯恐杨骏加害而"出营城外"。听说杨骏要讨伐自己,司马亮惶惶问计于朝臣,反遭奚落:举朝上下都指望你的义举,怎么不是你讨伐别人反倒是害怕别人讨伐你呢?

反过来,杨骏也"大惧"司马亮,遣军出击,然司马亮已抄小路奔逃至都督治所许昌③。

武帝身后的三重权势冲突

从武帝死到"三杨"灭,杨氏一系专制朝政不到一年,基本遵行了武帝遗命,并无罪大恶极的逾制、僭越之举。诸如树亲党、专权势之举,凡辅政者莫不如此;至于"为政严碎,愎谏自用",以及"暗于古义,动违旧典","违《春秋》逾年书即位之义"在武帝死之当年即行改元,

---

① 《晋书》卷 40《杨骏传》和卷 4《惠帝纪》太熙元年,第四册第 1178 页,第一册第 89 页。"无功而厚赏",语出《晋书》卷 47《傅咸传》所载傅咸谏止滥行封赏之言,第五册第 1326 页。

② 《晋书》卷 40《杨骏传》,第四册第 1178 页。

③ 《晋书》卷 40《杨骏传》、卷 59《司马亮传》和卷 44《石鉴传》,第四册第 1178、1265—1266 页、第五册第 1592 页。

"朝廷惜于前失，令史官没之，故明年正月复改年焉"①，此类过失，非十恶不赦之罪。

似乎意识到自身劣势，"三杨"在短暂为政期间，还是有意舒缓朝中关系的。其时，以闲居京师的远支祖辈宗亲司马泰为司空②，武帝死前出镇的司马柬也被征入朝为骠骑将军并录尚书事③，杨珧让出尚书令之职而以政治态度相对中立的华廙任之④。

"三杨"也延揽了不少先前不受待见的朝士。仕途备遭挫折、"才名冠世，为众所疾，遂栖迟十年"的潘岳受到重用，在杨骏"高选吏佐"时成为太傅主簿⑤；义士阎缵则为太傅舍人⑥；曹魏时期即为太学博士、曾经"深为羊祜所器重"的邹湛出任杨骏的太傅长史⑦；孙吴覆灭后，出身江南名门的陆机携弟陆云并入洛，多访名臣，"张华荐之诸公"，终是"太傅杨骏辟为祭酒"⑧。

史载："弘训少府蒯钦，骏之姑子。少而相昵，直亮不回，屡以正言犯骏，珧、济为之寒心。钦曰：'杨文长（杨骏字文长）虽暗，犹知人之无罪不可妄杀，必当疏我。我得疏外，可以不与俱死。不然，倾宗覆族，其能久乎！'""犹知人之无罪不可妄杀"之语，可证杨骏虽褊狭暗弱，却非为非作歹、怙恶不悛。事实上，"三杨"为政，并

---

① 《晋书》卷40《杨骏传》，第四册第1178页。
② 《晋书》卷4《惠帝纪》太熙元年，第一册第89页。
③ 《晋书》卷64《司马柬传》，第六册第1720页。
④ 《晋书》卷44《华廙传》，第四册第1260—1262页。
⑤ 《晋书》卷55《潘岳传》，第五册第1502—1504页。
⑥ 《晋书》卷48《阎缵传》，第五册第1350页。
⑦ 《晋书》卷92《邹湛传》，第八册第2380页。
⑧ 《晋书》卷54《陆机传》和《陆云传》，第五册第1472—1473、1481—1482页。

无错杀、滥杀之举，除了排挤司马亮等宗亲，无端贬斥朝臣的情形都很少见①。

武帝的三系互制权势关系，利在朝中权臣难以恣意妄为，弊在三系之中只要有一系图谋不轨，或者势力集团间出现矛盾，脆弱的架构就会立时坍塌。武帝身后，朝局的三重权势对立、权势冲突，令"三杨"自始便成公敌，"公室怨望，天下愤然"②。

此际最突出的冲突是宗亲与"三杨"之间的敌对关系。咸宁变局间，二者即已积怨，即使"三杨"有作出让步的想法，此际也已无济于事。杨珧、杨济等出于恐惧，曾有征还司马亮、杨氏退避以免族灭之意③，但两汉以降，后族一旦走上专权擅制的路，就再难回头。

第二重的权势冲突即宗亲内部的分化、分裂。初时，至少在"三杨"未灭时，冲突不甚明显，但已现端倪，例如在与"三杨"的关系方面，司马泰、司马柬可与杨氏合作，近支宗亲司马亮则与杨氏针锋相对，宗室成员倾向不一。随着情势更易，尤其是"三杨"灭后，宗亲间的冲突难免激化。

第三重的权势冲突则是太后之族与皇后一系的对立。两后之间"忿怨弥深"，并且"贾后欲预政事，而惮骏未得逞其所欲"，杨骏则"知贾后情性难制，甚畏惮之"④。继母伙同其父、其叔近乎挟持、裹胁惠帝，为妻且理当为后宫之主的皇后贾南风却没有对惠帝、对朝政的足

---

① 《晋书》卷40《杨骏传》《杨珧传》和《杨济传》，第四册第1177—1182页。

② 语出《晋书》卷40《杨骏传》，第四册第1178页。

③ 《晋书》卷40《杨骏传》《杨珧传》和《杨济传》，其中载有："济谓傅咸曰：'若家兄征大司马入，退身避之，门户可得免耳。不尔，行当赤族'。"第四册第1177—1182页。

④ 《晋书》卷31《武悼杨皇后传》《惠贾皇后传》和卷40《杨骏传》，第四册第954—957、963—965、1178—1179页。

够话语权和影响力，这一状况，无论如何都不得长久。

"三杨"已成千夫所指，而全面调和、解决上述多重冲突，维系王朝局面，有赖一个能够为反杨各派普遍接受的"政治公约数"。惠帝虽不堪，但名分尚在，似乎，唯有一人堪当此任：皇后贾南风。

第二节　贾南风救政

为什么竟是贾南风？

贾充之女贾南风的事迹，前有所涉。从"册拜太子妃"到成为皇后的十九年间，随着朝局的多轮变故，早期作为政治"棋局"中"棋子"的贾南风，地位、境遇几经浮沉。

先是咸宁年间的贾充遭忌和皇孙出世。惠帝与贾南风始终无子，为妻因夫而荣，为母却无子以贵，再加上武帝转向倚重"三杨"以护卫三世基业，贾南风处境颇显尴尬。

然后是太康三年的贾充之死。后期虽有芥蒂，但武帝对贾充并未完全弃如敝屣，然而贾充死后，联姻的政治意义、政治价值不复存在，贾南风失去了最大也是最根本的依仗，此时反而是没有更立太子妃之意的杨氏在佑护贾南风了。

再是惠帝即位、杨氏秉政。贾南风虽被立为皇后，成为不可忽视、不可回避的政治存在，但把持朝政的却是杨骏父女。因杨骏"畏惮"贾南风，在宗亲及反杨一系朝臣心目中，敌者之敌即为友，贾南风的分量当增不少①。

---

①　《晋书》卷 3《武帝纪》和卷 4《惠帝纪》相关记载、卷 31《惠贾皇后传》和卷 40《杨骏传》，第一册第 65、80、89 页，第四册第 963—966、1178—1179 页。

受《晋书》贬低贾氏的影响，后世之人几乎皆对贾氏口诛笔伐、极尽贬损。实际上，武帝身后，再无比贾南风更适合的"政治公约数"：人君亲近、宗亲能容、朝臣认同。尤其是亲近惠帝一项，无人能及贾南风，帝后一体，皇后"母仪天宇，助宣王化"①，撇开皇后而操弄惠帝，无论如何都有裹挟天子的僭制之嫌。

"辛亥三变"：教科书式的政变策划

"三杨"当国的一年间，倒杨阴谋在紧锣密鼓地策划中。"三杨"的树敌众多与刚愎自用，尤其与宗亲之间的紧张对立，使朝政难以为继，政令出不了京城。贾南风敏锐而恰到好处地把握了这一机遇。从其除灭"三杨"、夺执朝政的路径、次序等来看，贾南风对其时政局结构、政势动向洞幽烛微，政治手段纯熟老练、出手不凡，全然不似深居宫中近二十年而少有历练的政治新手。至于其背后是否有"高人"指引，未详。

唯内外勾连，政变始能成事。此前，贾南风并无实际从政的经验与积累，故而倒杨所利用的乃是临时组合，于内是近侍中对"三杨"心怀不满之徒，于外则是武帝临终三系互制政治安排中的反杨二系，皇弟和司马亮。

"殿中中郎孟观、李肇，素不为骏所礼，阴构骏将图社稷"，而"黄门董猛，始自帝之为太子即为寺人监，在东宫给事于贾后"，"后密通消息于猛，谋废太后。猛乃与肇、观潜相结托"。殿中中郎品秩不高，却掌统殿中兵，护卫皇帝；寺人即太监，寺人监则为太监领班。杨骏"虑左右间己"而安插亲信为近侍，或正因为殿中中郎位

低，反落到由外人担任，并非杨氏亲信的孟观，"惠帝即位，稍迁殿中中郎"①。

接着在贾南风主使下，李肇分别联络镇督豫州的司马亮和镇督荆州的司马玮，谋以"连兵讨骏"。

二人的回应很是不同。司马亮声称"骏之凶暴，死亡无日，不足忧也"，貌似义正词严，实是不愿作为、拒绝联手；司马玮则欣然入伙，"于是求入朝"。杨骏一向忌惮司马玮，为防司马玮等居外生变，抱着"将老虎关进笼子"的心态，同意召司马玮和同为皇弟、出镇扬州的司马允入朝②。

司马亮不应，究竟是懦弱所致，还是老谋深算，已不得而知。皇弟之中，敢作敢为的司马玮无疑是抗衡"三杨"的首选。本来，按长幼之序，惠帝之下，司马柬最为年长，司马玮次之，但此际司马柬在朝"拜骠骑将军、开府仪同三司，加侍中、录尚书事"，并且在所有皇弟中，唯司马柬与惠帝同母，与杨氏有着割不断的血缘联系，难以成为贾南风灭杨的同谋③。司马玮则不同，与杨氏不存渊源，且"少年果锐，多立威刑，朝廷忌之"，武帝死前遣其出京，杨骏等却许其入朝，这一自作聪明的决定打开了"三杨"自取灭亡的大门④。

---

① 《晋书》卷 31《惠贾皇后传》、卷 40《杨骏传》和卷 60《孟观传》，第四册第 963—966、1178—1179 页，第六册第 1634—1635 页。

② 《晋书》卷 4《惠帝纪》永平元年、卷 40《杨骏传》、卷 59《司马玮传》和卷 64《司马允传》，第一册第 90—91 页，第四册第 1179—1181 页，第五册第 1596—1597 页，第六册第 1721—1722 页。

③ 《晋书》卷 31《武元杨皇后传》和卷 64《司马柬传》，第四册第 952—954 页，第六册第 1720 页。

④ 《晋书》卷 59《司马玮传》，第五册第 1596—1597 页。

这波系列政变以"辛亥三变"为名，一则事发于辛亥之年，二则实在是因为武帝与惠帝之交的年号变化太过频繁。武帝死之当年，改元太熙（290 年），四月武帝死，杨骏无知地立即将太熙改为永熙；不得已，次年（291 年）正月再次改元永平；同年三月"三杨"覆灭，又改元元康。公元 290 至 291 年的两年之间，事变诸多，以简洁计，不妨冠以干支，以免叙述琐屑①。

第三节 "辛亥三变"：朝局异变和"假性亲政"

"辛亥一变"："三杨"覆宗灭族

辛亥年（291 年）二月，司马玮入朝。三月，孟观、李肇报知惠帝——实是报知贾南风，帝、后连夜下诏，中外戒严，"遣使奉诏废骏，以侯就第"；"东安公（司马）繇率殿中四百人随其后以讨骏"。

杨骏闻变，犹豫不定、不知所为，"寻而殿中兵出，烧骏府，又令弩士于阁上临骏府而射之，骏兵皆不得出"，交锋之后，"骏逃于马厩，以戟杀之"②。

杨氏一系，悉数被执，继而被诛。杨珧临刑称冤，声言有武帝的"免死金牌"，"而贾氏族党待诸杨如仇，促行刑者遂斩之"③。

杨济时为卫将军、太子太保，"难发之夕，东宫召济"。杨济为难，不知应作为卫将军入宫保人君，还是作为太子太保赴东宫保太子，终还是赴太子处，与二兄同遭诛杀④。

---

① 《晋书》卷 4《惠帝纪》相关年份和卷 40《杨骏传》，第一册第 89—91 页，第四册1178 页。

② 《晋书》卷 40《杨骏传》，第四册第 1179—1180 页。

③ 《晋书》卷 40《杨珧传》，第四册第 1180—1181 页。

④ 《晋书》卷 40《杨济传》，第四册第 1182 页。

因此事变，"三杨"以及"中护军张劭，散骑常侍段广、杨邈，左将军刘预，河南尹李斌，中书令符俊，东夷校尉文俶，尚书武茂，皆夷三族"，"死者数千人"①。时隔多年，朝中又现腥风血雨，"诛戮纵横，众人为之震恐"②。

杨骏被讨之际，"内外隔塞"，太后杨芷万分焦急，在帛书上写下"救太傅(杨骏)者有赏"之句，令人以弓箭射出宫外求救。据此，贾南风指控其与父"同逆"，指使朝臣奏称：太后"阴渐奸谋，图危社稷，飞箭系书，要募将士，同恶相济，自绝于天"，当贬杨芷为庶人。虽有朝臣提出异议，杨芷还是被黜废、幽禁。

贾南风以及宗亲是必置杨芷于死地的。有司又奏："杨骏造乱，家属应诛，诏原其妻庞命，以慰太后之心。今太后废为庶人，请以庞付廷尉行刑。""庞临刑，太后抱持号叫，截发稽颡，上表诣贾后称妾，请全母命"，不得宽宥。庞氏死，杨芷也"绝膳而崩"③。

1953年，洛阳出土"晋徐美人墓石"，所载《晋贾皇后乳母美人徐氏之铭》为此段历史添补了不少有趣史料。

徐美人名徐义，系贾南风的乳母，随贾南风入宫，深得信任。据墓志载，诛杨事变中，杨芷有挟持贾南风之举："永平元年三月九日，故逆臣太傅杨骏委以内授举兵，图危社稷。杨太后呼贾皇后在侧，视望携候，阴为不轨。于时宫人实怀汤水，俱不免豺狼之口，倾覆之祸，

---

① 《晋书》卷4《惠帝纪》永平元年和卷40《杨骏传》，第一册第90—91页，第四册第1179—1180页。

② 语出《晋书》卷35《裴楷传》，第四册第1049页。

③ 《晋书》卷31《武悼杨皇后传》和卷4《惠帝纪》永平元年，第四册第954—957页，第一册第90—91页。

在于斯须。美人设作虚辞，皇后得弃离。"事后，惠帝、贾南风感念徐义解救之功，册拜"美人"并加厚赏，"赐御者二十人"。其时，事功甚大的孟观也不过"特给亲信四十人"①，如此厚赏徐义，可见当时情况之险恶②。据此墓石，事变之中杨芷似非《晋书》说的那样无辜，杨氏不仅举兵造乱，更有加害贾南风之举。

诛灭"三杨"，谋在贾南风，事变过程则是贾氏及宗室成员、诸多朝臣共同参与的一致行动，且看宗亲的各自表现：

司马玮于诛杨骏时奉诏，并"屯司马门"③；

司马伷之子、东安公司马繇率兵讨伐杨骏，"屯云龙门，兼统诸军"，且"是日诛赏三百余人，皆自繇出"④；

在武帝死后入朝任车骑将军的司马晃，"将诛杨骏，以晃领护军，屯东掖门"，事后朝议如何处置太后杨芷，张华等建言，对武帝的皇后宜宽大为怀，"以全贵终之恩"，但号称"孝友贞廉，谦虚下士"的司马骏全无体恤之心，切齿于杨氏，奏曰"皇太后与骏潜谋，欲危社稷，不可复奉承宗庙，配合先帝"，"宜贬尊号，废诣金墉城"，令杨芷与其母同难⑤。

与司马玮同期入朝的司马允起了怎样的作用，未有记载，但扈从司马允入朝的淮南国相（内史）刘颂表现很不一般，"会诛杨骏，颂屯

①　《晋书》卷 60《孟观传》，第六册第 1634 页。

②　"晋徐美人墓石"及所载《晋贾皇后乳母美人徐氏之铭》现藏河南博物院。有关考释，可见陈直：《晋徐美人墓石考释》，《中原文物》1980 年第 1 期；胡顺利：《〈晋徐美人墓石考释〉补说》，《江汉考古》1986 年第 1 期；汤淑君：《西晋贾皇后乳母徐美人墓志》，《中原文物》1994 年第 1 期等。

③　《晋书》卷 59《司马玮传》，第五册第 1596—1597 页。

④　《晋书》卷 38《司马繇传》，第四册第 1123 页。

⑤　《晋书》卷 37《司马晃传》和卷 31《武悼杨皇后传》，第四册第 1090—1091、954—957 页。

卫殿中,其夜,诏以颂为三公尚书"①。依理推断,没有藩主司马玮的认可或至少是默许,刘颂是难以自行其是的。

事变之际,即使与杨骏并无过节的朝臣也纷纷和"三杨"割席。事发时,与杨骏有所交谊的侍中傅祇与杨骏在一起,闻变,提出和同座的尚书武茂去"听国家消息","揖而下阶",但武茂仍然坐着不动,傅祇回首对武茂厉言:你难道不是天子的臣属吗?现在内外隔绝,难道不知圣上所在,怎么还能安坐在此!武茂乃惊起而从②。

附带一说,明明是诏杨骏"以侯就第",却擅兵加害其身③,以"公"名、兴"私"刑,自此有了一个恶劣、血腥的开端,趁机构陷、挟私报复的也不乏其例。东夷校尉文俶在诸葛诞之叛中,与父文钦弃诸葛投司马,致诸葛诞败死,而诸葛诞恰为司马繇的外公。有此前仇,司马繇借着诛杀杨骏,"诬俶谋逆,遂夷三族"④。尚书武茂早年曾与"武帝姑子"、尚书左仆射荀恺结怨,荀恺借口武茂系杨骏之姨弟,"陷为逆党,遂见害",并夷三族⑤。荀恺还因与裴楷有隙,奏称裴楷与杨骏联姻,要求"收付廷尉"问罪,赖得傅祇证明裴楷无罪,更重要的是裴、贾为亲戚,裴楷才得诏赦⑥。既开恶例,宁有终乎!

---

① 《晋书》卷46《刘颂传》,第五册第 1308 页。

② 《晋书》卷47《傅祇传》,第五册第 1330—1332 页。

③ 《晋书》卷40《杨骏传》,第四册第 1179—1180 页。

④ 《三国志》卷28《诸葛诞传》,下册第 642—646 页;《晋书》卷4《惠帝纪》永平元年,第一册第 90—91 页。

⑤ 《晋书》卷45《武陔武茂传》和卷 4《惠帝纪》永平元年,第四册第 1284—1285 页,第一册第 90—91 页。

⑥ 《晋书》卷35《裴楷传》和卷47《傅祇传》,第四册第 1049 页,第五册第 1330—1332 页。

"辛亥二变":司马亮的悲剧

"三杨"既灭,宗亲与外戚的对抗以宗亲完胜而了结。但宗亲之欢仅仅持续了三个月,并且即使在这三个月里,宗亲之间也是龃龉不断、构陷频出,宗亲内讧很快进入不可调和的尖锐对立状态。

贾南风的过人之处在于,灭杨后,仅从亲眷中以"并以才望居位"的族兄贾模、从舅郭彰入参朝政①,静观朝变。余皆付之宗亲,朝局几成各路宗亲共治架势:"征大司马、汝南王亮为太宰","以秦王柬为大将军,东平王楙为抚军大将军,镇南将军、楚王玮为卫将军,领北军中候,下邳王晃为尚书令,东安公繇为尚书左仆射,进封东安王"②。不止于此,司马玮还"加侍中、行太子少傅"③;皇弟司马遐"进抚军将军,加侍中"④;司马泰前已为司空,此时又领太子太保,"及杨骏诛,泰领骏营,加侍中,给步兵二千五百人,骑五百匹。泰固辞,乃给千兵百骑"⑤;司马泰之子、后来在"八王之乱"中笑到最后的司马越也因"讨杨骏有功,封五千户侯"⑥。

另外,遭"三杨"忌而"以公就第"的卫瓘复出"录尚书事",与司马亮共同辅政⑦。西晋立国之际的异姓重臣、开国郡公,此际唯卫瓘一

---

① 《晋书》卷31《惠贾皇后传》、卷40《贾模传》和《郭彰传》,第四册第963—966、1176 页。

② 《晋书》卷4《惠帝纪》永平元年、卷37《司马楙传》和《司马晃传》、卷38《司马繇传》、卷59《司马亮传》和《司马玮传》、卷64《司马柬传》,第一册第90—91 页,第四册第1088—1090、1090—1091、1123 页,第五册第1592—1593、1596—1597 页,第六册第1720 页。

③ 《晋书》卷59《司马玮传》,第五册第1596—1597 页。

④ 《晋书》卷64《司马遐传》,第六册第1723—1724 页。

⑤ 《晋书》卷37《司马泰传》,第四册第1094—1095 页。

⑥ 《晋书》卷59《司马越传》,第五册第1622 页。

⑦ 《晋书》卷36《卫瓘传》,第四册第1059 页。

人,并且既遭"三杨"排斥,也不阿附贾氏,更曾和武帝联姻,相对中立的政治立场,令其颇得众臣的认同与信服。

似乎只有司马柬对"三杨"的下场感到伤心,"时杨骏伏诛,柬既痛舅氏覆灭,甚有忧危之虑,屡述武帝旨,请还藩,而汝南王亮留柬辅政",后"及亮与楚王玮被诛,时人谓柬有先识"[1]。

司马柬的"先识"不无来由。诛伐"三杨",宗室共之;"三杨"垮台之后,宗室内部便各自蠢蠢欲动。最不加掩饰的是急先锋司马繇,"以功拜右卫将军,领射声校尉,进封郡王,邑二万户,加侍中,兼典军大将军,领右卫如故",不久又"迁尚书右仆射,加散骑常侍"[2]。或是利令智昏,诛杨后,司马繇甚至密谋进一步废黜贾南风,"贾氏惮之"[3]。

事不至极,无以为反。贾南风对宗室内部的重重矛盾了然于心,例如面对司马繇的咄咄逼人,甚至无需贾南风自己直接应对。司马繇之兄司马澹,妻为"贾后内妹",前曾"屡构繇于汝南王亮,亮不纳"。司马亮执掌朝政后,开始忌惮司马繇,态度随之一变,"至是以繇专行诛赏,澹因隙谮之,亮惑其说,遂免繇官,以公就第,坐有悖言,废徙带方",与司马繇亲近的司马楙也被免职[4]。

重重矛盾之下,如同昔日"三杨"之遇,司马亮、卫瓘在辅政之位也如身处火山口;二人的昏聩,又全然就是杨骏等人招致"公室怨望,

---

①　《晋书》卷64《司马柬传》,第六册第1720页。

②　《晋书》卷38《司马繇传》,第四册第1123页。

③　《晋书》卷31《惠贾皇后传》,第四册第964页。

④　《晋书》卷37《司马楙传》、卷38《司马澹传》和《司马繇传》、卷4《惠帝纪》永平元年,第四册第1088—1090、1122—1123页,第一册第90—91页。带方郡在今朝鲜之黄海南道、黄海北道一带。

天下愤然"的翻版:

一是开罪宗室。正是依靠宗室之力,"三杨"被诛,司马亮才得以无劳而禄、无功而荣,但居位辅政后,司马亮徙、贬作为诛杨"功臣"的司马繇以及司马楙,其本意或许是以此立威,但实际效果却无异于卸磨杀驴、兔死狗烹,引来一片"专权""擅政"的非议。

不仅如此,司马亮又"奏遣诸王还藩,与朝臣廷议,无敢应者,唯瓘赞其事"①;再锋指司马玮,"楚王玮有勋而好立威,亮惮之,欲夺其兵权",遂"以玮性很戾,不可大任,建议使与诸王之国,玮甚忿之"。

二是滥行封赏。此前杨骏"大开封赏",已遭多方诟病②。司马亮似不甘落后,"督将侯者千八十一人"③。滥封之例,有傅祇"以讨杨骏勋,当封郡公八千户,固让,减半,降封灵川县公,千八百户,余二千二百户封少子畅为武乡亭侯","又以本封赐兄子隽为东明亭侯"④;何攀"以豫诛骏功",便能"封西城侯,邑万户,赐绢万匹,弟逢平卿侯,兄子逷关中侯"⑤。傅咸致书司马亮,所言一语中的:"自古以来,封赏未有若此者也。无功而厚赏,莫不乐国有祸,祸起当复有大功也。人而乐祸,其可极乎!"⑥普遍封赏不仅达不到奖掖事功的目的,反致新的钩心斗角、争权夺利,有杨骏之失而不鉴,司马亮、卫瓘"论赏诛杨骏之功过差,欲以苟悦众心,由是失望"⑦。

---

① 《晋书》卷 36《卫瓘传》,第四册第 1059 页。
② 《晋书》卷 33《石崇传》、卷 40《杨骏传》、卷 47《傅咸传》和《傅祇传》等,第四册第 1006、1178 页,第五册第 1326—1327、1331 页。
③ 《晋书》卷 4《惠帝纪》永平元年,第一册第 90—91 页。
④ 《晋书》卷 47《傅祇传》,第五册第 1330—1332 页。
⑤ 《晋书》卷 45《何攀传》,第四册第 1290—1291 页。
⑥ 《晋书》卷 47《傅咸传》,第五册第 1326 页。
⑦ 《晋书》卷 59《司马亮传》,第五册第 1592—1593 页。

司马亮一向无能，辅政后大失众望，不出意外；但卫瓘"以明识清允称"、长于处理复杂局面，并见称于世①，竟也措置失当，是因为年迈昏聩抑或当局者迷？令人不解。卫瓘嫌恶司马玮的亲随岐盛，"虑致祸乱，将收盛"②。这一决定开启了"辛亥二变"的序幕。岐盛得知卫瓘将抓捕自己，便与司马玮的长史公孙宏谋划，又找到因诛杀杨骏而升任积弩将军的李肇"谮亮、瓘于贾后"，"而后不之察，使惠帝为诏"，称司马亮和卫瓘意欲废黜惠帝，令诸皇弟"屯宫诸门，废二公"。

密诏连夜送交司马玮，司马玮想入宫复奏，宣诏的黄门说：你这样做，事情可能漏泄，这可是有违密诏本意啊！于是司马玮不再坚持，立即集合本营兵，又矫诏召三十六军，自称都督中外诸军，举兵讨逆，令司马亮、卫瓘上缴印绶、归回封国，官属皆罢遣。

司马玮之兵包围了司马亮的府邸，司马亮愕然："吾无二心，何至于是！若有诏书，其可见乎？"司马玮不许。左右劝司马亮以兵拒之，司马亮不从，被司马玮手下执获。司马亮哀叹："我之忠心，可破示天下也，如何无道，枉杀不辜！"是时天气很热，士兵让司马亮坐在车下，旁者怜之，为之打扇子降暑，"将及日中，无敢害者"。迫不及待的司马玮出令："能斩司马亮者，赏布千匹。"重赏之下，兵士争功，司马亮遂为乱兵所害，遗体也遭毁损，其子司马矩同时遇难。

被司马玮派去抓获卫瓘的是另一皇弟司马遐。事出突然，卫瓘亲随也疑为矫命，劝卫瓘以兵拒之，待天明弄清真相，卫瓘不从，与三

① 《晋书》卷36《卫瓘传》，第四册第1055—1059页。
② 《晋书》卷59《司马亮传》和《司马玮传》，第五册第1592—1593、1596—1597页。

子卫恒、卫岳、卫裔及孙辈共九人同被害。

从位极人臣到死于乱兵，司马亮和卫瓘辅政之期不过百日①。

除了"演员"多有更易，"辛亥二变"的很多情节复制、再现了"辛亥一变"的过程，其中，"性轻险，欲骋私怨"的司马玮再获"重任"②。

"辛亥三变"：皇弟们的重挫

"辛亥二变"的起因，究竟是司马玮诬陷司马亮和卫瓘，贾南风"不之察"而出诏免之，还是贾南风蓄意"以报宿憾"，《晋书》的说法有所矛盾③。或许，事出贾南风与司马玮等的不谋而合或一拍即合，更为合乎情理。

"辛亥一变"是举朝共讨、宗室先锋，"辛亥二变"则是宗室内讧、皇弟作乱。帝后诏命司马玮并"令淮南、长沙、成都王屯宫诸门，废二公"④，司马玮则擅进一步，矫诏举兵纵暴，一如前之对待杨骏，诏命"以侯就第"，终却兴兵杀戮。

有司马玮的"振臂一呼"，皇弟们相继行动：司马遐率兵围攻卫瓘，"而瓘故吏荣晦遂尽杀瓘子孙"⑤；年仅十六岁的司马乂作为步兵

---

①　《晋书》卷 4《惠帝纪》永平元年、卷 31《惠贾皇后传》、卷 36《卫瓘传》、卷 59《司马亮传》和《司马玮传》，第一册第 90—91 页，第四册第 963—966、1059—1061 页，第五册第 1592—1593、1596—1597 页。

②　《晋书》卷 59《司马玮传》，第五册第 1596—1597 页。

③　《晋书》卷 4《惠帝纪》永平元年载，"贾后矫诏使楚王玮杀太宰、汝南王亮，太保、菑阳公卫瓘"，第一册第 90—91 页；卷 31《惠贾皇后传》载，"及太宰亮、卫瓘等表缵徙带方，夺玮王中候，后知玮怨之，乃使帝作密诏令玮诛瓘、亮，以报宿憾"，第四册第 963—966 页；卷 59《司马玮传》则载，"积弩将军李肇矫称玮命，潜亮、瓘于贾后"，"而后不之察，使惠帝为诏"，第五册第 1596—1597 页。说法不尽一致。

④　《晋书》卷 59《司马玮传》，第五册第 1596—1597 页。

⑤　《晋书》卷 36《卫瓘传》和卷 64《司马遐传》，第四册第 1059 页，第六册第 1723—1724 页。

校尉，"及玮之诛二公也，又守东掖门"①。

比较起来，贾南风显然技高一筹。司马玮还有其他皇弟只看到诛杀司马亮和卫瓘之后，自己可以逞意、得势；贾南风则是一石二鸟，既除司马亮、卫瓘之碍，又将锋芒毕露、恣意妄为的皇弟群体推至人神共愤的风口浪尖上。

但政治事变，最怕开得了局、收不了场。事态发展至此，已濒不可收拾，近乎失控的局面应是贾南风始料未及的，"内外兵扰，朝廷大恐，计无所出"。先前，朝中诏使贾南风从兄贾模"将中骑二百人"救司马亮、卫瓘，无功而返。司马亮、卫瓘被害后，司马玮的属下意犹未尽，要求顺势诛杀贾氏党羽，"匡正王室，以安天下"，司马玮犹豫未决②，变乱仍在延续。老臣张华在此关键时刻起了关键作用，建言道：司马玮擅害二公，仓卒之际，将士误以为是奉旨行事，现在可以打出驺虞幡令将士止兵息战。③传说中，驺虞是一种仁兽，虎躯貌首、白毛黑纹，据说生性仁慈④。"驺虞幡"指绘有驺虞图案的旗帜，用以传旨解兵，与传旨兴兵、发布军令的"白虎幡"作用恰好相反⑤。

此计遂行，传命者高举驺虞幡昭示将士："楚王矫诏。"随即将士散去，司马玮身边再无随从，窘迫不知所为。宫中遣使诏司马玮返回营地，并将其执付廷尉问罪。最终，诏以司马玮矫命残害朝臣、谋图

---

① 《晋书》卷59《司马乂传》，第五册第1612页。

② 《晋书》卷59《司马玮传》，第五册第1596—1597页。

③ 《晋书》卷36《张华传》和卷40《贾模传》，第四册第1072、1176页。

④ 《山海经》，"林氏国有珍兽，大若虎，五彩毕具，尾长于身，名曰驺吾，乘之日行千里"；"'吾'宜作'虞'也"。袁珂校注：《山海经校注》，上海：上海古籍出版社，1980年，第315页。

⑤ 参阅王恩源：《晋代驺虞幡考辨》（指导教师李济沧），硕士学位论文，南京师范大学，2013年。

不轨等罪，斩之；岐盛等人也被诛，并夷三族①。

司马玮本人临刑称冤，但无人为其开脱②。

事变至此，除了司马玮，参与作乱的以及其他诸皇弟也先后失势：司马柬猝然而逝；司马遹因不能阻止卫瓘一门三代之难而"为世所尤"，再无政治作为；与司马玮同母的司马乂被"贬为常山王，之国"，常山郡"统县八，户二万四千"，仅及皇弟受封通常食邑五万户规模的一半③，且未知常山郡辖户口是否尽授司马乂。余之四位皇弟中，成年者仅司马允，仍被遣出镇、之国，与其同母的司马晏不久也之国；另二者以幼弱，暂留朝中④。

匆匆不足两年，皇弟群体迅起迅落，其再度"叱咤风云"，已是九年之后。

"辛亥三变"至此落幕。武帝临终的政治安排中，无论是其一心扶持的，还是其刻意压抑的，皆被贾南风以一气呵成的"辛亥三变"，全面颠覆。

"假性亲政"⑤：帝后合体当朝

皇后的地位比较特殊，以男尊女卑的传统，"女主"历来遭贬，即

---

① 《晋书》卷59《司马玮传》和卷4《惠帝纪》永兴元年，第五册第1596—1597页，第一册第90—91页。

② 《晋书》卷59《司马玮传》，第五册第1596—1597页。

③ 《晋书》卷64《司马柬传》和《司马遹传》，卷59《司马玮传》和《司马乂传》，卷4《惠帝纪》永平元年，卷14《地理志上》，第六册第1720、1723—1724页，第五册第1596—1597、1612页，第一册第90—91页，第二册第424—425页。

④ 《晋书》卷64《司马允传》和《司马晏传》，卷59《司马颖传》、卷5《怀帝纪》，第六册第1721—1722、1724—1725页，第五册第1615页，第一册第115页。

⑤ "假性"一词原为生物学、生理学、医学、数学等领域的术语，意为"并非真实的""并非真正意义上的"。

使现代史评,多也止步于承认某一女主在历史上有其积极作用,对女主当政现象本身则不以为然。

但与此同时,旧制对皇后又有"作配皇极,齐体紫宸"的神圣化理念,"天子之与后,如日之与月,阴之与阳",帝、后俨然为共生同体,皇后据此有了"体资生之德,合配乾之义"的崇高形象,几与天子无差①。

这也是"辛亥三变"及其后贾南风得以慑服朝中、纵横捭阖的最大依据。惠帝"识暗鸣蛙,智昏文蛤"②,无可亲政,而作为皇后的贾南风的擅政又不同于通行意义上的摄政,于是经"辛亥三变",西晋政治转而成为帝后合体以行皇权、形似亲政、实非君临,介于亲政与摄政之间的"假性亲政"模式,可视为一种极为特殊的皇权实现形式,理论上皇祚无忧,但西晋不幸,此当后论。

"假性亲政"的背后,是贾南风以最大限度妥协、迁就的方式,换取宗亲及众多朝臣不再质疑惠帝智力、不再挑战皇后临朝地位;朝中各系政治势力则在"假性亲政"之下,各取其益、各张其势。可以说,贾南风临朝,既是继承、维系武帝政治遗产的时期,也是蚕食、挥霍武帝政治遗产的过程。

---

① 《晋书》卷 19《礼志上》和卷 31"序",第三册第 590—591 页,第四册 947 页。
② 语出《晋书》卷 32"史臣曰"。

第七章　元康年间的宁静世道与诡谲朝局

第一节　"朝野宁静""海内晏然"：贾南风临朝的九年

太康之治的惯性和遗惠

武帝复兴皇权的进程，终归于人亡政息。贾南风临朝，帝后合体当国的九年（年号元康，291 至 299 年），吃的是武帝政期重振皇权、与民休息的老本，其中，武帝所施行的社会、经济政策，在元康年间基本得到延续。

"时欲广农"，素以重农而闻名于世的束皙连连被重臣辟召。先是司徒王戎辟其弟，其本人则为司空张华的掾属，后又成司马晃的幕僚。其所议言，颇反映了当时的社会状况："州司十郡，土狭人繁，三魏尤甚，而猪羊马牧，布其境内，宜悉破废，以供无业。"其中"猪羊马牧"当依"马之所生，实在冀北，大贾牂羊，取之清渤，放豕之歌，起于钜鹿"的经济规则，"可悉徙诸牧，以充其地，使马牛猪羊龀草于空虚之田，游食之人受业于赋给之赐"；针对时有发生的大旱，可以利用荆、扬、兖、豫的"污泥之土"和"渠坞之宜"，"最是不待天时而丰年可获者"；"魏氏徙三郡人在阳平顿丘界，今者繁盛，合五六千家"，"二郡田地逼狭，谓可徙还西州，以充边土，赐其十年之复，以慰重迁之情"，既"增广穷人之业"，又得"农事之大益"，堪称"一举两得"①。

元康年间的朝臣也不乏有为者。为中书郎、吏部郎的李重"务抑华竞，不通私谒"，"留心隐逸"，"群才毕举"，后出任地方，"崇德化，修学校，表笃行，拔贤能，清简无欲，正身率下"，极得时誉②。后来名倾一时的刘弘，元康年间监幽州诸军事并领乌丸校尉，"甚有威惠，寇盗屏迹，为幽朔所称"③。裴秀之子裴頠"奏修国学，刻石写经"，荀勖之子荀藩则受命"终父勖之志，铸钟凿磬，以备郊庙朝享礼乐"④。元康五年（295 年）十月"武库火，焚累代之宝"，十二月即"新作武库，大调兵器"，同年"荆、扬、兖、豫、青、徐等六州大水，诏遣御史巡行振贷"⑤，可见皇朝仍有足够能力应对不测、维系天下。

到大乱已至的惠帝永宁年间（301 至 302 年），"洛中尚有锦帛四百万，珠宝金银百余斛"⑥；大体同期，"及赵王（司马伦）篡逆，三王起义兵，久屯不散，京师仓廪空虚"，时为仓部令史、后祸乱江南的陈敏建议："南方米谷皆积数十年，时将欲腐败，而不漕运以济中州，非所以救患周急也"，"朝廷从之"⑦。

---

① 《晋书》卷 51《束皙传》，第五册第 1427—1434 页。

② 《晋书》卷 46《李重传》，第五册第 1311—1312 页。

③ 《晋书》卷 66《刘弘传》，第六册第 1763 页。

④ 《晋书》卷 35《裴頠传》，卷 22《乐志上》则载："元康三年，诏其子（荀）藩修定金石，以施郊庙。"第四册第 1042 页，第三册第 693 页。

⑤ 《晋书》卷 4《惠帝纪》元康五年，第一册第 93 页。

⑥ 《晋书》卷 26《食货志》，第三册第 783 页。

⑦ 《晋书》卷 100《陈敏传》，第八册第 2614 页。

可见，武帝身后的元康年间，堪称太康之治的遗惠时期、惯性延续时期，依旧"天下承平"，也不是所谓"暗主虐后之朝"①，未见贾南风施行史书指斥的"暴戾日甚""天下咸怨"的弊政②，相反，"朝野宁静"③"海内晏然"④。

元康年间的开明人事与朝枢构成

"假性亲政"之下，皇权无从强势，贾南风就不能不更多地以迁就、安抚等温和的方式对待朝中各系势力，正因如此，元康年间朝中人事关系带有了比较多的开明性，吏治也非完全不堪。

先后任御史中丞、司隶校尉的傅咸，"疾恶如仇，推贤乐善"，本已"遭继母忧去官"，"顷之，起以议郎，长兼司隶校尉"，"咸前后固辞，不听"。"时朝廷宽弛，豪右放恣，交私请托，朝野溷淆。咸奏免河南尹澹、左将军倩、廷尉高光、兼河南尹何攀等，京都肃然，贵戚慑伏。"⑤

名臣刘毅之子、侍御史刘暾，不惧位居司徒高位的王浑，王浑的主簿因罪"将收付廷尉"，"浑不欲使府有过，欲距劾自举之"。刘暾与之论争，王浑怒以"逊位还第"要挟，刘暾更径奏罢其官、削其爵土，"诸闻暾此奏者，皆叹美之"。对贾南风之戚郭彰，刘暾也无畏惧，武库失火，"尚书郭彰率百人自卫而不救火，暾正色诘之"，竟致"彰伏不敢言，众人解释，乃止"，原先有恃无恐的郭彰后也不能不有所收敛、

---

① 语出《晋书》卷 36《张华传》所载："(张)华遂尽忠匡辅，弥缝补阙，虽当暗主虐后之朝，而海内晏然，华之功也。"第四册第 1072 页。
② 语出《晋书》卷 31《惠贾皇后传》，第四册第 964—965 页。
③ 语出《晋书》卷 40《贾模传》，第四册第 1176 页。
④ 语出《晋书》卷 36《张华传》，第四册第 1072 页。
⑤ 《晋书》卷 47《傅咸传》，第五册第 1325—1329 页。

"务从简素"①。

得势之后，秉公对待存有前嫌之臣，至少不是挟私逞意、顺昌逆亡，贾南风在这一方面做得基本得体。元康年间，口碑称佳却不事贾氏的官员多受重用。

当时，王戎、裴楷、张华和和峤俱有德望。王戎、裴楷与贾氏有姻亲关系，张华、和峤与贾氏非但无亲，反曾构怨：张华倾向司马攸，和峤不看好太子时期的惠帝。贾南风当政，二人同样得到任用甚至重用②。

御史中丞张辅"少有干局"，"不为豪强所屈"、秉公行事。元康年间，对于在诛"三杨"事件中立有大功的孟观陷害其他将领、司马望嗣子义阳王司马威"有诈冒事"、贾南风至亲贾谧拉帮结伙等事，张辅皆不畏权贵"并纠劾之"③。

"少以朗寤见称"的温羡系司马攸发现的人才，但此并未影响其在惠帝治下的仕宦生涯，位至豫州刺史，又"入为散骑常侍，累迁尚书"④。

"本兵家子，质直少言"的刘卞也曾为司马攸的司空主簿，元康年间任为散骑侍郎、并州刺史，后又入为左卫率⑤。

原本不甚受到待见的东吴之地人士中，曾经投靠杨骏的陆机、陆云，元康年间又效力贾氏⑥；后仕东晋的几位江南籍"中兴"名臣，顾

---

①　《晋书》卷 45《刘暾传》，第四册第 1280—1282 页。

②　《晋书》卷 35《裴楷传》、卷 36《张华传》、卷 43《王戎传》和卷 45《和峤传》，第四册第 1048—1049、1070- 1071、1233—1234、1283—1284 页。

③　《晋书》卷 60《张辅传》，第六册第 1639—1640 页。

④　《晋书》卷 44《温羡传》，第四册第 1266—1267 页。

⑤　《晋书》卷 36《刘卞传》，第四册第 1077—1078 页。

⑥　《晋书》卷 54《陆机传》和《陆云传》，第五册第 1467、1472—1473、1481—1482 页。

荣"与陆机兄弟同入洛，时人号为'三俊'"；贺循被"召补太子舍人"；薛兼则是"司空张华见而奇之"，称之为"南金"，"莅任有能名"，历太子洗马、散骑常侍等职①。晋脉后得以延续于孙吴故地，主要渊源一在武帝灭吴后的"除其苛政，示之简易，吴人大悦"②，二在皇弟司马允、司马晏都督或归藩期间在吴地的积德③，其三就是元康年间江南人士在朝中的渐次颖出。

武帝临终之制中所规划的三系互制体系，经过"三杨"专权、"辛亥三变"的短暂过渡和裂变，仍是三系，其中外戚一系由杨氏变为贾氏，老牌宗王和皇弟群体二者地位则一扬一抑。贾南风主导朝局的九年间，朝中权势构造，以外朝、中朝之分④，基本呈宗亲主"外"、外戚掌"中"、名臣点缀的格局。

表 7-1　元康年间重臣情况表

职　务	姓　名	身份、履历	任职及变动
太尉	石鉴	资深朝臣	（元康四年死）
司徒、录尚书事	王浑	太原王氏、资深朝臣、国戚	（元康七年死）

---

① 《晋书》卷 68《顾荣传》《贺循传》和《薛兼传》，第六册第 1811—1833 页。"中兴"一词，语出《晋书》卷 6《元帝纪》：东晋承制之际，"于时有玉册见于临安，白玉麒麟神玺出于江宁，其文曰'长寿万年'，日有重晕，皆以为中兴之象焉"。第一册第 144 页。

② 《晋书》卷 3《武帝纪》太康元年，第一册第 71 页。

③ 《晋书》卷 64《司马允传》和《司马晏传》，卷 46《刘颂传》，卷 54《陆机传》和《陆云传》等，第六册第 1721—1722、1724—1725 页，第五册第 1293—1294、1472—1473、1481—1482 页。

④ 外朝与中朝之分，亦可称外朝与内朝之分，起于汉武帝为加强君权、削弱相权的政举，对于重要政事，依靠亲随、近侍定策行措，即所谓中朝或内朝；此外的朝廷官僚体系则为外朝。参见白钢主编：《中国政治制度史》"秦汉中央决策系统及其运行机制"，上册第 214—219 页；严耕望：《中国政治制度史纲》"内朝与尚书"，第 58—62 页等。

（续表）

职　务	姓　名	身份、履历	任职及变动
司空、录尚书事	司马泰	远支皇祖、高密王	迁太尉、尚书令（元康九年死）
车骑将军、尚书令	司马晃	远支皇祖、下邳王	迁司空（元康六年死）
卫将军、录尚书事	司马肜	近支皇祖、梁王	出为征西大将军、都督关中，元康末为大将军、尚书令
车骑将军（元康六年）	司马伦	近支皇祖、赵王	
尚书仆射、吏部尚书	王戎	琅邪王氏、资深朝臣	迁司徒
中书监、侍中	张华	资深朝臣	迁司空
侍中	贾模	贾南风族兄	（元康末期死）
侍中	裴頠	河东裴氏、贾南风表弟、裴秀之子、王戎之婿、国戚	

不得不承认，贾南风在用人、治事、理政方面还是有其独到之处的。元康六至七年，雍、凉再次大乱，官军损兵折将，齐万年"僭号称帝"，朝廷诏回主政西土的司马伦，以另一皇祖司马肜代之，同时配合"诏发仓廪，振雍州饥人"等扶绥措施，并遣能干的孟观率兵出征，辅以清正的傅祗行安西军司，协助讨伐乱众，很快平息了雍凉乱局①。

外戚掌"中"及新版"贾、裴、王"

"辛亥三变"后，贾南风"既豫朝政"，"委信亲党"，从兄贾模拜散骑常侍，"二日擢为侍中"②；贾、裴为姻亲，裴楷为侍中、中书令，裴秀

---

① 《晋书》卷4《惠帝纪》元康六至九年、卷38《司马肜传》、卷47《傅祗传》、卷59《司马伦传》和卷60《孟观传》，第一册第93—95页，第四册第1127—1129页，第五册第1331—1332、1598页，第六册第1634—1635页。

② 《晋书》卷40《贾模传》，第四册第1176页。

之子、贾南风表弟裴頠由国子祭酒兼右军将军转门下、为侍中;元康后期,贾充嗣孙贾谧也入中朝,很快"权过人主"①。

晋初的"贾、裴、王"是武帝的经国栋梁,元康年间新一版的"贾、裴、王"则是惠帝及贾南风的当朝支柱,不仅贾、裴,王浑及王沈之子王浚也成为贾南风的重要支持者。

惠帝即位后,王浑"加侍中",又加亲兵。"辛亥三变",王浑积极支持贾南风一系。司马玮作乱之际,主谋幕僚公孙宏建议:早先宣帝司马懿废黜曹爽,拉拢太尉蒋济加盟,以增强威势、悦服众人,大王今举非常事,最好能够借助重臣威望,迎合人心,应该请司徒王浑加入进来。王浑拒绝,"辞疾归第,以家兵千余人闭门距玮",司马玮无可奈何,又不敢相逼过激。直到司马玮"以矫诏伏诛","浑乃率兵赴官",作效忠惠帝及贾南风的政治表态。贾南风临朝九年间,"宿有威名,为三军所信服"的王浑以司徒居朝七年多,直至去世②。

"佐命之勋"王沈无嫡子,王浚之母赵氏虽为良家女,但出身贫贱,"出入沈家,遂生浚","沈初不齿之"。王沈骤逝,家族宗亲共立十五岁的王浚为嗣袭爵。武帝时期,王浚以功臣之后任驸马都尉、员外散骑侍郎之类的闲差,至贾南风临朝,王浚仕途突进,"元康初,转员外常侍,迁越骑校尉、右军将军","出补河内太守,以郡公不得为二千石,转东中郎将,镇许昌",成为一方重镇。后来贾南风废黜太子司马遹,将其"幽于许昌",进而"浚承贾后旨,与黄门孙虑共害太子",可见

---

① 《晋书》卷 40《贾谧传》,第四册第 1172—1174 页。

② 《晋书》卷 42《王浑传》和卷 4《惠帝纪》元康七年,第四册第 1204—1205 页,第一册第 94—95 页。

贾南风对王浚的任之重、信之深①。

以新版"贾、裴、王"为核心的圈子并不封闭,反而名誉甚佳,例如裴𬱟,"𬱟虽后之亲属,然雅望素隆,四海不谓之以亲戚进也,惟恐其不居位";贾模则"尽心匡弼","数年之中,朝野宁静,模之力也"。张华在"辛亥三变"重要关头为贾氏解围,后来贾、裴又拉入张华一同"尽忠匡辅,弥缝补阙"②,"贾谧与后共谋,以华庶族,儒雅有筹略,进无逼上之嫌,退为众望所依,欲倚以朝纲,访以政事。疑而未决,以问裴𬱟,𬱟素重华,深赞其事",贾模亦然。推举前为功名派、时已"名重一世,众所推服"的张华成为朝廷中坚,大大强化了贾南风临朝的政治信用③。

其时张华年已六十。灭吴之役,作为度支尚书的张华"量计运漕,决定庙算",进封万户侯,但此役前后,贾充与张华之间是多有龃龉的,贾充反战而张华主战。另在司马攸争位过程中,张华倾向于司马攸,触武帝大忌,故被遣出朝,都督幽州,后又因"据方镇总戎马"而令武帝不放心,回朝任太常虚职。事不过三,张华更"以太庙屋栋折,免官","遂终(武)帝之世,以列侯朝见"④。贾南风能够重用张华,也是双方捐弃前怨的表现。

---

① 《晋书》卷 39《王浚传》和卷 53《愍怀太子传》,第四册第 1146—1147 页,第五册第 1459—1460 页。

② 《晋书》卷 35《裴𬱟传》、卷 40《贾模传》和卷 36《张华传》,第四册第 1042—1043、1176、1072 页。

③ 《晋书》卷 35《裴𬱟传》、卷 36《张华传》和卷 40《贾模传》,第四册第 1042—1043、1072、1176 页。卷 40《贾模传》载:"是时贾后既豫朝政,欲委信亲党,拜模散骑常侍,二日擢为侍中。模乃尽心匡弼,推张华、裴𬱟同心辅政。"

④ 《晋书》卷 36《张华传》,第四册第 1071 页。

外戚掌"中"，中书、门下成为贾南风"专制天下，威服内外"①的大本营，元康年间"天下尚安"的局面②，很大程度上得益于张华及贾、裴等人的"同心辅政"③。

尊皇祖、抑皇弟、限近亲、重远支

武帝后期抑宗室、擢"三杨"，皇族的政治话语权、影响力降至低谷，宗亲显然不甘，同时其人多势众，宗亲构成也越来越庞杂。惠帝即位时，晋初始封宗王所剩无几，第二代甚至第三代的宗王已占多数。以帝为轴心，近支宗亲和远支宗亲之外，又多出一个武帝临终前后突兀而起的皇弟群体，"诸王方刚"④，新帝与宗亲之间的关系有待重新调整。

一方面，贾南风联手皇族除灭"三杨"，宗亲在朝中声势大增，相对晋初分封，是为皇族势力受抑后的第二次崛起，野心勃勃、虎视眈眈的大有人在。但"假性亲政"下皇权不振，帝后同体已无力驾驭一个关系错综复杂的宗亲群体，此际唯有以宗亲制约、抗衡宗亲。另一方面，各路宗亲各怀心思以及宗亲之间的不协以至冲突，为贾南风的合纵连横提供了运作空间。元康年间的宗室政策，不同于"三杨"专权时期的敌对、排斥，也不同于武帝时期始终提防宗室过分干预朝政，贾氏对于宗亲，基本采取"尊皇祖、抑皇弟、限近亲、重远支"的态度和策略。

---

① 语出《晋书》卷 31《惠贾皇后传》，第四册第 965 页。
② 语出《晋书》卷 35《裴頠传》：裴頠议废贾南风，张华、贾模反对，张华称"幸天下尚安，庶可优游卒岁"，第四册第 1042—1043 页。
③ 语出《晋书》卷 40《贾模传》："模乃尽心匡弼，推张华、裴頠同心辅政。"第四册第 1176 页。
④ 语出《晋书》卷 35《裴頠传》，第四册第 1042 页。

表 7-2　元康年间主要宗王情况表

姓　名	身份、亲等	受封王位	元康年间状况
皇弟			
司马柬	皇弟		元康元年九月死
司马玮	皇弟		元康元年六月死
司马允	皇弟	淮南王	镇东大将军、假节之国、都督江、扬二州
司马乂	皇弟	贬为长沙王	就国
司马颖	皇弟	成都王	车骑将军、元康九年正月为平北将军，镇邺
司马晏	皇弟	吴王	射声校尉、后军将军
司马遐	皇弟	清河王	抚军将军、加侍中，后都督豫州
司马炽	皇弟	封豫章王	
司马演	皇弟	封代王	
近支宗亲（司马懿后嗣）			
司马榦	近支皇祖	平原王	（患有精神疾病）
司马亮	近支皇祖	汝南王	元康元年六月死
司马羕	司马亮之子	西阳王	元康元年八月进爵为王，步兵校尉、左军骁骑将军
司马宗	司马亮之子	南顿公	元康中进爵为公
司马睿	司马伷之子（袭封）	琅邪王	
司马澹	司马伷之子（推恩）	东武公	前将军、中护军
司马繇	司马伷之子（推恩）	东安公	元康元年三月进爵为王，四月黜徙带方
司马漼	司马伷之子（推恩）	广陵公	左将军、散骑常侍
司马机	（出继司马京）	燕王	（不详）

(续表)

姓　名	身份、亲等	受封王位	元康年间状况
司马畅	司马骏之子（袭封）	顺阳王	由扶风王徙顺阳王，给事中
司马歆	司马骏之子（推恩）	新野公	散骑常侍
司马肜	近支皇祖	梁王	元康元年四月为征西大将军、都督关中、领护西戎校尉；九月为卫将军、录尚书事，行太子太保。六年五月复为征西大将军、都督关中、领西戎校尉。九年正月为大将军、录尚书事
司马伦	近支皇祖	赵王	元康元年八月为征东将军、都督徐、兖二州；九月为征西大将军，都督关中；六年五月为车骑将军、太子太傅
司马蕤	司马攸之子（继嗣）	东莱王	元康中，历步兵、屯骑校尉
司马冏	司马攸之子（袭封）	齐王	元康中，拜散骑常侍，领左军将军、翊军校尉
司马寔	司马攸之子（继嗣）	北海王	
司马鉴	司马昭之子	乐安王	元康初，征为散骑常侍、上军大将军，领射声校尉。寻迁使持节、都督豫州军事，安南将军，镇许昌，以疾不行。七年死
远支宗亲（司马孚后嗣）			
司马威	司马望之孙（袭封）	章武王	
司马混	司马望之孙（袭封）	义阳王	
司马迈	司马望之孙（袭封）	随王	
司马楙	司马望之子	竟陵王	免官、就国
司马弘	司马孚之孙（袭封）	徙中丘王	元康中为散骑常侍，三年十月死
司马晃	司马孚之子	下邳王	元康元年三月为车骑将军，加散骑常侍、尚书令。迁司空、加侍中，尚书令如故。元康六年正月死

（续表）

姓　名	身份、亲等	受封王位	元康年间状况
司马颙	司马孚之孙（袭封）	河间王	元康元年八月为北中郎将，镇邺城；九年正月为镇西将军、镇关中
远支宗室（司马馗后裔）			
司马植	司马馗之孙（袭封）	彭城王	国子祭酒、太仆卿、侍中、尚书
司马泰	司马馗之子	高密王	元康元年六月以司空录尚书事，迁太尉，守尚书令，元康九年六月死
司马越	司马泰之子	东海王	讨杨骏有功，封五千户侯，元康元年八月封东海王。迁散骑常侍、辅国将军、尚书右仆射、领游击将军，复为侍中、加奉车都尉
司马虓	司马馗之孙（袭封）	范阳王	散骑常侍、尚书

附注：上述名单并未穷尽，例如司马懿之弟司马恂、司马进、司马通的后嗣，在此前及元康年间皆不活跃，故未列入；又如元康年间尚未获封的宗室成员，包括后来颇有表现的司马伦的四个儿子、司马泰的另外三子等，也未列入。

"抑皇弟"方面，诛司马玮、贬司马乂后，皇弟成年即出朝，司马晏年仅十四便就国，"长而懦弱，无所是非"且追随司马玮作乱的司马遹都督豫州①，元康后期司马颖也因触犯贾氏而离朝②，留于朝中的皇弟唯武帝幼子、表现人畜无害的司马炽，即后之怀帝③。

"尊皇祖""限近亲"和"重远支"方面，贾南风尊崇皇祖、严控其余，近支宗亲很少出任内朝职务，太子司马遹身边也少有近支宗亲为

---

① 《晋书》卷64《司马遹传》，第六册第1723—1724页。（清）万斯同：《晋将相大臣年表》和《晋方镇年表》，《两晋南北朝十史补编》，第一册第27-38、85—98页。

② 《晋书》卷59《司马颖传》和卷4《惠帝纪》元康九年，第五册第1615页，第一册第95页。

③ 《晋书》卷5《怀帝纪》和卷64相关记载，第一册第115页，第六册第1719—1725页。

伴。晋初始封的二十七宗王，至元康初仅余八人，其中，近支祖辈司马榦"笃疾"、司马亮遭难。亲等最近且仅存的亲皇叔司马鉴，"元康初，征为散骑常侍、上军大将军，领射声校尉"，位在诸皇祖之下，"寻迁使持节、都督豫州军事、安南将军，代清河王遐镇许昌，以疾不行"。以晋制，"骠骑已下及诸大将军不开府非持节都督者，品秩第二"，而"四征镇安平加大将军不开府、持节都督者，品秩第二"①，司马鉴由朝中二品转而为出镇二品，至少不是升任和重用。元康七年，司马鉴死②。剩余的即被贬的远支司马楙和元康年间四位皇祖，后者包括近支、远支各二。

与"限近支"显成对照的是"重远支"，尤以司马馗一支最为突出，司马柚"历位后将军，寻拜国子祭酒、太仆卿、侍中、尚书"；司马虓"以宗室选拜散骑常侍，累迁尚书"③；司马泰及其子司马越更结成元康年间举足轻重的政治势力。

再有远支中司马孚子司马晃、孙司马颙。司马晃系四位皇祖之一，司马颙则在元康末年获得重任，都督雍凉，号称"特以贤举"，打破武帝"非亲亲不得都督关中"的"石函之制"。同期，皇弟司马颖触犯贾氏，被遣督邺。重镇不由皇弟，而违制任以远支，此事或为"抑皇弟""重远支"的最典型例证④。

---

① 《晋书》卷 24《职官志》，第三册第 728—729 页。
② 《晋书》卷 37《司马楙传》、卷 38《司马榦传》和《司马鉴传》、卷 59《司马亮传》，第四册第 1088—1090、1119—1120、1137—1138 页，第五册第 1592—1593 页。
③ 《晋书》卷 37《司马权传》和卷 37《司马虓传》，第四册第 1092—1093、1099—1101 页。
④ 《晋书》卷 59《司马颖传》和《司马颙传》、卷 4《惠帝纪》元康九年，第五册第 1615、1619—1620 页，第一册第 95 页。

　　贾南风对宗亲分而治之的系列措置颇为有效,临朝期间,朝局基本风平浪静,但其后患也很明显。安分九年后,乱王再现,"八王之乱"进入危害性更大的下半场,无论事发动因还是演绎过程,皆与贾氏当朝因应宗亲的对策有着直接的关系。

四位皇祖

　　宗亲同居宰辅要职、执理外朝政务,在武帝时期未有先例。贾南风临朝期间,惠帝祖父辈的几位皇祖同掌外朝,贯穿整个元康年间。其中,司马晃为尚书令,司马泰、司马彤分别以司空、卫将军录尚书事①,后期司马伦也入朝中。元康中后期,外戚郭彰、裴𬱟虽领尚书等职②,但无可影响皇祖把持外朝的定局。

　　从武帝去世、惠帝即位到元康之末,四位皇祖在朝地位变化情况如表 7-3 所列:

表 7-3　元康年间皇祖辈宗亲任职情况表

时间节点	姓　名	职　　务	备　注
惠帝即位、杨骏执政	司马晃	车骑将军、散骑常侍	
	司马泰	司空	
诛灭"三杨"后	司马亮	太宰、录尚书事	
	司马晃	车骑将军、尚书令	
	司马泰	司空	

---

　　①　《晋书》卷4《惠帝纪》永平元年(太康元年)、卷 37《司马晃传》和《司马泰传》、卷38《司马彤传》、卷 59《司马伦传》,第一册第 90—91 页,第四册第 1090—1091、1094—1095、1127—1129 页,第五册第 1598 页。

　　②　《晋书》卷 35《裴𬱟传》和卷 40《郭彰传》,第四册第 1041—1043、1176 页。

(续表)

时间节点	姓名	职务	备注
司马亮、司马玮死后	司马晃	车骑将军、尚书令	后加司空
	司马泰	司空、录尚书事	后为太尉
	司马肜	卫将军、录尚书事	
元康六年司马晃死、司马肜出督雍凉	司马泰	太尉、尚书令、录尚书事	
	司马伦	车骑将军、太子太傅	
元康九年司马泰死	司马肜	大将军、尚书令、录尚书事	
	司马伦	车骑将军、太子太傅	

晋初分封,司马肜、司马伦的食邑不过五千户左右,与司马榦等四兄相比,落差极大。至咸宁年间藩国新政,始封宗王减员,二人方得次国。司马肜曾因所用非人,"为有司所奏,诏削一县";司马伦则指使工匠盗窃御裘,触犯刑律,被赦免后遣之国①。

司马肜"清修恭慎,无他才能",晋初归藩,以北中郎将之职督守邺城,直至武帝末期才得监豫州军事,加平东将军,镇许昌。惠帝即位后,司马肜仕运渐起,先是接替司马晃监青、徐军事,进号安东将军,随即接替皇弟司马柬都督雍凉。仅过五个月,"辛亥三变"后,又受征入朝为卫将军、录尚书事,再加太子太保,居枢机要位五年,与另二位皇祖司马晃、司马泰成为外朝的宗亲"三巨头"②。

远支皇祖司马晃和司马泰的品性、人望较优,"当时诸王,惟(司

---

① 《晋书》卷38《司马肜传》和卷59《司马伦传》,第四册第 1127 页,第五册第1597—1598 页。

② 《晋书》卷 4《惠帝纪》元康九年、卷38《司马肜传》和卷59《司马伦传》,第一册第95 页,第四册第1127—1129 页,第五册第1598 页。

马)泰及下邳王晃以节制见称",曹魏末期二人即为郡守。西晋立国次年,司马晃归藩,后为长水校尉、南中郎将。泰始九年(273 年),诏命司马晃都督宁、益二州,但其"以疾不行,更拜尚书",迁尚书右仆射,太康四年(283 年)出督青徐。惠帝即位后,司马晃入朝为车骑将军,诛杀杨骏后居位尚书令,后又为司空、加侍中,直至元康六年正月去世。司马泰的经历与司马晃的情形大体相似①。

外朝所以掌于皇祖之手,其中无疑有贾南风忌惮皇弟、宗亲势重而以宗室长辈镇之的精明考量,但皇祖之间也仍然是以"限近亲、重远支"之策相羁縻,远支皇祖的地位、影响力显然高于、大于近支皇祖。司马泰晋初食邑仅三千二百户,藩国新政时有所改善,但仍邑小国、食万户,然而进入元康年间其已"食大国之租"②。并且近支二位皇祖,多数时间是一在朝一出镇,待远支皇祖皆死,司马彤和司马伦才得同朝。

四位皇祖的权势并非势均力敌、平分秋色,其中,司马泰依其与贾氏关系的亲近密切,渐居首位。

第二节　司马泰-司马越一系势起

贾氏一系与司马泰-司马越的悄然相结

在宗亲主"外"、外戚掌"中"、名臣点缀的同时,贾氏势力为了加固自身地位,须向各个派别渗透;对应地,各系势力也在谋求与当朝主流的结合。

---

① 《晋书》卷3《武帝纪》和卷4《惠帝纪》相关年份、卷37《司马晃传》和《司马泰传》,第一册第74—75、77、90—91、93、95 页,第四册第1090—1091、1094—1095 页。

② 《晋书》卷24《职官志》和卷37《司马泰传》,第三册第744 页,第四册第1094—1095 页。

　　皇祖司马泰"性廉静，不近声色。虽为宰辅，食大国之租，服饰肴膳如布衣寒士。任真简率，每朝会，不识者不知其王公也。事视恭谨，居丧哀戚，谦虚下物，为宗室仪表"。但直到武帝后期，宗亲凋落不断，作为武帝从叔的司马泰才得施展能力，"太康初，入为散骑常侍、前将军，领邺城门校尉，以疾去官。后代下邳王晃为尚书左仆射。出为镇西将军，领护西戎校尉、假节，代扶风王骏都督关中军事，以疾还京师"。

　　"以疾还京师"已是在武帝在位期末。武帝身后，司马泰似得到诸政治势力的认同：杨骏以司马泰为司空，位列"三公"；"三杨"覆亡，司马泰又"领太子太保"，并且接掌杨骏的营兵；司马玮败，司马泰以司空"录尚书事"。如果说"辛亥三变"的最大受益者是贾南风及其一系，那么司马泰即在其次，"辛亥三变"每变一次，司马泰便稍进一步。元康四年太尉石鉴死，司马泰再进太尉；元康六年尚书令司马晃死，司马泰以太尉兼尚书令；元康九年六月，司马泰死于任上①。

　　种种迹象显示，司马泰及其世子司马越一系与贾氏的渊源关系不同寻常，乃宗室中最为亲近贾南风的一支。

　　武帝时期，司马泰似是司马晃的"替补"。二人婉拒督蜀，先后莫辨，但太康四年，成为尚书右仆射首选的是司马晃，同年司马晃出镇，司马泰才得接任。贾南风主执朝政后，司马晃反而变成司马泰的"替补"，司马泰由司空迁太尉，司马晃接职司空②；元康年间贾南风临朝

---

　　① 《晋书》卷3《武帝纪》相关年份，卷37《司马辅传》《司马晃传》和《司马泰传》，卷38《司马伷传》和《司马骏传》，第一册第74、75、77页，第四册1090—1091、1094—1095、1121—1122、1124—1126页。其中，《司马泰传》记为"代下邳王晃为尚书左仆射"，误，应为尚书右仆射；时尚书左仆射为王浑，第四册第1094—1095页。

　　② 《晋书》卷4《惠帝纪》永平元年和元康六年、卷37《司马泰传》和《司马晃传》，第一册第90—91、93—94页，第四册第1094—1095、1090—1091页。

九年,外朝几乎全由司马泰为首,时长八载,直至其去世。

司马泰世子司马越的晋升、别封,更显示了该支与贾氏之间的政治密结关系①。

司马越"少有令名,谦虚持布衣之操,为中外所宗",与其父的做派颇相一致。"辛亥三变"前,司马越"初以世子为骑都尉","侍讲东宫",后"拜散骑侍郎",近侍惠帝多年。武帝末期以及"三杨"专制期间,司马越任左卫将军并加侍中。左卫将军领兵宿卫,侍中一职则常由帝之故旧、当朝隽异出任,司马越得兼二任,显然是惠帝及贾南风与"三杨"双方皆不反感司马越。联系到"三杨"起用司马泰为司空事,司马泰父子似为贾、杨皆可接受的人选。

"辛亥一变",事后司马亮滥行封赏,司马越"讨杨骏有功,封五千户侯",其为司马泰世子,有嗣爵特权,此际却别封为侯,颇显怪异;"辛亥三变"告结,贾氏当朝,司马越再度晋爵,别封东海王,成为元康年间罕有的始封宗王之一。以此推之,在贾南风假手司马玮清除司马亮,进而再问罪司马玮的过程中,司马越毫无疑问起了极为重要的作用②。

---

① 《晋书》卷37《司马泰传》,"泰四子:越、腾、略、模",司马越为"陇西(王)世子",却又云司马越为"高密王泰之次子也",然又无司马泰尚有长子的记录,似属误记,见第四册第1094—1095页。

② 《晋书》卷4《惠帝纪》相关年份和卷59《司马越传》,第一册第90—91页,第五册第1622页。元康年间破"非皇子不得为王"之制的始封宗王,仅有三例。"三杨"诛灭,惠帝从叔司马繇作为急先锋立有大功,"进封郡王,邑二万户",但好景不长;另一从叔司马兼,原为西阳公,其父司马亮冤死,本人年仅八岁,"镇南将军裴楷与之亲姻,窃之以逃,一夜八迁,故得免",事后作为抚慰,得以进爵为王;还有一从叔封王即司马越。三例之中,司马越与惠帝的血缘关系最为疏远。见《晋书》卷4《惠帝纪》永平元年和卷38《司马繇传》,卷59《司马兼传》和《司马越传》,第一册第90—91页,第四册第1123页,第五册第1594—1595、1622页。

　　司马泰尤其司马越与贾南风之间是否先前即有渊源？对此，史书未有明示，但于幽微处，不难发现重要线索。裴、贾通亲，贾南风与裴𬱟是姨表姊弟；裴氏又与司马泰一支通亲，司马越之妻裴妃与裴𬱟，二人曾祖为东汉尚书令裴茂①。借与裴氏之姻，司马泰-司马越一系可以径接贾氏，由此，似可在很大程度上解开元康朝政的某些重大迷局。

司马泰-司马越一系的门庭与声势

　　裴妃本人的政治禀赋不可低估，后来东晋成立，裴妃从中起了很大作用。元康年间，裴妃及司马越没有放过任何一条可伸张权势的政治"通道"。司马越"迁散骑常侍、辅国将军、尚书右仆射，领游击将军"，又"复为侍中，加奉车都尉"，大体是先外朝、后内朝。宗亲进入内朝，司马越系贾南风时期少见的特例②。

　　四位皇祖品性不一，声势差别也大，通常是宗王成势、子嗣辅之，子嗣多寡是决定宗亲地位、权势的核心因素之一。在这一方面，司马泰一系无疑是四位皇祖中的佼佼者，有子四人，司马泰之侄司马虓等也入其盟。元康年间，不仅司马越，司马泰其余诸子也渐出众于朝："三杨"时"选大臣子弟有名称者"作为太子司马遹的宾友③，"孝敬慈顺，小心下士，少有父风"的司马略入侍太子左右，后"历散骑黄门侍郎、散骑常侍、秘书监"④，与同在朝的司马越相呼应；司马腾历任南阳、魏郡太守；司马模"少好学，与元帝（司马睿）及范阳

---

①　《三国志》卷 23《裴潜传》，上册第 558—562 页。
②　《晋书》卷 59《司马越传》，第五册第 1622 页。
③　《晋书》卷 53《愍怀太子传》，第五册第 1457—1458 页。与司马略同为太子宾友的尚有杨济之子杨恕，据此推断当是"三杨"时期。
④　《晋书》卷 37《司马略传》，第四册第 1095—1096 页。

王虓俱有称于宗室";司马泰之侄司马虓则"少好学,驰誉,研考经记,清辩,能言论"①。以此阵势,同期的宗室其他各支无可匹敌。

西晋后期乱局之中,司马越的幕府盛极一时,甚至可以说,东晋之立,源头即在元康年间发端的司马泰-司马越一系,在司空、录尚书事和太尉、尚书令的位上,司马泰已经广延幕僚。

缪播为其中重要一员。缪氏系东海兰陵世家②,祖辈缪袭仕曹魏,官至尚书、光禄勋,父辈缪悦为光禄大夫③。"才思清辩,有意义"的缪播此时追随司马泰,"高密王泰为司空,以播为祭酒",缪氏兄弟自此与司马泰、司马越结得不解之缘。

其他的,例如西汉中山靖王刘胜之后、光禄大夫刘蕃之子刘舆与刘琨为司马泰所辟;张华之婿卞粹"兄弟六人并登宰府,世称'卞氏六龙,玄仁(卞粹字玄仁)无双'",卞粹之侄卞敦也入司马泰府中④。"二刘"和卞粹,后来皆得司马越重用。

名士方面,则有卫瓘之孙、"风神秀异"的卫玠,元康年间"辟命屡至,皆不就","辟命"中无疑有来自司马泰的邀约,其时能辟僚属的只几人而已;"少擅高名,有知人之鉴"但"任纵不拘小节"的胡毋辅之,"辟别驾、太尉掾,并不就"。二人后也投司马越⑤。

---

① 《晋书》卷 37《司马腾传》《司马模传》和《司马虓传》,第四册第 1096—1101 页。

② 兰陵在今山东省临沂市,时属徐州,为司马越封地东海国地域。

③ 《晋书》卷 60《缪播传》,第六册第 1636—1637 页。缪袭创作见《全三国文》卷 38,(清)严可均辑:《全上古三代秦汉三国六朝文》,北京:中华书局,1958 年,第二册。

④ 《晋书》卷 70《卞壶传》和《卞敦传》,第六册第 1866—1868、1873—1874 页。从史载卞粹之子卞壶"弱冠有名誉,司兖二州、齐王同辟,皆不就"的时间顺序推断,卞氏兄弟"并登宰府"即是元康年间的司马泰府。

⑤ 《晋书》卷 36《卫玠传》和卷 49《胡毋辅之传》,第四册第 1067—1068 页,第五册第 1379—1380 页。

与父司马泰一致,近侍朝中的司马越本人,或还包括其弟司马略等,都在广结人脉。同期职在帝、后或太子之侧的潘滔、江统、顾荣、邓攸等,在"八王之乱"及其后,概成为司马越的重要僚属①。

第三节 "王与马、共天下"的起源②

元康年间的新一代外戚

点缀于贾南风朝中的贾系以外的名臣,例如王戎、王衍,实已皈依当朝主流。纷纭世象,跨派系的政治连结成为元康朝局的重要动向,其中,贾氏与司马泰-司马越一系、与琅邪王氏的联合,构成贾南风时期的政治基石。

魏晋之交,琅邪王氏在朝中并无特别重要的政治地位,王祥时列重臣,但所任虚职,入晋不久逊位,泰始四年(268 年)死;其弟王览先为清河太守,"泰始末,除弘训少府","职省,转太中大夫,禄赐与卿同",不久也逊位③。另有同辈的王雄,曹魏时期官至幽州刺史,在对付北方鲜卑方面有所建树,但未及入晋已死④。

第二代的琅邪王氏,王雄二子有显,但能量不济。泰始年间,王雄之子王乂任平北将军,上呈公事竟不能及时报达朝枢,不得不以"时在京师"的十四岁的儿子王衍造访尚书左仆射羊祜,"申

---

① 《晋书》卷 56《江统传》、卷 59《司马越传》、卷 68《顾荣传》和卷 90《邓攸传》,第五册第 1537—1538、1623—1626 页,第六册第 1811—1813 页,第八册第 2338—2340 页。
② 语出《晋书》卷 98《王敦传》,第八册第 2554 页。
③ 《晋书》卷 33《王祥传》和《王览传》,第四册第 987—991 页。王祥之死,《晋书》本传载为泰始五年,卷 3《武帝纪》则记为泰始四年,第一册第 57 页。
④ 《三国志》卷 14《蒋济传》和卷 30《鲜卑传》,上册第 377 页。

陈事状"①。

琅邪王氏的第三代，到西晋立国时，仅"竹林七贤"之一的王戎在朝，王衍年仅十一岁，其余的或刚刚诞生，或尚未出世②。武帝时期，王戎历任散骑常侍、河东太守等职，在荆州刺史任上，时督荆州的羊祜是王戎的从舅，因步阐之役惨败，羊祜差点以军法斩杀王戎。咸宁二年，王戎又私用公力营建园宅，应免官而诏允赎。灭吴前夕，王戎迁豫州刺史加建威将军，次年灭吴立功，始有勋绩③。

直至武帝后期，琅邪王氏仍尚未成大气候，但其声名似已鹊起，王戎"与贾、郭通亲"，裴頠为其女婿；作为皇后之族的杨氏也欲与之结亲，杨骏欲以女为王衍妻，但王衍耻于与杨骏为伍，假装狂癫而拒④。

王衍后来迎娶贾氏内亲郭氏，这一婚事明显出于权势目的。一方面声称耻于交结"素无美望"的杨氏，另一方面却婚对"刚愎贪戾，聚敛无厌，好干预人事"的郭氏。种瓜得瓜，王衍的选择虽为因势利导，却不无远见，成为琅邪王氏显赫于元康年间的先机⑤。

多年积累，广结良缘，琅邪王氏渐已串联出一张全面伸张族势的

①　《晋书》卷43《王衍传》，第四册第1235—1236页。

②　《晋书》卷43《王戎传》《王衍传》和《王澄传》，卷65《王导传》，卷98《王敦传》，第四册第1231—1241页，第六册第1745—1746页，第八册第2553—2554页。

③　《晋书》卷3《武帝纪》咸宁五年和太康元年、卷34《羊祜传》、卷43《王戎传》、卷59《司马亮传》，第一册第70、71页，第四册第1017、1232—1233页，第五册第1591—1592页。

④　《晋书》卷43《王戎传》《王衍传》和《王澄传》，卷65《王导传》，卷98《王敦传》，第四册第1231—1241页，第六册第1745—1747页，第八册第2553—2554页。

⑤　《晋书》卷40《贾充传》和《杨骏传》、卷43《王衍传》，第四册第1165—1182、1237—1238页。

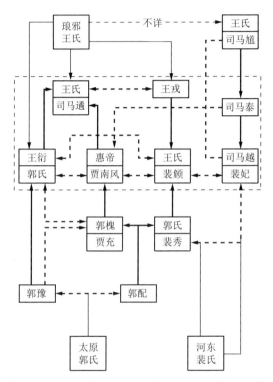

附注:粗线表示血亲关系,其中粗实线为直系血亲;细线表示同族关系。

《司马馗妻王氏砖质墓志》1979 年出土于河南省孟州市的南庄乡沇河村,志石现藏孟州市博物馆,有关考证见罗新、叶炜:《新出魏晋南北朝墓志疏证(修订本)》,北京:中华书局,2016 年,第 3—4 页。依墓志,可知司马馗母为王姓,但此"王"是否即琅邪王氏,似难确定。司马馗曾为鲁相,爵东武城侯,鲁国在今山东省曲阜市,琅邪位于今山东省临沂市,二地相近,但仅此尚不足以推论司马馗与琅邪王氏的渊源。

图 7-1 琅邪王氏联姻情况示意图

网络,除了王戎、王衍,又有王敦尚武帝之女襄城公主司马脩祎①;到元康年间,王衍三女,长女为贾谧之妻,次女嫁与太子司马遹,幼女婚配裴楷之子裴遐②。如此结姻,琅邪王氏已紧接皇权、密结贾氏、交合主流③。

琅邪王氏得势后的政治表现

武帝死后,"吏部尚书王戎为太子太傅",与太子太师何劭、太子太保杨济共侍太子④,但杨济实际掌控东宫,王戎、何劭只是务虚,王衍则一向不屑杨氏。"三杨"当道,王氏受抑。随着杨氏的覆灭,与贾氏一系、司马泰-司马越一系相类,琅邪王氏也成为主要的受益者。

事变落幕,王戎从太子太傅之虚位"转中书令,加光禄大夫,给恩信五十人",再迁尚书左仆射,重领吏部,元康七年又继死去的王浑为司徒,位至"三公"⑤。王衍则由黄门侍郎,历任北军中候、中领

---

①　《世说新语》则指司马脩祎为舞阳公主,(南朝宋)刘义庆著、(南朝梁)刘孝标注、余嘉锡笺疏:《世说新语笺疏》,第782—783页。据说,司马脩祎深得武帝宠爱,出嫁时嫁妆十倍于其他公主,陪嫁侍婢达百余人,如此差别,亦证武帝对琅邪王氏的重视,见(北宋)李昉等编纂:《太平御览》卷477《人事部一百一十八·施恩下》:"裴启《语林》曰:大将军王敦尚武帝女。此主特所重爱,遣送十倍诸主。主既亡,人就王乞,始犹分物与之,后乞者多,遂指库屋间数以施。"

②　《晋书》卷40《贾谧传》、卷43《王衍传》、卷53《愍怀太子传》和卷96《愍怀太子妃王氏传》,第四册第1172—1174、1237页,第五册第1460—1461页,第八册第2511页。

③　太康年间,裴頠为十四至二十三岁;王敦生于西晋立国之际,时年为十六至二十五,古之婚期,适值此际。《晋书》卷35《裴頠传》、卷43《王戎传》和卷98《王敦传》,第四册第1041—1042、1234页,第八册第2553—2554、2566页。

④　《晋书》卷4《惠帝纪》太熙元年、卷33《何劭传》、卷43《王戎传》、卷40《杨济传》和卷53《愍怀太子传》,第一册第89页,第四册第998—999、1181、1233页,第五册第1457—1458页。

⑤　《晋书》卷4《惠帝纪》元康七年和卷43《王戎传》,第一册第94页,第四册第1233—1234页。《惠帝纪》载永平元年(即元康元年)王戎为右仆射,本传则记为尚书左仆射,第一册第90—91页。

军、尚书令①。

另外的诸"王"，于元康年间鱼贯出道，王敦由驸马都尉而任太子舍人，成为太子司马遹的官属②；王澄得到时为功名之徒"领袖"的从兄王衍提携，"衍有重名于世，时人许以人伦之鉴"，"尤重澄及王敦、庾敳"，竞称其时人杰，王澄第一，王澄"由是显名"③；"少有风鉴，识量清远"的王导或因年龄偏幼，到元康后期始有出仕机会，然"并不行"。后为元帝的司马睿"与导素相亲善"，当源于此际，二人的"亲善"，后来写就了西晋覆亡后的"王与马、共天下"的东晋建政历史④。

从有关史料看，琅邪王氏的第二代尚有人仕于元康年间，例如王敦的叔父王彦，至司马伦僭制之际仍为兖州刺史⑤。基于第三代诸"王"的发迹，琅邪王氏的族运开始风生水起。

王衍及其门徒与司马泰一系的结合

王氏前辈王祥、王览皆以儒立身、以孝闻名。曹魏时期，曹髦为帝之时，"天子幸太学，命祥为三老。祥南面几杖，以师道自居。天子北面乞言，祥陈明王圣帝君臣政化之要以训之，闻者莫不砥砺"⑥。琅邪王氏的第二代则成边事功。到第三代，琅邪王氏已完全由儒而

---

① 《晋书》卷43《王衍传》，第四册第1237页。

② 《晋书》卷43《王衍传》和卷98《王敦传》，第四册第1236页，第八册第2553—2554页。

③ 《晋书》卷43《王澄传》，第四册第1239—1241页。

④ 《晋书》卷3《武帝纪》太熙元年、卷6《元帝纪》和卷65《王导传》，第一册第80、143—144页，第六册第1745—1749页。

⑤ 《晋书》卷98《王敦传》，第八册第2553—2554页。

⑥ 《晋书》卷33《王祥传》，第四册第987—990页。

玄、脱实务虚,王戎"不拘礼制""与时舒卷",王衍最善玄学和清谈,王澄更"任放为达,或至裸体者"①,后任荆州都督,仍是"日夜纵酒,不亲庶事,虽寇戎急务,亦不以在怀"②。

元康年间,玄学明显堕落,沦为徒具形式、沽名钓誉的清谈之风,为辩而辩、为论而论,玄论本身所具的哲学意蕴、义理探究不受重视,尚虚、浮夸成其正宗。尤其突出的陋俗是,清谈渐成为入仕的敲门砖,干善谈而薄行之徒飞黄腾达,其"领袖"即是身兼重臣与太子妃父双重身份的王衍,"累居显职,后进之士,莫不景慕放效。选举登朝,皆以为称首。矜高浮诞,遂成风俗焉"。

实际上,王衍在玄学理论方面并无独到、特别的建树,其所倡者,无非是曹魏正始时期"何晏、王弼等祖述《老》《庄》"的观点:"天地万物皆以无为本。无也者,开物成务,无往不存者也。阴阳恃以化生,万物恃以成形,贤者恃以成德,不肖恃以免身。故无之为用,无爵而贵矣。"

王衍的优势主要在于"妙善玄言,唯谈《老》《庄》为事","常自比子贡","每捉玉柄麈尾,与手同色。义理有所不安,随即改更,世号'口中雌黄'"。德性如此,王衍却能"声名藉甚,倾动当世",以至"朝野翕然,谓之'一世龙门'矣"。物以类聚、人以群分,"时王敦、谢鲲、庾敳、阮脩皆为衍所亲善,号为四友,而亦与(王)澄狎,又有光逸、胡毋辅之等亦豫焉"③。

---

① 《晋书》卷 43《乐广传》:"是时王澄、胡毋辅之等,皆亦任放为达,或至裸体者。"第四册第 1243—1245 页。

② 《晋书》卷 43《王戎传》《王衍传》和《王澄传》,第四册第 1233—1241 页。

③ 《晋书》卷 43《王衍传》,第四册第 1235—1237 页。

王氏与司马泰-司马越一系结有密切的关系,王衍串联起的玄士后在社会动荡中多成了司马越政治派系的骨干。据林校生的研究,"在越府文化倾向大致可以推断的佐吏中,沾染玄风之士约为儒学之士的 1.7 倍多(不计寒素,为 1.76 倍;计入寒素,为 1.72 倍)。越府作为一个中高层职位玄学化程度相当高的扈从集团,在西晋后期的权臣幕府中(武帝朝局无权臣),是很突出的"①。该等"玄风之士",不少人早已和王衍深交,王衍本人后来更居司马越帐下僚佐之首席。

王衍虽无政事上的积极作为,尚能算作基本无害,其他诸多貌似清高脱俗的玄士在现实生活中的表现则多有不堪。例如郭象,"少有才理,好《老》《庄》",王衍评价他"听象语,如悬河泻水,注而不竭",但其"为人行薄",窃取向秀所注《庄子》以为己作,却不以为耻,坦然处之,若无其事。司马越倾心于郭象,"甚见亲委",以至这一浮夸鄙薄之徒后来竟能"任职当权,熏灼内外"②。又如王衍"雅重之"的庾敳,其父庾峻"疾世浮华,不修名实,著论以非之",庾敳与其父相反,"未尝以事婴心",嗜于《老》《庄》,而得重名。然其"聚敛积实""性俭家富",在钱财方面毫不"尚玄""贵无"。后也得司马越重用,当然,同样"任事专势"③。

最极端的是,琅邪王氏族内,王澄、王敦共同"尚玄",王澄"夙有盛名,出于敦右,士庶莫不倾慕之","兼勇力绝人,素为敦所惮"。王

---

① 林校生:《司马越府"隽异"与西晋王朝的历史出口》,《华侨大学学报》(人文社会科学版)2003 年第 3 期。

② 《晋书》卷 50《郭象传》,第五册第 1396—1397 页。

③ 《晋书》卷 50《庾敳传》和《庾峻传》,第五册第 1391—1396 页。

衍开列的排名中,王澄优于王敦。晋末大乱,王敦得到司马越的推重,其时已为镇东大将军、开府仪同三司并都督江扬荆湘交广六州诸军事,任内居然指使部属杀了王澄①。

琅邪王氏的权势脉络,尤其是与皇室的姻缘、与贾氏及新版"贾、裴、王"之间的勾连、与司马泰-司马越一系的密结,勾画出元康年间政势主流的基本脉络。以上这些势力的结合,对贾南风时期以至其后的朝局走势产生了重大历史影响。但同时也应看到,正因元康年间朝中主要派系纵容举朝上下"口谈浮虚,不遵礼法,尸禄耽宠,仕不事事"的乱象,晋初倡行的礼法之治遭遇彻底解构。武帝在世时,尚需借助礼法工具重振皇权,而贾南风临朝期间的政治宽弛,使历经朝局一再变故而残存的礼法之治的主张理念,基本消解于名噪一时的王衍以"贵无"引领出的"时俗放荡,不尊儒术"的世风之中。

第四节　"自当作家门":贾谧及其"二十四友"

贾氏"营立家门"

仅有新版"贾、裴、王"等人是不够的,贾氏自身还在谋求更坚实的权势基础。附集于贾南风至亲、贾氏正嗣贾谧周围的"二十四友"即其经营的"家门"。

贾充无子,其死,郭槐坚持以外孙、贾南风妹贾午之子韩谧为夭折的贾黎民之嗣子、贾充的嗣孙。这一以异姓为嗣之举,无视礼制,引起轩然大波,但武帝特许,诏断韩谧更姓,袭嗣贾充②。

---

① 《晋书》卷43《王澄传》和卷98《王敦传》,第四册第1239—1241页,第八册第2553—2566页。

② 《晋书》卷40《贾充传》,第四册第1170—1173页。

对贾谧之出,《晋书》记述如艳情小说:贾谧之父韩寿系曹魏司徒韩暨之子,"美姿貌,善容止",贾充以其为掾属。贾充宴客,韩寿陪席,贾午于外偷窥,见韩寿,遂动情,相思不可收。有一婢女穿针引线,二人"潜修音好,厚相赠结",夜间韩寿翻墙而入、男欢女爱。贾充本一无所知,不意,"时西域有贡奇香,一著人则经月不歇",武帝得之,唯赐予陈骞、贾充二人。贾午偷得"奇香"、赠与韩寿,从此韩寿走到哪里、香到哪里,其他僚佐闻后报知贾充,"自是充意知女与寿通"。为核此事,贾充夜晚诈言有贼,命人巡查,得知"惟东北角如狐狸行处",于是贾充拷问婢女,韩寿与贾午私情得证。事既至此,贾充遂以贾午婚配韩寿①。

"韩寿偷香"从此成为典故,喻男女暗中通情。细究起来,南朝刘孝标注释《世说新语》时已指出其"唯见世说,自未可信",甚至晋人所撰《郭子》也视其为谬②。以现代观念视之,这一自由恋爱的喜剧,几似《西厢记》之类,但在婚嫁严格循礼的时代,《晋书》无论真伪而载录此事,目的显在于讥讽贾氏无视礼制,意在不放过任一可以妖魔化贾氏的叙事。

"辛亥三变"后贾南风临朝,作为贾氏正嗣的贾谧渐有骄奢甚于人主之势。元康六年贾充之妻郭槐去世,贾谧"丧未终"即"起为秘书监,掌国史",成为侍中,后更"侍讲东宫""专掌禁内"③,更至"权过人主"④。

---

① ③ 《晋书》卷 40《贾谧传》,第四册第 1172—1174 页。

② 《世说新语·惑溺》,(南朝宋)刘义庆著、(南朝梁)刘孝标注、余嘉锡笺疏:《世说新语笺疏》,第 789—790 页。

④ 语出《晋书》卷 40《贾谧传》:"(贾谧)既为充嗣,继佐命之后,又贾后专恣,谧权过人主。"第四册第 1173 页。

贾氏当政，"好学"且"有才思"的贾谧有了极大的展示机会，身边的攀附之徒随之增多，"二十四友"即诞生于此际，"秘书监贾谧参管朝政，京师人士无不倾心。石崇、欧阳建、陆机、陆云之徒，并以文才降节事谧，(刘)琨兄弟亦在其间，号曰'二十四友'"①。

"二十四友"及其家世、履历、结局等，如表7-4所示：

表7-4 "二十四友"列表

姓　名	家　　世	元康年间及其前情况	贾氏集团覆亡之后情况
潘岳	祖父潘瑾为安平太守，父潘茈为琅邪内史(国相)	早辟司空太尉府，举秀才；才名冠世，为众所疾，遂栖迟十年。出为河阳令，转怀令，调补尚书度支郎，迁廷尉评，以公事免。杨骏辅政，高选吏佐，引为太傅主簿。骏诛，除名。得司马玮及公孙弘援手，选为长安令	征补博士，未召，以母疾辄去，官免。著作郎、散骑侍郎、给事黄门侍郎。与石崇、欧阳建游说司马允、司马冏废黜司马伦，事败，被诛
石崇	石苞之子	年二十余，为修武令，有能名。入为散骑郎，迁城阳太守。伐吴有功，封安阳乡侯。拜黄门郎。散骑常侍、侍中。与"三杨"关系密切	南中郎将、荆州刺史，领南蛮校尉，加鹰扬将军，大司农，以征书未至擅去官免。顷之，拜太仆，出为征虏将军，假节，监徐州诸军事。又免官。复拜卫尉。及贾谧诛，以党与免官。与潘岳、欧阳建游说司马允、司马冏废黜司马伦，事败，被诛

①　《晋书》卷62《刘琨传》，第六册第1679页。据《贾谧传》，"渤海石崇欧阳建、荥阳潘岳、吴国陆机陆云、兰陵缪征、京兆杜斌挚虞、琅邪诸葛诠、弘农王粹、襄城杜育、南阳邹捷、齐国左思、清河崔基、沛国刘瓌、汝南和郁周恢、安平牵秀、颍川陈眕、太原郭彰、高阳许猛、彭城刘讷、中山刘舆刘琨皆傅会于谧，号曰二十四友，其余不得预焉"，见《晋书》卷40《贾谧传》，另见卷33《石崇传》，第四册第1172—1174、1006—1007页。

(续表)

姓　名	家　世	元康年间及其前情况	贾氏集团覆亡之后情况
欧阳建	石崇之外甥	(不详)	山阳令、尚书郎、冯翊太守。与潘岳、石崇游说司马允、司马囧废黜司马伦,事败,被诛
陆机	吴郡陆氏,陆逊之孙、陆抗之子	太傅杨骏辟为祭酒。会骏诛,累迁太子洗马、著作郎	司马晏出镇淮南,以为郎中令,尚书中兵郎、殿中郎。司马伦辅政,为相国参军。司马伦篡位,为中书郎。司马伦败,司马囧将陆机等付廷尉问罪,司马颖、司马晏救之,得减死徙边,遇赦而止,遂投靠司马颖,参大将军军事、平原内史(国相)、后为将军并河北大都督,遭谮被诛
陆云	吴郡陆氏,陆逊之孙、陆抗之子	以公府掾为太子舍人,出补浚仪令	为司马晏的郎中令、尚书郎、侍御史、太子中舍人、中书侍郎、清河内史(国相)、前锋都督、大将军右司马,司马颖以其为使持节、大都督、前锋将军以征讨张昌,未行。与陆机同被诛
缪徵	曹魏尚书、光禄勋缪袭之孙	中书著作郎	本人结局不详,其兄弟事参见本书后之章节相关内容
杜斌	杜预从兄	(不详)	黄门郎,与贾谧等同被诛
挚虞	父挚模,魏太仆卿。师从皇甫谧	举贤良,拜中郎,太子舍人,闻喜令,召补尚书郎	司马晏友,秘书监、卫尉卿、光禄勋、太常卿,晋末清贫饿死

(续表)

姓　名	家　　世	元康年间及其前情况	贾氏集团覆亡之后情况
诸葛诠	琅邪诸葛氏	(不详)	兖州刺史、官至散骑常侍、廷尉，死于石勒之手
王粹	王浑之孙，妻为武帝之女颍川公主	(不详)	魏郡太守、北中郎将并河北大都督，死于石勒之手
杜育	曹魏尚书杜袭之孙	(不详)	汝南太守、右军将军、国子祭酒，死于石勒之手
邹捷	祖父邹轨为曹魏左将军，父邹湛为散骑常侍、渤海太守、太傅杨骏长史、侍中，杨骏被诛后免官，寻起为散骑常侍、国子祭酒、少府	(不详)	散骑侍郎，司马伦篡位时与陆机等作"禅让"诏文，司马伦败，付廷尉问罪，遇赦而止，后为太傅司马越参军，永嘉末卒
左思	其妹为武帝之妃	秘书郎	贾谧被诛后，退居于家，司马冏命其为记室督，辞疾不就，数年后以疾终
崔基	(疑为清河崔氏之后)	初为杨骏太傅掾，骏诛，弃官归	(不详)
刘瓌	(不详)	(不详)	(不详)
和郁	汝南和氏之后，母为夏侯氏，和峤之弟	(不详)	尚书、尚书左右仆射、中书令、尚书令。永嘉之乱、洛阳倾覆，以疾卒
周恢	周浚之侄	散骑常侍	秦国国相(内史)
牵秀	曹魏名将牵招之孙、牵弘之侄	新安令、司空从事中郎，被诬免官，后为司空长史	冠军将军、尚书、平北将军，被司马颙下属所杀

（续表）

姓　名	家　世	元康年间及其前情况	贾氏集团覆亡之后情况
陈眕	颍川陈氏	（不详）	左卫将军、结于司马越，西晋覆亡后投入东晋
郭彰	贾南风从舅	散骑常侍、尚书、卫将军	卒于元康年间
许猛	曹魏中领军许允之子	（不详）	幽州刺史
刘讷	（不详）	（不详）	司隶校尉
刘舆	西汉中山靖王之后、父为光禄大夫刘蕃、贾南风远亲、姊夫为司马伦之子司马荂	尚书郎	司马伦辅政时为员外散骑侍郎，司马冏辅政时为中书侍郎、颍川太守，征虏将军、魏郡太守，司马越辅政时为司徒左长史
刘琨	西汉中山靖王之后、父为光禄大夫刘蕃、贾南风远亲、妻为清河崔氏、姊夫为司马伦之子司马荂	司隶从事、司马泰掾属、著作郎、太学博士、尚书郎	司马伦辅政、篡位时为记室督、从事中郎、太子詹事、冠军将军并假节，司马伦败后为尚书左丞、司徒左长史，永嘉年间为并州刺史，加振威将军，领匈奴中郎将。晋愍帝即位，为大将军、都督并州诸军事，加散骑常侍、假节，都督并冀幽三州诸军事，东晋时加太尉、侍中，后遭冤杀

　　上表所列，虽有一些不详之处，但已足可反映"二十四友"群体的特质与德性。

打着文学的幌子

　　表面上，"二十四友"以一文士群体示人，又有"金谷二十四友"之称，得名于"金谷园""金谷雅集"。"金谷"者，"（石）崇有别馆在河阳之金谷，一名梓泽，送者倾都，帐饮于此焉"①。此"别馆"故事甚多，《世说新语》《水经注》《洛阳伽蓝记》等对金谷园皆有记载，唐代杜牧更以《金谷园》七绝咏之②。石崇有《金谷诗序》传后世，记述在座者"各赋诗以叙中怀，或不能者，罚酒三斗"，宴间诗作"感性命之不永，惧凋落之无期"，似乎确有一群文士聚而吟咏诗文、议论学问的"雅集"氛围③。

"二十四友""以文才降节事谧"④，"文才"泛指写作能力。著述阐释的"文才"，乃是仕宦的基本素质，或者说是谋求升迁的敲门砖，这与真正意义上的文学才赋不完全是一回事。

作为"谄事"贾氏的一支特殊的政治拥趸队伍和贾谧伸张权势的触角，"二十四友"存续时间至早以元康元年（291 年）"辛亥三变"、贾

---

① 《晋书》卷 33《石崇传》，第四册第 1006—1008 页。

② （唐）杜牧：《金谷园》："繁华事散逐香尘，流水无情草自春。日暮东风怨啼鸟，落花犹似坠楼人。"所谓"坠楼人"，系石崇宠妓绿珠，传说其美艳多艺，深得宠爱，司马伦诛灭贾氏、专制朝政之时，亲随孙秀擅政，仗势向石崇索要绿珠，石崇怒拒，遂遭孙秀诬陷，将被杀害，绿珠泣曰："当效死于官前。"言毕跳楼自尽。

③ 《世说新语·品藻》，（南朝宋）刘义庆著、（南朝梁）刘孝标注、余嘉锡笺疏：《世说新语笺疏》，第 463-464 页。古谓"雅集"，西汉即有王公延揽文士、附庸风雅的先例，汉文帝之子、梁王刘武雅好文翰，广交名士，建有"梁苑"，又称"梁园""兔园"，许多文士长居此处，司马相如、枚乘等皆为梁苑贵宾，甚有长住此地，乐不思返之徒，史称"梁苑之游"（见《史记》卷 58《梁孝王世家》，第三册第 1849—1858 页），李白的"一朝去京国，十载客梁园"[（唐）李白：《书情题蔡舍人雄》]，典即此。汉晋及其后，又有"邺下之游"（三国时期曹操与曹丕、曹植于邺城交游名士、集宴唱和的活动）、"兰亭雅集"（东晋王羲之等于会稽山阴之兰亭的聚合，所成《兰亭集序》为书、文经典）、"滕王阁雅集"（得名于唐代王勃的《滕王阁序》）、"香山九老会"（由来系唐代白居易集之《香山九老会诗》）、"西园雅集"（源于宋代李公麟的画作《西园雅集图》）等，"二十四友"的"金谷雅集"亦列其中。明清以降，类似活动照猫画虎，繁杂不一，有些甚至俗不可耐，世人对所谓"雅集"渐渐等闲视之。

④ 语出《晋书》卷 62《刘琨传》，第六册第 1679 页。

南风夺政为始，至迟到永康元年（300年）司马伦发动政变、贾氏一系覆灭为止，其间不到十年①。此后，"二十四友"作鸟兽散，未随贾氏败亡的成员仍活跃于朝，但再不宜将其言行笼统算作"二十四友"的集体行动，诸人已各投门庭、各自作为。

元康年间的"二十四友"行文学之义，西晋后期诸多重量级文士参与其中，"金谷雅集"遂成为西晋文学的一大象征。潘岳、左思、陆机留有文学盛名，挚虞、杜育、欧阳建等也有一些作品，"洛阳纸贵""左思风力""潘江陆海""东南之宝"等典故皆出此时。观"二十四友"之诗文，潘岳"辞藻绝丽，尤善为哀诔之文"②，陆机被誉为"太康之英"③，左思作《三都赋》，"豪贵之家，竞相传写，洛阳为之纸贵"④。然而，专就文学成就和影响而论，"二十四友"成员的水准参差不一，传世的诗文有限，作为史上留名的文学群体，"二十四友"似难得到较高的评价。

文辞浮艳、形态繁缛、主题单调、内容贫乏，系"二十四友"的共同风格，并且这不仅是"二十四友"的创作缺陷，同时也是"太康盛世"的所谓"太康文学"的一大通病⑤。

---

① 《晋书》卷4《惠帝纪》永平元年和永康元年，第一册第90—91、96—97页。

② 《晋书》卷55《潘岳传》，第五册第1507页。

③ 语出《诗品》："陆机为太康之英，安仁、景阳为辅。"（南朝梁）钟嵘著、周振甫译注：《诗品译注》，北京：中华书局，1998年，第17页。潘岳字安仁，张协字景阳，见《晋书》卷55《潘岳传》和《张协传》，第五册第1500、1518页。

④ 《晋书》卷92《左思传》，第八册第2375—2377页。

⑤ 语出《文心雕龙》："晋世群才，稍入轻绮，张潘左陆，比肩诗衢，采缛于正始，力柔于建安，或析文以为妙，或流靡以自妍，此其大略也。"（南朝梁）刘勰著，范文澜注：《文心雕龙注》，北京：人民文学出版社，1958年，上册第67页。有关"太康文学"，参阅游国恩等：《中国文学史》，北京：人民文学出版社，2002年；章培恒等：《中国文学史》，上海：复旦大学出版社，2005年；姜剑云：《太康文学研究》，北京：中华书局，2003年等著述。

"陆才如海,潘才如江"①,陆机、潘岳当为"二十四友"的两位重要人物。陆机的诗歌表现的是私人之情、家族之情而非社会之情、天下之情,立意全不达高远;潘岳虽开"悼亡诗"之先河,清人陈祚明赞其"每一涉笔,淋漓倾注,宛转侧折"②,但其格局止于夫妻之情、个人之痛。还有左思"文典以怨"③,所存《咏史》诗八首大抵基于对个人际遇的不满,"世胄蹑高位,英俊沉下僚",满含着身负世之高才却被"遗之在草泽"的不甘④。诸如此类,虽在一定程度上反映现实,但终究为文人的自怜自伤。

文人聚集,唱和交流,可谓魏晋文学走向自觉发展的表现之一。在这一意义上,"金谷雅集"为后世的文学活动提供了可以效仿的模式,诗文创作成为宴乐的雅事⑤。东晋"兰亭雅集"的主人王羲之"得人以《兰亭集序》方《金谷诗序》,又以己敌石崇,甚有欣色"⑥,虽然王羲之的文名远非石崇能比,"兰亭雅集"也因《兰亭集序》更加广为人知,但"金谷雅集"对其的影响是显而易见的。

然而,有研究者据以认为,"二十四友"的"金谷雅集"堪称第一次真正由文人自发组织的无政治因素的纯文学活动⑦,笔者实在不敢苟同此论。"二十四友"本是为攀附贾谧而纠集,带着强烈的政治投

---

① (南朝梁)钟嵘著、周振甫译注:《诗品译注》,第44页。

② (清)陈祚明:《采菽堂古诗选》卷11,李金松点校,上海古籍出版社,2008年,第333页。

③ (南朝梁)钟嵘著、周振甫译注:《诗品译注》,第45页。

④ (西晋)左思《咏史》之二、之七。

⑤ 参阅罗宗强:《魏晋南北朝文学思想史》,北京:中华书局,1996年。

⑥ 《世说新语·企羡》,(南朝宋)刘义庆著、(南朝梁)刘孝标注、余嘉锡笺疏:《世说新语笺疏》,第546—548页。

⑦ 罗建伦:《再论金谷雅集》,《齐鲁学刊》2012年第4期。

机色彩,其交游往来完全不同于纯粹的文人酬唱。"缅想石卫尉,声势何燀赫"①,金谷园主石崇一直沉浮宦海,附从贾氏后,其先前的暗淡仕途才为之一变。元康六年(296 年)由虚职太仆卿出为征虏将军、假节、监徐州诸军事,镇守下邳②,恰逢征西大将军祭酒王诩回长安,于是诸人在金谷园聚集宴饮、游玩赋诗,结集成现已散佚的《金谷诗集》。对此,我们是应该将其视为一群文人雅士寄情山水、切磋诗艺的纯粹文学活动,还是看作一众貌似风雅的官宦迎来送往的政治交际?

"二十四友"最为多见的文学活动与其说是创作,毋宁说是不加掩饰的政治效忠甚至政治献媚,在"二十四友"成型前即已如此。皇帝亲耕历来作为崇本重农的政治仪式,"泰始中,武帝躬耕藉田,(潘)岳作赋以美其事",世人极尽赞誉,不幸却导致潘岳"才名冠世,为众所疾"之厄,十年不得重用③;武帝灭吴功成,改元太康,挚虞"上《太康颂》以美晋德"④;陆机的《辩亡论》《五等论》直接论政,立意却沦落为对自己先辈的溢美,且成为效忠宗王、谋求权势的投名状⑤。同为仕途不顺的文士,张翰为江南的菰菜、莼羹、鲈鱼脍,洒脱挂冠而去,成就"莼鲈之思"的逸世佳话⑥,潘岳却以《闲居赋》表达内心"仕宦不达"的郁闷⑦。"诗者,志之所之也。在心为志,发言为诗。"⑧由此观

---

① 语出(清)徐乾学:《金谷》。

② 《晋书》卷 33《石崇传》,第四册第 1006—1007 页。另见石崇《金谷诗序》,(清)严可均辑:《全晋文》卷 33,何宛屏等审订,北京:商务印书馆,1999 年,下册第 1651 页。

③ 《晋书》卷 55《潘岳传》,第五册第 1500—1502 页。

④ 《晋书》卷 51《挚虞传》,第五册第 1419—1427 页。

⑤ 《晋书》卷 54《陆机传》,第五册第 1467—1479 页。

⑥ 《晋书》卷 92《张翰传》,第八册第 2384 页。

⑦ 《晋书》卷 55《潘岳传》,第五册第 1504—1506 页。

⑧ 《诗经·毛诗序》,《诗经》,王秀梅译注,上册"毛诗序"第 2 页。

之,潘、陆等人由于自身政治态度和品行节操所限,曲学阿世,断难成就天地文章。

综观"二十四友"以至"太康文学",不见"安得广厦千万间,大庇天下寒士俱欢颜"的情怀①,不见"先天下之忧而忧,后天下之乐而乐"的气度,不见"人生自古谁无死,留取丹心照汗青"的悲壮②,更不见"苟利国家生死以,岂因祸福避趋之"的深沉与担当③。唯文学才赋少被提及的刘琨,以其慷慨悲凉之气成为异于晋世文风的清流,恍若独具建安风骨。所以如此,非因"二十四友"的缘故,主要源于刘琨较为特殊的人生经历:攀附贾氏,效力诸王,后在晋末劫乱中孤立于并州,历经"八王之乱""永嘉之难"等史无前例的变故,国难家仇交织,刘琨不断领兵征战又屡遭挫败,成就"乱世忠良"英名④。因此,其作品多感怀时事、不尚骈俪,"慷慨悲凉,故是幽并本色"⑤,不过,这已是"二十四友"解体的十余年后,非"二十四友"的文学范畴所能涵。

归根到底,"二十四友"的本意根本不在于文学,其成员自知,"事主"贾谧无疑也心知肚明。

"谄谀""屈节"贾氏的政治团伙

"二十四友"构成复杂、人员品性不一,如果说有什么将其联系在一起的共性因素,无非有二,一是都具备较高的文学禀赋,二是都怀

---

① 语出(唐)杜甫:《茅屋为秋风所破歌》。
② 语出(南宋)文天祥:《过零丁洋》。
③ 语出(清)林则徐:《赴戍登程口占示家人》之二。
④ 《晋书》卷62《刘琨传》,第六册1680—1691页。
⑤ (清)何焯:《义门读书记》,崔高维点校,北京:中华书局,1987年,下册第889页。

有趋炎附势、谋取权位的动机,谓其"贵游豪戚""浮竞之徒",更为贴切①。从"二十四友"各自的背景、渊源、宦途等分析,这二十四人大致包括以下几类:

一是由附从"三杨"转为投靠贾氏者,至少七人,其中直接者五。原与"三杨"相善、交谊匪浅的石崇摇身一变成"二十四友"头面人物之一②;贾氏在诛灭"三杨"后接纳的,包括原杨骏"太傅主簿"潘岳③、被杨骏"辟为祭酒"的陆机④、父为杨骏长史的邹捷⑤、身任杨骏掾属的崔基⑥。另外,石崇之甥欧阳建和陆机之弟陆云被列入"二十四友",当与舅甥关系、兄弟关系相关。

二是先前仕途受挫或开罪权贵者,史有确载的不下六人。前列的潘岳"负其才而郁郁不得志"⑦;石崇不仅家族与司马骏等宗王有隙,自身也与武帝之舅王恺逞意斗富,并因过错而一再被纠问、被奏劾⑧。此外,和郁虽出名门,"以清干称",但才望不及其兄和峤,和峤"轻侮之,以此为损"⑨。牵秀"与帝舅王恺素相轻侮",王恺构陷牵秀,以至其被免官⑩。刘舆、刘琨兄弟的经历更是惊心动魄,"刘舆兄弟少时为王恺所嫉,恺召之宿,因欲坑之","(石)崇素与舆等善,闻当

---

① 语出《晋书》卷 40《贾谧传》,第四册第 1173 页。
② 《晋书》卷 40《杨济传》和卷 33《石崇传》,第四册第 1181、1000—1003 页。
③ 《晋书》卷 55《潘岳传》,第五册第 1503—1504 页。
④ 《晋书》卷 54《陆机传》,第五册第 1472—1473 页。
⑤ 《晋书》卷 92《邹湛传》,第八册第 2380 页。
⑥ 《晋书》卷 48《阎缵传》,第五册第 1350 页。
⑦ 《晋书》卷 55《潘岳传》,第五册第 1502 页。
⑧ 《晋书》卷 33《石崇传》,第四册第 1006—1007 页。
⑨ 《晋书》卷 45《和峤传》,第四册第 1283—1284 页;《三国志》卷 23《和洽传》,上册第 545—548 页。
⑩ 《晋书》卷 60《牵秀传》,第六册第 1635—1636 页。

有变，夜驰诣恺，问二刘所在，恺迫卒不得隐"，石崇遂直接救出"二刘"，"同车而去"，告诫"二刘"："年少何以轻就人宿！"为此刘舆、刘琨深感石崇恩德①。此类人等寻求得势者的庇护、拔擢，似也是人之常情。

三是贾氏的亲故，不下五人。郭彰为贾南风从舅，元康年间甚至以"贾郭"并称②；石崇之父石苞与贾充同为武帝的"佐命元勋"；刘舆、刘琨兄弟系贾氏远亲；潘岳"早辟司空太尉府"，当系入贾充之幕③。

四是多出身官宦之家，"二十四人"中，除身世记载不详的，几无例外都来自官宦之家，即使出身寒微的左思，其父左雍也是"起小吏，以能擢授殿中侍御史"，后升至"太原相弋阳太守"④。至于"二陆"，孙吴时期吴郡陆氏虽盛极江东，然孙吴既灭，陆氏的政治余荫不再，"二陆"不得不"入洛"谋求功名，官宦背景已不昭显。

"二十四友"团体具有开放性，前述不排斥"三杨"故吏即为例证。聚为"二十四友"之同时，多人又与其他政治派系有染。左思之妹为武帝嫔妃，入贾谧一系缘起"求为秘书郎"，"秘书监贾谧请讲《汉书》"之机⑤；刘舆、刘琨兄弟之父为高官，二人既是贾、郭之亲

---

① 《晋书》卷33《石崇传》，第四册第1007—1008页。

② 语出《晋书》卷40《郭彰传》："及贾后专朝，彰豫参权势，物情归附，宾客盈门。世人称为'贾郭'，谓谧及彰也。"第四册第1176页。

③ 《晋书》卷33《石苞传》、卷40《郭彰传》、卷55《潘岳传》和卷62《刘琨传》，第四册第1000—1003、1176页，第五册第1500页，第六册第1679、1691页。

④ 《晋书》卷92《左思传》，第八册第2375—2377页；又见载于1930年出土于河南省洛阳市偃师区的《左棻墓志》，参阅徐传武：《〈左棻墓志〉及其价值》，《文献》1996年第2期。

⑤ 《晋书》卷92《左思传》，第八册第2375—2377页。

郭奕之甥，又与司马伦有姻亲关系，并且还是司马越之父司马泰的掾属①；王粹则是灭吴首勋王濬之孙、武帝之婿，即惠帝及贾南风的妹夫②。这种开放性，也显贾氏尤其贾谧笼络各方、扩大自身政治影响之意。

"谄谀""屈节"是后世讥贬"二十四友"的主要由来，这也进一步说明："二十四友"意旨不在于文学，而逃不脱谀佞贾氏的意味。例如"（潘）岳性轻躁，趋世利，与石崇等谄事贾谧，每候其出，与崇辄望尘而拜"③。又以同样的媚举谄事于郭槐："广城君（郭槐）每出，（石）崇降车路左，望尘而拜，其卑佞如此。"④

潘、石二人何至于如此谄佞？盖因"二十四友"共尊贾谧，牵头人物就是潘岳和石崇，并且，二人先前密切结交贾氏政敌"三杨"，"三杨"灭后，其不能不以过分的谄佞，获取贾氏的宽恕与认可。

"屈节"意即失去尊严、节操。以此形容"二十四友"，是否意味着对于文士，所谓"尊严""节操"就有特殊的、不同于众的标准或要求？

汉晋之期，文臣、武将择主而投或者朝三暮四，不胜枚举，甚成常态。权臣之间交手，双方核心成员之间可能你死我活，便如司马懿与曹爽较量，曹爽失败后，朋党皆被诛⑤。但一般吏属，例如作为曹爽

---

① 《晋书》卷 62《刘琨传》和《刘舆传》，第六册第 1679—1680、1691—1692 页。
② 《晋书》卷 42《王粹传》，第四册第 1111 页。
③ 《晋书》卷 55《潘岳传》，第五册第 1504 页。
④ 《晋书》卷 33《石崇传》，第四册第 1006—1007 页。广城君即贾充之妻郭槐。
⑤ 《晋书》卷 1《宣帝纪》嘉平元年，第一册第 17—18 页；《三国志》卷 9《曹爽传》等，上册第 237—243 页。

掾属的王沈、裴秀、荀勖等仅"以故吏免"，不久便被司马氏重新起用①；司马昭镇压诸葛诞之叛，对"其淮南将吏士民诸为诞所胁略者，惟诛其首逆，余皆赦之"②。

何况，同为晋臣，史家对羊祜鲜有诟病，羊氏弃曹投马，缘何就不是"屈节"，而"二十四友"效忠贾氏偏成为污点呢？如果说司马氏终究夺国、修成正统，故奉之不属"屈节"，事于得势的外戚诸如"三杨"、贾氏则为"屈节"，那么为何同期深得贾氏信重的张华、裴𫖮就是"尽忠匡辅"，"二十四友"推崇贾谧便遭指斥呢？

对于政治人物和文人墨客，各有特定的价值判断标准。对政治人物的历史评价基于其政治作为，更确切地说，是基于其对社会发展、民众生计的作用与影响，过分拘泥于"谄谀""屈节"之论往往流于肤浅。其是否附从某一政治势力、是否改换门庭，以及有关言行是否就是"谄谀""屈节"，不可一概而论。政治领域重权逐势，乃是利益使然，本无可厚非，关键在于：是结党营"私"，还是立命于"公"？但若是将历史人物视作纯粹的文人墨客，其存在意义则在于诗文创制、品格风骨，如其说的、写的是一套，做的却是另一套，史家和世人嗤之，便不冤枉。

那么，我们应该将"二十四友"视为文士群体，还是政治团伙？

如系前者、系一纯粹的文士群体，其打着文学旗号却舍弃文之本原，着意于钻营、攀附，趋炎附势地聚于贾谧周围，无疑不堪，"谄谀"或"屈节"便是原罪。

---

① 《晋书》卷39《王沈传》和《荀勖传》，卷35《裴秀传》，第四册第1143—1164页，第四册第1037—1038页。

② 《三国志》卷28《诸葛诞传》，下册第645页。

如系后者、系一曲事当朝权贵的政治团伙,那么当追问:其立命于"公"吗?

例如潘岳"仕宦不达",以《闲居赋》声言,"览止足之分,庶浮云之志,筑室种树,逍遥自得",实则媚杨骏,谄贾谧,终至身败名裂,"夷三族"①。此非孤例。来源不一的"二十四友"群体在贾南风临朝、贾谧得势期间"浮竞"而"轻躁",随着贾氏败亡,"二十四友"成员朝秦暮楚,政治倾向随之分化,各谋前程后又结局多有不堪,令人眼花缭乱,不妨续以表 7-5 列示:

表 7-5 贾氏覆亡及其后各个时期"二十四友"的情况

姓名	贾南风被黜	司马伦辅政、篡位	司马囧辅政	司马颖、司马颙争位	司马越辅政
潘岳		谋反司马伦,被杀			
石崇		谋反司马伦,被杀			
欧阳建		谋反司马伦,被杀			
陆机		效力司马伦	被问罪,但获赦免	效力司马颖,被杀	
陆云		效力司马伦	被问罪,但获赦免	效力司马颖,被杀	
缪徵		(结局不详)			
杜斌	遭诛杀				
挚虞		(政治倾向不详)			
诸葛诠		(政治倾向不详)			追随司马越
王粹				追随司马颖	
杜育		(政治倾向不详)			
邹捷		效力司马伦	被问罪,但获赦免		效力司马越

① 《晋书》卷 55《潘岳传》,第五册第 1500—1507 页。

（续表）

姓名	贾南风被黜	司马伦辅政、篡位	司马冏辅政	司马颖、司马颙争位	司马越辅政
左思		退居于家			
崔基		（政治倾向不详）			
刘璵		（政治倾向不详）			
和郁		（政治倾向不详）			
周恢		（政治倾向不详）			
牵秀				投靠司马颖、司马颙	
陈眕					结于司马越
郭彰	（已逝）				
许猛		（政治倾向不详）			
刘讷		（政治倾向不详）			
刘舆		效力司马伦	继续为官		效力司马越
刘琨		效力司马伦	继续为官		效力司马越

由上表可见，"二十四友"中因贾氏倒台而被诛的仅杜斌一人。潘岳、石崇、欧阳建之死非因贾氏缘故：贾氏覆灭后，司马伦专权，三人"阴劝淮南王（司马）允、齐王（司马）冏以图（司马）伦、（孙）秀"，招致杀身之祸①。

其余的二十人，除郭彰已死外，随波逐流、无有依附的，加上史无详载或退居于家的，共有十人，占了半数以上；入司马颖或司马越阵营而在"八王之乱"中"显身手"的分别为四人、五人，其中尤以陆机、

---

① 《晋书》卷33《石崇传》和卷55《潘岳传》，第四册第1008页，第五册第1506—1507页。

陆云兄弟和刘舆、刘琨兄弟的频繁改换门庭最为引人注目。更令人啼笑皆非的是，"二陆"在多变的西晋后期政局中，自始至终几乎一局不落地入错营、站错队，直至冤死。

贾谧纠集"二十四友"的政治利益

王衍以"玄谈"聚集徒众，贾谧则"负其骄宠，奢侈逾度，室宇崇僭，器服珍丽，歌僮舞女，选极一时"，纠集"二十四友"的所谓以文会友实为"开阁延宾"、结党造势①，以致"贾谧、潘岳、石崇等共相引重"，被御史中丞上奏纠劾②。元康后期，贾谧因延揽顶级"文才"之士而深得其益，势近熏天。

对贾谧本人而言，纠集"二十四友"，一是弥补了贾谧本人不得开府的缺憾。开府，即获准建立府署并自选僚属随员，本为"三公"的特权，后有所扩大，即"开府仪同三司"③。开府者皆可自选掾属，无异是以皇朝赋予的资源，建立起附属于个人的势力。贾谧资历尚浅，自始至终未得开府诏命，但有了"二十四友"，又有富可敌国的石崇作为资助人和供养人，不是开府，胜似开府。冠以文名的"二十四友"作为一系政治势力，对贾南风专制的朝局是有一定支撑作用的。

二是渗透或联络各系政治势力。贾谧是否有篡夺大位之意，未详，但其指望位遇无替、权势不衰的目的应属无疑。前述所谓开放性，即"二十四友"不乏朝中名臣之后，诸多成员脚踩两条船甚至脚踩

---

① 《晋书》卷 40《贾谧传》，第四册第 1172—1174 页。
② 《晋书》卷 60《张辅传》，第六册第 1639—1640 页。
③ 《晋书》卷 24《职官志》载，"（汉）殇帝延平元年，郑鸷为车骑将军，仪同三司；仪同之名，始自此也"，"及魏黄权以车骑将军开府仪同三司，开府之名，起于此也"；开府者位为从公，虽非"三公"而享"三公"权势，见第三册第 725—726 页。

多条船。例如石崇、欧阳建与多位皇弟有交往，缪徵、诸葛诠与司马泰、司马越父子存谊等，通过"二十四友"，贾谧及贾氏一系将政治触角伸向朝中各个方面。

三是促成了相关政治举措的实施。著名的"晋书断限"事，据说成论实出自潘岳，"谧《晋书》限断，亦岳之辞也"①，甚至有论称"二十四友"就是贾谧为纂修晋史而召集②，此说似有过之。不过，能够在政治局面波诡云谲的元康年间完成"晋书断限"，也算是贾谧及"二十四友"对武帝遗业、对贾南风治下延续太康之治和维系朝野平稳的特殊贡献。

"晋书断限"争议再起

所谓"断限"，望文生义，即确定皇朝历史之起讫时间，然事及本朝，则涉正统，并且与开国君臣之品性、事功等直接相关，故而不能不唯此为大、审慎以待。

本来，立朝之时即为皇朝之始，但西晋代魏，实为僭政，经历了司马氏三代人的过程，皇朝起于何时便成了难题。武帝时期，"朝廷议立晋书限断，中书监荀勖谓宜以魏正始起年，著作郎王瓒欲引嘉平已下朝臣尽入晋史，于时依违未有所决"③。晋之正祚问题复杂而敏感，无论溯至曹魏的正始年间（240 至 249 年）还是嘉平年间（249 至254 年），皆得以司马懿为正源，非武帝所愿，议题遂被搁置。可见，"晋书断限"，看似是历史问题，实则为政治争议。

对于荀勖的主张，周一良论道："荀勖的意图，是借断限的上延，

---

① 《晋书》卷 55《潘岳传》，第五册第 1504 页。
② 张国星：《潘岳其人与其文》，《文学遗产》1984 年第 4 期。
③ 《晋书》卷 40《贾谧传》，第四册第 1172—1174 页。

赋予司马氏父子以孔子所赞颂的周文王那种'三分天下有其二，以服事殷'的'至德'的形象，从而冲淡'弑君''篡位'这一尖锐矛盾。"①不仅如此，情理上，荀勖的见解更有出于自身利益的成分，其出仕于正始年间，"辟大将军曹爽掾，迁中书通事郎"②，晋史如能自正始起算，则荀勖在史评中无仕于两朝的"贰臣"之忧。

荀勖、王瓒等议发于何时，史载不详。咸宁元年（275 年）武帝追尊司马昭为太祖，"晋书断限"虽未明言，实已有了定论，荀勖本人也作为佐命之臣"列于铭飨"。以荀勖"探得人主微旨，不犯颜忤争"的品性，咸宁之后不太可能再发"断限正始"之论③。以此推断，武帝时期的"晋书断限"争议，当是发生在晋初的泰始年间（265 至274 年）。

再有争议，已是多年之后，有细致考证，指出其具体是在元康八年（298 年）④。"谧上议，请从泰始为断。于是事下三府，司徒王戎、司空张华、领军将军王衍、侍中乐广、黄门侍郎嵇绍、国子博士谢衡皆从谧议。骑都尉济北侯荀畯、侍中荀藩、黄门侍郎华混以为宜用正始开元。博士荀熙、刁协谓宜嘉平起年。谧重执奏戎、华之议，事遂施行。"⑤

---

① 周一良：《魏晋南北朝史学与王朝禅代》，《魏晋南北朝史论集续编》，北京：北京大学出版社，1991 年，第 106—115 页。

② 《晋书》卷 39《荀勖传》，第四册第 1152—1153 页。

③ 《晋书》卷 3《武帝纪》咸宁元年和卷 39《荀勖传》，第一册第 65 页，第四册第 1157 页。

④ 李正君等：《断限泰始："晋书"的断限问题再讨论》，《唐都学刊》2017 年第 3 期。《晋书》载，"晋史断限"发生于贾谧作为秘书监时。元康六年郭槐去世，贾谧因丧"去职"，"丧未终"而"起为秘书监，掌国史"，"晋书断限"争议再现应是元康六年之后。

⑤ 《晋书》卷 40《贾谧传》，第四册第 1172—1174 页。

即使事发偶然,也不免有特定的背景或特定的目的,荀氏后代坚持荀勖当年的"正始开元"主张,子承父议,情理之中。但时隔多年,事关晋祚的"晋书断限"何以又成为重要议题呢? 并且,此际是谁又挑动起这一议题呢?

从事出惠帝及贾南风的"更使议之"而贾谧启奏的记载看,似是前议纷纭,帝、后要求群议,贾谧"上议"回应;贾谧"丧未终"即被急诏为秘书监、掌国史,更显事之迫切。陈年旧事,突又风波再起,这与元康年间的朝局,尤其是宗亲势力悄然扩张的势头,相互之间是否存在某种关联呢?

贾谧主张的"泰始为断"最大限度维护了武帝一系的晋之正祚,"从谧议"者以当朝重臣张华和太子妃父族的琅邪王氏为主,皆拥惠帝、亲贾氏,隐然间,持论不同的阵营业已分明。此际距大乱来临不足两年,风起于青萍之末,"晋书断限"争议再起,或就是乱之先兆。

第五节　元康年间新起的或边缘的政治群体

各寻其路、各事其主

元康年间"权非帝出"①、政象松弛。在朝局主流之外,各个政治派别尤其各支宗亲有了扩张和施展的空间,表面上虽无明目张胆的不轨行为或挑战,真实意图、对最高权力的觊觎含而不露,实际却是"权戚满朝,威柄不一"②,各自积力蓄势。同期,散布朝野的各色人

---

① 语出《晋书》卷4《惠帝纪》"史臣曰",第一册第108页。
② 语出《晋书》卷36《张华传》,第四册第1073页。

等几无例外地伺机而动,谋求实现自身政治利益的途径。"要人"笼络支持者、拥戴者,对应的则是"小人物"们千方百计钻营政治门道。这一过程中,个人能量自由释放,但对于皇朝、皇权,却是全面灾难的前夜。

随着时间推移,在皇朝政治运行的过程中总会生出形形色色新起的或边缘的政治群体、政治势力。皇权有序,这些力量便或被吸纳,或遭压迫;反之,这些力量各谋出路、各自伸张,将加剧皇权式微甚至失驭的进程。对比武帝时期与惠帝及贾南风的元康年间的有关政治势力,其主要差异在于:

一是政治关联的方向不同。武帝亲政时期,基本上是武帝招徕各系作为自己的支持者,即使对司马氏本族,武帝也注意提防其中一支、一系权势过重。元康年间及其后,虽有贾氏拉拢各派,但各系势力已少有约束,"时朝廷宽弛,豪右放恣,交私请托,朝野溷淆"[1],乱象竞相出现。

二是权位升进的依据不同。武帝用人,多数情形是以事功为上,典型者如太子妃父,武帝是在勋绩突出的功臣贾充、卫瓘之间作选择,当然,后期力擢"三杨"是一恶例。贾南风临朝期间,以姻升进、以言升进甚至以谀升进、以佞升进成了普遍现象,突出者如王衍等,以婚对晋升、以清谈荣显,朝中风气日趋堕落。

三是倾心拥戴的对象不同。武帝时期,朝野拥戴朝廷,虽有司马攸争权,但还是大体上形成了武帝主导的相对稳定的权力结构。元康时期情形有异,名义上,惠帝及太子仍受尊奉,但隐然而现的则是

---

① 《晋书》卷 47《傅咸传》,第五册第 1329 页。

各个派别都在寻求有利于自己的政治组合。强势的、具有政治潜力的宗亲多成为拥戴对象，各类人全无顾虑、各求门路，前述附从司马泰父子的僚佐、掾属之类堪入主流，缺乏勾连帝室及贾氏的渊源而另辟蹊径的则各显神通。

皇弟的蛰伏及勾连皇室的傅氏、荀氏

在贾南风专制的绝大部分时间里，武帝临终诏命的重镇皇弟中，唯存都督扬州的司马允。"惠帝元康元年，有司奏，荆、扬二州疆土广远，统理尤难，于是割扬州之豫章、鄱阳、庐陵、临川、南康、建安、晋安、荆州之武昌、桂阳、安成，合十郡，因江水之名而置江州"，于是司马允所督又加江州，所辖地域较前之扬州更大一些①。

司马允原获封濮阳王，十九岁"徙封淮南，仍之国，都督扬江二州诸军事、镇东大将军、假节"，直至元康九年入朝，镇于扬、江二州前后共十年②。

其同母弟、吴王司马晏则"食丹阳、吴兴并吴三郡，历射声校尉、后军将军"③，陆机、陆云为其郎中令④。获封时司马晏九岁，以

---

① 《晋书》卷15《地理志下》，第二册第453—464页。今之湖南东南一部、湖北东南一部原属荆州，是时也纳江州。

② 《晋书》卷3《武帝纪》太康十年、卷4《惠帝纪》元康九年和卷64《司马允传》，第一册第79、95页，第六册第1721—1722页。

③ 《晋书》卷64《司马晏传》，第六册第1724—1725页。

④ 史载，"吴王晏出镇淮南，以(陆)机为郎中令"，陆机之弟陆云亦为其郎中令。此似误记，盖淮南国是司马允的封地，元康年间出镇淮南的一直是司马允，而司马晏"少有风疾，视瞻不端，后转增剧，不堪朝觐"，并无都督之经历，故"吴王晏出镇淮南"当为"吴王晏之国"。又，"二陆"出身吴郡大族，此际"二陆"为司马晏的郎中令，而郎中令与中尉、大农并为宗王"三卿"，"二陆"效力的应为其属地宗王司马晏，而非出镇的司马允。见《晋书》卷24《职官志》、卷54《陆机传》和《陆云传》，第三册第743页，第五册第1473、1482—1483页。

宗王"及冠"始得之国的常例，其就国约在元康四年（294 年），时年十四①。

扬州是孙吴统治的核心区域。太康元年（280 年）灭吴后，武帝以宽仁治吴地，令王浑督扬八年，后由重臣褚䂮、周浚继任，治理相对清明②。司马允出镇、之国初期，淮南国相刘颂任内颇有政绩③。

有了如此好的基础，元康年间，扬、江二州因时顺势地成为皇弟群体最大的势力范围，司马允及司马晏在此笼络人心、拉拢士人、培植死党，势力甚为可观。"晏于西园大营第室"，陆云谏言劝止；"时晏信任部将，使覆察诸官钱帛"，陆云认为此举"既非开国勿用之义，又伤殿下推诚旷荡之量"，谏言"罢此等覆察"，"大信临下"，以免部属离心④。

"国兵"⑤沦为私兵，在司马允、司马晏处开始显现无遗。此前，司马玮从都督荆州诸军事、镇南将军任上入朝，诛灭"三杨"，又作乱杀害司马亮，其时从者尚为"本军"即朝中的禁军⑥。到了元康九年

---

① 《晋书斠注》考称："书钞六十六陆机皇太子清宴诗序云：元康四年秋，余以太子洗马出补吴王郎中令；御览二百十二引陆机谢吴王表，案：此表当是补郎中令时所上。"见吴士鑑等注：《晋书斠注》，下册第 963 页右上栏。

② 《晋书》卷 3《武帝纪》相关年份、卷 42《王浑传》和卷 61《周浚传》，第一册第 70—72、76 页，第四册第 1202 页，第六册第 1657—1659 页。

③ 《晋书》卷 46《刘颂传》，第五册第 1293—1294 页。

④ 《晋书》卷 54《陆云传》，第五册第 1482—1484 页。

⑤ 语出《晋书》卷 24《职官志》，第三册第 744—745 页。"国兵"指配置于宗王藩国的兵士。

⑥ 《晋书》卷 59《司马玮传》和卷 40《杨骏传》，第五册第 1596—1597 页，第四册第 1179—1180 页。史载虽有"楚兵"之说，当为"楚王所领之兵"，而非其藩国"楚国"之兵，见卷 59《司马亮传》：司马玮遣兵执拿司马亮，"俄然楚兵登墙而呼"，第五册第 1592—1593 页。

司马允入朝，"允所将兵，皆淮南奇才剑客也"，且其"密养死士，潜谋诛（司马）伦"。其后与擅政的司马伦翻脸，司马允"遂率国兵及帐下七百人直出"，同在洛阳的司马晏竟也能"与兄淮南王允共攻赵王伦"①，可见此际的"国兵"名义上虽是由朝廷选任的中尉率领，实已成为宗王私属。藩国置军本意的"崇固维城"，至此全然失制、失序。

皇弟暗中蓄势，而类似"二陆"积极勾连皇室之例甚多，北地傅氏的傅祇悄然结姻皇家，其子傅宣"尚弘农公主"②；荀勖之女则径嫁司马晏，生愍帝司马邺。

荀氏密结皇室，1978 年现世的《荀岳墓志》提供了新的证据③。墓主荀岳生于曹魏正始七年（246 年），卒于元康五年（295 年）。据此志并参史载，荀岳咸宁二年（276 年）起仕，先后为何曾或李胤的司徒府幕僚、太子舍人等。太康十年起效力司马玮，为"屯骑始平王司马""中郎参平南将军楚王军事"和参"镇南军事"。永平元年（291 年）司马玮入朝后，发动事变，荀岳被外放为山阳令，未预"辛亥三变"及司马玮横暴之事，逃过一劫④。

皇祖司马伦及其麾下的孙秀、孙旂

皇帝之至亲毕竟有限，更多进取之士是在皇室直系之外寻找门

---

① 《晋书》卷 64《司马允传》和《司马晏传》，第六册第 1721—1722、1724—1725 页。
② 《晋书》卷 47《傅咸传》和《傅祇传》，第五册第 1323—1333 页。
③ 《荀岳墓志》据说出土于 1917 年，1978 年被捐赠给河南省偃师商城博物馆。
④ 王莉娜：《荀岳墓志铭考——兼论西晋时期颍川荀氏家族》，《中原文物》2015 年第 3 期；张敏波：《从〈荀岳墓志〉探析西晋君臣之间丧葬礼俗》，《渭南师范学院学报》2011 年第 3 期。参见《晋书》卷 33《何曾传》、卷 38《司马澹传》、卷 43《王衍传》、卷 44《李胤传》和卷 59《司马玮传》，第四册第 996—998、1122—1123、1237、1253—1254 页，第五册 1596—1597 页。

庭、期达富贵。

皇祖司马伦有首席亲随、对其追随不渝的孙秀。二人搭伙,起点倒不是在元康年间。孙秀"起自琅邪小史,累官于赵国,以谄媚自达",据此推之,司马伦与孙秀的关系始于晋初司马伦受封琅邪王"之国"并"行东中郎将、宣威将军"之时。咸宁年间藩国新政,司马伦徙封赵王,"迁平北将军、督邺城守事,进安北将军",孙秀随其"累官于赵国"①。

"小吏"孙秀"累官"到何一品级,不详。但从其子、"形貌短陋"的孙会少时"与富室儿于(洛阳)城西贩马"的记载看,孙秀官职不达高显②。这也从一个侧面反映了武帝时期宗王、府主之下的官吏尚非私属,即便与宗王关系密切,仍难鸡犬升天。

武帝身后,约束不再,攀附司马伦二十年的孙秀终获回报、真正发迹,得以"执机衡"、"逞私欲"、成"奸人之雄"。元康元年(291 年),司马伦转为征西大将军、开府仪同三司、都督雍梁二州诸军事,直至元康六年因"刑赏失中,氐羌反叛,征还京师"。此期孙秀深得司马伦信重,奸佞变诈、"贪淫昧利"③。司马伦祸害雍凉,孙秀负有不可推卸的罪责。朝中有知,却无可奈何,碍于司马伦的保护,以致不得不行下策,"初,赵王伦为镇西将军,挠乱关中,氐羌反叛,乃以梁王肜代之。或说(张)华曰:'赵王贪昧,信用孙秀,所在为乱,而秀变诈,

---

① 《晋书》卷 3《武帝纪》泰始元年和咸宁三年、卷 59《司马伦传》,第一册第 52、68 页,第五册第 1598 页。

② 《晋书》卷 59《司马伦传》,第五册第 1601 页。

③ 《晋书》卷 4《惠帝纪》相关年份、卷 36《张华传》、卷 59《司马伦传》和卷 60《解系传》,第一册第 90—91、93—94 页,第四册第 1073—1074 页,第五册第 1598、1601 页,第六册第 1631—1632 页。

奸人之雄。今可遣梁王斩秀,刘赵之半,以谢关右,不亦可乎!'华从之,肜许诺。秀友人辛冉从西来,言于肜曰:'氐羌自反,非秀之为。'故得免死"①。

可见,朝廷对封疆大吏及其亲信随从已无足够的控制能力。由此,司马伦、孙秀彻底和张华交恶,埋下后来张华罹难之伏笔。

朝政松懈,沉渣泛起,各系势力野蛮生长,自然泥沙俱下、鱼龙混杂。孙秀一族"世奉五斗米道",不入正流②。此前,潘岳之父为琅邪国内史(国相),孙秀为小吏,潘岳看不惯品性狡黠的孙秀,不止一次地鞭笞羞辱他;孙秀为害关中,又与雍州刺史解系争权结怨。后孙秀得势,挟前嫌诛杀潘岳、解系满门③。司马伦受征入朝后,孙秀仍伴左右,并在朝中进一步集结起不轨之徒④。

最激进、结局也最悲惨的如孙旂父子,史载孙旂"洁静,少自修立",元康后期已为兖州刺史、平南将军,"旂子弼及弟子髦、辅、琰四人,并有吏材,称于当世"。奸佞谄媚的孙秀挟主擅权,一心谋富贵的孙旂父子"遂与孙秀合族"。所谓"合族",即"联宗",不待血统自然衍延,以同姓者结为一族、壮势增威。为求权势而行此举,孙旂父子急不可耐的迫切心情可见一斑。后司马伦篡政,孙旂一门并及权位;短暂荣华后,司马伦败,孙旂父子"皆伏诛",夷三族⑤。

---

① 《晋书》卷36《张华传》,第四册第1073页。
② 《晋书》卷100《孙恩传》,第八册第2631—2632页。
③ 《晋书》卷55《潘岳传》,卷60《解系传》《解结传》和《解育传》,第五册第1506—1507页,第六册第1631—1633页。
④ 《晋书》卷59《司马伦传》,第五册第1598—1605页。
⑤ 《晋书》卷60《孙旂传》和卷59《司马伦传》,第六册第1633—1634页,第五册第1604—1605页。

放任自流的"寒素"小人物①

诛灭"三杨"后，孟观、李肇以及太监董猛成为功臣②，不甚显眼的小人物们促成了武帝身后的朝局大变。

李肇最终命运不明，孟观则生平有载："三杨"被诛后仍为贾氏所倚重，"迁积弩将军，封上谷郡公"。元康年间，孟观受命西平氐羌之乱，立有大功，"转东羌校尉，征拜右将军"。司马伦灭贾氏之际，深得贾南风信重的孟观不仅没有受到牵连，反而被司马伦看重，"以观所在著绩，署为安南将军、监河北诸军事、假节，屯宛"，由此孟观又成了司马伦的干将。但孟观之子孟平却是皇弟司马允的前锋将军，司马允起兵讨伐司马伦，孟平战死。为此，司马伦深恐拥兵在外的孟观为子报仇而生变，诈称孟平是被司马允所害，加官安抚孟观。后司马伦僭制，左右多劝孟观响应义举、讨伐司马伦，"少好读书，解天文"的孟观却"以紫宫帝坐无他变"的天象，力挺司马伦。待到司马伦败，部属斩杀孟观，传首洛阳，更夷其三族，未知是天道无常，还是占星有误③。

从"辛亥三变"起，诸多小人物的表现加剧了变乱的深度与广度。卫瓘及其家人的无辜遭祸，事出小人作祟，即曾被卫瓘斥遣的帐下督荣晦转投他人后挟私报复。司马玮门下，"长史公孙宏、舍人岐盛并薄于行，为玮所昵"，故有司马玮作乱，公孙宏"专杀生之政"。司马玮

---

① "寒素"在此作为大族著姓之对称，其义可引《晋书》卷 43《王戎传》之"（王戎）自经典选，未尝进寒素，退虚名，但与时浮沈，户调门选而已"，或卷 46《李重传》之"寒素者，当谓门寒身素，无世祚之资"等史料证之，第四册第 1233 页，第五册第 1311—1312 页。
② 《晋书》卷 40《杨骏传》和卷 60《孟观传》，第四册第 1179 页，第六册第 1634—1635 页。
③ 《晋书》卷 60《孟观传》，第六册第 1634—1635 页。

矫诏残害司马亮后，"岐盛说玮，可因兵势诛贾模、郭彰，匡正王室，以安天下"，"玮犹豫未决"，司马玮败后，"公孙宏、岐盛并夷三族"①。

元康年间，小人物们路径不一的攀附更成为皇朝祸之所伏。以上"二陆"与诸皇弟、司马伦与孙秀等例，莫不如此，并且不止如此。

受司马颙看重的李含，其家狄道、侨居始平②。李含"少有才干，两郡并举孝廉"，年少时，当地大族著姓之后皇甫商"少恃豪族"，欲结交出身寒微的李含，遭拒后怀恨在心，指使州官无视察举结论，贬李含为门亭长。所幸时为刺史的郭奕"素闻其贤"，拔擢李含为别驾，列所属僚佐之首。不久，李含又举秀才，为朝中诸多重臣所辟，"自太保掾转秦国郎中令"，后"司徒迁含领始平中正"，太康末期的太保卫瓘、司徒石鉴等皆对李含有知遇之恩，时为秦王的司马柬也赏识、重用李含③。

司马柬死，作为属下的李含依例为司马柬服丧，"葬讫除丧"，但家籍雍州的尚书赵浚、雍州大中正傅祇上奏贬斥李含。御史中丞傅咸据理为李含辩护，无效，"含遂被贬"，退归长安。一年多后，"光禄差含为寿城邸阁督"，对此，连"未尝进寒素"的王戎也看不下去了，奏称李含曾为大臣，尽管遭到贬抑，无论如何不应屈降于不入流的差事，朝廷这才收回成命。

前后近十年，李含郁郁，无怪乎其后来必欲置皇甫氏于死地而后

① 《晋书》卷 59《司马玮传》和卷 36《卫瓘传》，第五册第 1596—1597 页，第四册第 1059—1061 页。

② 时之狄道在今之甘肃省临洮县一带，始平在今之陕西省咸阳市一带。

③ 《晋书》卷 3《武帝纪》相关年份，卷 36《卫瓘传》、卷 44《石鉴传》、卷 60《李含传》和卷 64《司马柬传》，第一册第 74、80 页，第四册第 1057—1059、1265—1266 页，第六册第 1641—1643、1720 页。

快。从蛛丝马迹看,出身安定大族的皇甫重仗势横行于西土多年且"为司空张华所知","疾含不事己"的赵浚时有内宠,出自西州的傅祗居位显职,有此三人针对李含,李含虽为贾南风母族的郭奕所重,元康年间却仍难翻身①。

有此复杂前因,乱局开启后,曾经"忠公清正,才经世务"的李含在都督雍凉的司马颙门下,竟成为一系列惊天动地的诡计奸策之谋主。

李含之际遇颇具代表性。寒微,抑或寒素、微素、微贱、贫贱等词②,频现其时,得此称者,多官场蹉跎,这不能不说是时代的悲剧。前有"少孤贫"的公孙宏、岐盛等鼓动司马玮擅权行变③,后又有一系列莫知其族的属吏兴风作浪,除李含及司马伦帐下诸小,还有:

司马冏旗下的所谓"五公",葛旟、路秀、卫毅、刘真、韩泰④;

司马颖旗下的孟玖、牒苞、步熊⑤;

司马颙旗下的张方、楼褒、郅辅、吕朗、马瞻、郭传、苏众、朱永⑥。

任一皇朝或政治共同体,如其权力结构存在根本性的缺陷,无以容纳各系政治力量,尤其是发自底层的政治力量,则该力量必然

---

① 《晋书》卷47《傅祗传》、卷60《李含传》和《皇甫重传》,第五册第1331—1332页,第六册第1641—1643、1637—1638页。

② 参见前注,又见《晋书》卷33《郑冲传》、卷36《卫瓘传》、卷57《吾彦传》、卷60《李含传》和《张方传》、卷92《左思传》等,第四册第991、1057页,第五册第1561—1563页,第六册第1641、1644页,第八册第2375—2377页。

③ 《晋书》卷59《司马玮传》,第五册第1596—1597页。

④ 《晋书》卷59《司马冏传》,第五册第1606—1610页。

⑤ 《晋书》卷59《司马颖传》,第五册第1615—1619页。

⑥ 《晋书》卷59《司马颙传》和卷60《张方传》,第五册第1620—1622页,第六册第1644—1646页。

异变为解构政治体系的动能。元康朝局的表面平静之下,潜藏着
各样的暗流,尤其值得关注的是,世人尤其小人物所属意和投效
的,多为宗亲。似乎,一旦这些宗亲登高一呼,就必然不乏鼓噪而
随的徒众。

第八章　逆天颠覆：贾南风覆灭、司马伦篡政与"三王举义"

第一节　元康之末的山雨欲来

朝局似棋局：太子司马遹的绝境

贾谧"常与太子弈棋争道，成都王（司马）颖在坐，正色曰：'皇太子国之储君，贾谧何得无礼！'谧惧，言之于后，遂出颖为平北将军，镇邺"。①

事在元康九年（299 年）正月②。太子与贾氏之嗣贾谧为连襟，作为宗亲皇弟的司马颖抓住二人睚眦，貌似护太子，实在间离太子与贾谧。朝局似棋局，三人此际的身份和表现，活生生就是太子、贾氏、宗亲三系之间现实关系的写照。

---

① 《晋书》卷 40《贾谧传》和卷 59《司马颖传》，第四册第 1174 页，第五册第 1615 页。

② 《晋书》卷 59《司马颖传》和卷 4《惠帝纪》元康九年，第五册第 1615 页，第一册第 95 页。

太子司马遹的身世如前所述。武帝死后，司马遹成为储君的过程表面一无所碍，"三杨"虽然得罪众人，但仍不折不扣地遵从武帝遗愿，武帝死后四个月，十三岁的司马遹被立为太子，同年出就东宫①。"辛亥三变"后，贾南风临朝，仍然维系了非己所出的司马遹的太子地位。

"清身洁己，行无瑕玷"的名臣刘寔于武帝时即为太子之师，贾南风又以刘寔为太子太保②。东宫配属诸多才俊，例如太子中庶子温峤，太子洗马江统和潘滔，太子舍人王敦、杜锡、潘尼、顾荣、贺循等③，至于其中有多少属贾氏党羽，其时并不十分清晰。当然，贾南风对太子的控制也严密有加，将其生母另室安置，不准母子相见④。

元康年间，司马遹年龄渐长，顽劣、乖戾之性逐渐显露，《晋书》将此归咎于贾南风"素忌太子有令誉"，指使宦官引诱、纵容司马遹；不过以《晋书》妖魔化贾氏的极端倾向，如果贾南风严格要求司马遹，也会落下为母凶暴的恶名。

史载，司马遹"及长，不好学，惟与左右嬉戏，不能尊敬保傅"，"慢弛益彰，或废朝侍"。"（太子）舍人杜锡以太子非贾后所生，而后性凶暴，深以为忧，每尽忠规劝太子修德进善，远于谗谤。太子怒，使人以

---

① 《晋书》卷4《惠帝纪》太熙元年和卷53《愍怀太子传》，第一册第89页，第五册第1457—1458页。
② 《晋书》卷4《惠帝纪》永平元年、卷41《刘寔传》和卷53《愍怀太子传》，第一册第90—91页，第四册第1196页，第五册第1457—1458页。
③ 《晋书》卷53《愍怀太子传》、卷34《杜锡传》、卷56《江统传》、卷67《温峤传》、卷68《顾荣传》和《贺循传》、卷98《王敦传》等，第五册第1458—1459、1535页，第四册第1033页，第六册第1785—1786、1811、1824—1825页，第八册第2553—2554页。
④ 《晋书》卷31《谢夫人传》，第四册第968页。

针著锡常所坐毡中而刺之。"①

类似之录即便为真,可视为司马遹的品性不端,也可视为小节无碍,司马遹走向悲剧的根本原因并不在此。

司马遹上位堪称武帝的最大遗愿,武帝既死,司马遹便成为地地道道的政治孤儿。

一则父皇"不令"。以惠帝之资质,徒具帝号,在复杂政治环境下,其本人的帝位尚仰贾氏的左支右绌,遑论庇护太子。武帝擘画的三世基业,其中二世不堪的致命"断层",可避一时,却终难跨越。

二则生母贫贱。谢玖"家本贫贱,父以屠羊为业",据说司马遹常在宫中模拟农贸市场,指派各人扮作屠户、酒家,等等,"于宫中为市,使人屠酤,手揣斤两,轻重不差","又令西园卖葵菜、蓝子、鸡、面之属,而收其利","其母本屠家女也,故太子好之"②。母系低微,司马遹难得政治认可,更无强有力的母族作为倚靠和后盾。

三则缺乏朝臣忠随。众人既慑于贾后,司马遹本人也不从谏言、苛待近侍,太子洗马江统"在东宫累年,甚被亲礼",面对"颇阙朝觐""奢费过度"的司马遹,"陈五事以谏之",欲其立孝义、敬保傅、崇俭约、拒小利,"朝廷善之"而"太子不纳"。

留给司马遹的唯曲事贾南风以求自保一途。司马遹本人也很现实,"欲婚韩氏以自固",即欲娶贾南风妹贾午之女为妻,但遭拒绝③。

---

① 《晋书》卷 53《愍怀太子传》和卷 56《江统传》,第五册第 1458—1459、1535—1537 页。

② 《晋书》卷 31《谢夫人传》和卷 53《愍怀太子传》,第四册第 968 页,第五册第 1458—1459 页。

③ 《晋书》卷 53《愍怀太子传》,第五册第 1459 页。

到元康后期,司马遹与贾南风之间的关系显然恶化,"朝野咸知贾后有害太子意"①,武帝所遗定制到了存废的临界点上。

政治弃儿:再谈武帝三世基业政治安排之谬

太子有其支持者,但很有限。从左右建言"广延贤士,用自辅翼"而"太子不能从"的情形看,太子本人并未用心营构自己的势力,拥戴之士仅限近侍武官和东宫属吏,诸如宿卫中"有宠于太子"的右卫督司马雅、常从督许超等②,以及东宫的太子舍人王敦、杜蕤、鲁瑶和太子洗马江统、潘滔等③。太子立,其可飞黄腾达,太子废,其需另觅出路,至于真实动机在多大程度上出于公义,不得而知。

又,"及贾后谋废太子,左卫率刘卞甚为太子所信遇,每会宴,卞必预焉。屡见贾谧骄傲,太子恨之,形于言色,谧亦不能平。卞以贾后谋问(张)华,华曰:'不闻。'卞曰:'卞以寒悴,自须昌小吏受公成拔,以至今日。士感知己,是以尽言,而公更有疑于卞邪!'华曰:'假令有此,君欲如何?'卞曰:'东宫俊乂如林,四率精兵万人。公居阿衡之任,若得公命,皇太子因朝入录尚书事,废贾后于金墉城,两黄门力耳。'华曰:'今天子当阳,太子,人子也,吾又不受阿衡之命,忽相与行此,是无其君父,而以不孝示天下也。虽能有成,犹不免罪,况权戚满朝,威柄不一,而可以安乎!'"不久,刘卞从禁军职被遣为轻车将军、雍州刺史,"卞知言泄,恐为贾后所诛,乃饮药卒"④。

---

①　语出《晋书》卷 53《愍怀太子传》,第五册第 1459 页。

②　《晋书》卷 53《愍怀太子传》和卷 59《司马伦传》,第五册第 1461—1463 页,第五册 1598—1605 页。

③　《晋书》卷 56《江统传》和卷 98《王敦传》,第五册第 1537—1538 页,第八册第 2553—2554 页。

④　《晋书》卷 36《张华传》和《刘卞传》,第四册第 1072—1073、1077—1078 页。

更有"中护军赵俊请太子废后,太子不听"①。难辨这一记载是否确切。赵俊应即"赵浚",为武帝元配杨艳舅氏,与侄女、武帝妃赵粲一同弃"三杨"投贾氏②。如此事为真,则此际赵俊又拟弃贾氏而转投太子。但这一易主而附的投机并未解其厄运,及贾南风覆亡,赵俊及赵粲作为贾氏同党及谋害太子的罪人,仍被司马伦诛杀,甚为诡异③。

以其时的政治背景,司马遹得到贾南风的支持,也未必能顺当上位,但如被贾南风抛弃,则势必立陷绝境。立嗣建储、维系正祚是王朝政治安排中不可或缺的基本内容,武帝的三世基业梦想,很大程度上乃是无根之木、无源之水,无论其他,核心悖论在于:谁能从太子的莅政、继位过程中获得政治利益?

这是决定任一政治安排能否取得成功的最基本的问题,缺乏充分利益基础的政治安排无异于空中楼阁。从血缘纽带看,即使是武帝择定的"三杨",也与太子、与惠帝之间概无直接的血缘联系;接之专朝的贾南风虽为惠帝皇后,却非太子亲母;各支宗亲,包括亲等最近的惠帝诸弟,究是想着扶助太子,还是自己径谋权位呢?

再看姻亲,太子立近十年,如果尚有重臣以司马遹为重,岳父王衍或是其中之一。然而,王衍既是太子岳父,又是贾谧岳父,情形一如当年夏侯氏说贾充的"卿二女婿,亲疏等耳",王衍是绝不会为挺太

① 《晋书》卷 53《愍怀太子传》,第五册第 1459 页。
② 赵粲系武帝后妃,见《晋书》卷 31《武元杨皇后传》,第四册第 952—954 页。
③ 《晋书》卷 31《武元杨皇后传》和《惠贾皇后传》、卷 59《司马伦传》,第四册952—954、963—966 页,第五册第 1598—1600 页。赵俊在《司马伦传》中记为"赵浚":"(司马伦)诛赵粲叔父中护军赵浚及散骑侍郎韩豫等。"

子而得罪贾氏的。何况两项婚对,皇后与太子之间再生嫌怨,贾南风"为太子聘王衍小女惠风",但司马遹听闻王衍长女貌美,贾南风却让贾谧娶之,为此心怀不满、多有怨言①。

血缘关系尚且未必是彼此亲密无间的保证,何况没有血缘关系,加之心思叵测之徒从中挑唆,冲突可能无限放大。例如司马遹与贾谧之间的不协,司马遹如系贾南风亲生,并非不了之事;而左右劝说司马遹忍让贾谧,"宜深自谦屈,以防其变,广延贤士,用自辅翼",究竟是规劝,还是暗示或挑拨什么,实可任意解读②。贾氏与太子在血缘关系上的"死穴",武帝有所预见,故有后期重"三杨"而抑贾氏之措,然而人算不如天算,其身后已是"三杨"不存、唯留"死穴"。随着时间推移,朝局的变数与不确定性愈益凸显,"假性亲政"终究是一过渡性的临时安排,皇后干政总有末日,归政于非己所出的司马遹,对于贾南风,究是可以接受的现实,还是令其焦灼已极以至不寒而栗的梦魇呢?

贾南风竟谋调包计

贾南风先前是不得不维护太子。"辛亥三变"后,一则贾南风为武帝"遗产"的继承人和守护人,而太子作为"遗产"的主要部分,续延武帝之祚,有利于稳定朝局、安抚众臣;二则有司马遹"占位",可以暂灭不轨者,尤其是皇弟们的觊觎之心;三则更重要的是,"太子天下本","假性亲政"本就脆弱,政治根基并不牢固的贾南风一时无法撼动"天下本"。贾南风时年三十五,虽无亲子,却来日方长,于是在贾

---

① 《晋书》卷 43《王衍传》和卷 53《愍怀太子传》,第四册第 1237 页,第五册第 1460—1461 页。

② 《晋书》卷 53《愍怀太子传》,第五册第 1458—1459 页。

南风临朝的临时性、过渡性政治安排中，太子成为一个阶段性的、不可或缺的政治存在。

正因如此，皇后与非己出的太子之间客观上"唇亡齿寒""荣辱与共"。共存，其他政治势力难以置喙最高权力；对抗，就给了阴谋者实现政治野心的时机。

裴颀、郭槐、贾模以及张华似是明了这一玄机。裴颀虑太子之危，便"旦夕劝说从母广城君（郭槐）"，"令戒喻贾后亲待太子"；还曾"以贾后不悦太子，抗表请增崇太子所生谢淑妃位号，仍启增置后卫率吏，给三千兵，于是东宫宿卫万人"①。

郭槐则是一改前非，此人狭隘、妒忌，无视礼制，唯重亲眷，史多恶评，此际却推崇司马遹。贾谧对太子"无屈降心"，"广城君恒切责之"，又"以后无子，甚敬重愍怀，每劝厉后，使加慈爱"，且欲以外孙女即贾午之女妻太子，"而寿妻贾午及后皆不听"。元康六年（296 年），郭槐年六十"薨于第寝"，临终告诫贾南风"令尽意于太子"，且遗言警示贾南风："赵粲及（贾）午必乱汝事，我死后，勿复听入，深忆吾言。"②

郭槐死后，裴颀、贾模甚有废黜贾南风之谋，"颀深虑贾后乱政，与司空张华、侍中贾模议废之而立谢淑妃"；张华、贾模不同意，"帝自无废黜之意"，朝中关系又错综复杂，"祸如发机，身死国危，无益社稷"，"此谋遂寝"③。

---

① 《晋书》卷 35《裴颀传》，第四册第 1042 页。

② 《晋书》卷 31《惠贾皇后传》，卷 35《裴颀传》，卷 40《贾充传》《郭槐传》和《贾谧传》，卷 53《愍怀太子传》，第四册第 963—966、1042—1043、1165—1174 页，第五册第 1458—1459 页。郭槐死期及年龄，北京博物馆藏《夫人宜成宣君郭氏之枢铭》拓片有载，见赵超：《汉魏南北朝墓志汇编（修订本）》，天津：天津古籍出版社，1992 年，第 7—8 页。

③ 《晋书》卷 35《裴颀传》，第四册第 1042—1043 页。

不久,贾模改变态度,"模知后凶暴,恐祸及己,乃与裴頠、王衍谋废之,衍悔而谋寝"①。

临朝九年,贾南风仍无亲子,可以说,此为其本人之大不幸,更是皇朝之大不幸,武帝的三世基业失去了跨越二世"断层"的最后选项。由此,贾南风竟产生匪夷所思的谋国企图,"初,后诈有身,内稿物为产具,遂取妹(贾午)夫韩寿子慰祖养之,托谅暗所生,故弗显。遂谋废太子,以所养代立"②。

或许,正是这一既胆大妄为又拙劣鄙陋的调包计,令贾氏近亲裴頠、贾模唯恐贾南风"无所忌惮,乱可立待"而不得自保、大祸临头,故而自毁家门、自绝其源地谋黜贾南风③。且这一倾向令郭槐陷于极度恐慌,故有告诫贾南风远离贾午的遗嘱,以免"覆宗之祸"。

郭槐出身官宦世家,年约二十即嫁贾充,四十年间历经跌宕起伏、腥风血雨的权势争斗和政局变幻,无疑深知僭越之路的极端险恶。但贾南风未必心存敬畏。元康之末,贾谧一众"宣扬太子之短,布诸远近";裴頠等则屡屡上表,请求贾南风"亲待太子""不重外戚";在张华,"少子韪以中台星坼,劝华逊位",但"华不从"。皇后与太子之间冲突的不可调和事实上已公开于朝④。

司马伦入朝壁上观

元康后期,各路宗亲势力利用皇权弱势之机而膨胀,已成为西晋

① 《晋书》卷31《惠贾皇后传》,第四册第964页。
② 《晋书》卷31《惠贾皇后传》,第四册第965页。
③ 《晋书》卷31《惠贾皇后传》、卷35《裴頠传》和卷40《贾模传》,第四册第964—965、1042—1043、1176页。
④ 《晋书》卷35《裴頠传》和卷53《愍怀太子传》,第四册第1042—1043页,第五册第1459—1464页。

政局的不可承受之重,朝中皇祖并重的格局已变。元康六年司马晃死,九年司马泰死,远支宗亲势力顿落,皇祖平衡互制局面不再,贾南风"抑皇弟、限近亲、重远支"之策已难以持续①。

元康六年似为分界线。此前,远支二祖居要职,近支二祖司马彤与司马伦一内一外、不共于朝。在司马晃死之当年,贪昧昏聩的司马伦所镇雍凉,"匈奴郝散弟度元帅冯翊、北地马兰羌、卢水胡反,攻北地,太守张损死之","冯翊太守欧阳建与度元战,建败绩";八月"雍州刺史解系又为度元所破";随后,"秦雍氐、羌悉叛,推氐帅齐万年僭号称帝"。事变至此,激起变故的司马伦被免返朝,其兄司马彤接任总执关中军政,朝中,以远支的司马泰和近支的司马伦为尊。

返朝的司马伦求录尚书事、求任尚书令,"张华、裴頠固执不可",司马晃所遗尚书令职归了司马泰。但司马伦"谄事"贾南风奏效,"大为贾后所亲信",败归全无所咎,进为车骑将军并领太子太傅,太子保傅向以人望声誉为先的成规由此大变。贾南风显然是在笼络司马伦为己所用,二人既彼此暗通款曲又各自心怀鬼胎,司马伦成为太子的"看守"。

元康九年,司马泰死,同年,雍凉得定,司马彤重返洛阳,朝中仅余近支二祖。从朝臣的评价来看,司马彤"临大节,无不可夺之志;当危事,不能舍生取义",归朝后附和司马伦,二祖共朝,一祖独大,司马伦遂为朝中最具地位与话语权的政治"大佬",皇朝政局生成极大隐患②。

---

① 《晋书》卷 4《惠帝纪》元康六年和元康九年、卷 37《司马晃传》和《司马泰传》,第一册第 93—95 页,第四册第 1127—1129 页。

② 《晋书》卷 4《惠帝纪》元康六年和元康九年、卷 37《司马晃传》和《司马泰传》、卷 38《司马彤传》、卷 59《司马伦传》,第一册第 93—95 页,第四册第 1127—1129 页,第五册第 1598—1600 页。

但司马伦并未直接参与贾南风废黜太子之谋,司马肜亦然。这似乎也是诸多宗亲的共同态度:静观皇后与太子之间发生变故,静待渔利之机。太子被废前,时为最年长的皇弟且亦为太子之叔父的司马允已离开督制多年的扬、江,征还朝中,随行之兵数百"皆淮南奇才剑客",又有同母之弟司马晏作为呼应。不过这些,都不是为维护司马遹而备的①。

第二节 晋祚脊断:贾南风废储、司马伦除贾

贾南风黜害太子

元康九年(299 年)十二月,贾南风诈称惠帝身体不适,司马遹遵命入宫探望,被贾南风指派的宫女引入别室,"赐以酒枣,逼饮醉之"。随即,贾氏亲随拿出模拟司马遹的口气起草的太子逼宫书稿,命醉中的司马遹抄录,未抄录全的部分则由宫女补齐。文抄"若祷神之文,有如太子素意",言称皇上、皇后应当自行退位,否则将入宫废黜你们,事成"当三牲祠北君,大赦天下",云云。

有了这一"祷文",贾南风请出惠帝,唆使惠帝制"遹书如此,今赐死"之诏,接着又召公卿入殿,以诏书及司马遹抄录之文"遍示诸公王"。

众臣观之,"莫有言者",唯张华、裴𫖮为司马遹开脱。贾南风本是力主"速断",但群臣"议至日西不决","惧事变,乃表免太子为庶人,诏许之"。

这一废储过程,司马遹本人不在场;被黜为庶人后,"贾后又使黄

---

① 《晋书》卷 64《司马允传》和《司马晏传》,第六册第 1721—1722、1724—1725 页。

门自首,欲与太子为逆",命人押送司马遹幽于许昌,司马遹之母谢玖和宠妾蒋俊不出意料地牵连其中,受刑致死;王衍逼迫其女与太子离婚,王女"号哭而归,行路为之流涕"。

废黜太子,使各系不安分的政治势力有了竞逐权势的入口,但太子还活着,包括贾南风在内的各个派系不能不心存顾忌、惧有后患,唯有一不做二不休地置司马遹于死地,才能继续图谋,攫取政治利益。

东宫官属则愤愤不平、欲救司马遹,左卫督司马雅、常从督许超"与殿中中郎士猗等谋废贾后,复太子"。如此人等,看似拥立太子,实为逞肆己欲,本来,为太子申冤当与维护太子的张华、裴頠相谋,然因二人持正、"难与图权",不轨之徒便转向拉拢心术不正又"执兵之要"的司马伦,通过孙秀游说,欲勾结司马伦共除贾氏。

孙秀"言于伦",对孙秀言听计从的司马伦自然同意,宫中各路内应也联络到位,但事到临头,孙秀忽觉不妥。

"废贾后,复太子"能够给司马伦及孙秀带来什么呢?由司马遹执掌大权、任用朝臣执政?司马伦元康后期"谄事"贾南风,尽人皆知,司马遹得势后能够宽恕司马伦之过吗?如此行事,岂非自寻祸端?即使司马遹认可司马伦的将功赎罪,功罪相抵,孙秀也是"必不得志",何得收获呢?

奸佞过人的孙秀心生一计,献于司马伦:"太子为人刚猛,不可私请。明公素事贾后,时议皆以公为贾氏之党。今虽欲建大功于太子,太子含宿怨,必不加赏于明公矣。当谓逼百姓之望,翻覆以免罪耳。此乃所以速祸也。今且缓其事,贾后必害太子,然后废后,为太子报仇,亦足以立功,岂徒免祸而已。"

司马伦没有理由拒绝如此妙策。

依策而为,司马伦一系开始散布"宫中有人欲黜贾后、迎太子"一类的流言,又在贾谧处煽风点火,鼓动贾氏"早害太子,以绝众望"。贾南风果然中计,指使亲信奔赴许昌,会同时镇许昌的王浚共同毒杀司马遹,但司马遹一直防备别人下毒,毒杀不成,终被贾氏党羽"以药杵椎杀之",时年二十三①。

有司马遹在,至少表面上、形式上皇统稳固、皇祚延续;一旦"国无嫡嗣",则"社稷将危"②,贾南风废黜、杀害司马遹,打破了九年间"假性亲政"下的政治平衡,也打断了西晋皇祚之脊,元康年间帝后并太子一体的脆弱、畸形的皇权共存体至此崩塌,武帝三世基业遗愿彻底告灭,而贾南风也将自己置于朝中公敌的境地。

贾南风难道没有想到,这一局面将令野心勃勃的各路宗亲欣喜若狂吗?

司马伦灭贾僭政

事已进至诛灭贾氏、"为太子报仇"的紧要当口,"忠于太子"的司马雅和许超却临阵退却,"惧后难,欲悔其谋,乃辞疾",但这已无碍于司马伦及孙秀践行计谋,司马伦甚至说动了司马攸之子且实为贾南风姨侄的禁军首领司马闲加盟。

司马遹遇害不及一月,有内应策应,司马伦举事,率众矫诏夜入宫禁,一马当先的司马闲领兵"排阁而入","迎帝幸东堂",先诏贾谧

---

① 《晋书》卷 31《惠贾皇后传》、卷 35《裴𫖳传》、卷 36《张华传》、卷 39《王浚传》、卷 53《愍怀太子传》和卷 59《司马伦传》等,第四册第 965—966、1047、1073—1074、1146—1147 页,第五册第 1459—1464、1598—1601 页。

② 语出《晋书》卷 59《司马伦传》所载司马遹近侍游说司马伦及孙秀废黜贾南风之辞:"今国无嫡嗣,社稷将危。"第五册第 1598 页。

入,斩之,又前去抓捕贾南风。贾南风见到司马冏,惊问:你来干什么? 司马冏回道:奉诏抓捕皇后。贾南风鄙夷不屑:诏命都是出自我手,哪来什么诏命! 贾南风又向惠帝呼救,不获回应,遂被黜禁、废为庶人。

连带着,张华、裴頠等皆遇害,贾氏党羽数十人皆伏诛或被虐杀,包括前有所及的贾午、赵俊、赵粲、董猛等。

不多日,已乘势执掌朝政大权的司马伦又矫诏赐死了贾南风。

如孙秀之谋划,司马伦得手后"矫诏大赦,自为相国、都督中外诸军,如宣文辅魏故事",时隔三十五年,再现"相国"这一摄制朝政的"非复寻常人臣之职"①,"百官总已听于伦",亲随鸡犬升天②。

贾南风被执,临黜之际,"遥呼帝曰:'陛下有妇,使人废之,亦行自废。'"实际上,前之废黜太子,贾南风自己又何尝不是"自废"呢?

被污名化、妖魔化的贾南风

污名化女性的通常路径,一言其相貌丑陋,二指其行为放荡以至淫秽;妖魔化女主,惯例是以其酷虐、暴戾为证。以《晋书》载,贾南风集之大成。

有关贾南风的相貌,史载其"丑而短黑"③;出土的《晋贾皇后乳母美人徐氏之铭》却勒石记为:"皇后天姿挺茂。"④孰真孰伪,读者可

① 《晋书》卷24《职官志》,第三册第724页。

② 《晋书》卷4《惠帝纪》永康元年、卷31《惠贾皇后传》、卷35《裴頠传》、卷36《张华传》、卷40《贾谧传》、卷59《司马伦传》和《司马冏传》等,第一册第96—97页,第四册第965—966、1172—1174、1042—1047、1072—1074页,第五册第1598—1600、1605—1606页。

③ 语出《晋书》卷31《惠贾皇后传》,武帝言"贾家种妒而少子,丑而短黑",第四册第963页。

④ 语出"晋徐美人墓石"及所载《晋贾皇后乳母美人徐氏之铭》,现藏河南博物院。

自作评判。

宫闱秘事则是又一大杀器,史书绘声绘色、不厌其烦地渲染了贾南风的淫荡:"后遂荒淫放恣,与太医令程据等乱彰内外。洛南有盗尉部小吏,端丽美容止,既给厮役,忽有非常衣服,众咸疑其窃盗,尉嫌而辩之。贾后疏亲欲求盗物,往听对辞。小吏云:'先行逢一老妪,说家有疾病,师卜云宜得城南少年厌之,欲暂相烦,必有重报。于是随去,上车卜帷,内簏箱中,行可十余里,过六七门限,开簏箱,忽见楼阙好屋。问此是何处,云是天上,即以香汤见浴,好衣美食将入。见一妇人,年可三十五六,短形青黑色,眉后有疵。见留数夕,共寝欢宴。临出赠此众物。'听者闻其形状,知是贾后,惭笑而去,尉亦解意。时他人入者多死,惟此小吏,以后爱之,得全而出。"①

正史不惜笔墨于淫情秽事,实在过分。并且,既是"入者多死",小吏何以得免? 既"爱之",当留宫中,又何以"得全而出"? 联系到惠帝愚钝,元康年间的贾南风又急求亲子,类似"乱彰内外"例子或可作另解。

惠帝之"暗",无疑属实,至于贾南风之"虐",史载中可以"虐"定性的,其例有三:一是为太子妃时虐待惠帝的其他"孕妾"、致其流产或身亡②;二是"辛亥三变"中主使杀戮;三是元康之末"废皇太子遹为庶人,及其三子幽于金墉城,杀太子母谢氏",进而又指使暗害太子③。

---

①　《晋书》卷31《惠贾皇后传》,第四册第964—965页。

②　《晋书》卷31《惠贾皇后传》:"妃(贾南风)性酷虐,尝手杀数人。或以戟掷孕妾,子随刀堕地。"险被武帝废黜,第四册第964页。

③　《晋书》卷4《惠帝纪》元康九年和永康元年,第一册第95—97页。

生怕惠帝嫔妃产子而虐之,确实残忍、极端。至于后二项,"辛亥三变"中的血腥杀戮,汉晋多见,非一"虐"字可定论,而黜、害太子的政治斗争,更不宜归诸个人的暴虐。

实际上,贾南风临朝九年①,少有暴戾无道的恶行,也不见恣意贬谪、斥黜朝臣之事,朝政非乱政,世况也非乱况;相反,其临朝时期倒是多现放任和宽纵,以至错不咎、罪多赦,久而成弊,覆水难收。

客观评价作为政治人物的贾南风,无非一大功一大过:功是在武帝身后操控住了复杂异常的朝局,令西晋太平之业得以垂延九年;过则在断晋祚之脊,自从黜、杀司马遹,皇朝便沦为徒具躯壳的行尸走肉。

第三节　皇朝变天:司马伦夺政

火山口上的司马伦

宗亲之间的争夺与冲突本是潜在的。太子、皇后先后亡灭,皇朝原有权势架构崩溃解体,朝局出现巨大的、恍若一马平川的政治真空。但"马"不止一匹,暗中摩拳擦掌已久的各路宗亲不会任由司马伦大权独揽。先前,妨碍宗亲的是贾南风以及太子,司马伦僭政,则将自己置于火山口上,成为所有"神器"窥伺者的眼中钉、拦路虎。

"密与相结"的除贾先锋司马雅事后"以功转游击将军","雅以位不满意,有恨色",被孙秀察觉。为免司马雅生出事端,司马伦出司马雅为平东将军,镇于许昌,后又升其为镇东大将军、开府仪同三司,

---

① 九年系约数,如从元康元年(即永平元年,291年)三月诛灭"三杨"算起,到永康元年(300年)四月贾南风死,历时九年二个月;如从元康元年六月"辛亥三变"告终算起,则历时八年十一个月。

"欲以宠安之"。然而,"志向远大"的司马冏何能因此而"安"! 司马伦遣其出镇,无异于放飞"黄雀",而此"黄雀",终成为司马伦的最大"克星"①。

以亲等与资质论,最年长的皇弟司马允堪称竞位储君的最有力者。"初,愍怀(司马遹)之废,议者将立允为太弟"②。司马伦灭贾擅权,为掩人耳目、绝灭司马允的储君梦,"追复故皇太子位",司马遹遗之冲龄二子,司马臧被立为皇太孙、司马尚被封为襄阳王③;对司马允,仅"以允为骠骑将军、开府仪同三司、侍中,都督如故,领中护军",由此又造出一个"内怀不平"的挑战者。

史载,司马允"阴知"司马伦"有篡逆志",故"称疾不朝,密养死士,潜谋诛伦",但司马伦及孙秀防备于先,尊司马允为太尉,"夺允护军","外示优崇,实夺其兵";司马允"称疾不拜",司马伦遣御史逼之,"收(司马允的)官属以下,劾以大逆"。怒极之下,司马允不顾一切地"起兵讨伦",激战后兵败,被戮,三子同难。是变,"坐允夷灭者数千人"④。

司马允败死不是无谓的,"初,伦兵败,皆相传:'已擒伦矣。'百姓大悦。既而闻允死,莫不叹息"⑤。宗亲相争,人心倾向于武帝一支,司马伦虽然辈分是皇祖,辅政之位却极不牢靠。

---

① 《晋书》卷4《惠帝纪》永康元年、《司马伦传》和卷59《司马冏传》,第一册第96—97页,第五册第1602—1606页。

② 《晋书》卷64《司马允传》,第六册第1721—1722页。

③ 《晋书》卷4《惠帝纪》永康元年,第一册第96—97页。

④ 《晋书》卷4《惠帝纪》永康元年、卷53《愍怀太子传》、卷59《司马伦传》、卷64《司马允传》和《司马晏传》,第一册第96—97页,第五册第1600、1459—1464页,第六册第1721—1722、1724—1725页。

⑤ 《晋书》卷64《司马允传》,第六册第1721—1722页。

司马伦篡位：乌合之众的闹剧

历史地看，辅政或摄政，非因"亲""姻""信""功"，难能为之。姻结皇家或取信于帝之途，与司马伦无涉；论"亲"，一干皇弟与惠帝血缘更近，从武帝的皇叔到惠帝的皇叔祖，司马伦已落疏属，也轮不上由其辅政；其杀司马允，更背上了残害合法辅政者的罪名。司马伦能够勉强倚靠的，只有除贾之"功"。

以"功"自居，前路无非"进""退""共""守"四途。功成身"退"显然不是选项，与他人"共"执权柄也不可为；司马伦本可"守"在辅政之位，如其父司马懿、其兄司马师和司马昭似的从长计议、渐而夺政，然环顾四周，心存僭谋的宗亲林立，司马允的遭遇又加剧了来自各方的戒惧和敌意，"守"而难固。余下的唯有一意孤行的"进"程，即篡位夺政一途。

永康元年（300年）四月贾氏一系覆亡，间有八月的司马允挑战，次年即永宁元年（301年）正月，司马伦制诏受禅、"僭即帝位"并改元建始①。

司马伦夺政，既非"改朝"，也不是同姓族内正常顺序的"换代"易主。最奇异处在于，司马伦篡位非长辈逊、晚辈继，或是帝位在同辈之间更迭，而是隔代逆袭，祖辈尊孙辈为太上皇②，称其为令人捧腹、贻笑千古的"闹剧"绝不为过。

被人嗤哂至今的"狗尾续貂"典故即出于此时，"是岁，贤良方正、

① 《晋书》卷4《惠帝纪》永康元年和永宁元年、卷59《司马伦传》，第一册第96—99页，第五册第1601—1602页。

② 《晋书》卷4《惠帝纪》永宁元年：正月，"赵王伦篡帝位"，"迁（惠）帝于金墉城，号曰太上皇，改金墉曰永昌宫"，第一册第97—99页。

直言、秀才、孝廉、良将皆不试；计吏及四方使命之在京邑者，太学生
年十六以上及在学二十年，皆署吏；郡县二千石令长赦日在职者，皆
封侯；郡纲纪并为孝廉，县纲纪为廉史"。"其余同谋者咸超阶越次，
不可胜纪，至于奴卒厮役亦加以爵位。每朝会，貂蝉盈坐，时人为之
谚曰：'貂不足，狗尾续。'而以苟且之惠取悦人情，府库之储不充于
赐，金银冶铸不给于印，故有白版之侯，君子耻服其章，百姓亦知其不
终矣。"①

　　司马伦近三十年未在京师，并无长期在朝的政治积累，唯孙秀等
少数嬖佞死心塌地侍奉、追随，"所共立事者，皆邪佞之徒，惟竞荣利，
无深谋远略"。然宵小乱政，却不堪谋国，司马伦四子，"（司马）荂浅
薄鄙陋，（司马）馥、（司马）虔暗很强戾，（司马）诩愚嚚轻诐"。篡位
后，司马伦"以世子（司马）荂为太子，（司马）馥为侍中、大司农、领护
军、京兆王，（司马）虔为侍中、大将军领军、广平王，（司马）诩为侍中、
抚军将军、霸城王"，"而各乖异，互相憎毁"②。

　　僚佐之中，孙秀、张林堪称司马伦的左膀右臂，姑且不论其得势
后杀戮无辜、为害朝中，二人之间也是"外相推崇，内实忌之"。孙秀
得为侍中、中书监、骠骑将军并开府仪同三司，张林为卫将军，深怨不
得开府，私下构陷孙秀于司马荂；司马荂一直不满孙秀，将张林告发
的孙秀之事透给司马伦，意在促司马伦除孙秀。不料司马伦却向孙
秀和盘托出，孙秀反守为攻，鼓动司马伦杀了张林。此类狗咬狗之

　　①　《晋书》卷59《司马伦传》，第五册第1601—1602页。
　　②　《晋书》卷59《司马伦传》和卷4《惠帝纪》元康六年，第五册第1597—1602页，第
一册第93—94页。

事，直到"三王举义"、兵临城下，依然不绝①。

为什么司马伦应遭诅咒、被唾弃？

与邪佞之徒显成对照的，是众多朝臣对司马伦的抵触和抗拒。

早在孙秀为"琅邪小吏"时，王衍就不屑"品"之，且王衍"素轻赵王伦之为人"。以司马伦及孙秀一向的所作所为，确是无法得到好评。贾氏覆亡之后，与贾氏一系密结的王戎受其婿裴頠的牵连，被免官职；王衍佯装发狂，拒入司马伦之朝，重演当年以"阳狂"拒娶杨骏之女的一幕②。

王戎、王衍不是个例。孙秀等欲加司马伦九锡，名臣刘颂引经据典地反对："九锡之议，请无所施。"闻张华被司马伦残害并被夷族，刘颂"哭之甚恸"，听说张华有子得逃，喜曰："茂先（张华，字茂先），卿尚有种也！"司马伦的党羽张林大怒，欲害刘颂，惧于刘颂声名，孙秀劝道："诛张（华）、裴（頠）已伤时望，不可复诛颂。"乃罢③。

名臣李重，"赵王伦用为相国左司马，以忧逼成疾而卒"④。

名臣何攀，司马伦"遣使召攀，更称疾笃"，"伦怒，将诛之，攀不得已，扶疾赴召"，卒于洛阳⑤。

名臣傅祗，司马伦"以为中书监，常侍如故，以镇众心"，"祗辞之以疾，伦遣御史舆祗就职"⑥。

诸如此类的"辞之以疾"，难说不是故作姿态、预留退路，但即使

---

① 《晋书》卷 59《司马伦传》，第五册第 1601—1605 页。
② 《晋书》卷 43《王戎传》和《王衍传》，第四册 1234、1237 页。
③ 《晋书》卷 46《刘颂传》，第五册第 1308 页。
④ 《晋书》卷 46《李重传》，第五册第 1313 页。
⑤ 《晋书》卷 45《何攀传》，第四册第 1290—1291 页。
⑥ 《晋书》卷 47《傅祗传》，第五册第 1332 页。

如此，也表明众臣并不认为司马伦夺政能得长久。

刘暾系武帝时期名臣刘毅之子，时为太原内史，司马伦以其为征虏将军，不受，后却积极参预反击司马伦之举①。王敦有武帝之婿的背景，司马伦难以对其发难，王敦叔父王彦时为兖州刺史，司马伦遣王敦代表自己前往慰劳和笼络，适逢"诸王起义兵"推翻司马伦，本来王彦"惧伦兵强"、不敢妄举，但王敦从司马伦的使者转为司马伦的对头，力劝王彦讨伐司马伦，王彦"遂立勋绩"，王敦也由此走上权臣之路②。

司马伦的闹剧，自永康元年（300 年）四月灭贾后自为相国算起，历时十三个月；自永宁元年（301 年）正月"篡帝位"算起，仅三个月③。

陈寅恪言"西晋八王之乱，其中心人物为赵王伦"④，此论未有进一步的论述与展开。正史大加鞭笞司马伦之"篡"，斥其"敢窃龙图，乱常奸位"⑤，但仅以"篡"字论定是非是偏执的。司马氏建政也被讥为"篡"，但其为满足芸芸众生的需求提供了一套现实的政治安排和可行的政治解决方案，这也是任一皇朝、任一帝系诞生和存续的价值、意义所在。无论朝中如何纷争，无论各系政治势力如何纠缠、消长，一旦堕落到"机权失于上，祸乱作于下"⑥的地步，皇朝、帝系存在的价值、意义便荡然无存。司马伦利欲熏心的"篡"，动因和立意皆与

---

① 《晋书》卷 45《刘暾传》，第四册第 1280—1282 页。

② 《晋书》卷 98《王敦传》，第八册第 2553—2554 页。王敦于东晋前期势力大盛，甚有夺政之举。

③ 《晋书》卷 4《惠帝纪》永康元年和永宁元年、卷 59《司马伦传》，第一册第 96—99 页，第五册第 1601—1605 页。

④ 陈寅恪：《天师道与滨海地域之关系》，《金明馆丛稿初编》，第 3 页。

⑤ 语出《晋书》卷 59"赞曰"，第五册第 1628 页。

⑥ 语出《晋书》卷 59"序"，第五册第 1590 页。

西晋立朝背道而驰。

第四节 "三王举义"、宗亲分肥

乌合之众推翻乌合之众

司马伦不慎放飞的那只"黄雀"司马囧,等待的即是司马伦"篡",以得师出有名。司马伦夺政两个月后,镇在豫州、早已谋划举兵的司马囧"移檄天下征镇、州郡县国,咸使闻知",倡议共讨司马伦。

一呼百应,"征北大将军、成都王颖,征西大将军、河间王颙,常山王乂,豫州刺史李毅,兖州刺史王彦,南中朗将、新野公歆,皆举兵应之,众数十万"①。其时,司马囧出镇许昌不过半年。

司马囧到任之始,即"潜与离狐王盛、颍川王处穆谋起兵诛伦"。司马伦及孙秀一直监视着司马囧,派遣心腹"觇之",故司马囧起初似更多倚重民间力量而非所领之兵,与谋的王盛、王处穆皆聚众作乱之徒。或许是因为司马伦派的人盯之甚紧、密谋恐泄,司马囧杀王处穆,"送首于伦",以消司马伦之疑。临近"举义",司马囧则反手诛杀司马伦派来监视自己的人,传檄"唱义"、兵向洛阳②。

为达目的不择手段的司马囧确具英雄本色,其叔祖、精神有疾的司马榦头脑清醒时评价他:"宗室日衰,唯此儿最可。"③"移檄天下"之际,实是"赵(获封赵王的司马伦)亲而强,齐(袭嗣齐王的司马囧)疏而弱",故有宗亲司马歆"未知所从",扬州刺史郗隆"犹豫未决"。

---

① 《晋书》卷 4《惠帝纪》永宁元年和卷 59《司马囧传》,第一册第 97—99 页,第五册第 1606 页。

② 《晋书》卷 59《司马囧传》,第五册第 1606 页。王盛、王处穆事参见陈显泗等:《中外战争战役大辞典》,湖南出版社,1992 年,第 71 页。

③ 语出《晋书》卷 38《司马榦传》,第四册第 1119—1120 页。

在朝宗亲、诸臣直至"义兵"迫近洛阳之际,仍多屈从于司马伦,诟事司马伦的司马楙更是"都督诸军以距义师"①。

并且,出朝的皇弟司马乂和司马颖,事后坚称"天下者,先帝之业也",但在司马伦侵夺"先帝之业""移天易日"之际,二人却是"莫敢先唱"②。

司马伦一系固然是乌合之众,"举义"讨伐司马伦的联盟又何尝不是如此!兵戎相见,双方交锋,号称百万军交战,看似蔚为壮观,实则不过是围绕京师洛阳所展开的一系列互无呼应、各自为"阵"的械斗。

在"举义"一方,"囧屯军阳翟,伦遣其将闾和、张泓、孙辅出堮坂,与囧交战。囧军失利,坚垒自守"。虽从者众多,但直到司马颖到达,方得"会成都军破伦众于黄桥,囧乃出军攻和等,大破之"。司马颖所率之众,"至朝歌,众二十余万",却"为伦将士猗、许超所败,死者八千余人,士众震骇"③。

司马伦之众,"及三王起兵讨伦檄至","始大惧",兵分多路迎击,然各部之间无所统属,取胜之部因"义军散而辄合",不能扩大战果;落败之部则径自返还,惑言诿过,以至朝中的司马伦、孙秀无所适从、阵脚大乱。专权的孙秀指派司马伦之子司马馥、司马虔领兵助战诸军,"馥、虔不肯",于是孙秀不得不自降身段,找到"素侮"自己却与司马虔交好的刘舆说服司马虔,司马虔才勉强"率众八千为三军继援"。

---

① 《晋书》卷 37《司马楙传》、卷 38《司马歆传》、卷 59《司马囧传》和《司马伦传》,第四册第 1126—1127、1088—1090 页,第五册第 1606、1601—1605 页。

② 《晋书》卷 59《司马囧传》《司马乂传》和《司马颖传》,第五册第 1606、1612、1615—1617 页。

③ 《晋书》卷 59《司马囧传》和《司马颖传》,第五册第 1606—1607、1615—1617 页。

己方战事告急,孙秀还诈称司马囧等兵败,"以诳惑其众,令百官皆贺";诸将"皆杖节各不相从",孙秀又求"素侮"自己的刘琨统军出战,以挽败局。

事不得已的关头,司马伦"拜道士胡沃为太平将军,以招福祐",孙秀则在家"日为淫祀,作厌胜之文,使巫祝选择战日","又令近亲于嵩山著羽衣,诈称仙人王乔,作神仙书,述伦祚长久以惑众"①,战事成了法事。

更令司马伦速败的是其自绝后路、招致众怒的昏招,"使京城四品以下子弟年十五以上,皆诣司隶,从伦出战"。这无异于绑架众臣、令其断子绝孙。由此,部属纷纷反"正",朝臣成为内应,时为左将军的司马澹与助司马伦篡的部将王舆联手,"率营兵七百余人自南掖门入,敕宫中兵各守卫诸门,三部司马为应于内",斩杀孙秀等人,执获司马伦;接着,迎惠帝"乘舆反'正'",各路"义军"相继入洛。

除反戈一击的王舆外,"凡与伦为逆豫谋大事者"或死或诛,司马伦的闹剧加上所谓"三王举义",以兵兴六十余日、杀害十万人为代价而收场②。

宗亲狂欢、瓜分天下

"三王举义"后的宗室,除了司马伦父子以及附从过于积极、在抢夺国玺时掰断惠帝手指而"不可不杀"的司马威③,余之从"义"的和

---

① 《晋书》卷 59《司马伦传》、卷 62《刘琨传》和《刘舆传》,第五册第 1601—1605 页,第六册第 1679—1680、1691—1692 页。

② 《晋书》卷 4《惠帝纪》永宁元年、卷 38《司马澹传》、卷 59《司马伦传》和《司马囧传》,第一册第 97—99 页,第四册第 1124 页,第五册第 1601—1605、1606—1607 页。

③ 《晋书》卷 37《司马威传》,第四册第 1088 页。

不从"义"的,附"逆"的和不附"逆"的,反"正"的和不反"正"的,稍具活跃度的宗亲几乎全都享用了事后的盛宴。

自晋初泰始二年武帝多遣宗王"之国"起,宗王归藩、出镇本不是什么特别的好事,尤其离京归藩,似乎一直是宗王的噩梦。咸宁三年藩国新政,"所增徙各如本奏遣就国",诸王"涕泣而去",戚戚状如丧考妣①;武帝遣司马攸归藩、出镇,更引发朝局危机。"辛亥二变"中,司马亮、卫瓘"奏遣诸王还藩",司马玮等愤愤然、行极端。甚至司马伦出于对司马冏的忌惮,遣其出镇,尚需附加待遇,"以宠安之"。

到了"三王举义"得成,诸王竟多求出镇,且无所怨,先前"皆恋京师"、离之而涕泣的宗亲们,"画风"诡异一变,皆跃跃欲试。

原以"推恩"得公爵的司马懿之孙、司马骏之子司马歆,"义"成后"以勋进封新野郡王,邑二万户",由南中郎将迁使持节、都督荆州诸军事、镇南大将军、开府仪同三司②。

司马馗的三个孙子,即司马越一系的要员,司马虓由尚书"出为安南将军,都督豫州诸军事,持节,镇许昌",后又"进位征南将军";司马略"出为安南将军、持节、都督沔南诸军事";司马腾"征为宗正,迁太常,转持节、宁北将军、都督并州诸军事、并州刺史"③。

司马进之孙司马随则为安东将军,督扬州④。

_____

① 《晋书》卷24《职官志》,第三册第745页。

② 《晋书》卷38《司马歆传》,第四册第1126—1127页。

③ 《晋书》卷37《司马虓传》《司马略传》和《司马腾传》,第四册第1099—1101、1095—1097页。

④ 《晋书》卷4《惠帝纪》太安元年和卷37《司马逊传》,第一册第99—100页,第四册第1103页。

　　司马孚之孙、劣迹斑斑的司马楙，曾因"曲事杨骏"，"依法当死"，又因反司马亮而被贬，后委身司马伦甚至率军抵抗"义"师，司马伦败后竟又成平东将军、出镇徐州①。

　　所谓"三王"，以惠帝复位之诏，即："镇东大将军、齐王冏，征北大将军、成都王颖，征西大将军、河间王颙，并以明德茂亲，忠规允著，首建大策，匡救国难。"②"义"成，司马颙进位太尉，无意京师，仍踞关中③；司马颖更为决绝，征讨司马伦得胜后，仅入宫一拜，觐见惠帝完毕，"即辞出"，再谒太庙，随即"出自东阳城门，遂归邺"，只是留了封信与司马冏作别。"冏大惊，驰出送颖，至七里涧及之"，司马颖声泪俱下诉说母恋邺城、不忍离之云云，坚辞而去——实际上，"两雄不俱处，功名不并立"，司马颖并非真心谦退，而是时机不到，以退为进，"徐结四海之心"④。

　　晋之天下，从此由宗亲分治。

宗王共朝、朝局分裂

　　诸多宗王出镇的同时，在朝宗亲分享权势。惠帝复位后，"首义"司马冏得辅政之位，"拜大司马，加九锡之命，备物典策，如宣、景、文、武辅魏故事"⑤。

　　皇弟群体因司马伦败而翻身。除了司马颖，司马乂复封长沙

---

① 《晋书》卷 37《司马楙传》和卷 38《司马繇传》，第四册第 1088—1090、1123 页。
② 《晋书》卷 4《惠帝纪》永宁元年，第一册第 97—99 页。
③ 《晋书》卷 59《司马颙传》，第五册第 1620 页。
④ 《晋书》卷 44《卢志传》和卷 59《司马颖传》，第四册第 1256—1258 页，第五册第 1615—1617 页。
⑤ 《晋书》卷 4《惠帝纪》永宁元年和卷 59《司马冏传》，第一册第 97—99 页，第五册第 1606—1607 页。

王,先为抚军大将军并领左军将军,又"迁骠骑将军、开府",一雪受同母兄司马玮牵连遭贬十年的前耻①;司马晏因同母兄司马允事败被贬,司马伦欲杀之,赖群臣谏争而得不死,此际复为吴王,任上军大将军、开府,加侍中②;后为怀帝的司马炽也曾被司马伦拘禁,自此先为射声校尉,累迁车骑大将军、都督青州诸军事,但"未之镇",仍在朝③。

皇弟之外,与惠帝平辈的尚有司马闿之兄司马蕤为散骑常侍,加大将军,领后军、侍中、特进,增邑满二万户④;司马闿之弟司马寔则为侍中、上军将军⑤。后来承制始立东晋的元帝司马睿,此时似在左将军位上⑥。

宗室长辈,前及出镇宗王为八,惠帝的伯叔之辈占七;在朝中,惠帝伯叔辈的有司马懿之孙司马繇与司马澹兄弟,司马馗之孙司马越与司马模兄弟,以及司马兼、司马宗、司马熙、司马畅……⑦

远支的司马馗一支至此已有喧宾夺主之势,风头超过司马懿一支,其他诸支更难比拟。历经贾氏败亡、司马伦覆灭以及"三王举义",该支权势安然无损,近侍惠帝二十年的司马越跃居"三公"而为

---

① 《晋书》卷59《司马义传》,第五册第1612—1613页。

② 《晋书》卷64《司马晏传》,第六册第1724—1725页。

③ 《晋书》卷5《怀帝纪》,第一册第115页。

④ 此载中的"大将军",当系司马蕤以"列将军"而"加大将军",故其未能如愿"开府",否则不致后有怨恨其弟之事;如其已为"重号将军",加"大将军"则已可"开府",无需再争,见《晋书》卷4《惠帝纪》永宁元年、卷24《职官志》和卷38《司马蕤传》,第一册第97—99页,第三册第725、728—729页,第四册第1135—1136页。

⑤ 《晋书》卷4《惠帝纪》太安元年和卷38《司马寔传》,第一册第99—100页,第四册第1136页。

⑥ 《晋书》卷6《元帝纪》,第一册第143—144页。

⑦ 《晋书》卷38《司马澹传》《司马繇传》和《司马澹传》,第四册第1122—1124页。

司空、领中书监,赫然已主领中朝、成为朝望所在①;两个弟弟司马确、司马腾以及堂兄司马虓一并出为藩镇;幼弟司马模也在朝为任②。凡此五人,即将风生水起。

司马伦僭制、篡政时间短暂,尚可指派"觇"者窥测、监视司马冏;"三王举义"之后情况相反,出镇宗王派人入朝监探中枢,例如投靠司马颙的李含成为朝中翊军校尉③。

智弱惠帝已道具化、玩偶化,完完全全沦为傀儡。后之宗王,只要位极人臣,口口声声奉帝行事,实际上无一例外地挂羊头卖狗肉。一面是皇帝名义上不变,另一面则是宗亲林立、互不相属,西晋陷于有朝无政的状态。

---

① 《晋书》卷 4《惠帝纪》太安元年和卷 59《司马越传》,第一册第 99—100 页,第五册第 1622 页。《司马越传》载:"(司马越)初以世子为骑都尉,与驸马都尉杨邈及琅邪王伷子繇俱侍讲东宫,拜散骑侍郎。"据此推断,司马越"侍讲东宫"当在咸宁之末与太康之初(280 年前后)。

② 《晋书》卷 37《司马确传》《司马腾传》《司马模传》和《司马虓传》,第四册第 1095—1101 页。

③ 《晋书》卷 60《李含传》和卷 59《司马颙传》,第六册第 1643—1644 页,第五册第 1620—1621 页。

第九章 "八王之乱"的高潮和终局

第一节 重释"八王之乱"

"八王之乱":人为连贯起来的故事

司马伦速篡、速灭后,人主成为傀儡,强势宗亲几无例外地竞逐摄位,无所不用其极,"八王之乱"进入各路强宗自相残杀的疯狂阶段。

有关"八王之乱",不宜笼统作论。"八王之乱"的概念出自《晋书》:"西晋之政乱朝危,虽由时主,然而煽其风,速其祸者,咎在八王,故序而论之,总为其传云耳。"①按这一叙事,武帝身后"三杨"覆灭、司马亮秉政,"八王之乱"即已开始,乱局长达十五年多,直至光熙元年(306 年)六月惠帝复归洛阳或十二月第七个乱王司马颙被杀为止②。

---

① 《晋书》卷 59"序",第五册第 1589—1590 页。
② 《晋书》卷 4《惠帝纪》太熙元年、卷 5《怀帝纪》光熙元年和卷 59《司马颖传》《司马颙传》《司马越传》等,第一册第 89、115—116 页,第五册第 1615—1628 页。

但实际情况并非如此。

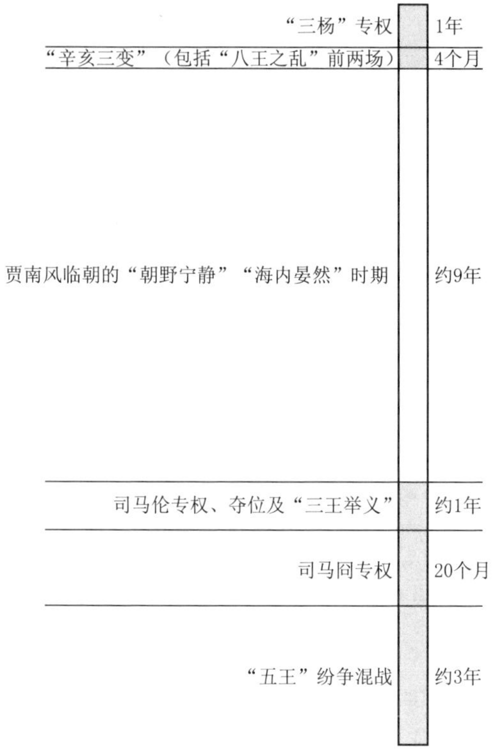

"三杨"专权	1年
"辛亥三变"（包括"八王之乱"前两场）	4个月
贾南风临朝的"朝野宁静""海内晏然"时期	约9年
司马伦专权、夺位及"三王举义"	约1年
司马冏专权	20个月
"五王"纷争混战	约3年

图 9-1　"八王之乱"各阶段历时情况示意图

　　"八王之乱"实际历时仅为六年,其间却有长达九年的贾南风临朝的"天下暂宁"①,若将逾十五年的世道一概称为乱世,不免造成误导。

　　史家为叙事之便,统列八王,未尝不可,但西晋皇朝并不是从武

---

① 　语出《晋书》卷 35《裴頠传》,第四册第 1042 页。

帝时的"天下乂安"一步便跌入劫乱深渊的,其间经历了复杂的政治演化和社会变故。具体地看八王,也是情形不一,故"八王之乱"的说法不甚确切。

一是名不副实。参乱宗王不止于八,列入的八王也非尽有作乱之举,至少像司马亮,即使已遭司马玮之兵的围捕,危急关头,司马亮甚至没有以自领的营兵拒捕自卫,反倒束手就擒,何乱之有?其悲剧因由无非得罪了司马玮等皇弟,又成为贾南风揽权的障碍。将其列为乱首之一,实在冤枉①。

二是执理无常。与司马亮显成对照的是司马允,他以矫诏为由兵指司马伦,反倒未在乱王之列。不仅如此,司马繇诛杀"三杨","率殿中四百人随其后以讨骏",事成后进位东安王,先是超越诏命杀死杨骏、滥行诛赏,进而挟私报复、擅杀无辜,再"欲擅朝政"甚至"密欲废后(贾南风)"而遭流放,却未入"八王之乱"册中②。还有"三王举义"后的司马攸之子司马蕤,不满其弟司马冏,与朝臣"谋共废冏","事觉,免为庶人"③,又缘何不是乱王?

三是是非不明。司马冏倡议举兵讨伐司马伦,得胜后秉政,被斥为"专擅",与皇弟司马乂在京师交兵争夺。记载上,一面说是司马冏"遣其将董艾袭乂",另一面又说是司马乂"发兵攻冏府","冏遣董艾陈兵宫西"④,莫衷一是。事有因果,如系司马冏主动出击司马乂,则司马冏作乱于先,罪无可赦;反之,如是司马乂举兵突袭司马冏在先,

---

① 《晋书》卷59《司马亮传》和《司马玮传》,第五册第1591—1593、1596—1597页。

② 《晋书》卷40《杨骏传》和卷38《司马繇传》,第四册第1179—1180、1123页。

③ 《晋书》卷38《司马蕤传》和卷59《司马冏传》,第四册第1135—1136页,第五册第1609页。

④ 《晋书》卷59《司马冏传》和《司马乂传》,第五册第1609—1610、1612—1613页。

则司马乂才是乱臣贼子。二人同成乱王，难道仅仅因为都有动武？

四是认知失据。诸王作乱，多称奉诏行事，但贾南风被黜后，惠帝所出诏命真伪莫辨，抗命不遵与举义之举、图谋不轨与维持皇统，无从定论。

至于其他有关"八王之乱"的记叙出入、议论抵触之处，不一而足。

"八王之乱"后，乱局仍未止息。至"永嘉之难"即怀帝永嘉五年（311 年）洛阳失陷，甚至到愍帝建兴五年（317 年）临时都城长安陷落、东晋承制，其间仍是内乱迭出。怀帝与八王的仅存者司马越纠缠不已，甚至"密诏苟晞讨东海王越"①；司马模、司马保父子据雍凉抗拒帝命，意与时在江南的元帝司马睿分庭抗礼②，皇族乱局，远不止于"八王之乱"期间。

解析"八王之乱"

人们很容易将"八王之乱"与西汉的"七国之乱"联系起来，实际上二者几乎完全不同。"七国之乱"是一起事件，藩王七人联手反叛、对抗中央皇权，交战三月而定；而"八王之乱"，除了宗王作乱一项与"七国之乱"相同外，实是一系列事件的合集，并且八王各怀鬼胎、尔虞我诈，形式上虽有数王策略性、暂时性的合纵或连横，实质却是八王以人为鏊，逐一登场。

根据不同的表现方式和作乱主题，"八王之乱"可分为三个段落。

① 《晋书》卷 5《怀帝纪》相关记载和卷 59《司马越传》、卷 61《苟晞传》等，第一册第 116、118、121 页，第五册第 1623—1626 页，第六册第 1666—1670 页。

② 《晋书》卷 37《司马模传》和《司马保传》、卷 6《元帝纪》相关记载，第四册第 1097—1099 页，第一册第 151—154 页。

段落之一：贾南风谋权、宗王为"用"。即"辛亥三变"之后二"变"，主题是杨、贾二系争夺大权，司马亮、司马玮等成为外戚争权中贾南风一系的工具或弃子。

段落之二：司马伦夺政、宗亲共讨。西晋后期的乱局中，明目张胆地窃鼎称尊、颠覆皇权者，唯司马伦一人。

段落之三：朝局失序、五王混战。大规模交锋一轮接一轮，加之穿插其间、不时发作的局部乱局，持续时间五年左右。经此浩劫，"社会经济受到严重破坏，人民大量伤亡，西晋的统治机能也从此瘫痪"①。

真正的大乱、浩劫，始于"三王举义"。

"三王举义"的贻害与荼毒

"三王举义"之所以加注引号，实因其无所谓"义"，或者说是有"举"而无"义"。《晋书》屡现"三王起义""三王之举义""三王起义兵""齐王冏举义兵，移檄天下"②，等等。在其时的语境中，"义"就是维护皇统正祚的同义语，但各路宗亲一哄而起，真是为了所谓的"义"吗？

且不论"三王"后来表现，"举义"之际，出镇关中的司马颙本来是打算派兵增援司马伦的，并且杀了辖域内起事响应司马冏的前安西参军夏侯奭等人，又将司马冏的传檄信使捕送司马伦。所派之兵行至途中，司马颙听说司马冏、司马颖"兵盛"，立即改换旗号，将派出增援司马伦的兵转为响应"举义"的兵，其本人摇身一变，竟也成了"举

---

① 何兹全等：《魏晋南北朝史》，第81页。
② 《晋书》卷38《司马湋传》和《司马歆传》、卷39《王浚传》、卷59《司马乂传》等，第四册第1124、1126—1127、1146—1147页，第五册第1612—1613页。

义"的三王之一①。

前及的司马歆,先是"未知所从",得僚佐提点,"赵王凶逆,天下当共讨之,大义灭亲,古之明典",这才入了"义"盟。司马囧入洛之际,身为叔辈的司马歆不惜屈尊"躬贯甲胄,率所领赴",终获厚报②。

所谓"义"盟,毋宁说是"益"盟、"利"盟。表面上,诸王"纠合义众,扫除元恶",实则概为"国家之祸,至亲之乱"的祸端③。

"三王举义"的贻害和荼毒,至少表现于西晋后期政治斗争三个方面的异变:

一是胜者擅权。此前,"三杨"既灭,得执大权者并非有功的司马玮、司马繇,而是宗室长老司马亮;"辛亥三变"落幕,主使者贾南风也不敢一系独大,而行以外戚加宗亲、重臣联合执政的政治平衡格局。大张旗鼓的"三王举义"固化了胜者专制朝政的模式,其后一而再、再而三复制,朝局由此全然进入"丛林法则"显灵的时期④。

二是各自为政。司马伦为帝,虽然荒诞滑稽,至少还以天下共主自尊。至司马囧起兵,各路宗亲响应"义举",顺势各自坐大、各行其是,不再政归于一。后来诸王反对司马囧,编个"斥罪忠良,伺窥神器"的理由便可兴师问罪;司马乂居朝,"奉上之礼未有亏失",司马颖和司马颙照样以"上矫君诏,下离爱弟"的罪名讨之⑤,以至于异姓朝

---

① 《晋书》卷 59《司马颙传》,第五册第 1620 页。
② 《晋书》卷 38《司马歆传》,第四册第 1126—1127 页。
③ 语出《晋书》卷 59《司马囧传》,第五册第 1609、1607 页。
④ "丛林法则"原系自然界中生物学方面的适者生存、弱肉强食的规律,引申至社会生活领域常具贬义,泛指以强凌弱、赢者通吃等现象。
⑤ 《晋书》卷 59《司马囧传》《司马乂传》《司马颖传》和《司马颙传》,第五册第 1605—1622 页。

臣后也动辄"拒矫诏""清君侧",丧失了最起码的底线。

　　三是举世战乱。这也是所谓"三王举义"最为严重的害处。直至司马伦僭政,都只在朝中发动政变,"三王举义"则开启了全社会的动荡浩劫之门,"羽檄所及,莫不响应",声势浩大,乱众群起。司马冏"奋三百之卒,决全胜之策,集四方之众,致英豪之士","率众入洛","甲士数十万,旌旗器械之盛,震于京都";司马颖的"义兵",越走越多,行二百里"至朝歌,众二十余万"①。胜败决出,死逾十万②,其中仅司马颖为示仁德而葬的,便有"造棺八千余枚","又命河内温县埋藏赵伦战死士卒万四千余人"③。

　　"义"成,人多势众便成为政治负累,喧嚣之众也渐呈疲态。司马颖不得已遣散兵众,"百姓乃安"④,但"义兵歃血而盟"的司马冏或出于控制朝政的目的,在"京城大清,篡逆诛夷"后,"而率百万之众来绕洛城",且"阻兵经年","久屯不散",以致"京师仓廪空虚"⑤。以此论之,究是司马伦篡政危害大,还是"三王举义"祸乱深重呢?

　　何况,这还仅仅是开头。

第二节　司马冏的不归路

司马冏之窘

　　"三王举义"后,惠帝于永宁元年(301 年)复位,司马冏挟"首义"

---

①　《晋书》卷 59《司马冏传》和《司马颖传》,第五册第 1606、1615—1617 页。

②　《晋书》卷 59《司马伦传》,第五册第 1605 页。

③　《晋书》卷 59《司马颖传》,第五册第 1616—1617 页。

④　《晋书》卷 59《司马颖传》,第五册第 1615—1617 页。

⑤　《晋书》卷 59《司马冏传》和卷 100《陈敏传》,第五册第 1606—1610 页,第八册第 2614 页。

之功,当仁不让地居朝辅政、专制朝局。

但司马冏的先天不足是很明显的:

一是资历殊浅、辈分较低。其父司马攸死后,司马冏嗣父位,勾结司马伦除贾又为司马伦所惮,出镇豫州,同期,司马颖、司马颙等皆位在司马冏之上①。辈分上,其时伯叔辈宗亲不下十六人,其中有司马越之类的权贵、显亲,也不乏司马楙之类的事主②,如此,晚辈越位不免触忌各方。

二是父辈纠葛、阴影尚存。武帝与司马攸之争也算宿怨,至少皇弟们对司马冏一系难以捐弃前嫌。司马伦灭,皇弟司马乂、司马颖兄弟"俱拜陵",司马乂言于司马颖:"天下者,先帝(指武帝)之业也,王宜维之。"③武帝在世时,唯恐司马攸以朝望之重、行僭越之实,危及惠帝;武帝、司马攸既已作古,作为司马攸之子的司马冏竟居朝而摄,几似诡异的世道轮回,皇弟们是不会放任事态发展的。

三是缺乏干臣、难能主政。前论辅政所需的"亲""姻""信""功"四项,司马冏除了"首义"光环,余一无所具。至于朝中,有"才力绝人"的皇弟司马乂牵制④,王戎、司马越分掌尚书、中书二台⑤,司马冏的近臣鲜获要职。

"三王举义"后的论功行赏、宗室分肥,在权势构造和地缘关系

① 《晋书》卷 59《司马冏传》《司马颖传》和《司马颙传》,第五册第 1606、1615、1619—1620 页。

② 《晋书》卷 37 和卷 38,第四册第 1081—1115、1119—1139 页。

③ 《晋书》卷 59《司马乂传》,第五册第 1591—1628 页。

④ 《晋书》卷 59《司马乂传》,第五册第 1612 页。

⑤ 《晋书》卷 43《王戎传》和卷 59《司马越传》,第四册第 1234 页,第五册第 1622 页。

上，实际形成一个围困司马颙自己的"囚笼"。

说明：地图来源于谭其骧主编：《中国历史地图集》，北京：中国地图出版社，1982年，第三册第33—34页。

图9-2　司马颙自制"囚笼"示意图

京师洛阳地处司州，环绕司州的是雍、并、冀、兖、豫、荆六州，形似拱卫，实亦牵制，从任一方向皆可迫近洛阳。所谓宗王"藩屏"，御外敌堪为屏障，困内患则成图圄。

司马颙辅政时期，上述六州方镇，雍、冀二州分别是三王中的司马颙、司马颖；并、豫二州为司马越一系的司马腾、司马虓；兖州或仍是王彦。四王皆非司马颙能制，王彦的政治倾向虽然不详，但琅邪王氏却是亲近司马越的。

如此局面，似非司马颙所愿。例如司马颙对自己所领豫州，本欲以其弟司马寔接替，未果①，豫州归了司马越一系。

唯有镇于荆州的司马歆相对倾向于司马囧，"三王举义"，司马囧甚言"使我得成大节者，新野公（司马歆）也"；司马歆出镇前，"与囧同乘谒陵"，借机游说司马囧："成都（成都王司马颖）至亲，同建大勋，今宜留之与辅政。若不能尔，当夺其兵权。"②司马囧闻而"不从"。实则不是"不从"，是欲从却不能。在武帝与司马攸之争中，司马歆之父司马骏支持司马攸③，或为二人交谊的由来。

欲加之罪、何患无辞

入住其父司马攸故居的司马囧此际却忙于"大筑第馆"。不过，除此之外，司马囧并无重大恶行，后来司马颙声讨司马囧，列举其罪行，有：

一是"沈湎酒色"，"不恤群黎"。指司马囧扩建父第，甚至仿皇宫之制，占用了市肆、官衙之地，"毁坏庐舍以百数"，并且逾制，"后房施钟悬，前庭舞八佾"，酒池肉林、幸妻嬖妾，以至"不入朝见"。

二是"群奸聚党"，"密署腹心"。"首义"功成，司马囧封赏亲随五人，号曰"五公"，"委以心膂"；与其共举"义兵"的豫州刺史何勖等也得重用。

三是"斥罪忠良"，"加罪黜徙"。殿中御史桓豹未经司马囧府奏事，便被考讯致死；府中主簿王豹谏言，竟遭杀害；其兄、东莱王司马蕤被流徙，后司马囧又指使人害之。

四是"不守臣节"，"伺窥神器"。诸如在许昌私立官属、不依例朝

---

① 《晋书》卷 38《司马寔传》，第四册第 1136 页。
② 《晋书》卷 38《司马歆传》，第四册第 1126—1127 页。
③ 《晋书》卷 38《司马骏传》，第四册第 1124—1126 页。

觊、令公卿跪拜自己①。

以上这些,颇有欲加之罪、何患无辞的意味。任一重臣皆需征辟僚佐、树立腹心,司马囧麾下,"五公"因讨伐司马伦而得封爵,其职并不显要;何勖于武帝之末已为廷尉,"举义"后由豫州刺史升为车骑将军并领中领军,也不为过,并且从后来司马乂能够控制宫禁、裹挟惠帝、诛杀司马囧的过程看,何勖的领军之任似是徒有其名。同期,司马颖有"表论兴义功臣卢志、和演、董洪、王彦、赵骧等五人,皆封开国公侯",何以在司马颖是所谓"成美"之事,在司马囧就是"树立私党"呢?②

至于祸及忠良、残害骨肉,桓豹遭遇"考竟"或是一例,但司马蕤之死、王豹之难,皆事有前因、咎由自取。

司马蕤系司马攸长子、司马囧之兄,嗣早夭叔父,得立辽东王,后徙东莱王。史称司马蕤"性强暴",酗酒,不止一次地欺侮司马囧,司马囧因其为兄长而不与计较。司马囧"举义",在朝的司马蕤被司马伦拘禁,险遭诛杀;司马囧"拥众入洛",没有及时和兄弟相会,即遭司马蕤的怨恨:因为你,我差点送命,你却这么慢待我! 司马囧待司马蕤并不寡薄,司马蕤却不满足,要求"开府",司马囧为难:武帝之子司马晏、司马炽尚未开府,还是不要着急吧! 司马蕤因此更加怨恨,一方面奏劾司马囧"专权",另一方面与投靠司马伦又背叛司马伦的左

---

　　①　《晋书》卷 59《司马囧传》、卷 38《司马蕤传》、卷 43《王衍传》和卷 89《王豹传》等,第五册第 1606—1611 页,第四册第 1135—1136、1137—1138 页,第八册第 2303—2306 页。

　　②　《晋书》卷 59《司马囧传》《司马乂传》和《司马颖传》,第五册第 1606—1611、1612—1613、1616—1617 页。何勖事见卷 59《司马亮传》,第五册第 1592—1593 页。

卫将军王舆密谋杀害司马囧。事泄,王舆被诛,司马蕤先被废为庶人,不久又被流徙到上庸,上庸内史陈钟受司马囧指使,暗害了司马蕤。

整个过程,和司马颙所捏造的司马蕤是司马囧谋逆的知情人,因此司马囧构陷司马蕤,杀人灭口之说①,大相径庭。

至于《晋书》将王豹列为"忠义",纯属荒谬!王豹"初为豫州别驾,齐王囧为大司马,以豹为主簿"。王豹数度建言辅政的司马囧尽出宗王、以免祸端,司马囧不以为然——实是无能为力。不意,司马乂碰巧看到王豹的书函,对司马囧说:这个小人离间骨肉,为什么不杀了他!朝局微妙,司马囧显然不能背负放任部属间离宗亲的罪名,于是奏杀王豹。临死前,王豹哀嚎:"将我的头挂在城门上,我要看着诸王率兵攻伐司马囧!"②

诸多宗王事实上已裂土封疆、各据一方。在朝宗亲,皇弟司马乂、司马晏、司马炽(怀帝),以及司马越、司马繇、司马漼,其余史载未显的宗亲更不必论,该等岂是司马囧能够"尽出"的?即使"出"之,岂非显得司马囧更为专恣!劝司马囧"委权崇让",虽然天真,尚可称为益世良言;促司马囧悉数放逐宗王,纯系无谓挑拨、痴人说梦。并且,从事之因果看,王豹之死,与其说是司马囧之过,毋宁说是司马乂之罪。

"委权崇让"的喧嚣与旷世之奸的毒计

司马囧辅政,满打满算不到二十个月③,从诸多迹象看,其还是

---

① 《晋书》卷 38《司马蕤传》、卷 59《司马伦传》和《司马囧传》,第四册第 1135—1136 页,第五册 1604—1605、1606—1611 页。

② 《晋书》卷 89《王豹传》,第八册第 2303—2306 页。

③ 《晋书》卷 4《惠帝纪》永宁元年和太安元年,第一册第 97—100 页。

竭力平衡朝局、迎合宗亲的:当政期间继续维持了司马伦所立皇后羊献容的地位,立司马遹之子司马尚为皇太孙,封司马乂之侄、司马玮之子司马范为襄阳王①。

如此示好,无济于事。司马冏主朝不久,便出现劝其"委权崇让"、功成身退,转以血缘关系更近惠帝的皇弟辅政的舆论。

司马冏本人的掾属孙惠评论道,司马冏"建不世之义,而未为不世之让",未能"崇亲推近,功遂身退,委万机于二王(司马乂与司马颖)",实令"天下惑之",故谏其"义让功举"、归藩之国。孙惠本为孙吴旧臣之后,从政始于"赴齐王冏义,讨赵王伦",其言崇让,当出于对司马冏"外以权势受疑,内以百揆损神"的忧心忡忡②。另一掾属、先前侍奉太子的江统也有"切谏",但"文多不载"③。

直到司马颙发难,司马越、王戎仍建议司马冏"委权崇让",作为重臣,其劝谏的目的不似司马冏僚佐那么简单。

司马冏时处在两难境地。"汉、魏以来,王侯就第宁有得保妻子者乎!"④虽说一般王侯晚景并非不堪,但权臣一朝得手,便无洗心革面、立地成佛的机会。擅政乃是政治的不归路,"委权崇让",结局可能适得其反,沦落到人为刀俎,我为鱼肉。

何况,每一位政治人物的背后,都有众多的支持者、追随者。

① 《晋书》卷4《惠帝纪》永康元年和永宁元年、卷31《惠羊皇后传》,第一册第96—97页,第四册第966页。

② 《晋书》卷59《司马冏传》和卷71《孙惠传》,第五册第1607—1608页,第六册第1881页。

③ 《晋书》卷56《江统传》,第五册第1538页。

④ 语出《晋书》卷59《司马冏传》所载司马冏亲随反对"委权崇让"的说辞,第五册第1609—1610页。

或为自壮声势，或因"赏报稽缓"、事功未酬，司马冏"义募"之兵久聚不散，已遭指责，"义让功举"，在司马冏，无异于背弃己众、自失人心。

除灭司马冏、再度陷世于浩劫的谋主是司马颙，先锋是司马乂，出谋划策者则是前及的李含。

元康年间不得志的李含，在司马伦夺位后时来运转，先是有人言于孙秀，"李含有文武大才"，但孙秀仅以东武阳令之职敷衍之。是司马颙的信任和力争，使李含成为征西司马，很快又转长史，李含遂成为司马颙死心塌地的党羽。"三王举义"中，司马颙的首鼠两端、见风使舵，"皆含谋也"。

司马冏辅政期间，李含被司马颙派入朝中做坐探，长期交恶李含的皇甫商时为司马冏的僚佐，司马冏的右司马赵骧"又与含有隙"，李含处境冤家云集，不得已逃离京师，回奔司马颙，谎称奉有惠帝讨伐司马冏的密诏，游说、诱导司马颙兴兵剪除司马冏。

李含所出计谋是：朝中之势，司马乂弱而司马冏强，司马颙先传檄天下，促朝中的司马乂起兵击杀司马冏，司马冏必能擒杀司马乂，进而再以司马乂遇难为由，加罪司马冏，与司马颖等联手讨伐司马冏，事成后拥司马颖上位、由司马颙辅政①。

司马颙自然认同李含"导以利谋"之奸计。不过从事态发展看，司马乂并非司马颙的"棋子"，其也谋划除杀司马冏，二人或非沆瀣一气，却是不谋而合。

---

① 《晋书》卷 59《司马颙传》《司马乂传》和《司马冏传》、卷 60《李含传》，第五册第 1620—1621、1615—1616、1608—1609 页，第六册第 1643—1644 页。

司马乂残灭司马囧

司马颙依计而行，太安元年(302—303 年)十二月上奏，指责司马囧"窥伺神器，有无君之心"，要求"废囧还第"，并鼓动在朝的司马乂"同奋忠诚"、促成此事。

于是，司马乂率百余人飞驰入宫、关闭诸宫门、挟持惠帝，"奉天子与囧相攻"，并"起火烧囧府，连战三日，囧败，斩之，并诛诸党与二千余人"，且"诸党属皆夷三族"，血腥程度与诛灭"三杨"事变不相上下。

司马乂抓获司马囧后，押解至殿前。惠帝心有不忍，欲救司马囧一命，但司马乂无视惠帝之意，"叱左右促牵出，囧犹再顾，遂斩于阊阖门外，徇首六军"，并"暴囧尸于西明亭，三日而莫敢收敛"，"囧故掾属荀闿等表乞殡葬"，方得归土，司马囧三子也遭幽禁①。

"乂弱囧强"，常理上，弱势的司马乂似不会先出手。然而，司马乂有谋在先。如前所述，司马乂挑动司马囧诛杀王豹，口口声声斥王豹"离间骨肉"，暗地里司马乂却与刘暾"谋伐"司马囧，不惜骨肉相残，事后刘暾"封朱虚县公，(食)千八百户"②。如无预谋，司马乂行云流水般先发制人，奔入宫、闭通道、挟天子……如何能施展？并且，如系司马囧恃强凌弱，以其辅政之势，怎能不设宫禁、不加防范，而任由司马乂得手呢？③

---

①　《晋书》卷 59《司马囧传》和卷 4《惠帝纪》太安元年，第五册第 1608—1613 页，第一册第 99—100 页。

②　《晋书》卷 45《刘暾传》、卷 59《司马乂传》和卷 89《王豹传》，第四册第 1280—1282 页，第五册第 1612—1613 页，第八册第 2303—2306 页。

③　(唐)张守节：《史记正义》"谥法解"，《史记》，第四册第 2891、2897 页。

第三节　司马乂恶有恶报

虽弱势却酷虐的司马乂

武帝诸子中,同母所出的司马玮、司马乂二人全无其父的仁厚之风。《晋书》虽云司马玮"开济好施,能得众心",司马乂"开朗果断,才力绝人,虚心下士,甚有名誉"①,但二人的所作所为,尽现残忍酷虐。

同母兄司马玮被诛,连累司马乂被贬之常山,长达十年。十年之后,司马乂的戾气、凶残比其兄司马玮有过之而无不及。其他藩国的国相或内史多与宗王亲密无间,例如司马允与刘颂②。司马乂不然,附从"三王举义",领兵行至邺城,杀了"可能"背叛自己的常山内史程恢,顺带着将程恢五子悉数残害;行军路过赵国,"房子令距守",司马乂又将其诛杀③。

"三王举义"后,司马乂既不归藩,也不出镇,以最年长的皇弟身份留于朝中。以血缘论,太安元年(302至303年)三月皇太孙司马尚夭折④,司马乂最接近大位。

受同母兄司马玮"性很戾"并残害宗亲、功臣的牵连,囿于属国十年,遇有时机便凶残过人,司马乂难得朝野称誉。或因此故,自始至终,司马乂身边既无得力亲随,宗亲和重臣中更少有司马乂的支持者。在司马颙及李含眼里,司马乂仅具牺牲品的价值。出乎意料,司

---

① 语出《晋书》卷59《司马玮传》和《司马乂传》,第五册第1596—1597、1612页。
② 《晋书》卷46《刘颂传》和卷64《司马允传》,第五册第1293—1294、1308页,第六册第1721—1722页。
③ 《晋书》卷59《司马乂传》,第五册第1612页。
④ 《晋书》卷4《惠帝纪》太安元年和卷53《司马尚传》,第一册第99—100页,第五册第1464页。

马乂竟灭司马冏，取而代之，司马颙及李含"翻车"，但司马颙没有怪罪失算的李含，反而继续听从李含，祸乱再起不可避免①。

司马颙、司马颖共伐司马乂

司马冏败亡后，司马乂径为辅政权臣，仅仅半年，甚或更短，其与司马颙、司马颖便彻底反目。

司马颙与司马颖二人并非始终是"战友"，否则不致出现司马伦篡位，司马颙拥而司马颖反的背离。但自司马伦覆灭起，二人渐结同盟，司马颙及李含针对司马冏的毒计，便以司马乂殉、司马颖立、司马颙擅为目的②。

司马冏败亡，李含又被司马颙举为河南尹，近在京师。据载，司马颙指使李含等谋杀司马乂，事败；司马颖也"遣刺客图乂"，同样不成。后来，李含被司马乂所疑，"乂乃杀含"③。在李含先前的诡谋中，司马乂是牺牲品，然李含终死于司马乂之手，也是苍天有眼。

李含之死成为新一轮事变的导火线。司马颙、司马颖很快作出反应，太安二年(303 年)八月，二人以清君侧即"诛后父羊玄之、左将军皇甫商等"为名，"同伐京都"，传檄天下要求司马乂"就第"；司马乂

---

① 《晋书》卷59《司马乂传》和《司马颙传》、卷 60《李含传》，第五册第 1612—1614、1620—1621 页，第六册第 1643—1644 页。

② 《晋书》卷59《司马颙传》和《司马颖传》，第五册第 1616—1618、1620—1622 页。

③ 《晋书》卷59《司马乂传》，第五册第 1612—1615 页。又云："中书令卞粹、侍中冯荪、河南尹李含等贰于长沙王乂，乂疑而害之。"见《晋书》卷 4《惠帝纪》太安二年，第一册第 100—102 页；还有说是与李含积怨、此际党附司马乂的皇甫氏将李含为司马颙出谋划策的恶行密告司马乂，"乂乃杀含"，见《晋书》卷59《司马颙传》、卷 60《李含传》和《皇甫重传》，第五册第 1591—1628 页，第六册第 1643—1644、1637—1639 页。无论记载如何不一，有一点确凿无疑：矛盾激化，司马乂杀了李含。

则以近侍惠帝之利，作诏率军御之，交战数月，局面胶着①。

乱局不绝，朝臣忧虑，推出中书令王衍行太尉名、光禄勋石陋行司徒名，前往邺城，游说司马颖与司马乂"分陕而治"、止战息兵，但碰壁而归②。

司马乂的末日

司马乂与司马颙、司马颖的对阵，"连战自八月至十月"。据守京师的司马乂一方"战久粮乏，城中大饥"，面对严峻局势，一说是"虽曰疲弊，将士同心，皆愿效死"③；另一说则是"乂固守洛阳，殿中诸将及三部司马疲于战守"④。或是记载矛盾，或是其时人心浮动，主力战者与主媾和者兼有，两说各自显示洛阳城中部分兵民的想法。笔者推断，下层兵士贪功恋战，而上层则主张休兵以保身家，司马乂败后愤斥"朝臣无正，各虑私困"，原由或即于此。

孤守城池，久之必难。司马乂"发王公奴婢手舂给兵稟"还不算，又祭出先前致司马伦于死地的伤天害理、自绝于众的昏招：征召官吏眷属参战，"一品已下不从征者、男子十三以上皆从役"，"又发奴助

---

①　《晋书》卷4《惠帝纪》太安二年，卷59《司马乂传》《司马颖传》和《司马颙传》等，第一册第100—102页，第五册第1612—1614、1616—1618、1620—1622页。

②　《晋书》卷59《司马乂传》和《司马颖传》，第五册第1612—1614、1616—1618页。"分陕而治"，典出西周周公、召公共辅成王时，为安天下，以陕塬（今之河南省三门峡市陕州区一带）为界，分而治之，今陕西之得名，即陕塬以西，见《史记》卷4《周本纪》、卷33《周鲁公世家》和卷34《燕召公世家》，第一册第112—118页，第二册第1389—1392、1417—1418页。在此，"分陕"寓意划分势力范围，并非实指地理位置，遭司马诔、被司马阿杀的王豹先前曾建言，"北与成都（司马颖）分河为伯，成都在邺，明公（司马阿）都宛"，同时"皆遣王侯之国"，见《晋书》卷89《王豹传》，第八册第2303—2306页。

③　《晋书》卷59《司马乂传》，第五册第1612—1615页。

④　《晋书》卷59《司马越传》，第五册第1623页。

兵,号为四部司马",祸及全城尤其百官①。

主和诸将遂叛,拘禁关押司马乂,推出朝中的司马越,"逼(司马)越为主,启惠帝免乂官";忠于司马乂的一派则密谋劫出司马乂,继续与司马颖、司马颙血战到底。烂摊子交到司马越手上,既紧迫又棘手。

危急关头,"大才"堪比李含的幕僚潘滔为司马越谋:借司马颙部将之手杀掉司马乂!于是,被抛弃的司马乂落入进攻洛阳的司马颙部将张方之手,遭到"炙而杀之"的虐待,即被活活烤死,据说其"冤痛之声达于左右"②。

八王中地位最高、权势最大的不是司马乂,最终胜者更不是司马乂,但八王中残暴酷虐之最者无疑是司马乂。不到一年前,司马囧及数以千计的追随者惨死③,司马乂临终应该想到:其实是众多冤魂借张方之手向其索命。

司马乂死后谥"厉",意即"杀戮无辜""暴虐无亲"。对比之下,被司马乂残杀的司马囧,永兴年间(304 至 305 年)即诏称其"轻陷重刑",永嘉年间(307 至 313 年)又怜其不寿,"重述囧唱义元勋",并追谥"武""闵",论定其功。诏谥司马乂和司马囧的皆为怀帝,怀帝时在

---

① 《晋书》卷 4《惠帝纪》太安二年和卷 59《司马乂传》,第一册第 100—102 页,第五册第 1612—1615 页。

② 《晋书》卷 59《司马乂传》和《司马颖传》、卷 60《张方传》、卷 4《惠帝纪》太安二年,潘滔事见卷 62《刘舆传》等,第五册第 1612—1615、1622 页,第六册第 1644—1645、1692 页,第一册第 100—102 页。

③ 司马乂攻、杀司马囧,"并诛诸党与二千余人","诸党属皆夷三族",见《晋书》卷 59《司马囧传》和《司马乂传》、卷 4《惠帝纪》太安元年,第五册第 1608—1610、1612—1613 页,第一册第 99—100 页。

洛阳，近距离亲历、亲闻二人的事变过程，予堂兄司马冏以"武""闵"之美谥、悲谥，而予亲兄司马乂以"厉"之恶谥、罪谥，当非无缘无故①。但《晋书》将二人同列为祸首，某种程度上失之公允和厚道。酿成乱王者，司马亮居首，司马冏即其次。

司马越：最终胜者开始步向前台

前及，贾南风时期，司马越一系俨然成为当朝宗亲的最大权势阵营。该系甚为隐忍，纷争之际少有出头，但趁乱取益从不落人后，并且在伪饰方面，司马越从不吝花言巧语，扮演着秉持道义、平息事端的角色。

这为司马越赢得了人心。司马颙与司马颖联手进逼司马冏，司马越联合王戎等"说冏委权崇让"，迎合了诸多朝臣之意②；到司马颙、司马颖攻伐司马乂时，朝中诸公鼓噪"分陕而治"，王衍等出使邺城游说司马颖，以司马越的朝中地位及其与琅邪王氏的密交，不得司马越意，王衍等无以成行③。

司马乂对抗司马颙、司马颖之时，司马越及诸多朝臣皆在洛阳。司马乂既奉惠帝，朝臣与帝同在，自然"政治正确"，但客观上，诸臣如此，实也将自己置于司马颙和司马颖的对立面，这为后来司马越讨伐司马颖的从者众多埋下了伏笔。

与司马乂相比，浸淫朝中二十多年的司马越显然有着司马乂所不具备的优势，到诸将主张停战、兵变拘禁司马乂，"逼越为主"之际，

---

① （唐）张守节：《史记正义》"谥法解"，《史记》，第四册第 2891、2897 页；《晋书》卷 59《司马冏传》和《司马乂传》，第五册第 1608—1610、1612—1613 页。

② 《晋书》卷 59《司马冏传》，第五册第 1609—1610 页。

③ 《晋书》卷 59《司马乂传》，第五册第 1613—1614 页。

司马越遂半推半就地走到前台。

然其面临的选择是两难甚至多难的。

继续司马乂的战策、代其指挥众人抵抗司马颙与司马颖,毫无意义。并且,司马乂虎落平阳,很大程度上源于部将拒战,司马越不能拂逆众议。何况作为远支宗亲,收押一皇弟又迎击另一皇弟,岂非自为乱主、自取灭亡!

主动惩处司马乂,即使冒用惠帝的名义,也会变成司马越不义,无谓地蹚入皇弟阋墙的浑水,何况此际,洛阳城内仍不乏效忠司马乂的将士。

为难之际,潘滔以其"大才"解救了司马越:假手司马颙部将除掉司马乂。这样做,虽有出卖之嫌,但既然皇弟之间你死我活,总有一方会成为冤鬼,只要司马越不是直接的凶手,扔掉被囚的"烫手山芋"司马乂,便是善策。李含歹毒,潘滔至多只是奸诈。

司马乂败死,"事定,越称疾逊位",但"帝不许,加守尚书令"①。司马越的推辞,是为了显示自己"委权崇让",还是为了平复那些仍对司马乂心存忠、悯者的心情,甚或不过是以退为进的忸怩作态?

第四节 "形美而神昏"的司马颖

司马颖与权势峰巅一步之遥

司马乂死后,武帝之子仅余四人:智弱惠帝、因疾加剧而"不堪朝觐"的司马晏、闭门"自守"的司马炽以及司马颖②。似乎,司马颖成

---

① 《晋书》卷 59《司马越传》,第五册第 1622 页。

② 《晋书》卷 4《惠帝纪》、卷 5《怀帝纪》、卷 59《司马颖传》和卷 64《司马晏传》,第一册第 102—104、115 页,第五册第 1615、1617 页,第六册第 1724—1725 页。

为看护"先帝之业"的不二人选。

灭掉司马乂之后,永兴元年(304 年),身为武帝第十六子的司马颖上位丞相,进而被立为皇太弟。联手司马颖的司马颙也得回馈,为太宰、大都督、雍州牧。

司马乂曾对司马颖之兵"斩获六七万人",司马颖一方取胜后毫不手软,"殿中宿所忌者,颖皆杀之,以三部兵代宿卫";司马颙部将张方撤离时仍不忘"大掠洛中,还长安"①。

督邺、参乱的逾四年间,司马颖积聚了可观的实力,其阵营显较司马冏、司马乂等更盛:

一是辖地大族依附甚多。司马颖出镇邺城,属地著名的范阳卢氏之后卢志即被"委以心膂,遂为谋主",司马颖的重要政治作为,几乎皆出自卢志之谋;家籍冀州的石苞之孙石超成为司马颖的主要将领,随司马颖征讨司马伦,以报司马伦杀其父石乔、其叔石崇之仇,并自始至终参与了司马颖的各期军事行动;"二十四友"中的冀州仕宦之家之后牵秀"好为将帅",司马乂令其征讨乱民,其却借机投奔司马颖。

二是朝官投附。"三王举义",司马颖阵营即有"邺令卢志为左长史,顿丘太守郑琰为右长史,黄门郎程牧为左司马,阳平太守和演为右司马"。曾经跻身"二十四友"后则转投司马颖的,除了牵秀,还有"二陆"、王粹等;原为朝官的江统、蔡克、枣嵩,此际也随了司马颖②。

---

① 《晋书》卷 4《惠帝纪》永兴元年,卷 59《司马乂传》《司马颖传》和《司马颙传》,卷 60《张方传》,第一册第 102—104 页,第五册第 1613—1615、1617—1618、1620—1621 页,第六册第 1644—1646 页。

② 《晋书》卷 33《石超传》、卷 44《卢志传》、卷 54《陆机传》和《陆云传》、卷 56《江统传》、卷 59《司马颖传》、卷 60《牵秀传》,第四册第 1000—1003、1256—1258 页,第五册第 1479—1481、1484—1486、1538、1616—1619 页,第六册第 1635—1636 页。

三是"义募"兵士征遣自如。"三王举义"时司马颖举兵,"羽檄所及,莫不响应",事后"留义募将士既久,咸怨旷思归","颖知不可留,因遣之"。仅过不久,对抗司马乂之际,司马颖自称"今武士百万,良将锐猛","后张昌扰乱荆土","颖拜表南征,所在响赴",即使其失势后,仍有"邺中故将公师藩、汲桑等起兵以迎颖,众情翕然"①。

司马乂辅政期间张昌反乱,司马颖南征,"会昌等平,乃回兵以讨乂"。此功既立,主要幕僚卢志谏其"顿军关外,文服入朝",司马颖不从,且"恃功骄奢,百度弛废,甚于囧时"②。史称司马颖"形美而神昏,不知书"③,观其表现,的确是一再利令智昏。

拒入京师、自立于邺城

司马颖的"神昏",尤在三者:

一是交友不慎,结盟司马颙。"三王举义"推翻司马伦,"委事于(卢)志,故得成其美"的司马颖拒入京师、托辞归邺,避与司马冏"两雄俱处","功名并立",不失为现实与明智之策。但司马颙抬举司马颖、打压司马冏,司马颖上钩,"及河间王颙纳李含之说,欲内除二王(司马冏和司马乂),树颖储副,遣报颖,颖将应之,志正谏,不从",自此,上了贼船,不再回头。

二则兄弟阋墙,剿杀司马乂。朝臣指望皇弟同心辅弼,司马颖却

---

① 《晋书》卷59《司马乂传》和《司马颖传》,第五册第1613—1619页。

② 《晋书》卷44《卢志传》和卷59《司马颖传》,第四册第1256—1258页,第五册第1616—1619页。平定张昌叛乱之功归司马颖的记载,似与有关刘弘、刘乔等的记载抵触,见《晋书》卷61《刘乔传》、卷66《刘弘传》和卷100《张昌传》,第六册第1672—1673、1763—1782页,第八册第2612—2614页。

③ 《晋书》卷59《司马颖传》和卷64《司马乂传》,第五册第1617页,第六册第1720页。

无视众议，偏入司马颙摆布之局，围攻京城、伐灭司马乂。司马颙受益良多，但司马颖却与朝中百官、世道民心渐行渐远。

三是自立于邺城，触犯众怒。揽持大权后，司马颖既为丞相、皇太弟，增封二十郡，仍然拒入京师、还镇邺城，并且"乘舆服御皆迁于邺"，"僭侈日甚，有无君之心"，"大失众望"①。

这样一来，朝政呈洛阳、邺城、司马颙所在的长安三个政治中心并列的局面。一方面，司马颖人在邺城、遥制朝政，引起朝中百官极大的抵触和反感。皇宫宿卫归相府控制，司马颖又"以兵五万屯十二城门"，洛阳名为京都，实际上成了司马颖幽禁惠帝及众臣的牢笼②。另一方面，司马颖人不入朝，虚京实邺，卢志已为中书监，但"留邺，参署相府事"③，被称做"凤凰池"的中书省已非帝属；石超为中护军，职掌禁军，也侍司马颖在邺。

司马颖屡拒入朝，转以自己经营的邺城为巢，自有考量。先前，乱王入京、居朝，无一不是自陷死地。其时又有诸多宗亲觊觎摄位，身在洛阳的权臣不免像司马冏、司马乂似的自陷囹圄。邺城不同，前有建安九年（204 年）曹操从袁氏手中夺得邺城，遂以其为大本营，遥控朝廷、渐而代汉④，不轨权臣对其心生无限遐思。洛阳逐步空心化，无需过多时日，届时司马颖只要宣示以邺为都，即可重演曹操与汉献帝或武帝与魏少帝的故事，天下易主。

---

① 《晋书》卷 59《司马颖传》和《司马颙传》、卷 44《卢志传》，第五册第 1617—1619、1620—1621 页，第四册第 1256—1258 页。

② 《晋书》卷 4《惠帝纪》太安二年和永兴元年、卷 59《司马颖传》，第一册第 100—104 页，第五册第 1617—1619 页。

③ 《晋书》卷 44《卢志传》，第四册第 1256—1258 页。

④ 《三国志》卷 1《武帝纪》建安九年以及相关记载，上册第 19—21 页。

朝中众臣不会看不透司马颖的心思,也无论如何不能坐待如此前景。

君臣共讨司马颖:"乙丑之盟"与荡阴之败

司马颖控邺城及冀州,司马颙主政关中,其余仍为各系政治势力的领地,宗亲瓜分天下的格局,此际并无根本变化。不仅如此,新近两大因素更令司马颖和司马颙陷于不利:一则司马颖不在洛阳,实际丧失了对惠帝以及朝政的直接控制能力;二则宗亲不亦乐乎地争斗,客观上已给异姓朝臣提供了坐大的机会,不止朝中,还有外镇,如幽州的王浚、豫州的刘乔、荆州的刘弘等①,异姓势力已非司马颖、司马颙所能控制。

司马颖紧逼司马乂获胜仅过半年,永兴元年(304 年)七月,"右卫将军陈眕以诏召百僚入殿中,因勒兵讨成都王颖"。随即惠帝亲征、百官群从,"驰檄四方,赴者云集",以司马越为大都督,司马越兄弟、王戎甚至在朝皇弟司马晏、司马炽等皆奉帝而行,"至安阳,众十余万"②。

是年乙丑,且以"乙丑之盟"名之。

众臣群起征伐司马颖,也显示司马越的权势之盛。表面上,"乙丑之盟"以皇帝亲征的形式出现,由左卫将军陈眕等挑头发起,但背后的谋主、盟主无疑是时为朝望所在的司空司马越,其兄弟四人,入盟者有三③。余之司马腾初未入列,但后给予司马颖致命一击的,恰

---

① 《晋书》卷 39《王浚传》、卷 61《刘乔传》、卷 66《刘弘传》等,第四册第 1147—1148 页,第六册第 1673—1676、1763—1768 页。

② 《晋书》卷 4《惠帝纪》永兴元年、卷 59《司马颖传》和《司马越传》等,第一册第 102—104 页,第五册第 1617—1618、1623 页。

③ 《晋书》卷 37《司马略传》和《司马模传》,第四册第 1095—1098 页。

是此人①。

皇帝亲领的大军浩浩荡荡，"邺中震惧"，司马颖欲逃，其一掾属"有道术"，声称："无需离邺，南军（指自南向北的惠帝所领之军）必败！"不过，似乎"有道术"者并未提出什么具体对策②。

"遭母丧在邺"的从叔司马繇劝司马颖"出迎请罪"，另也有部属鼓动抵抗，司马颖终决定出兵，命石超率五万兵出战荡阴③，"王师败绩"。箭矢甚至射到惠帝的乘舆，"帝伤颊，中三矢，亡六玺"，随从百官皆已逃散，躲避草丛中的惠帝被石超之兵俘获——史书的说法是"帝遂幸超军"，继而石超"奉帝幸邺"。惠帝左右，"唯豫章王炽（怀帝）、司徒王戎、仆射荀藩从"④。

司马颖被讨，司马颙没有坐视不管。他趁机派张方率兵二万东出赴京，攻占守备空虚的洛阳，于是，"王师"出得了门，却归不得家。荡阴之败，"王师"一触即溃，大都督司马越狼狈逃往下邳，镇督徐州的司马楙拒其入内，司马越不得已，只得转而逃往自己的封国东海⑤。

惠帝兵败，落入司马颖之手，司马颖也就顺势挟天子而掌持大权、睥睨天下，"改元建武"，"署置百官，杀生自己"，并且"立郊于邺

---

① 《晋书》卷 37《司马腾传》和卷 39《王浚传》，第四册第 1096—1097、1146—1147 页。

② 《晋书》卷 59《司马颖传》，第五册第 1617—1618 页。

③ 荡阴在今之河南省安阳市汤阴县一带。

④ 《晋书》卷 4《惠帝纪》永兴元年和卷 59《司马颖传》，第一册第 102—104 页，第五册 1617—1618 页。

⑤ 《晋书》卷 37《司马楙传》，卷 59《司马颖传》《司马颙传》和《司马越传》，卷 60《张方传》，第四册 1088—1090 页，第五册 1617—1618、1621、1623 页，第六册 1644—1646 页。

南"。"郊"者,郊祀之谓,俨然间司马颖已迁都莅政。同时,奉劝司马颖请罪于帝的司马繇惨遭杀戮①。

乱局再度扩大:异姓重臣上阵与异族势力参战

司马颖击败"王师"、司马越败逃封国,似乎各系宗亲角逐的局面已入尾声,不意,渐已成势的异姓势力不甘寂寞地披挂登场了。司马颖行郊祀后不几日,时为安北将军、都督幽州诸军事的王浚会同司马越之弟、都督并州诸军事兼并州刺史司马腾合兵征讨司马颖。

这也是异族势力直接参预西晋政局的开始。王浚、司马腾所率之兵"胡晋合二万人",其中"胡"兵即王浚之婿段务勿尘的鲜卑骑兵②。

"三王举义",皇朝政治争斗从政变走向动乱,荡阴败后,乱局进一步扩大,乱局主角、肇事者不再限于宗亲。异姓重臣上阵和异族势力参战,成为晋末乱局的又一重要转折点。

异族势力入局,源头不仅在王浚,还有司马颖。溯其由来,王浚的政治倾向反复无常,先依从贾南风,又倒向司马伦,受命都督幽州后,王浚刻意经营自己的政治势力,"于时朝廷昏乱,盗贼蜂起,浚为自安之计,结好夷狄,以女妻鲜卑(段)务勿尘,又以一女妻苏恕延"。以西晋北方社会其时的"杂胡化"形势而论,王浚如此结姻,可视为心存异志、联夷自重,也可视为怀柔抚远、绥边安民,但因王浚多变以及后来的不臣之迹,后世对其联姻异族的行为多持鄙夷态度。

---

① 《晋书》卷4《惠帝纪》永兴元年、卷38《司马繇传》和卷59《司马颖传》,第一册第102—104页,第四册第1123页,第五册第1617—1618页。

② 《晋书》卷4《惠帝纪》永兴元年、卷37《司马腾传》、卷39《王浚传》和卷59《司马颖传》,第一册第102—104页,第四册第1096—1097、1146—1148页,第五册第1617—1618页。

在司马乂与司马颖之间，王浚更倾向于前者，"及河间王颙、成都王颖兴兵内向，害长沙王乂，而浚有不平之心"，司马乂死，王浚又转入司马越一系对抗司马颖①。

司马颖其实也在"结好夷狄"。幽在冀北，司马颖居邺督冀、南顾朝中，北面有王浚与其相峙，司马颖自是芒刺在背。为拔芒刺，司马颖指使亲随、幽州刺史和演暗杀王浚。但和演力不从心，便率先借用异族力量，与乌丸单于审登共谋，由审登派人行刺王浚，"值天暴雨，兵器沾湿，不果而还"，审登大惊，认为此系天助王浚的征兆，不可违之，遂与和演反目，将和演的阴谋告知王浚。王浚闻之暴怒，诛杀和演，自领幽州，邀集异族，南讨司马颖②。

司马颖勾连的异族不止有乌丸，还有匈奴，后将有述。

司马腾、王浚及其所借异族之兵袭来，先曾大败"王师"的石超全然不是对手，邺城陷落。司马颖裹挟着惠帝弃城出逃，奔向洛阳，所幸有已占领洛阳的司马颙部将张方施以援手，接着，张方"奉"惠帝等"归于长安"。丧失权势的司马颖也成为张方的战利品，与惠帝同被挟持。司马颖与司马颙之间的苟合走到这一步，足证司马颙的足智多谋，也足证司马颖的"神昏"至极③。

晋末平民普遍遭受荼毒也是始于此际。落于王浚、司马腾之手的邺城，"士众暴掠，死者甚多"，"鲜卑大略妇女"。王浚下令：敢有挟

① 《晋书》卷 39《王浚传》，第四册第 1146—1148 页。
② 《晋书》卷 39《王浚传》和卷 59《司马颖传》，第四册第 1146—1148 页，第五册 1591—1628 页。
③ 《晋书》卷 4《惠帝纪》永兴元年、卷 39《王浚传》、卷 59《司马颖传》和《司马颙传》，卷 60《张方传》，第一册第 102—104 页，第四册第 1146—1148 页，第五册第 1617—1618、1621 页，第六册第 1644—1646 页。

藏妇女者斩。然严令之下,事与愿违,鲜卑兵为逃避惩处,竟将八千多被挟藏的女性沉于易水溺亡!"黔庶荼毒,自此始也。"①

张方占据的洛阳也被劫掠,将士甚至"发哀献皇女墓",又侵虐后宫、劫掠府藏,"魏晋已来之积,扫地无遗矣"。张方甚至"将焚宗庙宫室,以绝人心",卢志苦劝,京师才得暂免一劫②。

第五节 司马颙与司马越:两个远支宗亲决胜

司马颙的如意算盘

司马颙乃宗室远支、司马孚之孙,泰始十年(274年),司马颙嗣父王位,直至元康九年(299年),因其"少有清名,轻财爱士","武帝叹颙可以为诸国仪表",故得出镇关中③。所谓"王莽谦恭未篡时",这位堪为"诸国仪表"的宗王,却是"八王之乱"下半场的主谋,宗亲自相残杀的最大推手。

对权势尽丧、被挟长安的司马颖,昔日盟友司马颙立即弃如敝屣。永兴元年(304年)十二月,司马颙操纵惠帝下诏,褫夺司马颖的皇太弟即储君名分,并罢官免职,命其"归藩"④——实际上司马颖已无"藩"可归、无"第"可就,成为丧家之犬,其封邑成都国已落入李雄所领流民之手,不久李雄便"尽有成都之地",僭号自立为帝⑤。

---

① 《晋书》卷39《王浚传》,第四册第1146—1148页。

② 《晋书》卷4《惠帝纪》永兴元年、卷44《卢志传》和卷60《张方传》,第一册第102—104页,第四册第1256—1258页,第六册第1644—1646页。

③ 《晋书》卷59《司马颙传》,第五册第1619—1620页。

④ 《晋书》卷59《司马颖传》,第五册第1617—1618页;卷4《惠帝纪》永兴元年称"以王还第",第一册第102页。

⑤ 《晋书》卷4《惠帝纪》太安二年和永兴元年、卷121《载记第二十一》,第一册第100—104页,第十册第3035—3036页。

傀偏惠帝在手，司马颙进一步以其名义诏命：

以皇弟、武帝幼子司马炽为皇太弟；

以司马越为太傅，与太宰司马颙"夹辅朕躬"；

司徒王戎参录朝政，并以王衍为尚书左仆射；

另外，都督豫州的司马虓、都督幽州的王浚、都督并州的司马腾"各守本镇"，司马越之弟司马略以镇南将军领司隶校尉"权镇洛阳"，另一弟司马模都督冀州，镇南大将军刘弘"领荆州""镇南土"，余之众臣"各还本部，百官皆复职"①。

如此目光短浅、薄情寡义地对待昔日盟友，司马颙也是自绝人脉，不仅令众人为之齿寒，也令潜在的支持者或附从者心生戒惧，客观上为对手集聚势力提供了便利。后来众叛亲离，未见有像样的亲信死心塌地追随司马颙。史称司马颙"轻财爱士"，"轻财"未为可知，但"爱士"只是作态。

对比先前李含为司马颙设计的"废帝立成都王，己为宰相，专制天下"的愿景②，能够自挟惠帝、擅政朝事，司马颙貌似收获巨大、已得其所，实则不然。司马颖落败，司马颙已是独木难支。司马颙只能以西"幸"的惠帝作为人质与筹码，息事宁人、守护成果，向举兵征伐司马颖的司马越等示好。综其所策：

一是表白自己无有僭位之心，先前"政绩亏损，四海失望，不可承重"的储君司马颖既废，速立"令闻日新，四海注意"的另一皇弟司马炽代之。

① 《晋书》卷 4《惠帝纪》永兴元年，第一册第 102—104 页。
② 《晋书》卷 59《司马乂传》和《司马颙传》、卷 60《李含传》，第五册第 1613、1620—1621 页，第六册第 1643—1644 页。

二是显示无意独制，缓和与司马越等的关系。司马颙本人为太宰，增司马越为太傅，共同辅政、分治天下；对司马越三个弟弟和司马虓，以及素与司马越一体的王戎、王衍，也极尽安抚。

三是缓和社会矛盾，群臣皆复其职、众生皆减租役，"供御之物皆减三分之二，户调田租三分减一"。

四是诏告天下、择时还洛，以示无意挟天子以令不臣，惠帝"清通之后，当还东京"①。

司马越重整旗鼓与司马颙进退失据

"八王之乱"经过疯狂残酷已极的优胜劣汰，至此成为两个远支宗亲之间的对决。司马颙的一厢情愿，却非司马越能够接受、认同的结果，变乱还将再起。

起初，司马越的"还价"有限：二人"夹辅"朝政、"分陕而治"并无不可，但惠帝不能由司马颙操控②。惠帝由谁控制，成了争执的焦点。

经过蛰伏封国期间的谋划、筹措，司马越先礼后兵。"先礼"者，争占赢得人心的先机，"越以张方劫迁车驾，天下怨愤，唱义与山东诸侯克期奉迎"，为此派人游说司马颙，"令送帝还都，与颙分陕而居"。这一"分陕而治"，"陕"似是实指，洛阳、长安恰在"陕"之两侧。司马越的目的甚明确：人君虽是傀儡，却为中央皇权的象征，不可落于他人之手，至于许以司马颙偏据雍凉，似无大碍。

作为司马越说客的使者缪播及其从弟缪胤与司马泰、司马越父

---

① 《晋书》卷4《惠帝纪》永兴元年，第一册第102—104页。
② 《晋书》卷4《惠帝纪》永兴二年、卷59《司马颙传》和《司马越传》，第一册第104—106页，第五册第1620—1621、1623页。

子有旧，缪胤又是司马孚的外孙、"颙前妃之弟"，二人"素为颙所敬信"。缪氏的说辞，司马颙几近接受，拟"虚怀从之"，但为司马颙东征西讨且手握重兵的功臣张方坚决反对①。

张方自知罪孽深重，"惧为诛首"，或者说担心自己成为司马颙的替罪羊。其为武夫，言语率直：今据形胜之地，国富兵强，奉天子以号令，谁敢不服！至于偏据西地、孤家寡人的困局何解，张方给出的方案只有一个字：打！"方所领犹有十余万众，奉送大驾还洛宫，使成都王反邺，公自留镇关中，方北讨博陵（王浚袭父爵，为博陵公）。如此，天下可小安，无复举手者。"②所谓"举手者"，即觊觎大位之人。

此策一出，司马颙犹豫不决。实际上，张方之论，前后不一、自相矛盾，既能"据形胜之地"，"奉天子以号令"，又何须"奉送大驾还洛宫"；何况，张方是冀州人，领兵进伐幽冀的王浚之计是否隐含自立家门的动机，颇为可疑。

从其时的形势看，送天子还洛、自囷关中，司马颙无异于待宰羔羊。先前司马冏居京揽政，或是司马乂与司马颖胜败未分时，强宗林立，行"委权崇让"或"分陕而治"之策，尚存合纵连横的自保空间；此际司马颙与司马越两大阵营对垒，堪称"零和游戏"，终有胜者决出，相对势单力孤的司马颙显然不能困守一隅、坐以待毙。

似是为了打消司马颙等的后顾之忧，又有司马虓及司马楙等人上言：天下之策，"岂独为一张方"，司马颙当行"周召分陕之义"，对于

---

① 《晋书》卷59《司马颙传》和《司马越传》，卷60《缪播传》《缪胤传》和《张方传》，第五册第1620—1621、1623页，第六册第1636—1637、1645—1646页。

② 《晋书》卷59《司马颙传》和卷60《张方传》，第五册第1591—1628页，第六册第1645—1646页。

张方则可恕其罪、"功臣必全"。司马虓还上言以"一邑"封于司马颖，令其安生。但司马虓乃属于司马越一系，司马楙又人品卑劣，其辞难得司马颙的认可①。

"先礼"无果，遂有"后兵"。运筹得当，司马越行情见涨，要求也不再限于"送帝还都"。永兴二年（305 年）七月，司马越"以司空领徐州都督"，"起兵徐州"；司马虓、司马模等"刑白马歃血而盟，推东海王越为盟主"，众臣再度同仇敌忾，征讨司马颙，"西迎大驾"，"还复旧都"②。

司马颙对此则不示弱，借惠帝之名义，"发诏罢越等，皆令就国"③。

两大阵营对决，前后历时一年多，然其间直接发生在司马颙与司马越之间的战事并不多，乱之所出、战之频仍，多在于各自阵营内部的彼此争夺和互相倾轧。

司马越终于胜出

"山东兵盛，关中大惧"，适值此际，冀州原司马颖的部将趁机反叛、"起兵以迎颖"。为了化解司马越的攻势，司马颙重新请出被废黜、遭冷遇的司马颖，以其为镇军大将军、都督河北诸军事，"给兵千人，镇邺"，命其东进，目的似是让司马颖还冀，召集残部在司马越后方开辟第二战场，扭转不利态势。

复出的司马颖率兵"至洛"，司马越一方对司马颖的到来已有防备，并且各地"率众迎大驾，所在锋起"，司马颖"以北方盛强，惧不可

---

① 《晋书》卷 37《司马虓传》和《司马楙传》、卷 59《司马颖传》和《司马越传》，第四册第 1099—1101、1088—1090 页，第五册第 1618—1619、1623 页。

② 《晋书》卷 4《惠帝纪》永兴二年、卷 37《司马虓传》和《司马模传》、卷 59《司马越传》，第一册第 104—106 页，第四册第 1097—1101 页，第五册第 1623 页。

③ 《晋书》卷 59《司马颙传》和《司马越传》，第五册第 1621、1623 页。

进",又从洛阳逃回关中。

随着士气逐渐低落,司马颙"大惧","将罢兵,恐(张)方不从,迟疑未决",缪播、缪胤以及司马颙的部分亲随不失时机地规劝司马颙斩张方以谢天下,罢兵求和。无可奈何的司马颙从之,派人刺杀了张方,向司马越求和。但掌握了主动权的司马越根本不予理会,王浚的部将、主簿祁弘率领前曾击败司马颖的"胡、晋联军"所向披靡、直取长安,司马颙、司马颖败逃南山。长安城破,祁弘所部鲜卑骑兵大掠长安,杀二万余人①。

脱离司马颙魔爪的惠帝在众臣奉拥下,由鲜卑兵护驾,于光熙元年(306 年)六月回到洛阳,触景生情,"哀感流涕"②。

事败后,司马颙与司马颖彻底分道扬镳。"颖自华阴趋武关,出新野","赴朝歌","收合故将士数百人",欲返回冀州故地与部将汇合,途中被抓获,送交镇督邺城的司马虓处。司马虓本不忍杀之,然司马虓"暴薨",时为司马虓长史的刘舆"见颖为邺都所服,虑为后患",指使人缢杀了司马颖及其二子。临终,司马颖发问:我死之后,天下安乎不安乎?③此际,其死,天下未必能安;其存,天下必定不安。

司马颙逃出长安后,司马越一系的军队也多撤离长安,司马颙部

---

① 《晋书》卷 4《惠帝纪》永兴二年和光熙元年,卷 59《司马颙传》《司马颖传》和《司马越传》,卷 60《张方传》,第一册第 104—107 页,第五册第 1618—1619、1620—1622、1623 页,第六册第 1645—1646 页。

② 《晋书》卷 4《惠帝纪》光熙元年和卷 59《司马越传》,第一册第 106—107 页,第五册第 1622 页。

③ 《晋书》卷 4《惠帝纪》光熙元年、卷 37《司马虓传》、卷 59《司马颖传》和卷 62《刘舆传》,第一册第 106—107 页,第四册第 1099—1101 页,第五册第 1618—1619 页,第六册第 1691—1693 页。

将不甘失败,发动兵变,重掌长安,"迎颙于南山",颇有复辟的意味。对此反复,雍凉诸郡太守反击司马颙,司马越也遣兵回助"伐颙"。很快,司马颙再败,朝中诏以司马颙为司徒,心存侥幸、以为可得不死的司马颙就征入朝,途中,司马越之弟司马模指使下属"于新安雍谷车上扼杀之,并其三子"①,"八王之乱",以司马越终胜告结。

　　司马颖之死,尚在惠帝时期,两个月后司马颙死时,西晋已是怀帝当国。

---

① 《晋书》卷5《怀帝纪》光熙元年、卷37《司马模传》和卷59《司马颙传》,第一册第116页,第四册第1097—1098页,第五册第1620—1622页。新安雍谷在今之河南省三门峡市灵宝市一带,亦即函谷关一带,见《晋书》卷14《地理志上》,第二册第415—416页。

第十章　西晋丧失起死回生的最后机遇

第一节　"八王之乱"后的政治局面

皇族衰微与司马越势力的一枝独秀

"八王之乱"尤其后期对社会、民众的祸害，无论规模还是程度，都大大超过魏晋禅代全程①。自永宁元年(301年)司马伦篡政至光熙元年(306年)司马越胜出，"王室多故，祸难罔已"②，"文武空旷，制度荒破"③，强势宗亲之间自相残杀，激成世况纷扰、天下劫难，西晋

---

① 司马氏夺政曹魏，平定"淮南三叛"，司马懿除王凌，"诸相连者悉夷三族"，但到司马师、司马昭平定毌丘俭，"党与七百余人，传侍御史杜友治狱，惟举首事十人，余皆奏散"；平定诸葛诞，"惟诛其首逆，余皆赦之"，见《三国志》卷28《王凌传》《毌丘俭传》和《诸葛诞传》，下册第631—635、640、645页；《晋书》卷1《宣帝纪》嘉平三年、卷2《景帝纪》正元二年和《文帝纪》甘露三年，第一册19—20、30—31、35页。比较起来，"八王之乱"，司马乂擅杀司马冏，"并诛诸党与二千余人"且"诸党属皆夷三族"，抗击司马颖又"斩获六七万人"，更有"三王举义"推翻司马伦、司马越北讨司马颖和西征司马颙等举世混战。
② 语出《晋书》卷59《司马冏传》所载司马颙奏言，第五册第1608—1609页。
③ 语出《晋书》卷37《司马虓传》所载司马虓奏言，第四册第1099—1101页。

皇朝濒临灭顶之危。

"八王之乱"最直接的后果是皇族势力衰微。皇弟群体以及帝室一系元气尽丧，遭到毁灭性的重击。武帝所遗九子，六人死于动乱期间，其中自然死亡者二，另四者败死争权夺利之中。八王之中，皇弟占三；所余惠帝、司马晏和怀帝三人中，体、智正常的唯有怀帝。另则，武帝皇孙有载者十七，其间六人死去，余皆幼弱，最长者司马覃年仅十二①。晋祚的维系，需拜实力宗亲甚至异姓重臣的鼎力相助或高抬贵手。

近支宗亲即司马懿之后同样亡灭几尽。"八王之乱"中，司马懿所余四子，司马亮遇难，司马肜离世，司马伦及其子嗣"团灭"，仅存精神失常的司马榦；其第三代，司马亮诸子尚未走出悲剧的阴影，司马伷诸子纷争不息，司马骏之子司马歆有所表现②，但到"八王之乱"末，司马歆镇压张昌之乱，堂堂官军不敌反贼，"众溃"，司马歆被杀③。该支尚存亮色，唯在第四代、司马伷长孙司马睿（后为元帝）④。

远支宗亲中，晋初风头甚劲的司马孚一系，武帝后期已趋衰落，孙辈司马颙参乱失败；其余各支，多数本就不甚活跃，当然，司马馗及司马越一系不在其中。

---

① 《晋书》卷 64、卷 59 以及卷 53《愍怀太子传》，第六册第 1719—1725 页，第五册第 1591—1628、1459—1464 页。

② 《晋书》卷 38 和卷 59，第四册第 1119—1139 页，第五册第 1591- 1628 页。

③ 《晋书》卷 38《司马歆传》和卷 100《张昌传》，第四册第 1126—1127 页，第八册第 2612—2614 页。

④ 《晋书》卷 6《元帝纪》、卷 38《司马伷传》和《司马觐传》、卷 65《王导传》，第一册第 143—144 页，第四册第 1121—1122 页，第六册第 1745—1749 页。

综之,动乱后的宗亲势力,大体呈不孤却弱的状态。后来司马越死,石勒追杀其部众,其子司马毗及宗室四十八宗王悉数而"没"①;"永嘉之难"、洛阳陷落,又有司马晏、司马楙等诸多宗亲被杀或不知所终②,两项合计,宗亲人数之众,可谓不"孤"。

但宗室日衰的"弱"却是不争的事实。强势宗亲直接入乱而死的有十多人③,"八王之乱"告终,惠帝祖辈、叔辈中尚居显位的只三四人而已,晋初始封二十七王,仅司马榦、司马楙在世,宗亲势力在朝局中的地位、影响已大不如前④。

更重要的是,诸王表现出的狭隘酷虐、暴戾无道,令世人对宗室的看法迥异于前。"八王之乱"进入惨烈阶段,稍具"才望"的宗亲悉入乱局,成为"实海内所为匈匈"之祸首,乱结之时即便幸存,也名誉扫地。甚至宗亲自己都不能不痛切于"远近恒谓公族无复骨肉之情",而"内省悲惭","无颜于四海也"⑤。

皇族弱势,唯司马越一系例外。

"三王举义",宗亲瓜分天下,司马越兄弟已占优势;乱期之末,司马越主朝,"越三弟并据方任征伐,辄选刺史守相,朝士多赴越",司马

---

① 《晋书》卷 5《怀帝纪》永嘉五年和卷 59《司马越传》,第一册第 121—123 页,第五册第 1625—1626 页。

② 《晋书》卷 5《怀帝纪》永嘉五年、卷 37《司马楙传》、卷 64《司马晏传》等,第一册第 121—123 页,第四册第 1088—1090 页,第六册第 1724—1725 页。

③ "八王之乱"之八王,此际唯存司马越;死于乱局的,又有司马允、司马繇、司马威;尚未计入已封宗王的司马伦四子等。参见《晋书》卷 37《司马威传》、卷 38《司马繇传》、卷 59 以及卷 64《司马允传》等,第四册第 1123、1088 页,第五册第 1591—1628 页,第六册第 1721—1722 页。

④ 《晋书》卷 37、卷 38 和卷 59,第四册第 1081—1115、1119—1139 页,第五册第 1591—1628 页。

⑤ 语出《晋书》卷 37《司马虓传》所载司马虓奏言,第四册第 1099—1101 页。

越一系成为宗室势力的主干①。

元康年间司马泰、司马越父子营构的派系，随着司马越"专擅威权"，更呈盛势，"朝贤素望，选为佐史，名将劲卒，充于己府，不臣之迹，四海所知"②，"越府"成为西晋末炙手可热的政治存在③。

先后效力司马泰、亲近贾谧、投靠司马伦的刘舆、刘琨兄弟，在"八王之乱"后期进身司马越及司马虓阵营，成为骨干④。

司马颖、司马颙的部分亲随也转向司马越一系，例如追随司马颖多年的卢志。前及的"二缪"也曾追随司马颖，缪播"累迁太弟中庶子"，缪胤"初为尚书郎，后迁太弟左卫率"，司马颖败于司马腾、王浚后，"二缪"改换门庭，"奔东海王越于徐州"，其后作为司马越的说客去争取司马颙⑤。豫州刺史刘乔为了不失权势，对抗司马越一系，兵败后转投司马颙；司马颙败，其又回身司马越营中⑥，似乎，司马越来者不拒。

"时称越府有三才：潘滔大才，刘舆长才，裴邈清才"，是"越府"的主要人物。潘滔初为司马遹的太子洗马，与同为太子洗马的江统、邓

---

① 《晋书》卷 4《惠帝纪》光熙元年，卷 37《司马虓传》《司马略传》《司马腾传》和《司马模传》和卷 59《司马越传》，第一册第 106—107 页，第四册第 1095—1101 页，第五册第 1623—1624 页。

② 语出《晋书》卷 59《司马越传》，第五册第 1625 页。

③ "越府"现象颇得史家关注，见陈苏镇：《司马越与永嘉之乱》，《北京大学学报》（哲学社会科学版）1989 年第 1 期；林校生：《西晋八王幕府合说》，北京大学历史学系：《北大史学（辑刊）》第 5 辑，北京：北京大学出版社，1998 年；林校生：《司马越府"隽异"与西晋王朝的历史出口》，《华侨大学学报》（人文社会科学版）2003 年第 3 期等。

④ 《晋书》卷 62《刘琨传》和《刘舆传》，第六册第 1679—1680、1691—1693 页。

⑤ 《晋书》卷 60《缪播传》和《缪胤传》，第六册第 1636—1637 页。

⑥ 《晋书》卷 61《刘乔传》和卷 44《卢志传》，第六册第 1672—1676 页，第四册第 1256—1258 页。

攸,以及太子舍人王敦、华谭、卞敦、顾荣、贺循、薛兼等,皆在"越府",其中,王敦为武帝之婿,邓攸则为贾充之弟贾混之婿①。

宗室势力式微的背景下,宗亲对异姓的疑虑自然加剧,"越府"延揽甚众,但司马越对异姓却是深存忌、防,"越府"异姓之士鲜得重用。司马越接纳忽叛忽附的刘乔入府,却不予委用。刘琨"因统诸军奉迎大驾于长安","以功封广武侯,邑二千户",司马越采刘琨之兄刘舆建言,"遣(刘)琨镇并州,为越北面之重",看似刘琨得幸,实际上,其时"并土饥荒,百姓随(司马)腾南下,余户不满二万,寇贼继横,道路断塞",全无用武之地,不久"并州诸郡为刘元海(刘渊)所陷,刺史刘琨独保晋阳"。外放刘琨,基本属于对并州的死马当做活马医,否则,司马越何以以其弟司马腾转督邺城而遣刘琨代之!②

皇族虽然没落,但任一政治势力,除非其所拥能量释放或消耗殆尽,皆不会心甘情愿地退出历史舞台。晋初形成的宗亲势力以"八王之乱"印证了这一铁律,乱后残存的司马越一系也将再现这一铁律。

异姓、异族觉醒:"八王之乱"后期的"天下骚扰"

"三王举义",示范了举国而反的模式,继又发生司马颖勾结异族刺杀异姓重臣王浚、王浚和司马腾联合异族反手驱逐司马颖等事件,

---

① 《晋书》卷52《华谭传》、卷55《潘尼传》、卷56《江统传》以及卷68《顾荣传》、《贺循传》和《薛兼传》、卷70《卞敦传》、卷90《邓攸传》、卷98《王敦传》,第五册第1452—1453、1507、1538页,第六册第1811—1833、1866—1867页,第八册第2338—2340、2553—2555页。

② 《晋书》卷5《怀帝纪》永嘉元年、卷37《司马腾传》、卷59《司马越传》、卷62《刘琨传》和《刘舆传》,第一册第116—117页,第四册第1096—1097页,第五册第1624—1626页,第六册第1679—1693页。

宗室内讧演化为社会骚乱,再演化为包括异姓、异族在内的各类政治势力参与的全面动荡,异姓、异族势力逐渐壮大。

后之东晋的门阀政治是史界的热议话题。作为"一种在特定条件下出现的皇权政治的变态",门阀政治具有"士族与皇权的共治"性质①,但异姓势力能够加入"共治",不是皇权开恩的结果,而是得益于皇权政治的分崩离析,异姓以及其他政治势力有了趁虚而入、相机渗透的间隙。其初源在元康年间的朝政宽弛、派系萌动,真正起始则是"八王之乱"后期的皇权失驭、宗亲相残。

从永兴元年(304年)七月"乙丑之盟"至光熙元年(306年)六月惠帝返归洛阳,司马越与司马颙、司马颖对阵的整整两年间,异姓、异族势力表现异常活跃:

永兴元年八月,"匈奴左贤王刘元海反于离石,自号大单于";"安北将军王浚遣乌丸骑攻成都王颖于邺,大败之"。

十一月,惠帝被劫持去长安,"唯仆射荀藩、司隶刘暾、太常郑球、河南尹周馥与其遗官在洛阳,为留台,承制行事,号为东西台焉",随即"留台大赦,改元复为永安",又"复皇后羊氏";"李雄僭号成都王,刘元海僭号汉王"。

二年四月,"张方废皇后羊氏"。

六月,"陇西太守韩稚攻秦州刺史张辅,杀之";"李雄僭即帝位,国号蜀"。

七月,"成都王颖部将公师藩等聚众攻陷郡县,害阳平太守李志、汲郡太守张延等,转攻邺"。

---

① 田余庆:《东晋门阀政治》,"自序"。

八月，"骠骑将军、范阳王虓逐冀州刺史李义"；"扬州刺史曹武杀丹阳太守朱建"；"李雄遣其将李骧寇汉安"；"车骑大将军刘弘逐平南将军、彭城王释于宛"。

九月，"公师藩又害平原太守王景、清河太守冯熊"；"豫州刺史刘乔攻范阳王虓于许昌，败之"。

十月，司马颙支持刘乔，以诛讨司马虓身边的"小人"刘舆为名，传檄多地起兵"共会许昌，除舆兄弟"。

十一月，"立节将军周权诈被檄，自称平西将军，复皇后羊氏。洛阳令何乔攻权，杀之，复废皇后"。

十二月，"范阳王虓济自官渡，拔荥阳，斩石超，袭许昌，破刘乔于萧，乔奔南阳"；"右将军陈敏举兵反，自号楚公，矫称被中诏，从沔汉奉迎天子"，并"逐扬州刺史刘机、丹杨太守王旷"，又"遣弟恢南略江州，刺史应邈奔弋阳"。

光熙元年三月，"东莱惄令刘柏根反，自称惄公，袭临淄，高密王简奔聊城"，"王浚遣将讨柏根，斩之"。

五月，王浚指派祁弘率"晋、胡联军"攻占长安，"颙、颖走南山，奔于宛"①。

从上述"天下骚扰"②的图景，我们不难发现：

一是宗亲难制天下，宗室势力屡遭拒斥。"八王之乱"到了后期，动机不同的各类政治势力相继卷入，即使作为祸首的宗亲意欲罢手，事态也难平息，例如前述的"二缪"说服司马颙同意"分陕而居"，手握

---

① 《晋书》卷 4《惠帝纪》永兴元年、永兴二年和光熙元年，第一册第 102—107 页。

② 语出《晋书》卷 100《王弥传》：有隐者言于王弥，"君豺声豹视，好乱乐祸，若天下骚扰，不作士大夫矣"。第八册第 2609 页。

重兵的部将张方不从，战事只得继续打下去①。又有刘弘逐司马释、刘乔拒司马虓、都督青州的司马略甚被局部民变所驱逐等，司马越最终获胜，所赖并非己力或兄弟之助——事实上，与其一系的司马虓、司马略其时自顾不暇，异姓重臣王浚集结鲜卑骑兵南向折西、长驱直入，始能攻陷长安、救出惠帝②。

二是异姓重臣开始走上独立成势的道路。以王浚出兵攻伐司马颖为标志，在此之前，异姓虽具势力，但皆附从宗王而动，只是配角，例如孙秀、孙旂攀附司马伦③，豫州刺史李毅、兖州刺史王彦等响应"三王举义"④；"乙丑之盟"众讨司马颖，虽是异姓朝臣提议，仍以司马越为首⑤。然而，王浚率军伐邺、征西、"奉帝还洛阳"，异姓自为主角，权势也渐超宗室而成西晋朝局中的主力⑥。

三是异族势力进入自立发展的阶段。武帝时期及元康年间，有异族聚众叛乱，也有氐羌之众"推氐帅齐万年僭号称帝"之类，但皆属边患范畴⑦。"八王之乱"后期自立的前赵、成汉政权，尤其前赵，建

① 《晋书》卷59《司马颙传》和卷60《张方传》，第五册第1621—1622页，第六册第1644—1646页。

② 《晋书》卷4《惠帝纪》光熙元年、卷37《司马虓传》和《司马略传》、卷39《王浚传》、卷59《司马越传》和《司马颙传》，第一册第106—107页，第四册第1099—1101、1095—1096、1146—1148页，第五册第1621—1623页。

③ 《晋书》卷59《司马伦传》和卷60《孙旂传》，第五册第1601—1603页，第六册第1633—1634页。

④ 《晋书》卷4《惠帝纪》永宁元年和卷98《王敦传》，第一册第102—104页，第八册第2553—2554页。

⑤ 《晋书》卷4《惠帝纪》永兴元年和卷59《司马越传》，第一册第102—104页，第五册第1623页。

⑥ 《晋书》卷4《惠帝纪》永兴元年和光熙元年、卷39《王浚传》等，第一册第102—107页，第四册第1146—1148页。

⑦ 《晋书》卷3《武帝纪》和卷4《惠帝纪》相关年份，第一册第59、60、92—95页。

制性、裂土性、系统性地与西晋对立,拉开了"五胡十六国"的序幕,西晋最终即灭于前赵之手。

四是民间自发势力不断涌动。典型者如司马颖部将公师藩发起的骚乱,虽打出迎司马颖还冀州的幌子,司马颖死,又祭出"为颖报仇"的旗号,"遂出颖棺,载之于军中,每事启灵,以行军令"①,其实质却是多路民众集合而反,且有异族参入其中,后之建立后赵政权的石勒便由此起事。

这类动向,未随"八王之乱"的平息而得告结。

第二节 惠、怀之交:并非无可挽回的危局

惠帝既死、怀帝为继

"八王之乱"余波未了,惠帝时期落幕,怀帝时期开启。自长安归辇洛阳仅仅五个月,光熙元年(306 年)十一月,惠帝死,时年二十四的怀帝随即即位②。

惠帝死因,《晋书》有模棱两可却不无用意的说法,"因食饼中毒而崩,或云司马越之鸩"③。这是诱导人们视司马越为鸩杀惠帝的凶手,"或云"即"有人说",颇似"莫须有"的说辞。在此笔者无意为司马越开脱,然而人君之死一类的重要政治事件,终不宜沦以传说、假说或戏说为解。司马越侍从惠帝多年,深知其智力不逮、易于操控的傀儡功用,何必另择"道具",何必由成年且智商正常的怀帝即位?

① 《晋书》卷 4《惠帝纪》永兴二年和卷 59《司马颖传》,第一册第 104—106 页,第五册第 1618—1619 页。
② 《晋书》卷 4《惠帝纪》光熙元年和卷 5《怀帝纪》光熙元年,第一册第 106—107、116 页。
③ 《晋书》卷 4《惠帝纪》光熙元年,第一册第 106—107 页。

惠帝一生的最后数年尤为悲惨,但非其己过。我们唏嘘其不幸,同时也不能不敬佩其某些闪烁人性光辉的表现。荡阴之败,唯侍中嵇绍护驾,"俨然端冕,以身护卫",不敌,"遂被害于帝侧,血溅帝服,天子深哀叹之"。事后,侍从欲洗御衣,惠帝哀道:"此嵇侍中血,勿去。"①智弱惠帝的善恶感、是非观,足令那些高智商者的所作所为更加令人不齿,胡三省为此感叹:"孰谓帝为戆愚哉!"②

怀帝即位,西晋皇朝岌岌可危的运势可得逆转吗?

异族之叛

怀帝面临多重危机,首先是异族两大叛乱,即李特所举巴氐之叛和刘渊所领匈奴之叛。

李特之族系历史上氐族的巴氐一支,东汉之末,其祖辈即从巴西宕渠③移居汉中。曹操征伐割据汉中的张鲁,李特祖父李虎携五百多户依附曹操,迁移到略阳以北地区,李虎获授将军职。李特之父李慕,后官至东羌猎将。有此家世背景,李特本人"少仕州郡",史称其"见异当时,身长八尺,雄武善骑射,沈毅有大度",颇具号召力;加之李特兄弟李庠、李流及妹夫等为助,李氏渐成为巴氐之中甚具实力的群体。

元康中后期雍凉再乱、民不聊生,"百姓乃流移就谷,相与入汉川

---

① 《晋书》卷89《嵇绍传》和卷4《惠帝纪》永兴元年,第八册第2298—2301页,第一册第102—104页。嵇绍系"竹林七贤"之一、魏末被司马师杀害的嵇康之子,见《晋书》卷49《嵇康传》,第五册第1369—1374页。

② 《资治通鉴》卷85永兴元年胡三省注,第四册第2255页。

③ 宕渠,古代地名,西汉置,其地包括今之四川省和重庆市的南充、巴中、达州、广安的渠江流域地区。宕渠治所在今四川达州渠县东北三汇镇(巴河与州河汇流为渠江处)。

者数万家","流人十万余口","散在益、梁,不可禁止",欲求"寄食巴、蜀",李特兄弟等也在其中。时益州刺史赵廞与贾南风有姻亲关系,流入益州的李特兄弟成为其僚佐。司马伦诛灭贾氏,赵廞恐遭清算,有意割据巴蜀,遂杀成都内史耿滕等朝廷命官,自加大都督、大将军、益州牧,建元太平,自立反晋。此举之中,李特之弟李庠颇有功劳,但时过不久,赵廞忌惮李庠骁勇得众,乃杀李庠,激起李特等人反抗,"密收合得七千余人",进攻成都。赵廞败走,为部下所杀,"传首京师",时为永宁元年(301 年)正月,恰司马伦篡位为帝之际。

司马伦已遣军征讨赵廞,李特其时也无意继续为乱,以除赵廞功投向朝廷,但不受待见。朝廷责令流落益、梁者返回本土,官吏又借机勒索流人财产,导致民怨沸腾。李特之兄李辅由家乡入蜀寻李特,告知"世道已乱、不必返乡",李特遂生"雄踞巴、蜀之意"。其时流民要求延缓归期,不被接受,于是"六郡流人推特为主","同声云集,旬月间众过二万",据蜀自保;李特还"与蜀人约法三章,施舍振贷,礼贤拔滞,军政肃然",甚得民心。不过,至此李特尚未彻底与西晋朝廷决裂。

都督关中的司马颙派兵攻伐李特,大败,李特乘势扩张,太安元年(302 年)五月自号益州牧、都督梁益二州,改年建初。朝中增兵剿伐,次年三月李特战死,四月,李特之弟李流、子李雄等继之而起、复据益州,十一月已"尽有成都之地"。

永兴元年(304 年)十一月,"李雄僭号成都王",二年六月又"僭即帝位,国号蜀","五胡十六国"中最早的成汉政权由此形成①。

---

① 《晋书》卷 4《惠帝纪》相关年份、卷 59《司马伦传》、卷 120《载记二十》和卷 121《载记二十一》,第一册第 102—106 页,第十册第 3021—3049 页。

无独有偶,李雄称王的同月,并州匈奴首领刘渊"僭号汉王"(刘渊从子刘曜即位后改国号为赵),"五胡十六国"中的前赵政权成立①。

成汉、前赵立政当月,正是司马越的"乙丑之盟"攻邺不成、败逃封国之时,刘渊所在并州的都督司马腾出兵冀州,与王浚联手攻击司马颖,空虚的并州成了前赵的领地②。成就李特、刘渊的不是天命,而是西晋皇朝的人祸。

民变之患

社会变故、世道动荡,往往一乱未平、一患又起,祸不单行、此起彼伏。李特起事,前氐羌叛乱造成的雍、凉流民徙入益、梁;而为平息李特之叛,又引出事及荆、扬等地的张昌之乱。

闻李特叛,心怀叵测的荆州小吏张昌"潜遁半年,聚党数千人",诈称受命募兵征讨李特。其时恰有所谓"壬午诏书","发武勇以赴益土",号称"壬午兵",百姓不愿远赴蜀地,被征者"展转不远,屯聚而为劫掠"。张昌乘机诳惑民众,各类流寇及逃避兵役者蜂拥而至,"徒众日多",官军数次征讨皆失利,张昌遂占据江夏③,拥有了府库、器械等,实力大增。

太安二年(303 年)五月,张昌觅得一人,命其易姓为刘,谎称为汉室之后,尊为天子,置百官,伪号汉,建元神凤,"旬月之间,众至二万"。

---

① 《晋书》卷 4《惠帝纪》永兴元年和卷 101《载记第一》,第一册第 102—104 页,第九册第 2647—2650 页。
② 《晋书》卷 4《惠帝纪》永兴元年,第一册第 102—104 页。
③ 在今湖北省武汉市一带。

时督荆州、"为政严刻,蛮夷并怨"的司马歆上言增兵剿灭张昌,领政朝中的司马乂怀疑此非实情,是司马歆与自己的死敌司马颖"连谋"针对自己,故坚持不许司马歆出兵,以至"昌众日盛"。张昌攻至樊城,司马歆不得不"出距之",兵败,司马歆被杀。接着,仅仅两个月左右,张昌即占江南诸郡,荆州接近全陷;张昌又派部将石冰袭击扬州、临淮①再有封云举兵响应张昌、石冰,寇扰又及徐州,一时间,长江中下游全线告急。

张昌最为猖狂之际,名臣刘弘受命都督荆州,"率众讨昌于竟陵",苦战数月,斩杀张昌。自此,荆州在刘弘治下,稍得安宁②。

荒唐的是,张昌余孽引祸扬、徐,由此上演了剿乱者作乱、平患者为患的无稽一幕。

吏属之僭

张昌被斩前,其部将石冰分兵攻向扬州,"官军大败,诸郡尽没",寇扰又及徐州。都督扬州的刘準"忧惶计无所出",颇具才干的广陵度支陈敏挺身而出,率军迎击,"时冰众十倍,敏以少击众,每战皆克",逼降封云部众,永兴元年(304 年)三月,石冰被杀,扬、徐二州暂定③。

都督扬州的刘準无能;都督徐州的司马楙曾拒纳荡阴败逃的司马越,时值司马越倡议西征司马颙、迎还惠帝,司马楙生怕自己被当作司马颙、司马颖一党,正在犹豫是否将徐州转交司马越领之,以消

---

①　在今江苏省宿迁市一带。

②　《晋书》卷 4《惠帝纪》太安二年、卷 38《司马歆传》、卷 66《刘弘传》和卷 100《张昌传》,第一册第 100—102 页,第四册第 1126—1127 页,第六册第 1763—1768 页。

③　《晋书》卷 4《惠帝纪》太安二年和永兴元年、卷 100《陈敏传》,第一册第 100—104 页,第八册第 2614—2616 页。

前怨,完全无暇顾及石冰之流①。从司马楙手中夺得徐州的司马越忙于"西迎大驾",难能东顾,便抚以陈敏为右将军、假节、前锋都督,陈敏佯从其命,实则借机遂己"割据江东之志",不久拥兵自重。永兴二年(305年)十月,陈敏举兵反叛,自号楚公,驱逐扬州刺史等朝官,并遣其弟攻掠江州。

陈敏割据,为时近两年,"刑政无章,不为英俊所服,且子弟凶暴,所在为患"②。江南大族诸如顾荣、周玘等出于己益,多从陈敏之命;进而再由顾荣出面,陈敏得以广揽各方,"悉引诸豪族委任之","四十余人为将军、郡守"。说起来,顾荣等人是"伪从之",究其真相,江南大族实是骑墙观望——宗亲自相残杀,孰胜孰败,难以预测,苟且安生才是硬道理。直到司马越胜局已定,怀帝即位四个月后,司马越幕僚出面函陈是非利害,号称"机神朗悟"的顾荣之流方能"皆有惭色",重奉朝廷,不失时机地反戈一击。穷途末路的陈敏"单骑东奔","为义兵所斩",其母、妻、诸弟皆被诛杀。

对比张昌与陈敏,后者借助朝廷命官的身份聚兵造势、自立一方,虽称之为"举兵反",实可理解为司马越与司马颙两大阵营争得不可开交之际,江南一地的偏安和自保,破坏性显然不同于张昌之乱。后来兵压陈敏,则是"八王之乱"终结,陈敏仍不归顺于朝,自取其败③。某种程度上,陈敏事件,甚可视为东晋偏立江南的尝试和

---

①　《晋书》卷4《惠帝纪》永兴元年和永兴二年、卷37《司马楙传》和卷59《司马越传》,第一册第102—106页,第四册第1088—1090页,第五册第1623页。

②　《晋书》卷100《陈敏传》,第八册第2617—2618页。

③　《晋书》卷5《怀帝纪》永嘉元年、卷58《周玘传》、卷68《顾荣传》、卷70《甘卓传》和卷100《陈敏传》等,第一册第116—117页,第五册第1572—1574页,第六册第1811—1814、1862页,第八册第2614—2618页。

预演。

陈敏之僭,不过是其时愈演愈烈的诸多异姓朝臣僭之典型。"八王之乱",本身多为以下犯上或抗命不从之僭,宗亲为异姓百官树立了可效仿的榜样。上有行,下必效,随着强势宗亲愈来愈少,异姓重臣也就有样学样地自行所谓"义举"了。

新君即位:皇朝可以转危为安、重拾前景吗?

惠帝死、怀帝立的重要政治节点上,"八王之乱"虽终,皇朝危局尚未全解,所幸在于:伴生于"八王之乱"的上述叛、患、僭等变故,多已进入残局。皇朝的气数与前景,实在两可之间。

一是异族之叛胶着。成汉、前赵虽已自立,起初数年皆在整饬内部。成汉虽时有"寇汉安"①"寇梁州"之类,势力和影响基本囿于益、梁之地。前赵之兵击败司马腾,"并州诸郡为刘元海所陷",但并州周边的幽、冀、司诸州未受重扰②,况乎并州仍有"刺史刘琨独保晋阳",匈奴尚无恣意西扰、南侵之力③。

二是民变之患暂平。张昌及其部将石冰已被剿灭两年多,作乱扬州的陈敏曾"引兵欲西上",督制荆州的刘弘调兵遣将以拒,"陈敏竟不敢窥境"。刘弘虽在此际身故,刘弘之子刘璠"追遵弘志","襄沔肃清"④。

---

① 在今之四川省宜宾市江安县一带。

② 《晋书》卷4《惠帝纪》和卷5《怀帝纪》相关年份,第一册第106—107、115—117页。

③ 《晋书》卷5《怀帝纪》永嘉元年、卷39《王浚传》和卷62《刘琨传》,第一册第116—117页,第四册第1146—1148页,第六册第1680—1691页。

④ 《晋书》卷66《刘弘传》和《刘璠传》、卷100《陈敏传》,第六册第1763—1768页,第八册第2615—2618页。

三是吏属之僭渐息。吏僭之例，多发于司马颙与司马越对阵决胜过程之中，与朝廷命官各附其主直接相关①。惠帝"回銮"洛阳、司马越告胜，吏僭多止，唯陈敏未平，但也接近尾声，惠帝死后四个月，"平东将军周馥斩送陈敏首"②。

前有剿灭张昌之乱的范例，又诸如东莱惗令刘柏根造反，王浚遣将讨、斩，当月即平③；司马颖旧属公师藩聚众攻陷冀州郡县，并逼邺城，不久即败，公师藩被杀①。或为收拾人心、稳定朝局计，除首恶外，朝廷对有污点的朝臣也多加宽宥。可见，西晋皇朝尚存应对下层变乱的能力。

怀帝即位之初，皇朝面对的最突出威胁来自成汉和前赵，但即使将成汉尚未完全占据的梁州计作失地，西晋后期的十九州，沦陷三州，尚余十六州，且皇朝腹心区域保存在手；沦陷的三州，史载"益州统郡八，县四十四，户十四万九千三百"，"梁州统郡八，县四十四，户七万六千三百"，"并州统郡国六，县四十五，户五万九千二百"，合计

---

① 例如刘乔本从司马越"举兵迎大驾"，司马越却令刘乔转任冀州，而以豫州交与司马虓，故而反目；司马虓驱逐冀州刺史李义，前者力挺司马越，后者则亲司马颖，遂相交恶。见《晋书》卷37《司马虓传》，卷59《司马颖传》《司马颙传》和卷61《刘乔传》，卷66《刘弘传》，第四册1099—1101页，第五册1618、1621、1623页，第六册第1672—1676、1763—1768页。"李义"又载为"李毅"，但与卷46《李重传》所载之"李毅"非同一人，第五册第1312页。

② 《晋书》卷5《怀帝纪》永嘉元年、卷61《周馥传》和卷100《陈敏传》，第一册第116—117页，第六册第1663—1664页，第八册第2615—2618页。

③ 《晋书》卷4《惠帝纪》光熙元年和卷37《司马略传》，第一册第106—107页，第四册第1095—1096页。

④ 《晋书》卷4《惠帝纪》永兴二年和光熙元年、卷37《司马模传》、卷59《司马颖传》、卷61《苟晞传》，第一册第104—107页，第四册第1097—1098页，第五册第1618—1619页，第六册第1666—1667页。

二十八万多户，不到朝廷所统全部户数的八分之一①。

或曰，李特、刘渊所据之地的实际户口可能多于郡县籍册登录的户口。果真如此，则仍由朝廷统治的郡县，实际户口也会大于在籍户口。并且，从相关史料看，李特、刘渊自立后，恰是二人割据之州的住民纷纷流向朝廷治下的区域，督守并州的司马腾败于刘渊，"并州二万余户下山东"②，司马腾走后，"并土饥荒，百姓随腾南下，余户不满二万"③。据此而论，李特、刘渊所领户口当是大大小于前述的八分之一的规模。

历史固然不可假设，但对特定时点、特定空间的政局、世况却可进行分析、研判。综上所述，八王乱结，外患、民变等虽已严峻，但尚未达至能够彻底颠覆西晋政权的地步，怀帝即位之际，皇朝尚有起死回生的机遇。

第三节 "怀越之恶"

怀帝亲政："馅饼"与"陷阱"

新君甫立，通常是皇朝重构朝局、重拾山河的政治机遇。多年劫乱稍定，时隔近十七年后，朝中复现皇帝亲政状态，朝臣以至世人由此可以打消因惠帝暗昧而产生的对皇朝未来的疑虑，对新君抱以相应的希望与期待，对于怀帝，是谓"馅饼"。

与此同时，先帝所遗，并非皆如新君所愿。惠、怀之交，皇朝面对

---

① 《晋书》卷 14《地理志上》和卷 15《地理志下》，第二册第 405—468 页。
② 《晋书》卷 101《载记第一》和卷 37《司马腾传》，第九册第 2650 页，第四册第 1096—1097 页。
③ 《晋书》卷 62《刘琨传》，第六册第 1680—1691 页。

险恶局面,怀帝稍有不慎,便是万劫不复,是谓"陷阱"。

怀帝司马炽生于太康五年(284 年),长成的武帝皇子中,怀帝居末,初封豫章王,据说因其出生时"有嘉禾生于豫章之南昌",特显某种吉兆。太熙元年(290 年)武帝死,怀帝七岁,直至永兴元年(304 年)被立为储君的十多年间,怀帝全程经历了皇朝变故,堪称成长于西晋后期乱局之中。

"宗室构祸,帝冲素自守,门绝宾游,不交世事,专玩史籍,有誉于时",依此记载,怀帝表面上似仅求自保、无意权势,不同于诸兄、诸多宗亲或集聚势力、伺机问鼎,或仗势而为、恣意行事。"三王举义"后,怀帝从永宁元年(301 年)起先为射声校尉,累迁车骑大将军、都督青州诸军事,又转镇北大将军、都督邺城守诸军事,实际上却"未之镇"①。"八王之乱"期间废立无常,司马颖败逃长安,盟友司马颙黜司马颖,转以怀帝为皇太弟②。

时局混乱,频繁废立必然加剧剪不断、理还乱的利益纠葛,何况废立本身即是利益的取舍、得失。强势宗亲声名狼藉,洁身自好的怀

---

①　《晋书》卷 5《怀帝纪》,第一册第 115—116 页。怀帝都督青州、都督邺城,皆是虚名,都督青州"未之镇";都督邺城当在永兴元年(304 年)的"乙丑之盟"结成,怀帝随司马越及诸多朝臣共奉惠帝讨伐时镇邺城的司马颖期间,所谓由怀帝"都督"之,不过是罢免司马颖的一种宣示,并非实督。讨伐前及至同年八月司马腾和王浚驱逐司马颖,邺城是司马颖的领地;司马颖败逃后,怀帝则随惠帝被挟至洛阳,十一月又被劫到长安,十二月被册为储君,此际邺城是司马腾、王浚所辖。如果说怀帝与邺城存有什么实际联系,至多是"荡阴之败"后与惠帝同被司马颖俘获,怀帝对邺城或曾有过"惊鸿一瞥"而已。见《晋书》卷 4《惠帝纪》永兴元年、卷 5《怀帝纪》,卷 37《司马腾传》、卷 39《王浚传》和卷 59《司马颖传》,第一册第 102—104 页,第四册第 1096—1097、1146—1148 页,第五册第 1618—1619 页。

②　司马覃之父为武帝之子司马遐,被册为太子时,司马遐已死,见《晋书》卷 64《司马覃传》,第六册第 1723—1724 页。

帝炽为清流，血缘又近皇统，其为储君，牵连较少，但仍将不可避免地触动他人利益。

怀帝朝中异姓诸臣

怀帝倚重异姓，异姓似也推重怀帝。司马颙废司马颖、立怀帝时，怀帝以司马覃本为太子而"惧不敢当"，左右以司马覃幼弱、怀帝理当"上翼大驾"和"下允黔首"之类说辞相劝，怀帝从之，并以"吾之宋昌"称赞建言者①。

惠帝死，怀帝继，本无异议，但很戏剧性地，惠帝临死，"羊皇后以于太弟为嫂，不得为太后，催清河王（司马）覃入，已至尚书阁"，又是在异姓朝臣帮衬下，"侍中华混等急召太弟"，怀帝始得大统②。此亦惠帝非为司马越毒害的又一推证，从阴谋操弄或者事之情理上，司马越如鸩杀惠帝，必得作好接即皇位的一切安排，不至于全无措置，令皇后羊献容占取先机，竟能有机会"催清河王覃入"③。

即位后，怀帝"始遵旧制"，"东堂听政"，还时常"与群官论众务，

① 《晋书》卷 5《怀帝纪》永兴元年：被册为皇太弟，"帝以清河王覃本太子也，惧不敢当。典书令庐陵修肃曰：'二相经营王室，志宁社稷，储贰之重，宜归时望，亲贤之举，非大王而谁？清河幼弱，未允众心，是以既升东宫，复赞藩国。今乘舆播越，二宫久旷，常恐氐羌饮马于泾川，蚁众控弦于霸水。宜及吉辰，时登储副，上翼大驾，早宁东京，下允黔首喁喁之望。'帝曰：'卿，吾之宋昌也。'乃从之"。第一册第 115 页。宋昌系西汉人，吕后死后，吕氏擅权，周勃、陈平等诛诸吕，迎立时为代王的汉文帝。汉文帝疑有阴谋和变数，进京途中生怕中计，派随行护驾的宋昌先行入京，探究虚实；宋昌探得事无诈伪，返回告知汉文帝，保汉文帝继承皇统，遂深获信任，见《史记》卷 10《孝文本纪》等，第一册第 349—354 页。

② 惠帝皇后时为泰山羊氏的羊献容，见《晋书》卷 4《惠帝纪》光熙元年、卷 5《怀帝纪》光熙元年和卷 31《惠羊皇后传》，第一册第 106—107、116 页，第四册第 966—968 页。

③ 《晋书》卷 4《惠帝纪》光熙元年、卷 5《怀帝纪》光熙元年和卷 31《惠羊皇后传》，第一册第 106—107、116 页，第四册第 967—968 页。

考经籍",甚得异姓朝臣拥戴,黄门侍郎傅宣感叹:"今日复见武帝之世矣!"①

宗室势力时已衰败,并且全程经历乱局的怀帝无疑深憎宗亲竞夺权位、损害皇统之恶。怀帝之下的朝枢,宗亲势单力孤,异姓占据着主要职位。

时之"五公"为太傅司马越、太保司马瓘、大将军司马晏、太尉刘宴和司空王衍②,其中,宗亲三人,司马瓘和司马晏皆疾;尚书令先为高光,后则荀藩,左仆射傅祗,右仆射先为和郁,后则郑球;中书监先后是傅祗、荀组和王敦,中书令为缪播;司隶校尉刘暾③。

上述异姓诸臣,多为魏晋之交即已党附司马氏的重臣之后。高光之父高柔在"高平陵事变"中助力司马懿诛灭曹爽集团,本人在"惠帝为张方所逼,幸长安,朝臣奔散,莫有从者"之际,"独侍帝而西",忠心耿耿,惠帝还洛,"时太弟新立,重选傅训,以光为少傅,加光禄大夫",怀帝即位,高光得势;与高光同受怀帝"推崇"的傅祗,其父傅嘏系司马师、司马昭的得力股肱;郑球乃州里举与武帝"同品"的郑默之子;荀氏兄弟之父荀勖更为武帝的"佐命元勋"。

---

①　《晋书》卷5《怀帝纪》和卷47《傅宣传》,第一册第125页,第五册第1333页。

②　怀帝即位,曾以温羡为司徒,其在位不久即逝,见《晋书》卷5《怀帝纪》光熙元年和卷44《温羡传》,第一册第116页,第四册第1266—1267页。

③　《晋书》卷5《怀帝纪》相关年份、卷38《司马瓘传》、卷39《荀藩传》和《荀组传》、卷41《刘宴传》和《高光传》、卷43《王衍传》、卷44《郑球传》、卷45《和峤传》和《刘暾传》、卷47《傅祗传》、卷59《司马越传》、卷60《缪播传》、卷64《司马晏传》和卷98《王敦传》,第一册第116—124页,第四册第1119—1120、1137—1138、1158—1160、1196—1197、1198—1199、1252—1253、1280—1282、1283—1284页,第五册第1330—1333、1623—1624页,第六册第1636—1637、1723—1724页,第八册第2554页。另见(清)万斯同:《晋将相大臣年表》,《两晋南北朝十史补编》,第一册第27—38页。

渊源上，诸臣显然近怀帝，而疏宗室远支、与司马越颇相疏离。政治态度上，以傅祗为例，"时太傅东海王越辅政，祗既居端右，每宣君臣谦光之道，由此上下雍穆"，向权势居重且为辅政的司马越宣导"君臣谦光之道"，倾向性不言自明①。

此际朝中，只有王衍等尚与司马越声气相通②。

"怀越之恶"及司马越一出京师

怀帝无法忽视盛极此际的司马越一系，怀帝信用异姓也必然与司马越的专权欲望相冲突。

永嘉元年正月，怀帝以司马越辅政，实际上，怀帝成年承统，何须辅政！③ 综合事之前后的相关迹象，怀帝亲政与司马越辅政竟能并存，极大概率是二人之间达成的政治交易。即位之初，怀帝并未"委政于越"。羊献容推司马覃争位，虽未遂，但事态变得微妙、复杂，司马覃的背后有其支持者④，最直接的，当属司马覃之舅、司马越之姑

---

① 《三国志》卷21《傅嘏传》和卷24《高柔传》，上册第517—522、576页；《晋书》卷39《荀勖传》、卷44《郑默传》和卷47《傅祗传》，第四册第1152—1157、1251—1252页，第五册第1332页。

② 荡阴败后，惠帝被挟长安，王戎出奔于郏（今之河南省洛阳市西一带），死于当地，见《晋书》卷43《王戎传》，第四册第1234—1235页。

③ 人君成年即位同时权臣辅政，追溯前例，似有司马懿等受命辅政曹叡，但其时系四人共同辅政，见《三国志》卷2《文帝纪》黄初七年，上册第72—74页。

④ 怀帝不营势力。年仅十三岁的司马覃，其支持者或为司马越所忌。羊献容欲为太后，此外，司马覃母系汝南周氏，具有相当实力，该族虽不达一流的大族著姓地位，也有多人活跃于西晋朝局，外祖一辈，周浚随王浑灭吴立功，后接替王浑为使持节、都督扬州诸军事、安东将军；周馥列"二十四友"；周馥时为镇东将军、都督扬州诸军事，对司马越极为抵触。司马覃之舅周穆更是积极的拥立者，舅辈的周颠、周嵩、周谟，此际尚未显位，却有世誉。见《晋书》卷31《诸葛夫人传》、卷59《司马越传》、卷61《周浚传》和《周馥传》、卷64《司马覃传》和卷69《周颠传》等，第四册第963页，第五册第1623—1624页，第六册第1723—1724、1657—1659、1663—1664、1850—1851页。

子周穆伙同妹夫、武帝妃弟诸葛玫一齐游说司马越："主上（怀帝）之为太弟，张方意也，清河王本太子，为群凶所废。先帝暴崩，多疑东宫。公盍思伊、霍之举，以宁社稷乎？"情理上，年幼的司马覃易于控制，二人想法似更有利于司马越，但出乎意料，司马越斥道："此岂宜言耶！"遂呵来左右，斩杀了周穆和诸葛玫①。

司马越少有酷暴之行、不行废立，属于八王中的异类②，拒绝周穆、诸葛玫，即拒绝于己有利之举，本无需因言诛臣、以极端手段杀戮说客。联系到其所忌惮的支持司马覃的势力，以及此际再行废立已不可能，除非甘冒天下共讨的风险等因素，司马越或是杀一儆百，以绝朝中的异念和祸源。一年后，已离京城的司马越又杀谋立司马覃的前北军中候吕雍、度支校尉陈颜等，并且斩草除根，"越恐清河王覃终为储副，矫诏收付金墉城，寻害之"③。

相对应地，怀帝仓促上位，虽有异姓朝臣辅佐，却不能完全无视残存的宗亲势力，不能完全离开司马越一系的支持。就在周穆、诸葛玫成为祭品的当月，怀帝诏"以太傅、东海王越辅政"④。

朝中亲政、辅政毕竟难能并存，"帝始亲万机，留心庶事，越不悦，

①　《晋书》卷5《怀帝纪》永嘉元年、卷31《诸葛夫人传》和卷59《司马越传》，第一册第116—117页，第四册第963页，第五册第1623—1624页。"伊、霍之举"即废立天子，典出伊尹、霍光故事。

②　以汉晋之际错综复杂的权势关系，权臣废立天子已为政患，且几乎无一不得恶报，更以"八王之乱"期间为尤。司马玮矫诏擅杀，捏造的主要罪名就是司马亮、卫瓘"欲为伊、霍之事"；其后贾南风废司马遹，以至覆亡；司马伦自立，举门而灭；司马冏、司马颖、司马颙皆有废立之举，也皆不得善终。

③　《晋书》卷5《怀帝纪》永嘉二年、卷59《司马越传》和卷64《司马覃传》，第一册第117—118页，第五册第1623—1624页，第六册第1723—1724页。

④　《晋书》卷5《怀帝纪》光熙元年和永嘉元年、卷59《司马越传》，第一册第116—117页，第五册第1623—1624页。

求出藩,帝不许",司马越未予理会,三月"遂出镇许昌"①。

后来,司马越之弟司马模身边谋臣的一席话,颇为精当地点明了司马越一系的朝中处境:"公(司马模)兄弟唱起大事,而并在朝廷,若自强则有专权之罪,弱则受制于人,非公之利也。"②换言之,司马越一系虽不能一手遮天,却占了朝局头魁,不免众议,一方面难以逞势而为,另一方面又不可弃势归弱。

司马越自请出镇,君臣共政局面转瞬即逝,君臣交恶也就显露于朝,尽管初时二人并无直接交锋。推究实质,"怀越之恶"乃是怀帝及其朝中的异姓势力与司马越所代表的不甘示弱、不甘没落的宗室残余势力之间的钩心斗角,在朝局最需聚合政治资源的紧要关头,双方各自为政,命悬一线的西晋皇朝丧失了共克时艰、共渡难关的最后机会。

擅政揽权却每况愈下的司马越

在司马越,出镇不是放弃权势,而是另辟蹊径。司马越自请出镇的同时,"以征东将军、高密王简为征南大将军、都督荆州诸军事,镇襄阳;改封安北将军、东燕王腾为新蔡王、都督司冀二州诸军事,镇邺;以征南将军、南阳王模为征西大将军、都督秦雍梁益四州诸军事,镇长安"③。从此,怀帝在朝,司马越镇外同时辅政、监制朝局,朝政进入历时两年的亲政不是亲政、辅政不是辅政的分裂状态。

---

① 《晋书》卷 5《怀帝纪》永嘉元年和卷 59《司马越传》,第一册第 116 页,第五册第 1623—1624 页。
② 《晋书》卷 37《司马模传》,第四册第 1097—1098 页。
③ 《晋书》卷 5《怀帝纪》永嘉元年和永嘉三年、卷 59《司马越传》,第一册第 116—120 页,第五册第 1623—1624 页。

　　兄弟四人尽占要津,司马越费尽心机地建构的是一以外制内、围控京师的"长蛇阵",由邺城南向许昌,再转西南的襄阳后又及西北的长安。

　　说明:地图来源于谭其骧主编:《中国历史地图集》,北京:中国地图出版社,1982年,第三册第33—34页。

图 10-1　司马越的"长蛇阵"布局示意图

　　京师似是被"长蛇阵"围合于内的囊中之物。并且,洛阳之北,是几近全陷于前赵的并州,以地势论,并州居高临下、南向洛阳,随时可以兵临城下。

不止围合洛阳，基于"长蛇阵"，北之幽州的王浚、中之兖州的苟晞、南之扬州的周馥，异姓皆受控制；幽、冀、兖、豫、扬、荆，分由王浚、司马腾、苟晞、司马越、周馥、司马略执掌，司马越兄弟"插花"式地间亘于异姓方镇之间，再加西土重地的司马模，司马越的布局看似一个不错的权势构造①。

这一宗亲重镇格局与魏晋之交外镇皇叔构成"新朝之蕊"、武帝临终遣惠帝皇弟出督的情形似有可比性。只是，"新朝之蕊"是以外护内，皇弟出镇是内外互制，司马越的"长蛇阵"却是外重内轻同时戒备异姓。不难发现，司马越对权势"胃口"过大，"长蛇阵"表面完美却冗长累赘，无论从政治角度还是军事角度，遇事必然首尾脱节、顾此失彼，一环有失、全线崩溃，何况，至要的京师重地不在司马越完全掌制的范围。

"长蛇阵"还得应对纷扰不已的民间变乱和异族之患，司马越兄弟实在担当了太多的重任。

上述架构果然没有给司马越一系带来好运，加上司马越兄弟多数颟顸无能、外强中干，督外两年，司马越每况愈下。

出镇许昌，司马越有其平息青、冀民变的理由。在青州，先前东莱惢令②刘柏根反，"众以万数，攻略于临淄"，都督青州的司马略败逃③；

---

① 《晋书》卷 5《怀帝纪》相关年份、卷 14《地理志上》和卷 15《地理志下》、卷 37《司马略传》和《司马腾传》、卷 39《王浚传》、卷 59《司马越传》、卷 61《周馥传》和《苟晞传》，第一册第 116—124 页，第二册第 405—468 页，第四册第 1095—1097、1146—1148 页，第五册第 1663—1664 页，第六册第 1636—1637 页。

② 惢县在今山东省烟台市龙口市一带。

③ 《晋书》卷 4《惠帝纪》光熙元年和卷 5《怀帝纪》永嘉三年、卷 37《司马略传》，第一册第 106—107、118—120 页，第四册第 1095—1096 页。

刘柏根死后，永嘉元年二月，残部王弥再次起兵，"寇青、徐二州，长广太守宋罴、东牟太守庞伉并遇害"，势大时陷许昌，更围洛阳，"朝廷不能制"①。

在冀州，五月，"马牧帅汲桑聚众反"，声称为司马颖复仇，打出反司马越、司马腾的旗号，"败魏郡太守冯嵩，遂陷邺城"，杀死了不争气的司马腾，进而南渡黄河进击兖州②。

司马越出镇仅两个月，司马腾败死，苦心营构的兄弟连镇体系，北端节点突溃，"长蛇阵"遭到重挫。司马越不得不修补阵线，其时司马越旗下为数不多的异姓重臣、兖州刺史苟晞临危受命，北上讨冀，司马越自许昌北进沿渡为援。

永嘉元年十二月，苟晞发力，冀乱稍平，怀帝诏司马越为丞相并领兖州牧，都督兖、豫、司、冀、幽、并六州。由此，司马越的阵势转呈一大三辅格局：其本人统督六州，另有荆州司马略、关中司马模，再有其间受命镇督建邺的司马睿。如将司马睿所督扬州算作半个，则司马越一系掌持了天下十九州中的十一个半③。

貌似势盛，实则虚妄。司马越所领之六州，冀州仍呈乱局，并蔓

---

① 《晋书》卷5《怀帝纪》永嘉元年、卷61《苟晞传》和卷100《王弥传》，第一册第116—117页，第六册1666—1669页，第八册2609—2611页。

② 《晋书》卷5《怀帝纪》永嘉元年、卷37《司马腾传》、卷59《司马颖传》和卷104《载记第四》，第一册第116—117页，第四册第1096—1097页，第五册1624页，第九册第2709页。

③ 《晋书》卷5《怀帝纪》永嘉元年和永嘉二年、卷6《元帝纪》、卷37《司马略传》和《司马模传》、卷59《司马越传》、卷61《苟晞传》，第一册第116—117、143—144页，第四册1095—1098页，第五册1623—1624页，第六册第1666—1669页。永嘉元年七月，司马睿都督扬州为半，是以扬州二督并存，周馥镇于扬州江北之寿春，司马睿镇于扬州江南之建邺。

延至兖州、豫州甚至司州及京师。永嘉二年四月豫州州治许昌曾经失守、五月洛阳又遭围攻，并州已是匈奴盘踞，幽州的王浚并非对司马越心悦诚服，至于京师，司隶校尉刘暾素与司马越抵触，一大三辅，所谓"一大"，乃是一大包袱。

出镇两年间，司马越飘忽不定地游移于许昌、官渡、鄄城、濮阳、荥阳，说是应战、备战、援战，实是偌大六州，已无令其心里踏实的固守自保之地。

诸臣坐视司马越之败

司马越不愿交战，心力、精力、兵力也不在战，以免自身实力受损、伤筋动骨。两年间，其本人所率之军于皇朝腹心区域五易镇地，始终一无所战。永嘉元年七月遣苟晞自兖进冀平乱，司马越北移官渡、自称作援，就态势而言，于苟晞身后配以重兵，究竟是援还是监，似乎两可①。

十二月，苟晞初平冀乱，为司马越报了杀弟之仇，当归兖州。有"大才"的幕僚潘滔等却间言："兖州要冲，魏武以之辅相汉室。苟晞有大志，非纯臣，久令处之，则患生心腹矣。若迁于青州，厚其名号，晞必悦，公自牧兖州，经纬诸夏，藩卫本朝，此所谓谋之于未有，为之于未乱也。"正中司马越下怀，苟晞则因此愤愤不平，转瞬之间便从司马越的亲信转为司马越的对头②。失苟晞而径领兖州，看似精明划算，然自此司马越一系再无出众的军事支柱和戡乱打手。

---

① 《晋书》卷 5《怀帝纪》永嘉元年、卷 6《元帝纪》、卷 59《司马越传》和《苟晞传》，第一册第 116—117、143—144 页，第五册第 1623—1624 页，第六册第 1666—1669 页。

② 《晋书》卷 5《怀帝纪》永嘉元年、卷 59《司马越传》和卷 61《苟晞传》，第一册第 116—117 页，第五册第 1623—1624 页，第六册第 1666—1668 页。

反过来,异姓诸臣又如何看待司马越呢?

王弥作乱青、徐,苟晞破汲桑后回师讨伐,王弥奔避苟晞,沿途逐个寇扰泰山、鲁、谯、梁、陈、汝南、颍川、襄城诸郡国,攻陷许昌,兵临洛阳,行程千里,一无所当,如入无人之境,"所在陷没,多杀守令"①。一路上,司马越所领兖、豫无所抵制,他人所辖之徐、扬诸州,更对王弥视若无睹。

汲桑等"复仇"于冀,打出的又是诛司马越、司马腾兄弟以报司马颖冤仇的旗号,朝中百官、其他方镇似是有了袖手旁观的理由。本来,冀州动乱,北面的幽州南向攻伐和南面的兖州北进征讨,皆为选项,比较之下,以兖州的苟晞对付青、徐的王弥,同时以手握重兵又有鲜卑铁骑助力的幽州王浚对付冀州的汲桑,不仅及时也更为有效。但自始至终,王浚多作壁上观,仅在汲桑部将石勒寇扰紧邻幽州的赵郡时出手一次;时属司马越阵营的苟晞却连着北伐南征,伐定冀州后再平青、徐的王弥,王弥遂能赢得时间,引兵向西、进击京师②。

个中缘由,是其他督、守不得染指司马越所领诸州,还是邻接诸州坐视司马越一系疲于奔命,不得而知。司马腾为汲桑部众所害,冀州之督一直缺位,入冀剿乱的苟晞获胜,足可顺势都督冀州;或者,时为冀州刺史、有恩于司马越一系的丁绍也可就任③。不知是司马越

----

①　《晋书》卷61《苟晞传》和卷100《王弥传》,第六册第1666—1669页,第八册第2609—2612页。

②　《晋书》卷5《怀帝纪》永嘉二年、卷39《王浚传》、卷61《苟晞传》和卷104《载记第四》,第一册第117—118页,第四册第1146—1148页,第六册第1666—1669页,第九册第2709—2711页。

③　《晋书》卷37《司马模传》和卷90《丁绍传》,第四册第1097—1098页,第八册第2337页。据《丁绍传》,"河北骚扰","及临漳被围,南阳王模窘急,绍率郡兵赴之,模赖以获全。模感绍恩,生为立碑"。

不欲异姓坐大之故,还是战时无所作为的朝中诸臣攫取胜果,竟诏以尚书右仆射和郁为征北将军、镇邺。此人全无军事经验,从"二十四友"之一至此,十多年间随波逐流、一无作为。从后来洛阳不保,回到朝中的和郁不是追随司马越出京,而是投奔交恶司马越的苟晞的情形看,其并不以司马越为然,以其督邺,似非司马越之意。十个月后,石勒再袭赵地,离邺城尚有一定距离,和郁便弃守南逃,当然,司马越以及苟晞、王浚等,此际也不可能对狼狈不堪的和郁施以援手①。

虽逃之夭夭,和郁却不受追究,返朝仍复尚书右仆射。这也算是依循司马越的前例:司马越诸弟,皆是丧城失地后不受责罚、反而一跃转为异地方镇的②。

"己巳政变":倾覆皇朝的末日之争

司马越构造的权势格局,在两年间不断崩析,永嘉三年三月,都督荆州的司马略骤死,司马越的布局完全无法维系了。其中,司马越本人所督六州,乱势还在不断加剧;司马模执掌秦、雍、梁、益四州,秦、雍诸郡内斗不已,又加"关中饥荒,百姓相啖,加以疾疠,盗贼公行"③,梁、益已是成汉割据或寇扰④;司马睿初领江南,尚在从"吴人不附"到"百姓归心"的跋涉阶段⑤。

---

① 《晋书》卷 5《怀帝纪》永嘉元年和永嘉二年、卷 45《和峤传》,第一册第 116—118 页,第四册第 1283—1284 页。

② 《晋书》卷 37《司马略传》《司马腾传》和《司马模传》,第四册第 1095—1098 页。

③ 《晋书》卷 37《司马模传》和《司马保传》,卷 60《阎鼎传》《索綝传》和《贾疋传》,卷 86《张轨传》等,第四册第 1097—1099 页,第六册第 1646—1647 页,第七册第 2221—2223 页。

④ 《晋书》卷 121《载记二十一》,第十册第 3036—3037 页。

⑤ 《晋书》卷 6《元帝纪》和卷 65《王导传》等,第一册第 143—144 页,第六册第 1745—1749 页。

司马略死之前后，拥戴怀帝的异姓诸臣似加快了扩张权势的节奏，例如尚书令高光死，迅由荀藩接任尚书令；司马略死，又即以异姓山简填空，镇督范围也从荆州一地扩至荆、湘、交、广四州；相应地，刘暾立接山简的尚书左仆射位①。

在朝的王敦言于亲随：当今威权悉由太傅司马越所掌，但在选用朝臣、奏表政事等方面，"尚书犹以旧制裁之"，太傅回朝，必有诛罚。其所言旧制者，无非人君亲政之制。

亲近司马越的王敦时为中书监，中书令缪播却能撇开王敦"专管诏命"，加上尚书令、尚书仆射皆非司马越一系，驭制朝政的权柄似在脱离司马越之手②。

司马越拥兵自重于外，并未放松对朝中的监控，稍有异动，便无情诛灭。高光之子、散骑侍郎高韬"与殿省小人交通"，高光死后，高韬"仍于丧中往来不绝"，并且"韬知人心有望，密与太傅参军姜赜、京兆杜概等谋讨越，事泄伏诛"③。高韬密谋是否和当朝重臣以至怀帝有关，未详，但其谓"人心有望"不在司马越，从又一角度坐实了司马越之逆境。

司马略死之当月，司马越再不得坐视大权旁落及自己一系的败退，匆匆结束近两年的漂泊，"自荥阳还洛阳"，发动政变，自执朝政。

一是"诬帝舅王延等为乱"，遣兵三千入宫，"于帝侧收近臣中书令缪播、帝舅王延等十余人"，"付廷尉杀之"。

①　《晋书》卷5《怀帝纪》永嘉二年和永嘉三年、卷41《高光传》、卷39《荀藩传》、卷43《山简传》和卷45《刘暾传》，第四册 1199、1158、1228—1230、1280—1282 页。

②　《晋书》卷60《缪播传》和卷98《王敦传》等，第六册第 1636—1637 页，第八册第2554 页。

③　《晋书》卷41《高韬传》和《高光传》，第四册第 1198—1199 页。

　　二是"以顷兴事多由殿省，乃奏宿卫有侯爵者皆罢之"。此际殿中武官皆具侯爵，由此"出者略尽"、"泣涕而去"，宿卫禁城者换以司马越之东海国兵，怀帝成为囚徒。

　　三是调整朝枢人事。太尉刘寔告老还乡，甫为仆射且"久居监司，又为众情所归"的刘暾转右光禄大夫虚职，荀藩、荀组兄弟似亦失势，"于时天下已乱，组兄弟贵盛，惧不容于世，虽居大官，并讽议而已"。交好司马越的司徒王衍则迁太尉、尚书令，司马越本人"解兖州牧"，以太傅又领司徒①。

　　是年己巳，故以"己巳政变"谓之。

　　作为司马泰的故吏，缪播曾得司马越重用。在说服司马颙允惠帝及怀帝返洛一事上，"二缪"功著于世，险遭张方暗算，死里逃生。回京之旅，缪播与怀帝"契阔艰难，深相亲狎"；怀帝即位后，对缪氏兄弟"任遇日隆"，"时越威权自己，帝力不能讨，心甚恶之"，"以播、胤等有公辅之量，又尽忠于国，故委以心膂"，缪播为侍中、中书令，缪胤为左卫将军，转散骑常侍、太仆卿，并且缪氏兄弟"及帝舅王延、尚书何绥、太史令高堂冲并参机密"②。

　　司马越与怀帝先后对缪氏"委以心膂"，缪播终却变身怀帝的股肱，或多或少有改换门庭、叛离司马越之嫌。但缪氏兄弟的选择，颇能代表朝中诸臣的心迹历程，反映出其时异姓颇为普遍的亲随怀帝

---

　　① 《晋书》卷 5《怀帝纪》永嘉三年、卷 39《荀藩传》和《荀组传》、卷 41《刘寔传》、卷 43《王衍传》、卷 45《刘暾传》、卷 59《司马越传》、卷 60《缪播传》和《缪胤传》，第一册第 118—120 页，第四册第 1158—1160、1197—1198、1237—1238、1280—1282 页，第五册第 1624—1625 页，第六册第 1636—1637 页。

　　② 《晋书》卷 33《何绥传》、卷 60《缪播传》和《缪胤传》，第四册第 1000 页，第六册第 1636—1637 页。

的政治倾向——很大程度上，这也是其时西晋皇朝仅存的政治认同。

司马越不惜尽毁皇朝气数，回朝发动政变，能够达到什么目的呢？

朝政渐脱司马越之驭，唯余以政变夺制朝局、径行专权一途。另则，出于现实的考量，司马越所督区域，乱兵攻城略地，局势已经失控，面对民变之众、叛乱之部来去自如、神出鬼没的袭扰，官军驻防屯守、就地抵御，已是死路一条；司马越大军屯外，据守之地数易，"鄄城自坏，越恶之，移屯濮阳，又迁于荥阳"，无论何地，皆无可靠依托，一旦被围，便至绝境，复归洛阳，以求自保，或不失为生路——相比其他，京师城守有其优势，永嘉二年五月洛阳遭寇扰而王衍率众击退之[①]，返朝固守，无疑好过居无定所。

然而，西晋皇朝以及司马越本人的宿命，岂是杀数人、据一城便可逆转的呢！

---

① 《晋书》卷5《怀帝纪》永嘉二年、卷43《王衍传》和卷59《司马越传》等，第一册第117—118页，第四册第1238页，第五册第1623—1624页。

第十一章　末路与出路：天下兴亡、聚散而已

第一节　"怀越之恶"期间前赵政权的强势崛起

前赵的发迹

"怀越之恶"期间，皇朝坐失最后良机，前赵却借机一跃而为西晋的最大敌人。

前及，前赵与成汉同时成于"八王之乱"末期，但二者源流殊异，成汉以流民居主，前赵则可上溯至西汉时期匈奴内附现象的出现，直接渊源则在居于并州一带的"五部匈奴"。

"五部匈奴"始于东汉末期匈奴归顺曹操、内附并州，"魏武分其众为五部，以（刘）豹为左部帅，其余部帅皆以刘氏为之"，故名。刘豹之子刘渊即前赵的创立者，《晋书》避唐高祖李渊讳，以其字元海称之。

早在曹魏末期的咸熙年间（264—265年），刘渊"为任子在洛阳，文帝（司马昭）深待之"，入晋后武帝亦然。诸多汉族高士与其"深相

崇敬，推分结恩"①。

史载刘渊"龆龀英慧"，"幼好学"，师从汉师，接受了颇为正宗的汉化教育，"习《毛诗》《京氏易》《马氏尚书》，尤好《春秋左氏传》《孙武兵法》，略皆诵之，《史》、《汉》、诸子，无不综览"。刘豹死后，刘渊继为左部帅，太康末，拜北部都尉，在任"明刑法，禁奸邪，轻财好施，推诚接物，五部俊杰无不至者"，并且汉地的"幽冀名儒，后门秀士，不远千里，亦皆游焉"。武帝死后，杨骏以刘渊为建威将军、五部大都督，封汉光乡侯。贾南风临朝后期，因所辖部落出现叛晋出塞事件，刘渊被免官，元康九年司马颖镇督邺城后，表刘渊复职，"行宁朔将军、监五部军事"，此似刘渊与司马颖之间密交的起源②。

刘渊以开明之举抚众，汉、匈关系相对平和，应为朝廷乐见，至于其所推行的诸多汉化举措是否属于刁买人心、蓄势谋叛，不宜轻作断言，中央皇权稳固而以一州为乱，无异于以卵击石。

但俟皇权微弱，世道人心以及异族心态必有变异。"惠帝失驭"，匈奴内部受抑已久的复国势力开始蠢蠢欲动，以刘渊叔祖、虽汉化已深却仍梦想"兴邦复业"的刘宣为代表，窃议"恢崇单于"之业。"八王之乱"接踵而起，内附之匈奴谋求自立，迎来大好时机。

司马颖联合司马颙击败司马乂并受册皇太弟，暂占上风，为伸张权势，以刘渊为屯骑校尉，意似效仿曹操，笼络匈奴部众为己所用、对付政敌。"乙丑之盟"，惠帝亲征司马颖，司马颖遂以刘渊为辅国将军、督北城守事，又迁冠军将军、封卢奴伯。王浚、司马腾"起兵伐

---

①　《晋书》卷 101《载记第一》，第九册第 2644—2647 页。

②　《晋书》卷 4《惠帝纪》元康九年、卷 59《司马颖传》和卷 101《载记第一》，第一册第 95 页，第五册第 1615—1619 页，第九册第 2647—2649 页。

颖",司马颖竟以刘渊为救星,"拜元海为北单于、参丞相军事",命刘渊回并州聚合匈奴,助己抗御对手。

如此,刘渊回到左国城,刘宣等上大单于之号,"二旬之间,众已五万,都于离石"①。

但未及等到刘渊之援,司马颖便败于王浚和司马腾,逃往洛阳。刘渊长叹,准备遣兵回击王浚及其所聚合之鲜卑军。刘宣等劝谏:"晋为无道,奴隶御我","鲜卑、乌丸可以为援,奈何距之而拯仇敌!"我单于虽有虚号,无尺土之业,司马氏自相残杀,"天与不取,反受其咎",兴邦复业,正当其时。刘渊闻言,恍然大悟。

刘渊向以"汉氏之甥"自居,又极为崇拜汉高祖刘邦,遂尊自命以汉室正统的刘禅为宗②,永兴元年(304 年)十一月"僭即汉王位",年号元熙。自此,史称"前赵"或"汉赵"的异族政权诞生,"五胡十六国"战乱肆虐的特殊时期开启③。

至光熙元年(306 年)怀帝登基的两年间,刘渊势力大体限于并州北部。永嘉元年所谓"并州诸郡为刘元海所陷,刺史刘琨独保晋阳"之载④,似不完全确切,例如并州东南之上党郡即有"时胡部大张訇督、冯莫突等人率兵数千",乐平国"乌丸张伏利度亦有众二千",直

---

① 左国城在今山西省吕梁市方山县一带;离石在今山西省吕梁市离石区一带。

② 刘渊自称西汉时期匈奴首领冒顿单于的后裔,汉高祖刘邦以宗室之女出嫁冒顿单于,并与冒顿单于约为兄弟,故冒顿单于的子孙皆以刘氏为姓,此似"汉氏之甥"的由来。刘禅系刘备之子,见《三国志》卷 33《后主传》,下册第 745—753 页。刘渊尊刘禅,似因刘禅系迄其为止称帝的最后一名自称汉室之后者。

③ 《晋书》卷 4《惠帝纪》相关年份、卷 37《司马腾传》、卷 39《王浚传》、卷 59《司马颖传》和卷 101《载记第一》,第一册第 102—106 页,第四册第 1096—1097、1146—1149 页,第五册第 1615—1619 页,第九册第 2649—2650 页。

④ 《晋书》卷 5《怀帝纪》永嘉元年,第一册第 116—117 页。

到石勒归于刘渊,此等部众方才随其投于前赵①。

很明显,惠、怀之交,前赵虽立,尚非强敌。司马腾不敌匈奴败逃,但刘琨却能在板桥之战中击败前赵,得据晋阳。由此,刘渊改变袭扰方向,绕过刘琨的孤城晋阳,南向进击洛阳西北的司州平阳郡和河东郡。未知西晋朝廷是束手无策还是不以为然,竟未抵御,前赵声势,渐出并州②。

"怀越之恶"同期的三乱合流

"怀越之恶",西晋内讧再起,前赵却迅速集结起多股势力。"时汲桑起兵赵魏,上郡四部鲜卑陆逐延、氐酋大单于徵、东莱王弥及石勒等并相次降之,元海悉署其官爵。"刘渊及王弥、石勒三乱合流,从力量对比上看,西晋陷于极为不利的境地。

永嘉元年十二月,汲桑被苟晞及助战的"乞活"部众斩杀,部将石勒遁入上党,投附流散的胡部为寇,渐得信任。石勒反客为主地说服众寇:刘渊势力强大,我们拒而不从,岂能独立乎? 得到响应,众遂奔赴刘渊。或是有闻石勒反晋的名声,刘渊很是器重石勒,"以勒为辅汉将军、平晋王",石勒也不辜负刘渊的希望,所部逐渐成为前赵攻晋的主力。

石勒是羯族人,少居上党,祖、父辈皆为部落小率。传说,石勒十四岁时随人"行贩洛阳",偶遇王衍,王衍见而异之,说:"向者胡雏,吾观其声视有奇志,恐将为天下之患。"命左右捉拿,但石勒已远去。石勒的经历,颇能佐证异族在西晋社会中的地位与境遇:羯人聚族而

---

① 《晋书》卷104《载记第四》,第九册第2709—2710页。

② 《晋书》卷37《司马腾传》、卷62《刘琨传》和卷101《载记第一》,第四册第1096—1097页,第六册第1680—1691页,第九册第2649—2651页。

居，后来石勒代替父亲督抚众人，甚得人心；"八王之乱"期间，"并州饥乱"，羯人流离失所，石勒竟被贩卖为奴，流落冀州，故得与汲桑相结，参与汲桑的叛乱；汲桑死后，石勒转效刘渊，此为其叱咤世间的命运转折①。

王弥加入前赵时间稍晚。石勒已为前赵东征西讨，王弥还在"寇青、徐、兖、豫四州"，上演率数万之众驰行千里、奔袭洛阳的大剧。永嘉二年五月，王衍统兵据守京师、大败王弥，王弥无奈，率众北投刘渊，"元海闻而大悦"，甚称"吾之有将军，如鱼之有水"②。

不同于石勒，王弥是汉人。其投刘渊，前因是刘渊作为质任居洛阳期间，"家世二千石"、祖父为太守的王弥"游侠京都"，曾与刘渊偶然交往。以此家境，王弥按理不当为寇，但早年间，有隐者谓之曰："君豺声豹视，好乱乐祸，若天下骚扰，不作士大夫矣。"王弥一意作乱，似乎源于其深信隐者预言，而其作为汉人却和刘渊交往甚而投靠之，显示其时在汉族与异族之间并无绝然的鸿沟。

三乱合流，三方之首各具一格又各具代表性：刘渊是建制性附晋的匈奴头面人物，石勒是地位更低的羯族部众，王弥则是汉民。这一状况突出印证了"匈奴刘氏政权，特别在早期，应看作是胡汉的联合政权"，且其所统民众，"总的来说，也还是以汉人居多"③。后来，前赵袭掠中原，降众如潮、降官如毛，多也为汉人。随着西晋走向灭亡，

---

① 《晋书》卷 101《载记第一》和卷 104《载记第四》，第九册第 2649—2650、2707—2711 页。

② 《晋书》卷 5《怀帝纪》永嘉二年、卷 43《王衍传》、卷 100《王弥传》和卷 101《载记第一》，第一册第 117—118 页，第四册第 1238 页，第八册第 2609—2612 页，第九册第 2649—2650 页。

③ 何兹全等：《魏晋南北朝史》，第 87、91 页。

前赵虽为异族政权，却似北方诸族共同的归宿。

西晋皇朝面对的最大、最凶恶的敌人

对西晋皇朝而言，前赵与同期割据益州的成汉两个最早的异族政权显有差异，危害能力、危险程度也大为不同。

成汉主要依靠乌合流民而成，组织化程度较低，政治需求不过是众人"寄食巴、蜀"①。加之益州还有朝廷命官、假节的平西将军兼益州刺史罗尚之军作为牵制②，怀帝即位时虽有"李雄别帅李离寇梁州"之类袭扰，但从李雄后又遣军寇梁看，"寇"不过是一时性的骚扰，并非实际的、长期的占领。对此类祸患，西晋的御守压力相对较轻，不同于当年曹魏与蜀汉、西晋与孙吴之间近乎势均力敌的对垒。

前赵则以争锋西晋、复国匈奴为旨，部众居并州有年，不甘于进入汉地后的"自诸王侯，降同编户"，聚众反晋以"社稷无主"为由，叛为兴邦复国。同时，前赵基于"五部匈奴"基干，自入并州，始终保持相对完整、自成建制的自上而下的管治体系，俨然国中之国，其组织力、扩张力以及破坏力，皆成汉所不可比。

从地缘条件看，成汉偏在巴蜀，囿于西南，益、梁的地形地势，注定其相对自闭，出寇于外、后援难济；其虽有袭扰西晋其他地区之迹，于外也曾有"陇西贼帅陈安又附之"之类的招降纳叛，却难能寇及西晋腹心、问鼎中原，更无正面挑战晋统之举。相反，东晋初立，"（李）雄以中原丧乱，乃频遣使朝贡"，许诺："我乃祖乃父亦是晋臣，往与六

---

① 语出《晋书》卷120《载记第二十》："初，流人既至汉中，上书求寄食巴、蜀，朝议不许。"第十册第3023页。

② 《晋书》卷57《罗尚传》和卷121《载记第二十一》，第五册第1552—1553页，第十册第3024—3029页。

郡避难此地,为同盟所推,遂有今日。琅邪(元帝司马睿)若能中兴大晋于中夏,亦当率众辅之。"前赵则发迹于并州,居高临下环俯冀、兖、司、豫,并可东北向幽、西南入雍,全然异于成汉之闭。

政治组织的先天禀赋,在很大程度上决定其变化发展的方向、走势和命运。前赵对西晋的敌对性和危险性大大高出成汉,"五部匈奴"的历史沿革、族裔关系、建制特性、成员构成等,注定其一旦叛逆,必成为西晋皇朝最为凶悍的死对头。王弥归附刘渊后,"劝称尊号",永嘉二年十月,"元海僭即皇帝位,大赦境内,改元永凤"①,从此,前赵不必也不可能仍然偏据并州一地,西晋皇朝再无法抗衡这一三势合一、诸族共体的敌人,异族之凶,首在匈奴②。

第二节　西晋的最后挣扎

司马越五战前赵、三保洛阳

从永嘉三年(309 年)三月"己巳政变"到四年十一月二出京师,司马越自执朝政二十个月,面对的主要敌手已是三乱合流后实力今非昔比的前赵。其间,司马越还是尽其所能抵御前赵的逐波进攻,尽管败绩连连、精锐尽失。

此期战事,多围绕洛阳以及保全洛阳而展开。在不谙军事、兵势

---

①　《晋书》卷 5《怀帝纪》永嘉二年、卷 100《王弥传》和卷 101《载记第一》,第一册第 117—118 页,第八册第 2609—2612 页,第九册第 2651—2652 页。

②　《晋书》卷 101《载记第一》、卷 102《载记第二》、卷 120《载记第二十》和卷 121《载记第二十一》,第九册第 2548—2680 页,第十册第 3021—3049 页。参阅(北魏)崔鸿、(清)汤球辑补:《十六国春秋辑补》,聂溦萌、罗新、华喆点校,中国史学基本典籍丛刊,北京:中华书局,2020 年;(晋)常璩:《华阳国志》,刘琳校注,成都:成都时代出版社,2007 年等。

的司马越看来,据京自保或为最可靠之策。

"己巳政变"仅数日后,司马越似为平抑朝臣对政变的不满,也为证明自己的御寇能力,派车骑将军王堪率军出击侵袭黎阳①的前赵兵众,出师途中,官军惨败于延津②,死者三万余人③。

有关此战,记载甚简,结合地理及其时战事双方态势,此战的战地选择颇可质疑。延津地处黄河北岸,东出洛阳三百里,北距遭寇的黎阳一百五十里,战于此地,疑似王师救援黎阳尚未到达目的,途中即与南来的前赵军队遭遇。南有黄河,北对敌军,又去洛颇远、难有接应,如此交战,显系疲于奔命中的被动应对,败绩应是意料之中。

四个月后,刘渊遣其子刘聪及王弥寇上党、围壶关④。并州刺史刘琨出兵从后侧袭敌牵制,兵败未果,前赵军队南向推进,与淮南内史王旷及将军施融、曹超战于高都、长平一带⑤。此地向南,与京师相距不过一百五十里,官军理当死守抵挡,然又败,死者十之六七,施融、曹超战死,上党太守庞淳举郡投降前赵。上党与洛阳之间虽有南太行山和黄河作为屏障,但前赵势力只要越过,便可直迫京师。

又两个月后,刘聪换了攻洛方向,突然率军出现于洛阳东面,围攻浚仪⑥,朝廷遣平北将军曹武讨之,王师仍然败绩。刘聪乘势汇合王弥,兵临洛阳,是为司马越的一保京城。双方战于宣阳门外,司马越之军苦战后总算取胜,"大破之",京师暂得无恙。

---

① 在今河南省鹤壁市浚县一带。
② 在今河南省新乡市延津县一带。
③ 《晋书》卷5《怀帝纪》永嘉三年,第一册第118—120页。
④ 上党在今山西省长治市市辖区一带;壶关在今山西省长治壶关县一带。
⑤ 高都在今山西省晋城市城区及郊区一带;长平在今山西省晋城市高平市一带。
⑥ 浚仪在今河南省开封市一带。

同期北面王浚战石勒、西面司马模讨羌氐有所胜绩，客观上推促司马越加紧自证其能、稳定人心。为了扭转败多胜少的窘况，司马越也实在太需要看得见的进攻战绩，故而一保京城得手，司马越求胜心切，迫不及待出击，遣王堪、曹武出军追讨刘聪。但欲速不达、王师大败，王堪逃归京师，刘聪反手又攻至洛阳城下，一保京城的胜利突变为司马越的二保洛阳①。

为此，司马越不得不招呼其弟司马腾所遗、尚未反目的"乞活"部众救援京师②，苦战之后，刘聪退走，随即司马越又破王弥于新汲。刘聪等大败而还，刘渊不得不如丧考妣般"素服迎师"③。

急于求成的司马越再度冒进。时隔两三个月，永嘉四年二月，司马越又遣王堪及北中郎将裴宪主动进击，自洛阳率众讨伐冀州重地的石勒。关键时刻，战局逆转，魏郡太守刘矩举郡降附石勒，石勒命刘矩统其降众为中军左翼，进至黎阳，裴宪弃军奔逃淮南，王堪不得不退守仓垣。石勒又袭鄄城，兖州刺史袁孚战败，为其部下所害，随后王堪也战死④。王堪其人，史无立传，从有关史料看，"己巳政变"后司马越抗击前赵，此人一直作为主要军事将领，其死后，史上再无

---

① 《晋书》卷 5《怀帝纪》永嘉三年，第一册第 118—120 页。

② 所谓"乞活"或"乞活帅""乞活军"之类，乃一奇特的、不伦不类的存在，实系乱世一兵不兵、民不民、贼不贼、寇不寇的流民团伙、难民群体，与成汉李特、李雄之众由雍、凉流落益、梁"乞食"的情形颇为相似。司马腾的"乞活军"系其败于刘渊、转督邺城时，随其从并州流落冀州的流民，见《晋书》卷 5《怀帝纪》相关年份、卷 37《司马腾传》和卷 59《司马越传》，第一册第 116—124 页，第四册第 1096—1097 页，第五册第 1624 页。

③ 《晋书》卷 5《怀帝纪》永嘉三年和卷 101《载记第一》，第一册第 118—120 页，第九册第 2651—2652 页。

④ 《晋书》卷 5《怀帝纪》永嘉四年和卷 104《载记第四》，第一册第 120—121 页，第九册第 2710—2712 页。

司马越一系有组织地阻、击前赵的记载。

仅仅一年多,五战前赵并加二保洛阳,间或有胜,但败、耗居主,司马越及朝廷气力殆尽、精锐不存,又无打破困境的新策,半年之后,不得不三保洛阳。

前赵调整进击策略

司马越军略不堪,前赵此期的兵事也无可圈点之处。西晋元气大伤,前赵自身同样损失惨重、消耗巨大。对一个新近建政、蓄力不足的政权来说,对垒式的攻城略地,并无特别益处,二保洛阳与三保洛阳之间,西晋似又有一线生机——刘渊于永嘉四年六月病死;同时迫于情势,二保洛阳中战败的王弥言于刘聪:"洛阳犹固,不如还师,徐为后举,我去兖、豫收兵积谷,以待时日。"刘渊的谋臣也谏道,"晋气犹盛,大军不归,必败"。可见,西晋此际尚存残力,前赵的对晋军事战略、策略已拟调整①。

但二保洛阳后,司马越严重失误,以王堪之军第五次战前赵却大败,西晋终于未能把握住高危时局中这次极为难得的重整之机。

刘渊死后,诸子角力,刘聪迅速胜出即位,重要政事、军事几无脱节②。控制局面后,刘聪又极迅速地实施对晋战策调整,即采纳王弥之策,重心从径夺洛阳转向扑灭"晋气"、相机取洛,西晋即将面临来自前赵的全面压力。

在此之前,石勒分兵至北路,并取攻势,交手王浚,似成败笔。"八王之乱"后,王浚专营幽州,且有鲜卑等异族为助。石勒兵锋北指

---

① 《晋书》卷 100《王弥传》和卷 101《载记第一》,第八册第 2609—2612 页,第九册第 2651—2652 页。
② 《晋书》卷 102《载记第二》,第九册第 2658 页。

王浚的势力范围,究其本意,似在阻止极具实力的王浚南援京师腹心,但对前赵,这无异是两线作战,并且反倒推动声势益盛的王浚一改先前的观望态度,于飞龙山大败石勒,前赵颇为得不偿失。接着,王浚不再囿于幽州,其势入冀地,又领冀州刺史①。

随着前赵攻晋策略的调整,石勒不再和王浚交战,转而与王弥等协同南向。王弥在兖、豫"收兵积谷","复以二千骑寇襄城诸县","河东、平阳、弘农、上党诸流人之在颍川、襄城、汝南、南阳、河南者数万家,为旧居人所不礼,皆焚烧城邑,杀二千石长吏以应弥"。此外,王弥"又以二万人会石勒寇陈郡、颍川,屯阳曜,遣弟璋与石勒共寇徐兖,因破(司马)越军"②。

王弥在兖、豫经营,洛阳基本全面暴露于敌。相比王弥,石勒走的似是机动攻晋、飘忽不定、进兵纵深、劫掠为济的路径,于仓垣、鄄城击败西晋后,石勒北渡黄河,攻掠广宗、清河、平原、阳平诸县,"降勒者九万余口"。出其不意地,石勒又掉头南渡,寇及荥阳,荥阳太守裴纯逃奔建邺。

进一步地,石勒又与刘聪从弟刘曜合兵,围攻毗邻洛阳的河内,攻冠军将军梁巨所军,"坑降卒万余","王师退还,河北诸堡壁大震,皆请降送任于勒"③。

随即,石勒加盟围攻洛阳;攻洛无果,石勒拟复北进,遭王浚的鲜卑骑兵阻截。入冀不成,石勒故伎重演,再次转身南下,以更大纵深

---

① 《晋书》卷 5《怀帝纪》永嘉元年和永嘉二年、卷 39《王浚传》和卷 104《载记第四》,第一册 116—118 页,第四册 1146—1150 页,第九册 2710—2711 页。

② 《晋书》卷 100《王弥传》,第八册 2609—2612 页。

③ 《晋书》卷 104《载记第四》,第九册 2711 页。

伐南阳、寇襄阳,"攻陷江西垒壁三十余所",甚至"欲有雄据江汉之志"。所幸,时在江南的司马睿为力保江东无扰计,纠集力量进讨石勒,值石勒"军粮不接,死疫太半",前赵的南向攻势得到遏制,石勒"乃焚辎重,裹粮卷甲",回师北方,一路上,"寇江夏,太守杨岠弃郡而走","寇汝南,太守王祐奔建邺","北寇新蔡,害新蔡王(司马)确于南顿,朗陵公何袭、广陵公陈眕、上党太守羊综、广平太守邵肇等率众降于勒",更"进陷许昌,害平东将军工康"①。

石勒的大纵深进退,对西晋社会的震慑力和毁害性极大。不同于游牧民族,以定居形态为基础的农耕社会经此战乱,犹遭倾覆。

第三节　司马越再出洛阳与"永嘉之难"

"天下归罪于越"

战事至此,洛阳成为真正意义上的孤城;朝局至此,司马越也成为孤家寡人。

前及二保洛阳关键之际,司马越婴城固守、勉力支撑,最终实赖"乞活帅"李恽、薄盛等率众救援,击退刘聪等,京师之围暂解。接着,李恽等又破王弥于新汲,前赵始知"晋气犹盛",李恽、薄盛成为司马越的应命部将②。指靠"乞活军"守卫京师,可见朝中军力之弱,继续孤守洛阳的前景,似乎连司马越本人也不能不心存怀疑。

"己巳政变"前,守战至死者有之,不战而逃者有之。李特、李雄

　　①　《晋书》卷 5《怀帝纪》永嘉四年和永嘉五年、卷 104《载记第四》,第一册第 120—124 页,第九册第 2711—2713 页。

　　②　《晋书》卷 5《怀帝纪》相关年份、卷 37《司马腾传》和卷 59《司马越传》,第一册第116—124 页,第四册第 1096—1097 页,第五册第 1624 页。

聚众变乱,偏远地区偶有小吏附从乱众的个例①,但腹心区域尤其朝中要员叛降敌方,却以"己巳政变"为始。政变次月,左积弩将军朱诞叛奔刘渊,由此一发而不可收,败之即降、困之则叛②,诸臣拒不从命更是普遍情形,人心离散,皇朝濒临末日。

永嘉四年十月,刘聪之子刘粲率众四万,汇合王弥等,围击洛阳。京师空虚,司马越不得不"羽檄征天下兵",怀帝凄然嘱咐传檄使者道:"为我语诸征镇,若今日,尚可救,后则无逮矣。"实则,即使有救,不过延缓洛阳倾覆时日而已,晋之天下,大势已去,"天下归罪于越"③,是故,"所征皆不至"!④

三保洛阳,实则不保,司马越已无意于洛阳,或者说,其已知洛阳终将不保。永嘉四年十一月,司马越"帅众出许昌,以行台自随",并领四万兵士。为表决心,抑或为表演逼真,唯恐怀帝不信、不允,其"戎服入见,请讨石勒,且镇集兖、豫以援京师"。

怀帝哀道:"今逆虏侵逼郊畿,王室蠢蠢,莫有固心。朝廷社稷,倚赖于公,岂可远出以孤根本!"

司马越表现得信誓旦旦、信心满满:"臣今率众邀贼,势必灭之。贼灭则不逞消殄,已东诸州职贡流通。此所以宣畅国威,藩屏之宜也。若端坐京辇以失机会,则衅弊日滋,所忧逾重。"

为表示"我还会回来的",同时也为继续控制朝中,司马越特意将世子司马毗、妻裴氏以及若干亲信留在洛阳。

---

① 《晋书》卷 120《载记第二十》,第十册第 3021—3049 页。
② 《晋书》卷 5《怀帝纪》永嘉三年至永嘉五年,第一册第 118—124 页。
③ 语出《晋书》卷 59《司马越传》,第五册 1626 页。
④ 语出《晋书》卷 5《怀帝纪》永嘉四年,第一册第 120—121 页。

弃城而逃,不也是兵家之忌? 但司马越似已顾及不到了,二出京师、一路东向,又入许昌、项地,其一出京师期间曾经驻屯之处。

危局如此,虽大敌当前,君臣二人依然攘外必先安内。镇督寿春的周馥奏请迁都,逃跑途中的司马越立即命以讨伐。在朝中,怀帝则"密诏苟晞讨东海王越",苟晞得诏,不怕事大,立即传檄天下,号召共讨司马越。唯恐无人响应,不久怀帝又直接亲诏天下,历数司马越的罪状,"告方镇讨之"①。"怀越之恶","恶"不仅是交恶,也指二人品性之恶。怀帝本无太大恶行,社稷倾覆之危迫在眉睫,作为人君却恣意于恩怨,泄愤式、躁狂性地报复,尽现其丑陋、恶劣的一面。

永嘉五年三月,离开洛阳四个月的司马越没有死于"请讨石勒"的战事,而是死于对天下共讨的忧惧交加,怀帝也算报复成功。司马越死后,随行众人推王衍主事,拟奔司马越的属国,遭石勒追杀,包括王衍在内,"王公已下死者十余万人"。

留在京师的亲信闻讯,秘不发丧,簇拥司马毗、裴氏"出自京邑,从者倾城,所经暴掠",途中又被石勒追上,司马毗及宗室四十八王悉数被杀,可怜裴妃,"为人所略,卖于吴氏,太兴中,得渡江",受辱近十年,始得安身东晋②。

"永嘉之难"

司马越二出京师、釜底抽薪,六神无主的怀帝欲东投苟晞,但诸臣畏惧司马越留在京师的亲信,竟然"不敢奉诏","且宫中及黄门恋

---

① 《晋书》卷 5《怀帝纪》永嘉四年和永嘉五年、卷 59《司马越传》和卷 61《苟晞传》,第一册第 120—124 页,第五册第 1624—1626 页,第六册第 1666—1670 页。

② 《晋书》卷 5《怀帝纪》永嘉五年载,"东海世子毗及宗室四十八王寻又没于石勒",第一册第 121—124 页;卷 59《司马越传》则载,"(司马)毗及宗室三十六王俱没于贼",第五册第 1626 页。"太兴"又作"大兴",系元帝年号(318—321 年)。

资财,不欲出"。待到前赵逼近、不得不逃时,怀帝却发现警卫不备、车舆全无,窘困之际拟改以舟楫东下,出宫又"为盗所掠",不得已折返回宫。

永嘉五年(311 年)六月,前赵军队攻入洛阳,又欲西逃长安的怀帝不及出城,便被执获。是役,"百官士庶死者三万余人",前赵诸军"焚烧宫庙,逼辱妃后","发掘陵墓","悉收宫人、珍宝",怀帝及太后羊献容等被押赴前赵都城平阳,皇太子司马铨被杀,在京王公,尽数被灭①。

从司马越离京到洛阳陷落,时隔半年多,史书有载的怀帝应对措置,仅诏讨司马越一项以及对逃奔去向的犹豫不决。最危急时,也有"司空荀藩、光禄大夫荀组奔轘辕",司马郗"避难于荥阳密县",傅祗与逃出洛阳的诸臣"共建行台"并成盟主②。对比起来,怀帝被掳,不过是无所适从、坐以待毙。

怀帝在位的五年,同时也是"怀越之恶"的五年,交恶终以京师沦陷、君臣同灭为代价而告结束。无需渲染"永嘉之难"之血腥或酷烈,"雪崩时,没有一片雪花是无辜的",皇朝的最后十年,基本上一无是处。

皇朝及其君臣的下落

京师倾覆,君臣各自归命、各有下场。

被掳至平阳后,怀帝苟活了十九个月。刘聪语于怀帝:你为豫章

---

① 《晋书》卷 5《怀帝纪》永嘉五年、卷 100《王弥传》、卷 102《载记第二》和卷 104《载记第四》,第一册第 121—124 页,第八册第 2611—2612 页,第九册第 2658—2659、2712—2713 页。

② 《晋书》卷 5《愍帝纪》、卷 39《荀藩传》和《荀组传》、卷 47《傅祗传》,第一册第 125—126 页,第四册第 1158—1160 页,第五册第 1332—1333 页。

王时,我曾经见过你,你还记得吗?怀帝卑躬屈膝地回答:我怎敢忘记,只恨当年没有早早地认识你的帝王之相。刘聪明知故问:你们一族人骨肉相残,怎么那么厉害?怀帝竟称:大概是天意,要是和睦相处,陛下怎么能得到天下!永嘉七年正月,刘聪大宴宾客,令怀帝为斟酒的仆人,在座晋臣见状大哭,怀帝对哭声似乎无所反应,但刘聪听到哭声很生气,不久便暗害了怀帝①。若非遭暗害,怀帝当继续苟活下去。

后来,已仕东晋的秘书监荀崧曾评价怀帝:"若遭承平,足为守文佳主",唯因司马越专权,"无幽厉之衅,而有流亡之祸"②。如此评价,似乎过奖了,怀帝遭难,未必罪有应得,却无疑是咎由自取。

皇统不可无续,逃亡长安的武帝之孙、司马晏亲子、出继司马柬为秦王的司马邺被诸臣拥立即位,时年十四岁,年号建兴,是为愍帝。其时,长安周边,诸臣画地为牢、乌烟瘴气,愍帝形同虚设,更顾及不了长安以外的事,勉强维持了近四年。建兴四年(316年)八月,前赵围击长安,"京师饥甚,米斗金二两,人相食,死者太半",十一月,"帝乘羊车,肉袒衔璧,舆榇出降",同样被掳至平阳。愍帝跪拜刘聪,在场晋臣麹允见状痛哭,随即自尽,其余随愍帝被掳的晋臣则多遭杀害,然愍帝本人"忍辱负重"。次年年底,前况又现,刘聪又令愍帝为斟酒的仆人,在座晋臣又见状大哭,刘聪又很生气,遂暗害了愍帝③。

---

① 《晋书》卷 102《载记第二》,第九册第 2658—2659 页。
② 《晋书》卷 5《怀帝纪》,第一册第 125 页。
③ 《晋书》卷 5《愍帝纪》、卷 89《麹允传》和卷 102《载记第二》,第一册第 125—132 页,第八册第 2307—2308 页,第九册第 2658—2659 页。

怀帝束手就擒，甚至对国事全无交代与托付，以至洛阳陷落，外镇的六个自保中心，有三个自命"承制"，一个实际自立①。年少的愍帝迫不得已于长安出降，事前却尚能诏命司马睿"承制改元"②、以序皇统，相形之下，怀帝之劣，令人鄙夷。

浩劫之际，人以求安、求生之欲为至上，本是无可厚非。"气节"，系一具体的、与特定的个人身份、地位直接联系的范畴，百姓可以无视改朝换代，毕竟，唯旨在百姓福祉的改朝换代才具有正当性，而非倒过来，百姓得为旧日皇朝殉葬。但既承皇统、既结皇姻、既为朝臣、既奉朝命，面对入侵的异族，至少还是应当负起本朝赋予的使命、维护本朝应有的尊严。

第四节　旧政因散而终：西晋末期的六个自保中心

"己巳政变"后的各自为"阵"

司马越发动"己巳政变"，专擅威权，在形式上大权独揽，"越府"掌执枢机，封国之兵成为宿卫军，亲信控制京畿，实际上却是朝局全盘涣散，司马越令不出京师，各路方镇全然不再理会朝命。"公私罄乏，所在寇乱，州郡携贰，上下崩离，祸结衅深"③，西晋皇朝事实上解体。

---

① 《晋书》卷6《元帝纪》、卷37《司马保传》、卷39《王浚传》和卷61《苟晞传》，第一册第149—154页，第四册第1098—1099、1146—1150页，第六册第1666—1670页。

② 《晋书》卷5《愍帝纪》建兴元年和卷6《元帝纪》建武元年，第一册第126—127、144—149页。

③ 《晋书》卷59《司马越传》和卷61《苟晞传》，第五册第1624—1625页，第六册第1666—1669页。

表 11-1　晋末京师及主要方镇情况表

拥势自保者	在朝职位	备　注
洛阳司马越	太傅、司徒	
幽州王浚	司空、都督东夷河北诸军事、乌丸校尉，领幽州刺史	次年又领冀州
青州苟晞	征东大将军加侍中、都督青州诸军事，领青州刺史	
扬州（北）周馥	征东将军、都督扬州诸军事	
扬州（南）司马睿	镇东大将军、都督扬州江南诸军事	
荆州山简	征南将军、都督荆湘交广等四州诸军事	
雍州司马模	征西大将军、都督秦雍梁益四州诸军事	

所谓"自保"，与自立、"自当作家门"之类大体同义，只不过此际独据一方的方镇，主要意图多已不是逐鹿天下，而在于自我保全。态势上，京师加上六个自保中心，司马越的权势和影响仅及洛阳；六大方镇，其中包括宗亲二人，多非朝中所能调遣和约束。

司马越仅存之弟司马模名义上领辖四州，实则"力不能制"；司马模将自己的儿子司马保派去秦州，秦州刺史裴苞拒绝，竟致双方交战。不得已，司马越征弟入朝为司空，司马模又拒不从命。洛阳陷落后，前赵围攻长安，"士众离叛，仓库虚竭"，司马模以为"早降可以免（死）"，遂降前赵，部众不齿其人，"箕踞攘袂数模之罪"，前赵不能不顾及众怒，仍然杀了司马模。司马保退至秦州，居然"承制置百官"，愍帝被掳，其又"自称晋王"，众叛亲离后病死①。

后为元帝的司马睿"初镇江东，威名未著"②，正在江南忙于收拢

---

①　《晋书》卷 5《怀帝纪》永嘉五年、卷 37《司马模传》和《司马保传》，第一册第 121—123 页，第四册第 1097—1099 页。

②　语出《晋书》卷 98《王敦传》："（元）帝初镇江东，威名未著。"第八册第 2554 页。

人心、站稳脚跟①。

另之四大异姓方镇，或视司马越为敌，或司马越视其为敌。怀帝躬亲莅事，诸镇对朝廷尚有游丝般的忠顺；司马越揽执朝政，诸镇虽不明言，实已背离。不无讽刺的是，六大方镇，除了王浚、山简，余之四镇，或是发迹、脱胎于司马越阵营，或是得司马越的提携方才上任。

皇朝末路之际的四大异姓方镇

在朝的司马越无力制约异姓诸臣，王浚、苟晞、周馥和山简，皆令司马越百般忌惮。

比较起来，山涛之子山简最为省心，"性温雅，有父风"。山涛领吏部多年，没有为子谋求仕进，山简叹曰：我快三十了，也不为家公所知！后来，山简终于从太子舍人、黄门侍郎等职起家，怀帝即位，其为尚书左仆射；督荆的司马略死，山简于"四方寇乱，天下分崩，王威不振，朝野危惧"之际都督荆、湘、交、广四州，成了司马越发动"己巳政变"的诱因之一。

山简系司马懿一支的姻亲，显非猜忌成性的司马越所信，山简也不亲近司马越。江州刺史华轶唯从怀帝，遭司马越一系排挤，有人劝山简讨伐华轶，山简找借口：我与华轶是老朋友，怎么能趁机对他出兵呢？荆州之地，前赵兵锋少及，尚能暂为南来流民的避难之所，山简"招纳流亡，江、汉归附"，同时也"优游卒岁，唯酒是耽"，以至"日夕倒载归，酩酊无所知"②，世难纷呈，镇守一方者却醉生梦死、荒疏政

---

① 《晋书》卷 5《怀帝纪》永嘉二年和永嘉三年、卷 6《元帝纪》和卷 65《王导传》，第一册第 117—120、143—144 页，第六册第 1745—1749 页。

② 《晋书》卷 43《山简传》和《山涛传》、卷 61《华轶传》，第四册第 1223—1230 页，第六册第 1671—1672 页。

事,令人感慨。

洛阳危际,山简遣兵"勤王",兵众在途中即被乱民击溃,如此之兵,即使到达京师也为"炮灰"。不过,比起其时诸多朝臣,山简对山河破碎尚存为臣的愧疚之意,"时乐府伶人避难,多奔沔汉,宴会之日,僚佐或劝奏之",山简坚决制止:"社稷倾覆,不能匡救,有晋之罪人也,何作乐之有!""永嘉之难"后不久,山简"年六十卒"①。

王浚立有终结"八王之乱"、造就司马越一系独大之大功,又有家世及结盟鲜卑的强项,行事有着更大的独立性。宗亲如与之联手的司马腾或后之司马越,只能视其为盟友,而非属臣。

八王乱结,王浚升任骠骑大将军、都督东夷河北诸军事并领幽州刺史,又得燕国增其博陵封邑,后更加司空。惠、怀之交,王浚不恋朝中,促晋室册封鲜卑首领,仍退据长期经略的幽州,继续一意固守北境、结好异族、自营势力、静观朝局。苟晞在冀州与乱众打得如火如荼,刘渊、石勒侵扰冀州,王浚南瞰冀州,基本上按兵不动。也正因此,异姓方镇中,羽翼丰满的王浚或更招司马越忌惮。

晋末实力与王浚几乎并列的苟晞则先从司马越、后反司马越。其非出自大族,武帝时期,苟晞"少为司隶部从事,校尉石鉴深器之"。发迹则靠依附司马越,"东海王越为侍中,引为通事令史",累迁阳平太守。"八王之乱"中,苟晞先后效力司马冏、司马乂以及司马越一系的司马虓,领兖州刺史;惠、怀之交,司马虓死,苟晞循着与司马虓的渊源,自然而然成为司马越一党。能得诸多宗亲重用,足证苟晞的才

① 《晋书》卷5《怀帝纪》永嘉六年、卷43《山简传》和《王澄传》,第一册第124页,第四册第1228—1230、1239—1241页。

具和能力,"威名甚盛,时人拟之韩白"①。因其平息冀乱、击败司马颖故将,洗雪司马越败于司马颖之耻,也报司马腾被害之仇,司马越"甚德之,引升堂,结为兄弟"。

但司马越对异姓方镇,即使是效忠于己、雪己仇耻的苟晞,仍是畏惮重重,二人故相交恶,已如前述②。

王浚在幽州、苟晞在青州,有守土之措,但绝无安民之举。王浚"大树威令,专征伐",孤立并州的刘琨遣族人到冀州招募遗民,"代郡、上谷、广宁三郡人皆归于琨",王浚竟然中断了与前赵的战事,转而攻伐刘琨,甚至"驱略三郡士女出塞",绝其投靠刘琨之念。苟晞则恣意青州,"转易守令","以严刻立功,日加斩戮,流血成川,人不堪命,号曰'屠伯'"。苟晞出伐异己,以其弟苟纯代领州事,苟纯"刑杀更甚于晞",百姓怒斥"小苟酷于大苟"。

"永嘉之难"后,王浚和苟晞分别"承制"自立。自立之后,苟晞仍然"刑政苛虐,纵情肆欲",以至"众心稍离,莫为致用",仅仅数月便败于石勒,被杀。王浚维系时间较长一些,与石勒交战,与刘琨争地,与鲜卑等异族势力继续互相利用,其骄纵本性日益暴露,与苟晞差不多,也是"士人愤怨,内外无亲","矜豪日甚,不亲为政"。石勒假装归附王浚,王浚中计,不久被石勒所杀③。

---

① "韩白"即历史上的著名军事将领韩信和白起。
② 《晋书》卷 37《司马虓传》、卷 44《石鉴传》、卷 59《司马越传》、61《苟晞传》,第四册第 1099—1101、1265—1266 页,第五册第 1623—1625 页,第六册第 1666—1671 页。
③ 《晋书》卷 5《惠帝纪》《怀帝纪》和《愍帝纪》相关年份,卷 39《王浚传》和卷 61《苟晞传》,第一册第 106—118、121—132 页,第四册第 1146—1150 页,第六册第 1666—1670 页。

周馥一直抗拒司马越,又是被司马越残害的废太子司马覃之亲属。惠帝还都前后,周馥离朝出镇、讨平陈敏、拥兵扬州、居势一方。在司马越的假想敌中,"理识清正,兼有才干"且"论望益美"的周馥无疑位居前列。

司马越一出京师、驻屯许昌,附近制镇于寿春的周馥似为重点考量因素之一。冀乱加剧,司马越离开许昌北移援冀,对周馥的控制缺位,遂将扬州分而治之,命司马越一系的司马睿由徐州转安东将军,督扬州之江南,镇于建邺,从南面牵制督扬州之江北的周馥。周馥则"自经世故,每欲维正朝廷,忠情恳至","以东海王越不尽臣节,每言论厉然,越深惮之"。"己巳政变"后,"洛阳孤危",周馥纠集吏属上书,以"王都罄乏,不可久居"为由,"建策迎天子迁都寿春",并且安排得极为仔细周到:"臣谨选精卒三万,奉迎皇驾","荆、湘、江、扬各先运四年米租十五万斛,布绢各十四万匹,以供大驾",迁都之后,"令王浚、苟晞共平河朔,臣等勠力以启南路"。若是周馥挟持怀帝之谋成真,司马越最好的下场也只能是逊位还第了。

且不论周馥是否心有异志,其策却是想当然。先前剿平冀乱,王浚、苟晞尚且不能协同,何谈勠力同心、"弭寇"前赵!

司马越当然不能容忍煽风点火、火中取栗的周馥,挑唆周馥属下的淮南太守裴硕"举兵称馥擅命",袭击周馥。周馥反击,裴硕败退,求救于江南的司马睿,司马睿遣军"攻馥于寿春",周馥众溃,奔逃途中被司马越的支持者抓获,周馥遂"忧愤发病卒"[1],如此糟糕的军事

---

[1] 《晋书》卷5《怀帝纪》永嘉元年和永嘉二年、卷6《元帝纪》、卷59《司马越传》和卷61《周馥传》,第一册第116—118、143—144页,第五册第1623—1624页,第六册第1663—1665页。

表现,更证其上表的"臣等勠力以启南路"等论,不过信口一说。

世遭浩劫,诸臣、诸镇或难顾及经世济民的崇高理想,但拥兵一方的政治人物堕落到大厦将倾而仍在窥伺神器,连保境、安民都做不到,穷兵黩武、滥行征伐、横征暴敛、危害民间,无疑祸国殃民之徒。与其谓其自保,毋宁称为作恶。并且,面对前赵及石勒的肆虐,诸臣、诸镇如果亦行暴戾之举,其与石勒之流又有什么不同呢?

琅邪王氏狡兔三窟

与司马越密结一体的琅邪王氏精于政治算计,面对西晋的末路,不会坐困愁城,更不会坐以待毙。王衍尽管素来崇尚"无",却绝不愿意随皇朝覆亡归于"无",相反处心积虑地安排本族后路,争取得"有"。

王戎既死,王衍成为怀帝时期王氏在朝的头面人物。惠、怀之交,其先后为尚书仆射、尚书令、司徒等。"八王之乱"后,为谋退路,王衍即劝司马越:"中国已乱,当赖方伯,宜得文武兼资以任之。"随即,王澄为荆州刺史,王敦为青州刺史。王衍语重心长地告诫:"荆州有江、汉之固,青州有负海之险,卿二人在外,而吾留此,足以为三窟矣。"

"狡兔三窟"招来普遍鄙视,王衍却是身体力行。司马越一出京师期间,永嘉二年五月,王衍率众击退王弥、保全洛阳,多少也算有所作为。

但"三窟"之计为时不久。王澄在荆州,"日夜纵酒,不亲庶事,虽寇戎急务,亦不以在怀",又以残酷手段对待流落荆州的巴蜀难民,"于是益、梁流人四五万家一时俱反,推杜弢为主,南破零桂,东掠武昌"。在其治下,荆州"上下离心,内外怨叛",僚属劝言"修德养威,保完州境"，王澄却认为"乱自京都起，非复一州所能匡御"。

"己巳政变"前后，王敦返朝，职在中书监，成为司马越安置于怀帝朝中的"楔子"。辞青州、转入朝之际，作为武帝驸马的王敦见天下已经大乱，似已预知皇朝宿命，豪爽地将公主陪嫁的侍婢百余人悉数配给将士，金银宝物也散于众，单车还洛，不复回顾。司马越又命王敦出朝为扬州刺史，幕僚阻止司马越：王敦"蜂目豺声"、非为纯臣，"今树处仲（王敦字处仲）于江外，使其肆豪强之心，是见贼也"。但司马越不从，坚以王敦辅佐司马睿。王衍死后，王氏内讧，王敦竟杀王澄，"三窟"遂仅存于王衍生前的幻觉之中①。

大厦将倾，众臣离心离德。琅邪王氏的可称道处，在于其大体坚守了与皇朝同生共死的节操，尤其是王导对司马睿的"同心翼戴"②、经略江南，使得西晋不至于死无葬身之地。

司马越：西晋的仇人、东晋的恩人

皇朝末路，司马越被指为首恶，"越自诛王延等，大失众望，而多有猜嫌"③，"己巳政变"非但没能成为危机的解药，反变作司马越饮鸩止渴的绝命符，晋末诸难，其咎几乎无一不涉司马越。

综而论之，司马越是有大欲而无大量、有大志而无大略，但也无可讳言，八王之中，相较于其他滥行杀戮、祸及无辜的诸王，司马越行为不无节制，危害尚轻，在动乱中还容纳、保护了不少宗亲、朝臣和才识之士。并且，乱后其主导的一些重大措置，在客观上产生了积极而

---

① 《晋书》卷 43《王戎传》《王衍传》和《王澄传》，卷 98《王敦传》，第四册第 1231—1241 页，第八册第 2553—2555 页。

② 语出《晋书》卷 98《王敦传》："（元）帝初镇江东，威名未著，敦与从弟导等同心翼戴，以隆中兴。"第八册第 2555 页。

③ 语出《晋书》卷 59《司马越传》，第五册第 1624 页。

深远的历史影响，其中最为重要的即开辟江南、延续皇朝。

东晋偏立江南并非纯粹出于自发和偶然，而是司马越一系主动的、有意识的战略选择。至迟在陈敏之乱后期，即"八王之乱"基本平息的惠、怀之交，司马越即直接介入江南一带的局势，其后四五年间：

一是招抚、平定陈敏之乱。先是司马越以"情分特隆"的旧谊致函陈敏，晓以大义并许以利益，安抚剿灭张昌部众后拥兵扬州的陈敏；后又有"越府"幕僚促顾荣等脱离陈敏、调转兵锋、加入朝廷平乱的阵营。压力与分化并行，陈敏终灭①。

二是陈敏乱平，司马越特命顾荣、纪瞻等头面人物入京，名为征召为官，实为减少江南大族就地生势、为患地方的机会。顾荣等行至徐州，司马越又令刺史裴盾：如顾荣等犹豫不行，"以军礼发遣"，逼其入洛。适遇战乱，顾荣等逃脱，"各解船弃车牛，一日一夜行三百里，得还扬州"②。

三是前述的永嘉元年（307 年）七月扬州分督，以及其后的遣王敦刺史扬州，与王导一起助阵司马睿③，二出京师又命讨伐老对头、节制扬州江北的周馥，终于清除对手。

上述诸项，关键一举是扬州分督、置镇建邺。出督建邺的是司马睿，决定置镇的则是司马越以及裴妃，此举直接动因在于削弱、抵消时督扬州的周馥的权势，所产生的历史性意义则是促成了东晋之立。

元康年间司马泰、司马越父子的地位上升，裴妃居间有功，在司

---

① 《晋书》卷 52《华谭传》、卷 68《顾荣传》和卷 100《陈敏传》，第五册第 1452—1453 页，第六册第 1811—1814 页，第八册第 2614—2618 页。"情分特隆"语出《晋书》卷 100《陈敏传》所载司马越致陈敏函："孤（司马越自称）与将军情分特隆。"

② 《晋书》卷 68《顾荣传》和《纪瞻传》，第六册第 1811—1824 页。

③ 《晋书》卷 98《王敦传》，第八册第 2553—2554 页。

马睿出镇建邺事上,裴妃再度献策,"初,元帝镇建邺,裴妃之意也,(元)帝深德之"。没有裴妃的参谋,没有司马越的推动和首肯,建邺之地就无从成为晋末自保中心之一。"永嘉之难"后,裴妃劫后余生、逃至东晋、已居帝位的司马睿"数幸其第",更将自己的儿子出继司马越为后,以感其恩①。

从永嘉元年(307 年)受命上任到"永嘉之难"(311 年),司马睿及其督制的江南,最大的倚仗和援手乃是司马越。司马越确是东晋建政的创始者。其后,东晋承制,"决心过江的士族,就多数而言,都是八王之乱后期东海王(司马)越与成都王(司马)颖对峙时属于东海王越阵营的名士","可以说越府聚集的名士,构成了以后江左门阀士族的基础",并且"这些名士,深知江左的琅邪王(司马)睿与中朝的东海王越有着极为密切的渊源关系"②。

进一步溯源其始,早在元康年间,司马越一系已与贾氏一系勾连,"越府"即已孕育成形,"王与马"即已深相交谊。可以说,东晋的真正源头,实在元康年间的主流政治势力。西晋"神器劫迁,宗社颠覆"③,司马越逃不脱重大干系,但仍强过虽居帝位却一无所成的怀帝,其毕竟为晋之续命作出了贡献。

第五节　新业以聚而始:西晋的覆灭与东晋的建构

孙吴故地、西晋续命

西晋与东晋之分,一般以建兴四年(316 年)愍帝为异族所掳、次

---

① 《晋书》卷 59《司马越传》,第五册第 1626 页。
② 田余庆:《东晋门阀政治》,第 321 页。
③ 语出《晋书》卷 59"史臣曰",第五册第 1626—1627 页。

年元帝司马睿于江南"承制改元"为标志①,但实际上,"永嘉之难"后,西晋已是仅存名分,残余资源、人气加速聚附江南。情势上,洛阳陷落,其余五个自保中心或风雨飘摇、岌岌可危,或祸起萧墙、自取灭亡,唯司马睿所督江南之地尚无重大危机。

史家认为,对比北方乱世,江南乃是"一片祥和的乐土"②,但这已是司马睿站稳脚跟后的情形;"永嘉之难"前,动荡不已的江南并非天然可供西晋用以续命的地方。

司马睿所镇建邺即今之南京,原名秣陵,由此名即知,其早先的地缘价值并不醒目。三国鼎立,秣陵一地,进可得北入中原之利,退则有长江天堑作隔,偏立江南的孙吴政权便据为要地,改秣陵为建业,以其为都。武帝平吴之后,西晋之扬州与孙吴之扬州合二为一,虽然吴都建业所在的扬州之江南一带,即吴之扬州,地域范围明显大于晋之扬州,但扬州治所仍在近邻皇都的寿春。武帝显然不欲孙吴遗民对前政有过多的联想或怀旧,建业复名秣陵,太康三年,又分秣陵北为建邺,改业为邺③。

太康元年(280 年)灭吴后的二三十年间,扬州之江南游离于皇朝主流。武帝对原孙吴之地,为收"江东之士莫不悦附"之效,"其牧守下皆因吴所置"④,但心底里,武帝以及诸多朝臣多持"吴人轻锐,

---

① 《晋书》卷 5《愍帝纪》建兴元年和卷 6《元帝纪》建武元年,第一册第 126—127、144—149 页。

② 白寿彝主编:《中国通史(第二版)》第五卷,第 7 册第 168 页。

③ 《晋书》卷 15《地理志下》,第二册第 458—464 页。

④ 语出《晋书》卷 42《王浑传》和卷 3《武帝纪》太康元年,第四册第 1202 页,第一册第 71—72 页。

难安易动"的看法①。武帝后期，江南籍为官者往往"无援于朝，久不进序"，"荆、扬二州，户各数十万，今扬州无郎，而荆州江南乃无一人为京城职者"②。惠帝时期，在朝荆、扬之士仍为数寥寥、难能出头，出身义兴③豪族的周处甚至死于官场倾轧④。对此，周一良曾专以"西晋王朝对待吴人"为题论述⑤。

前举"二陆"入洛频遭冷遇之例，而身世"孤贫"的陶侃遭遇更差，察孝廉后至洛阳，数访张华，张华以其来自偏远之地，颇有轻视。陶侃没有放弃，仍然再三求见张华，并且丝毫不因张华的慢待而愤愤然、悻悻然，直到"华后与语，异之"，才得成为郎中⑥。

扬、荆之江南备受关注和重视，与西晋后期乱局直接相关。

中原以及整个北方大乱，一方面先前北上求取功名利禄的诸多人士，例如顾荣等又相继回归故里，另一方面本置身动乱之事外的江南偏安之地招引来诸多的觊觎者或野心家。为争此地，"永嘉之难"前即有所谓"三定江南"⑦，其过程，"一定"即太安二年（303 年）张昌部将石冰东进寇扰江、扬二州，周处之子周玘纠集兵马协助官军消灭石冰部众；"二定"则是永兴二年（305 年）陈敏反叛，周玘再次配合朝廷平息事变；"三定"已是司马睿督制江南时期，永嘉四年（310 年）洛

---

① 语出《晋书》卷 52《华谭传》武帝问策之言，第五册第 1450 页。

② 《晋书》卷 68《贺循传》所载陆机推荐贺循之奏，第六册第 1824—1825 页。"郎"者，似为尚书郎、中书郎等的简称，见卷 24《职官志》，第三册第 731—732、734—735 页。

③ 在今江苏省无锡市宜兴市一带。

④ 《晋书》卷 58《周处传》，第五册第 1569—1571 页。

⑤ 周一良：《魏晋南北朝史札记（补订本）》，北京：中华书局，2015 年，第 75—78 页。

⑥ 《晋书》卷 66《陶侃传》，第六册第 1768—1773 页。

⑦ 王仲荦：《魏晋南北朝史》"江东世族地主的'三定江南'"，上册第 319—321 页。

阳孤困，西晋派在江南的将领钱璯受命"勤王"，行至广陵，畏惧不进，反身叛晋，掉头南下，攻入义兴，仍是周玘率众会同官军讨灭钱璯①。

"三定江南"的叙事围绕周玘展开，似乎江南之"定"多赖周氏之力，这一说法明显夸张，并不能反映西晋后期江南动荡、争夺的全貌。所谓"江南"，系指长江以南扬、江、荆等州的广大区域，即使取狭义，也是扬州之江南。此期的江南祸乱，周氏参与平定的并非主要乱事、乱众。张昌乱在荆州，陈敏几乎尽占吴越，非义兴一地，更非义兴周氏一族之力所可覆及。

从史料看，周氏虽曾组军助战，但张昌部将石冰主要靠朝廷出兵征剿，战胜石冰的恰是叛前身为官军将领的陈敏；陈敏叛乱，朝廷主讨官员为周馥②；钱璯则在广陵发起叛乱，只是退逃义兴之地后为周氏所败。归纳言之，周氏作用，仅在保卫义兴及其周边。

江南之"定"，也不止于三，更严重的有永嘉后期石勒击晋，甚至可能"雄据江汉"，"元帝虑勒南寇，使王导率众讨勒"③；还有永嘉五年（311 年）至建兴三年（315 年）泛及诸州的杜弢之乱，司马睿调集王敦、陶侃等多方力量征讨，周氏此际已经大为失势，未及杜弢被灭，周玘已死④。

东晋得据江南，主要不是依靠江南大族。相反，陈敏作乱的支持

---

① 广陵在今之江苏省扬州市一带。《晋书》卷 4《惠帝纪》太安二年和永兴二年、卷 5《怀帝纪》永嘉四年、卷 58《周玘传》、卷 100《张昌传》和《陈敏传》等，第一册第 100—102、104—106、120—121 页，第五册第 1572—1574 页，第八册第 2612—2618 页。

② 《晋书》卷 5《怀帝纪》永嘉元年和卷 61《周馥传》，第一册第 116—117 页，第六册第 1663—1665 页。

③ 《晋书》卷 104《载记第四》，第九册第 2713 页。

④ 《晋书》卷 98《王敦传》和卷 100《杜弢传》等，第八册第 2554—2556、2620—2624 页。

者、参与者多为江南大族,如顾、步、张、朱、陆、全等;钱璯是江南吴兴人①。江南大族并非效力皇朝"定"江南,而是有意拥势自保、争权自立②。

"江东草创":司马睿的开明与谦抑

怀帝即位后,江南之于皇朝及司马越的地位和意义进一步凸显,陈敏乱平的永嘉元年(307 年)七月,三十二岁的司马睿以安东将军都督扬州江南诸军事,镇于建邺。

司马睿乃近支宗亲、司马懿之曾孙,辈分上则是惠帝从弟、怀帝从兄,其祖司马伷堪称武帝最为信重的皇叔。太康四年(283 年)司马伷死,世子司马觐嗣之;太熙元年(290 年)司马觐死,司马睿袭父爵为琅邪王,时年十五。自此,司马睿韬光养晦,"惠皇之际,王室多故,帝每恭俭退让,以免于祸。沈敏有度量,不显灼然之迹,故时人未之识焉"。

据说司马睿有吉相,"武帝咸宁元年(275 年)八月丁酉,大风折大社树,有青气出焉,此青祥也。占曰:'东莞当有帝者。'明年,元帝生。是时,帝大父武王(司马伷)封东莞,由是徙封琅邪。孙盛以为中兴之表"。③护卫惠帝而死的嵇绍也曾看重山未显水未露时的司马睿,"惟侍中嵇绍异之,谓人曰:'琅邪王毛骨非常,殆非人臣之相也。'"

司马睿袭爵后未之国,"元康二年,拜员外散骑常侍","累迁左将

---

① 在今之浙江省湖州市吴兴区一带。

② 《晋书》卷 68《顾荣传》和卷 100《陈敏传》等,第六册第 1811—1814 页,第八册第 2614—2618 页。

③ 《晋书》卷 27《五行志上》,第三册第 828 页。孙盛系东晋史学家,见卷 82《孙盛传》,第七册第 2147—2149 页。

军"。从其追附司马越讨伐司马颖、荡阴败后又得司马越重用的情形看，司马睿在政治上明显偏向司马越一系，可为旁证的是，司马睿之封国、司马越之封国以及琅邪王氏的世居地相连、同属徐州，琅邪王氏密结司马越，司马睿则与琅邪王氏的王导"素相亲善"，交为莫逆。

荡阴之败，君臣皆遭劫难。司马睿死里逃生，过程惊心动魄。"帝惧祸及，将出奔。其夜月正明，而禁卫严警，帝无由得去，甚窘迫。有顷，云雾晦冥，雷雨暴至，微者皆驰，因得潜出。（司马）颖先令诸关无得出贵人，帝既至河阳，为津吏所止。从者宋典后来，以策鞭帝马而笑曰：'舍长！官禁贵人，汝亦被拘邪！'吏乃听过。"

逃至洛阳，司马睿接上母亲再向自己的藩国而去，与司马越之逃归封地如出一辙。

不久，司马越重振旗鼓，再度举兵，西迎惠帝，司马睿被司马越托以看护、守卫后方的重任，先为辅国将军，后加平东将军、监徐州诸军事，镇于下邳，进入"准方镇"之列。两年后，司马越一出京师，司马睿受命出督扬州江南，始镇建邺①。

由此，江南潜力渐得释放，这是司马睿本人运程的巨变，也成为西晋宿命中的救赎、东晋的起源和基石，甚至可以说是华夏历史上地缘格局、经济格局、社会格局变化过程的一大转捩。迄今业已延续一千八百年的江南富庶、繁盛之地，如果说孙吴建政乃其发端，东晋之立则是其真正意义上的奠基。

设治建邺、"永嘉之难"和建元江南是由西晋转向东晋的三大标

---

① 《晋书》卷 5《怀帝纪》相关年份、卷 6《元帝纪》、卷 38《司马伷传》、卷 59《司马越传》和卷 65《王导传》，第一册第 116—120、143—144 页，第四册第 1121—1122 页，第五册第 1623—1626 页，第六册 1745—1749 页。

志性事件。十年间，西晋的政治资源以及社会资源逐渐向司马睿督制的江南区域转移，开始时并非有意、刻意为之，毕竟诸个自保中心，建邺仅其一。司马越死后尤其"永嘉之难"后，司马睿所在建邺成为西晋皇朝遗产的主要集聚地；待愍帝建兴五年（317年）三月诏司马睿"承制改元，称晋王于建康"，以延续皇统，东晋建政瓜熟蒂落、水到渠成①。

"仁德虽厚，而名论犹轻"②的司马睿外镇"难安易动"的江南，采取了开明、谦抑之策。对于东晋之立的功业，史家多赞美王导，而事实上，司马睿本人并非庸碌之辈，其作为至少不逊于王导。

其僚属，"以顾荣为军司马，贺循为参佐，王敦、王导、周颛、刁协并为腹心股肱"。其中，顾荣、贺循是江南地主，刁协的背景更是复杂，"成都王颖请为平北司马，后历赵王伦相国参军，长沙王乂骠骑司马"，又成为司马越一系的司马腾的长史。另有刘隗、戴渊等，经历也与刁协相似③。能够在包纳各方方面有如此技巧与气度，仅谓"中兴"之功赖王导之力，而甚少提及司马睿，殊为偏颇。

或曰司马睿资望肤浅，不得不在用人方面迁就和低调。殊不知，审时度势是政治人物最基本的素养，对比"八王之乱"中明知不力却逞肆己欲、涂炭生灵的陋者，司马睿倒是司马氏一族真正的才望所在。且对比同期自保的司马模、王浚、苟晞以及不曾作恶却也不曾作为的山简，司马睿在很大程度上重塑了宗亲当赴国任、力拯国难的积

---

① 《晋书》卷4《惠帝纪》永兴二年、卷5《愍帝纪》建兴四年和建兴五年、卷6《元帝纪》建武元年、卷59《司马越传》，第一册第104—106、130—132、144—149页，第五册第1624—1626页。

② 语出《晋书》卷65《王导传》，第六册第1745页。

③ 《晋书》卷69《周颛传》《刁协传》《刘隗传》和《戴渊（若思）传》，第六册第1835—1854页。

极形象。

司马睿以"宾礼名贤,存问风俗"等,促成"江东归心"①,共历大约十年。"永嘉之难"前,虽有司马越助力,司马睿仍是举步维艰,"徙镇建康(即建邺),吴人不附,居月余,士庶莫有至者",江南大族无意归顺司马睿,顾荣摇摆不定,贺循则坚拒入世,"杜门不出"②。渐渐地,江南大族的政治态度有所改变,顾荣、贺循等"应命而至",但属地"宗族强盛,人情所归"的情形一时仍难根本改观③,"吴会风靡,百姓归心"流于表面,"江东草创"④至多算是有一可靠的初阶。

此期,司马睿所领官军又须用于北抑周馥、西防华轶⑤,绥靖辖地主要依靠地方势力。因此,司马睿以及王导对诸多大族不得不曲意以待,诸如"帝(司马睿)亲幸(纪)瞻宅,与之同乘而归"⑥之类。前述的"三定江南",缘起于司马睿奉诏遣兵增援洛阳,途中钱璯兵反,同在军中的王敦力不能制,乱兵自广陵掉头南返钱璯的吴兴老家,"帝遣将军郭逸、郡尉宋典等讨之,并以兵少未敢前",途经义兴时方为周玘"率合乡里义众"所败⑦。

① 《晋书》卷6《元帝纪》,第一册第143—144页。

② 《晋书》卷68《顾荣传》和《贺循传》,第六册第1811—1814、1824—1831页。

③ 《晋书》卷58《周玘传》、卷65《王导传》、卷68《顾荣传》和《贺循传》、卷98《王敦传》,第五册第1572—1574页,第六册第1745—1747、1811—1814、1824—1831页,第八册第2553—2555页。

④ 语出《晋书》卷68《贺循传》:"时江东草创,盗贼多有,帝思所以防之,以问于循。"第六册第1827页。

⑤ 华轶为魏太尉华歆之曾孙,永嘉中为振威将军、江州刺史,政治上倾向于怀帝而非司马越,后因拒不服从元帝,兵败被杀,见《晋书》卷61《华轶传》等,第六册第1671—1672页。

⑥ 《晋书》卷68《纪瞻传》,第六册第1815—1824页。

⑦ 《晋书》卷15《地理志下》、卷58《周玘传》和卷98《王敦传》,第二册第458—464页,第五册第1572—1574页,第八册第2553—2555页。

在这一过程中,王导、王敦一意为辅,起了很大作用。"导知天下已乱,遂倾心推奉,潜有兴复之志。(元)帝亦雅相器重,契同友执";司马睿出镇建邺,成为二人遂愿的起始,"(元)帝之在洛阳也,导每劝令之国。会帝出镇下邳,请导为安东司马,军谋密策,知无不为"①。但在初时,与司马睿年龄相仿的王导虽"少有风鉴,识量清远",世誉或高于司马睿,但地位并不显赫,作为谋主、内助可起作用,如论在江南汇集资源、排除障碍,前期的王导显然不可能起到司马越那样的重要作用。

"衣冠南渡"与"典午之鲫"

在某种程度上,"永嘉之难"对西晋是浩劫,对东晋则是机缘。

洛阳未陷,怀帝先曾看重苟晞,"使(傅)祗出诣河阴,修理舟楫,为水行之备",拟东出京师,未遂,又欲西去长安,终受害于异族②;愍帝"避难于荥阳密县",再西入长安,次年"登坛告类,建宗庙社稷",即位为帝,然西土动荡有年,皇朝于此奄奄一息,不啻坐以待毙③。

至愍帝司马邺即位,为避其名讳,建邺更名为建康。

洛阳陷落,京师不再,北方尽陷战乱,江南处境大为改观。与其他自保中心相比,司马睿具有近支宗亲身份,其时甚有"苟藩移檄州镇,以琅邪王为盟主"的呼声④,且司马睿行事相对宽和、稳健,西晋皇朝残余的资源、人气择优而附,流向江南,大批北方士人、庶民渡江

---

① 《晋书》卷 65《王导传》,第六册第 1745—1746 页。

② 《晋书》卷 5《怀帝纪》永嘉五年、卷 47《傅祗传》和卷 61《苟晞传》,第一册第121—123 页,第五册 1332—1333 页,第六册 1666—1670 页。

③ 《晋书》卷 5《愍帝纪》等,第一册第 125—132 页。

④ 《晋书》卷 5《怀帝纪》永嘉五年、卷 6《元帝纪》和卷 39《苟藩传》,第一册第121—123、143—144 页,第四册第 1158 页。

而来,史称"衣冠南渡"①,又作"典午南渡"②。

随着资源、人气南移,江南本地大族占据优势的局面迅速被打破,有南渡的诸多朝士加盟,司马睿阵营声势大增,"中州士女避乱江左者十六七,(王)导劝帝收其贤人君子,与之图事"③。其后司马睿"承制改元","进位丞相",僚属有"百六掾"之称④,其来源多系"永嘉之难"后南渡奔投司马睿的"贤人君子",且多为先前的"越府"之士。

人众向往江南,司马睿及王导等当然求之不得。即使与司马睿并无渊源甚至政见相左者,此际也频频归附,例如前及的周颤以及周嵩与周谟。三人皆汝南周氏一族,周颤追随司马睿,同族周馥却交恶司马越、司马睿而败死,然周嵩与周谟仍赴建康入营司马睿⑤。又如"华谭之失庐江也,往寿春依馥,及馥军败,归于元帝"⑥。太原王氏

---

① 语出《史通》卷 5《内篇·邑里》:"异哉!晋氏之有天下也。自洛阳荡覆,衣冠南渡,江左侨立州县,不存桑梓。"见(唐)刘知幾、(清)浦起龙通释:《史通》,上海:上海古籍出版社,2015 年,第 133 页。所谓"衣冠",古代士以上戴冠,特指士人服饰,亦可借以指代缙绅、士人、礼制文明等;西晋末、东晋初中原士庶避乱南徙,是为第一次"衣冠南渡";其后又有北宋末、南宋初的第二次"衣冠南渡"。

② "典午"者,"司马"之隐语,见《三国志》卷 42《谯周传》:"时晋文王为魏相国,以周有全国之功,封阳城亭侯。又下书辟周,周发至汉中,困疾不进。咸熙二年夏,巴郡文立从洛阳还蜀,过见周。周语次,因书版示立曰:'典午忽兮,月酉没兮。'典午者谓司马也,月酉者谓八月也,至八月而文王果崩。"下册第 859 页。又见《晋书》卷 10《恭帝纪》"史臣曰":"是以宋高非典午之臣,孙恩岂金行之寇",第一册第 270 页。另见《资治通鉴》卷 171(胡三省注文):"典,司也,午属马;故谓司马为典午。"第七册第 4465 页。"典午之鲫",语出柳亚子《南社盛会诗纪》之句:"莫笑过江典午鲫,岂无横槊建安才。"

③ 《晋书》卷 65《王导传》,第六册第 1745—1746 页。

④ 《晋书》卷 5《愍帝纪》建兴五年和卷 6《元帝纪》,第一册 131—132、144—149 页。

⑤ 《晋书》卷 61《周嵩传》《周谟传》和《周馥传》,卷 69《周颤传》,第六册第 1659—1665、1850—1853 页。

⑥ 《晋书》卷 52《华谭传》和卷 61《周馥传》,第五册第 1452—1453 页,第六册第 1663—1665 页。

之后、王昶之孙王承,血缘关系更近于另一自保中心的王浚,却辞官南下,"是时道路梗涩,人怀危惧,承每遇艰险,处之夷然",到达建康后,"甚见优礼","渡江名臣王导、卫玠、周颛、庾亮之徒皆出其下,为中兴第一"①。

虽不宜过分扬王导而抑司马睿,但不可否认王导的功业。有关王导在西晋、东晋迭代过程中的表现,王鸣盛认为"王导传多溢美",指责王导"看似煌煌一代名臣,其实乃并无一事,徒有门阀显荣、子孙官秩而已"②,在其眼里,王导基本上一无是处;陈寅恪则认为王鸣盛之论"所言乖谬特甚",考证后称王导为"九州空荒"之际江南得为"康平丰盛"的首功之人③。从东晋基业始于司马睿及王导的事实看,如果王导不才,何以"王与马,共天下"!

王导有其执政理念,所谓"镇之以静,群情自安"。后在东晋明帝时,受命辅政的王导侍坐,"帝问前世所以得天下,导乃陈帝(司马懿)创业之始,及文帝(司马昭)末高贵乡公事",明帝以面覆床:"若如公言,晋祚复安得长远!"④显然,王导是在极力引导形成温和的朝政风格、氛围。

为了笼络众人,司马睿及王导也以"克复神州"为旗号。"桓彝初过江,见朝廷微弱,谓周颛曰:'我以中州多故,来此欲求全活,而寡弱如此,将何以济!'忧惧不乐。往见导,极谈世事,还,谓颛曰:'向见管夷吾,无复忧矣。'过江人士,每至暇日,相要出新亭饮宴。周颛中坐

---

① 《晋书》卷75《王承传》,第七册第1960—1961页。
② (清)王鸣盛《十七史商榷》,黄曙辉点校,中册第591页。
③ 陈寅恪:《述东晋王导之功业》,《金明馆丛稿初编》,第55—77页。
④ 《晋书》卷1《宣帝纪》,第一册第20页。

而叹曰：'风景不殊，举目有江河之异。'皆相视流涕。惟导愀然变色曰：'当共勠力王室，克复神州，何至作楚囚相对泣邪！'众收泪而谢之。"①

除此口头大义，实际未见司马睿及王导有过北征大举。相反，"时荆扬晏安，户口殷实，导为政务在清静，每劝帝克己励节，匡主宁邦"，所谓"宁邦"，大体可作偏安一隅、唯求靖安之解。综以情势，此非为过，北方既乱，如果"寡弱"江南不顾一切地继续穷兵黩武，晋世何以续命！

北人南渡、北力南下对江南权势构造的改变，从建兴元年（313年）前后周玘有叛意而难举事之例也可得证。周氏势大族盛，素为司马睿等忌。"于时中州人士佐佑王业"，有"三定江南"之功的周玘便地位大降，"内怀怨望"，于是周玘一族勾结各方，谋以反叛，消息泄露，作乱未遂。司马睿没有动武，以频繁调动周玘的方式逼其就范、舒缓危机，周玘"知其谋泄，遂忧愤发背而卒"。"永嘉之难"后不过两年，司马睿已能对江南大族的头面人物节制调度、施以震慑，而该等大族也难有正面抗拒之力了。

时江南一带蔑称南渡之人为"伧"。临死前，周玘愤然遗言其子周勰："杀我者诸伧子，能复之，乃吾子也。"周勰很是听话，经常默念父亲遗言，苦心串连纠合起数千人马，打出讨伐王导、刁协的旗号，事到临头被其忠于晋廷的叔父呵斥，遂不敢发兵，乱众溃散，"元帝以周氏奕世豪望，吴人所宗，故不穷治，抚之如旧"。周勰失志归家，"淫侈

---

① 《晋书》卷 65《王导传》，第六册第 1747 页。管夷吾即管仲，桓彝之语以王导比之管仲。

纵恣"，浑噩而终①。

同在此期，司马睿已具实力，"遣诸将分定江东，斩叛者孙弼于宣城"②，又遣征南将军王敦和荆州刺史陶侃进讨乱及诸州的杜弢。建兴三年(315 年)八月，波及甚广、期长数年的杜弢之乱得以平定③，司马睿的势力范围已不限于扬州之江南，而为全域意义上的长江之南。"琅邪之子，仁义归来"④，东晋立朝，呼之欲出。

有"永嘉之难"后五六年间的积累，建兴五年亦即建武元年(317年)三月，司马睿"承制"江南；次年(太兴元年)三月愍帝死，司马睿"即皇帝位"⑤，是为元帝，西晋的遗产至此名副其实、名正言顺地落定江南。

皇朝宿命：聚而为始、散则为终

与司马睿及王导致力于聚形成鲜明对比的是，攻陷洛阳后，西晋的终结者前赵政权迅即进入散的过程。

永嘉二年(308 年)前后刘渊与王弥、石勒三势合一，不到五年，便走向解体。攻入洛阳后，先是王弥与石勒互忌，并且王弥又与刘聪结怨，返回青州老巢，不久即遭石勒暗算，被杀。石勒则寻求脱离前赵的自立机会，南征北战，称雄北方，与前赵的关系变得若即若离。前

---

① 《晋书》卷 58《周玘传》《周颢传》和《周札传》，第五册第 1572—1577 页。

② 《晋书》卷 6《元帝纪》，第一册第 144 页。

③ 《晋书》卷 5《愍帝纪》建兴三年、卷 66《陶侃传》，卷 98《王敦传》和卷 100《杜弢传》，第一册第 128—129 页，第六册第 1769—1772 页，第八册第 2554—2556、2620—2624 页。

④ 语出《晋书》卷 6《元帝纪》"赞曰"，第一册第 158 页。

⑤ 《晋书》卷 5《愍帝纪》建兴五年、卷 6《元帝纪》建武元年和太兴元年，第一册第 131—132、144—151 页。

赵内部,刘聪之子刘粲与刘聪之弟刘曜又在明争暗斗。建兴四年(316 年)刘曜率军攻陷长安,愍帝出降,前赵内部冲突随即爆发。元帝即位当年,刘聪死、石勒反、刘曜在内讧中惨胜,眼花缭乱的变故之后,刘曜迁都长安、退囿雍凉,石勒则鸠占鹊巢,占据本属于前赵的北方大部领地,建立后赵①。

前赵荡覆西晋,实也消灭了自己。内部分裂之后,前赵与后赵分立对峙,再难倾力南侵。继而"五胡十六国"之其他要角相继出场又相继谢幕,北方政权对东晋再有实质性的严重威胁已是六十年后孝武帝太元年间(376 至 396 年)及淝水之战前后②。

自以为是、暴戾无道的政治团伙不可能引来真心实意的"附"或"拥"。没有人愿意生存于被压迫、被奴役的状态,更没有人能够忍受长期的、充满不确定性的忧虑或恐惧。东晋建元前后的十多年间,为避北方本族或异族政权的暴戾,"过江名士多于鲫",由此成就元帝的僚属群体,也演化成东晋的朝政主流,诸如前述的成为元帝股肱的王导、周颛、刘隗、刁协、戴渊③,以及世誉甚高的庾亮、温峤、卞壶④,才

---

① 《晋书》卷 5《愍帝纪》和卷 6《元帝纪》相关年份、卷 100《王弥传》、卷 102《载记第二》、卷 103《载记第三》、卷 104《载记第四》、卷 105《载记第五》,第一册第 125—132、144—149 页,第八册第 2609—2612 页,第九册第 2658—2659、2683—2702、2713—2756 页。

② "太元"系东晋孝武帝司马曜之年号,自 376 至 396 年。淝水之战发生于太元八年(383 年),见《晋书》卷九《孝武帝纪》太元八年、卷 79《谢安传》、卷 113《载记第十三》、卷 114《载记第十四》等,第一册第 232 页,第七册第 2072—2077 页,第九册第 2883—2936 页。

③ 《晋书》卷 69《刘隗传》《刁协传》《戴渊传》和《周颛传》,第六册第 1835—1853 页。为避唐高祖李渊讳,《晋书》对戴渊,以其字"若思"记之。

④ 《晋书》卷 73《庾亮传》、卷 67《温峤传》和卷 70《卞壶传》,第六册第 1913—1914、1785—1786、1866—1867 页。

干出众的陶侃、郗鉴①……

南来之人有文士也有武士，郗鉴镇京口②，招募流落东晋的北人从军，成"北府兵"之滥觞③。武备提升，东晋偏安又多支承。

孤守北地的刘琨归顺元帝，早年与其一起"闻鸡起舞"的祖逖则举众南下，"及京师大乱，逖率亲党数百家避地淮泗，以所乘车马载同行老疾，躬自徒步，药物衣粮与众共之，又多权略，是以少长咸宗之，推逖为行主。达泗口，元帝逆用为徐州刺史，寻征军谘祭酒，居丹徒之京口"④。至于二人的坚守或北伐功败垂成，其中波折与因果，已属另题，不加深论。

自元帝"云瞻北晦，江望南开"⑤，北方士庶络绎而来，谭其骧考证在七十万人以上⑥；葛剑雄以为至少五十万人⑦。综以各种因素，实际南渡人口似大大超过这一数字，王仲荦认为"总计迁徙的户口，见于记载的，将近三十万户，约占西晋全国总户数（三百七十七万）十二分之一强"⑧。随元帝南渡的贾弼之广集谱记，撰就《十八州士族谱》，又称《百谱》《百家谱》，凡百多帙、七百多卷，缮写抄定后藏诸官府，记载了东晋建元前后南渡百族的家世脉络，入谱之族据以获得优

---

① 《晋书》卷 66《陶侃传》和卷 67《郗鉴传》，第六册第 1768—1772、1796—1797 页。

② 在今江苏省镇江市一带。

③ 晋时称京口为北府。有关"北府兵"，可参阅田余庆：《北府兵始末》，《秦汉魏晋史探微（重订本）》，第 330—378 页。

④ 《晋书》卷 62《刘琨传》和《祖逖传》，第六册第 1681—1690、1693—1697 页。

⑤ 语出《晋书》卷 6《元帝纪》"赞曰"，第一册第 158 页。

⑥ 谭其骧：《晋永嘉丧乱后之民族迁徙》，原载《燕京学报》第十五期，1934 年。

⑦ 葛剑雄主编：《中国人口史》第一卷，第 464 页。

⑧ 王仲荦：《魏晋南北朝史》，上册第 223 页。

待。其后迁移至江南的北方家族却不得此类优待，故有贾弼之之孙贾渊收受贿赂、帮人冒入百谱，而遭严惩之事①。且不论贾氏的是非，于此可见其时南迁者之众。

人口的增加，"不仅使地广人稀的南方增加了大量的劳动人手，而且也带来了北方较为先进的生产工具和生产技术"，极大地促进了东晋社会经济的发展②。并且，东晋的一个世纪里，"境内并没有发生太大的自然灾害和战乱，北方的战事仅影响到淮河流域，内部权力斗争引发的军事冲突限于长江中游至建康（今南京）一线，对外的军事征伐虽然也有多次失败，但人口的损失并不太大"③，元帝及王导等为恢复晋世元气的努力似乎极具成果。

列入十六国的成汉④、前凉⑤等曾向东晋称臣，继续留在北方的诸多势力，例如分布甚广、甚众的民间"坞堡"⑥，以及苟晞、王浚败后的残余之部邵续、李矩、魏浚、段匹磾等，也奉元帝一系为晋之正统⑦。北方大地狼烟四起、枭雄迭出，东晋俨具光复正宗的地位。

大道至简。军事上有论："存人失地，人地皆存；存地失人，人地

---

① 《南史》卷 59《王僧孺传》，北京：中华书局，1975 年繁体竖排点校本，第五册第1455—1461 页。

② 许辉、蒋福亚：《六朝经济史》，南京：江苏古籍出版社，1993 年，第 47 页。

③ 葛剑雄主编：《中国人口史》第一卷，第 465 页。

④ 《晋书》卷 121《载记第二十一·》，第十册第 3035—3049 页。

⑤ 《晋书》卷 86《张轨传》和《张寔传》等，第七册第 2221—2230 页。

⑥ "坞堡"又称"坞壁"，系民间势力自发构建的自卫建筑，战乱时期用以举家、举族居住和自保。

⑦ 《晋书》卷 63《邵续传》《李矩传》《魏浚传》和《段匹磾传》，第六册第 1703—1714 页。

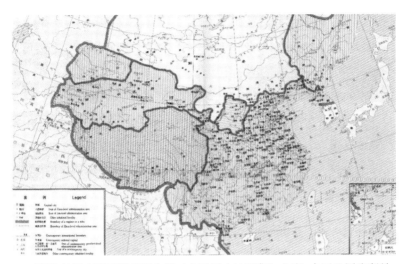

　　说明:地图来源于谭其骧主编:《中国历史地图集》,北京:中国地图出版社,
1982年,第三册第33—34页。

图 11-1　西晋全图

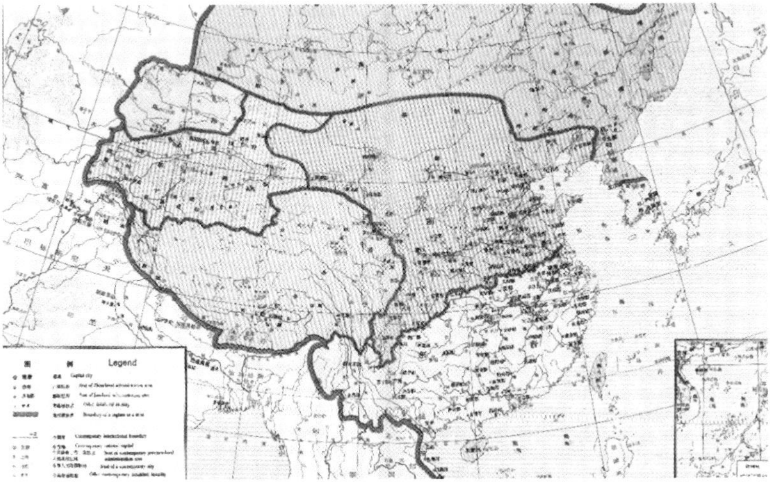

　　说明:地图来源于谭其骧主编:《中国历史地图集》,北京:中国地图出版社,
1982年,第四册第3—4页。

图 11-2　东晋全图

皆失。"①义理相通,政治铁律也是如此:存人失政,人政皆存;存政失人,人政皆失。尽管军事意义上的"人"与政治范畴中的"人"或不尽一致。一个落难皇朝,能够守住大半壁江山的遗产,总是幸事②。不过,有"八王之乱""怀越之恶"之类的罪孽在先,东晋再不可能振奋皇权、闳廓深远,聚附江南的也未必尽忠于司马氏。陈寅恪论言,后来的盛唐之观,乃是"取塞外野蛮精悍之血,注入中原文化颓废之躯,旧染既除,新机重启,扩大恢张,遂能别创空前之世局"③。似乎,历史进程中,东晋的使命即在于保存躯壳、赓续血脉。

---

① 中共中央文献研究室编:《毛泽东年谱》,北京:人民出版社和中央文献出版社,1993 年,下卷第 176 页。

② 东晋疆域并非赖于所谓"长江天堑",多数时间大体以长江以北的淮河一线为界。

③ 陈寅恪:《李唐氏族之推测后记》,《金明馆丛稿二编》,北京:三联书店,2001 年,第 335—345 页。

主要参考文献
（已录示于本书正文或注释的不再列入）

一、古籍文献及传统史家著述

（东汉）刘珍等：《东观汉记》，吴树平校注，中国史学基本典籍丛刊，北京：中华书局，2016年

（东汉）荀悦、（东晋）袁宏：《两汉纪》上、下册，张烈点校，中国史学基本典籍丛刊，北京：中华书局，2017年

（三国）刘劭：《人物志》，梁满仓译注，中国史学基本典籍丛刊，北京：中华书局，2018年

（晋）张华：《博物志》，郑晓峰译注，中国史学基本典籍丛刊，北京：中华书局，2019年

（晋）皇甫谧：《高士传》，（清）任渭长、沙英绘，刘晓忆撰文，上海：上海古籍出版社，2014年

（东魏）杨衒之：《洛阳伽蓝记》，尚荣译注，中华经典名著全本全注全译丛书，北京：中华书局，2012年

（唐）徐坚等：《初学记》上、下册，北京：中华书局，2004年

二、通史、断代史、专史类著述

陈长琦：《两晋南朝政治史稿》，郑州：河南大学出版社，1992年

陈序经：《匈奴史稿》，北京：中国人民大学出版社，2007年

高敏主编：《魏晋南北朝经济史》上、下册，上海：上海人民出版社，1996年

高锐主编：《中国军事史略》上、中、下册，北京：军事科学出版社，2000年

黄烈：《中国古代民族史研究》，北京：人民出版社，1987年

翦伯赞:《中国史纲要》上、下册,北京:人民出版社,1983 年

蒋福亚:《魏晋南北朝社会经济史》,天津:天津古籍出版社,2004 年

金毓黻:《中国史学史》,北京:商务印书馆,2010 年

劳榦:《魏晋南北朝简史》,北京:中华书局,2018 年

李振峰:《鲜卑简史》,北京:中华书局,2021 年

吕思勉:《中国通史》,西安:陕西师范大学出版社,2010 年

吕思勉:《中国政治思想史》,北京:中华书局,2016 年

陆德阳:《流民史》,中国社会民俗史丛书,上海:上海文艺出版社,1997 年

马长寿:《乌桓与鲜卑》,桂林:广西师范大学出版社,2006 年

马长寿:《氐与羌》,周伟洲整理,桂林:广西师范大学出版社,2006 年

任继愈主编:《中国哲学史》第一至四册,北京:人民出版社,1996 年

尚钺主编:《中国历史纲要》,北京:人民出版社,1980 年

田昌五、安作璋主编:《秦汉史》,北京:人民出版社,1993 年

萧公权:《中国政治思想史》,北京:中国人民大学出版社,2014 年

阎步克:《察举制度变迁史稿》,北京:中国人民大学出版社,2009 年

杨宽:《中国古代都城制度史研究》,上海:上海古籍出版社,1993 年

张鹤泉:《魏晋南北朝史:分裂与融合的时代》,北京:中信出版集团,2017 年

张晋藩主编:《中国法制史(第五版)》,北京:中国政法大学出版社,2016 年

赵向群著、贾小军修订:《五凉史》,北京:社会科学文献出版社,2019 年

中国军事史编写组:《中国历代军事制度》,北京:中国人民解放军出版社,2006 年

周谷城:《中国通史》上、下册,上海:上海人民出版社,1957 年

周伟洲:《汉赵国史》,北京:社会科学文献出版社,2019 年

周振鹤主编:《中国行政区划通史(第二版)》(三国两晋南朝卷)上、下册,上海:复旦大学
    出版社,2017 年

朱大渭等:《魏晋南北朝社会生活史》,北京:中国社会科学出版社,1998 年

三、有关魏晋南北朝史的研究著述

曹旅宁:《秦汉魏晋法制探微》,北京:人民出版社,2013 年

岑仲勉:《府兵制度研究》,上海:上海人民出版社,1957 年

陈娟:《两晋南北朝隋唐婚姻制度研究》,芜湖:安徽师范大学出版社,2021 年

陈苏镇:《两汉魏晋南北朝史探幽》,北京:北京大学出版社,2013 年

陈彦良:《币制兴衰四百年:魏晋南北朝的通货膨胀与紧缩》,上海:格致出版社,2019 年

陈玉屏:《魏晋南北朝兵户制度研究》,成都:巴蜀书社,1988 年

陈仲安、王素:《汉唐职官制度研究(增补本)》,上海:中西书局,2018 年

高敏:《魏晋南北朝兵制研究》,郑州:大象出版社,1998 年

高敏:《魏晋南北朝史料、札记及书评集》,北京:人民出版社,2019 年

谷霁光:《府兵制度考释》,北京:中华书局,2011 年

韩国河:《秦汉魏晋丧葬制度研究》,西安:陕西人民出版社,1999 年

贺昌群:《魏晋清谈思想初论》,北京:商务印书馆,2011 年

胡阿祥:《东晋南朝侨州郡县与侨流人口研究》,南京:江苏人民出版社,2019 年

贾小军:《本位、正统与守国:魏晋南北朝政治格局新论》,兰州:甘肃文化出版社,2014 年

李洪天主编:《回望如梦的六朝:六朝文史论集》,南京:凤凰出版传媒集团,2009 年

李洪天主编:《回望如梦的六朝》,镇江:江苏大学出版社,2013 年

李俊强:《魏晋令初探》,北京:科学出版社,2020 年

梁满仓:《汉唐间政治与文化探索》,贵阳:贵州人民出版社,2000 年

刘驰:《魏晋南北朝社会与经济探究》,北京:社会科学义献出版社,2021 年

柳春新:《汉末晋初之际政治研究》,长沙:岳麓书社,2006 年

楼劲:《魏晋南北朝隋唐立法与法律体系:敕例、法典与唐法系源流》上、下册,北京:中国
　　社会科学出版社,2014 年

楼劲主编:《魏晋南北朝时期的政治与社会(中国魏晋南北朝史学会第十二届年会暨国
　　际学术研讨会论文集)》,北京:中国社会科学出版社,2020 年

鲁力:《魏晋南朝宗王问题研究》,武汉:武汉大学出版社,2013 年

马良怀:《崩溃与重建中的困惑——魏晋风度研究》,北京:中国社会科学出版社,1993 年

毛汉光:《中国中古社会史论》,上海:上海书店出版社,2002 年

毛汉光:《中国中古政治史论》,上海:上海书店出版社,2002 年

仇鹿鸣:《魏晋之际的政治权力与家族网络(修订本)》,上海:上海古籍出版社,2020 年

宋桂梅编著:《魏晋儒学编年》,成都:四川大学出版社,2014 年

汤用彤:《魏晋玄学论稿(增订版)》,北京:商务印书馆,2015 年

王洪军:《名门望族与中古社会——以太原王氏为中心》,北京:中华书局,2020 年

王蕊:《魏晋十六国青徐兖地域政局研究》,济南:齐鲁书社,2008 年

王心扬:《东晋士族的双重政治性格》,北京:中华书局,2001 年

王榆芳:《魏晋儒家教化研究》,北京:社会科学文献出版社,2019 年

王志刚:《家国、夷夏与天人——十六国北朝史学探研》,北京:北京师范大学出版社,
　　2013 年

武汉大学中国三至九世纪研究所主编:《魏晋南北朝隋唐史资料》第 1 至 43 辑,武汉:武
　　汉大学出版社、上海:上海古籍出版社等,1979—2021 年

吴洪琳:《合为一家:十六国北魏时期的民族认同》,北京:社会科学文献出版社,2020 年

肖华荣:《簪缨世家:六朝琅邪王氏家传》,北京:三联书店,2008 年

徐冲:《观书辨音:历史书写与魏晋精英的政治文化》,北京:北京大学出版社,2020 年

阎爱民:《汉晋家族研究》,上海:上海人民出版社,2005 年

阎步克:《乐师与史官:传统政治文化与政治制度论集》,北京:三联书店,2001 年

阎步克:《波峰与波谷——秦汉魏晋南北朝的政治文明》,北京:北京大学出版社,2009 年

阎步克:《品位与职位——秦汉魏晋南北朝官阶制度研究》,北京:中华书局,2009 年

严耀中:《魏晋南北朝史考论》,上海:上海人民出版社,2010 年

杨筍如:《九品中正与六朝门阀》,上海:上海人民出版社,2020 年

杨学跃:《十六国北朝权力嬗代新探》,北京:中国社会科学出版社,2016 年

张承宗、魏向东:《魏晋南北朝风俗》,上海:上海文艺出版社,2017 年

张鹤泉:《魏晋南北朝都督制度研究》,长春:吉林文史出版社,2000 年

张金龙:《治乱兴亡——军权与南朝政权演进》,北京:中华书局,2016 年

张金龙:《魏晋南北朝禁卫武官制度研究(修订本)》,北京:中国社会科学出版社,2020 年

张文华:《汉唐时期淮河流域历史地理研究》,上海:上海三联书店,2013 年

张兴成:《两晋宗室制度研究》,上海:上海古籍出版社,2013 年

张旭华:《魏晋南北朝史文存》,郑州:中州古籍出版社,2019 年

郑欣:《魏晋南北朝史探索》,济南:山东大学出版社,1989 年

周一良:《魏晋南北朝史十二讲》,北京:中华书局,2016 年

周征松:《魏晋隋唐间的河东裴氏》,太原:山西教育出版社,2000 年

朱大渭:《六朝史论》,北京:中华书局,1998 年

朱绍侯:《魏晋南北朝土地制度与阶级关系》,郑州:中州古籍出版社,1988 年

朱子彦:《汉魏禅代与三国政治》,上海:东方出版中心,2013 年

四、史学理论以及史学研究的其他相关著述

陈寅恪:《隋唐制度渊源略论稿》,北京:三联书店,2001 年

程树德:《九朝律考》,北京:商务印书馆,2010 年

成中英:《中国古典政治哲学发微》,北京:商务印书馆,2021 年

付开镜:《先秦汉唐传统政治文化研究》,北京:人民出版社,2016 年

葛剑雄:《统一与分裂:中国历史的启示》,北京:商务印书馆,2013 年

葛荃:《走出王权主义藩篱:中国传统政治文化研究》,天津:天津人民出版社,2017 年

顾颉刚:《秦汉的方士和儒生》,上海:世纪出版集团、上海古籍出版社,2005 年

哈佛燕京学社、三联书店主编:《儒家与自由主义》,北京:三联书店,2001 年

李剑宏:《王权论》,北京:社会科学文献出版社,2009 年

李健胜:《流动的权力:先秦、秦汉国家统治思想研究》,北京:中国社会科学出版社,
    2018 年

李幼燕:《历史符号学》,桂林:广西师范大学出版社,2003 年

刘学斌:《中国传统政治思想中的公共概念研究》,天津:天津人民出版社,2018 年

马克垚:《中西封建社会比较研究》,上海:学林出版社,1997 年

孟祥才:《当代视域下的中国传统政治文化研究》,北京:人民出版社,2021 年

缪钺:《读史存稿》,北京:北京大学出版社,2017 年

钱穆:《中国历代政治得失》,北京:三联书店,2001 年

邱立波:《礼法与国体:两汉政治的历史与经验》,北京:中央编译出版社,2018 年

瞿同祖:《中国法律与中国社会》,北京:中华书局,2003 年

施治生、刘欣如主编:《古代王权与专制主义(修订本)》,北京:中国社会科学出版社,
　　2015 年

施治生、徐建新主编:《古代国家的等级制度(修订本)》,北京:中国社会科学出版社,
　　2015 年

宋大琦:《先王之法:礼法学的道统传承》,贵阳:孔学堂书局,2017 年

孙晓春:《中国传统政治哲学史论》,南京:江苏人民出版社,2020 年

唐燮军、翁公羽:《从分权到集权:西汉的王国问题及其解决》,杭州:浙江大学出版社,
　　2012 年

王亚南:《中国官僚政治研究》,北京:商务印书馆,2010 年

王子今:《王霸之道:礼法并重的政治制度》,南京:江苏人民出版社,2018 年

王子今:《权力的黑光:中国传统政治迷信批判》,成都:四川人民出版社,2020 年

许纪霖:《家国天下——现代中国的个人、国家与世界认同》,上海:上海人民出版社,
　　2017 年

徐燕斌:《奉天承运:礼法传统中的统治合法性自证》,贵阳:孔学堂书局,2017 年

阎步克:《中国古代官阶制度引论》,北京:北京大学出版社,2010 年

阎步克:《士大夫政治演生史稿》,北京:北京大学出版社,2015 年

谢国桢:《史料学概论》,北京:北京出版社,2014 年

俞荣根:《礼法传统与中华法系》,北京:中国民主法制出版社,2016 年

余英时:《士与中国文化》,上海:上海人民出版社,1987 年

张君约:《历代屯田考》上、下册,北京:知识产权出版社,2015 年

张师伟:《中国传统政治哲学的逻辑演绎》上、下卷,天津:天津人民出版社,2016 年

周良霄:《皇帝与皇权(第三版)》,上海:上海古籍出版社,2014 年

五、考古类文献、资料

洛阳考古研究所主编:《邙山陵墓群考古调查与勘测第一阶段考古报告》上、下卷,北京:
　　文物出版社,2018 年

洛阳师范学院河洛文化国际研究中心编:《洛阳考古集成·秦汉魏晋南北朝卷》上、下
　　卷,北京:北京图书馆出版社,2007 年

孙彦:《河西魏晋十六国壁画墓研究》,北京:文物出版社,2011 年

王贵祥:《古都洛阳》,北京:清华大学出版社,2012 年

郑岩:《魏晋南北朝壁画墓研究》,北京:文物出版社,2016 年

六、译著

[澳]张磊夫:《国之枭雄:曹操传》,方笑天译,南京:江苏人民出版社,2018 年

〔波〕托波尔斯基:《历史学方法论》,张家哲等译,北京:华夏出版社,1990 年

〔德〕埃利亚斯·卡内提:《群众与权力》,冯文光等译,北京:中央编译出版社,2003 年

〔德〕卡尔·施米特:《政治的概念》,刘宗坤译,上海:上海人民出版社,2004 年

〔德〕马克斯·韦伯:《经济与社会》上、下卷,林荣远译,北京:商务印书馆,2017 年

〔德〕马克斯·韦伯:《儒教与道教》,洪天富译,南京:江苏人民出版社,2021 年

〔法〕费尔南·布罗代尔:《论历史》上、下卷,刘北成等译,北京:北京大学出版社,2021 年

〔法〕马克·布洛赫:《历史学家的技艺》,张和声等译,上海:上海社会科学院出版社,
    1992 年

〔法〕弗朗斯瓦·魁耐:《中华帝国的专制制度》,谈敏译,北京:商务印书馆,1992 年

〔法〕古斯塔夫·勒庞:《乌合之众:大众心理研究》,冯克利译,北京:中央编译出版社,
    2000 年

〔法〕保罗·利科:《法国史学对史学理论的贡献》,王建华译,上海:上海社会科学院出版
    社,1992 年

〔法〕谢和耐:《中国社会史》,黄建华等译,南京:江苏人民出版社,2020 年

〔加〕贝淡宁:《贤能政治:为什么尚贤制比选举民主制更适合中国》,吴万伟译,北京:中
    信出版集团,2016 年

〔加〕帕米拉·麦考勒姆等编:《后现代主义质疑历史》,蓝仁哲等译,北京:中国社会科学
    出版社,2008 年

〔加〕南希·帕特纳等主编:《史学理论手册》,余伟等译,上海:格致出版社,2017 年

〔美〕D.布迪等:《中华帝国的法律》,朱勇译,南京:江苏人民出版社,2010 年

〔美〕彼得·M.布劳:《社会生活中的交换与权力》,李国武译,北京:商务印书馆,2011 年

〔美〕H. G. CREEL:《孔子与中国之道》,高专诚译,太原:山西人民出版社,1992 年

〔美〕罗伯特·A.达尔等:《现代政治分析(第六版)》,吴勇译,北京:中国人民大学出版
    社,2012 年

〔美〕贾雷德·戴蒙德:《崩溃:社会如何选择成败兴亡》,江滢等译,上海:上海译文出版
    社,2018 年

〔美〕杜维明:《儒家思想新论:创造性转换的自我》,曹幼华等译,南京:江苏人民出版社,
    1991 年

〔美〕杜维明:《儒家传统的现代转化》,北京:中国广播电视出版社,1992 年

〔美〕弗朗西斯·福山:《政治秩序的起源:从前人类时代到法国大革命》,毛俊杰译,桂
    林:广西师范大学出版社,2014 年

〔美〕何肯:《在汉帝国的阴影下》,卢康华译,上海:中西书局,2018 年

〔美〕塞缪尔·P.亨廷顿:《变化社会中的政治秩序》,王冠华等译,上海:上海人民出版社,
    2017 年

〔美〕柯文:《历史三调:作为事件、经历和神话的义和团》,杜继东译,南京:江苏人民出版

社,2000 年

[美]大卫·科泽:《仪式、政治与权力》,王海洲译,南京:江苏人民出版社,2015 年

[美]列文森:《儒教中国及其现代命运》,郑大华等译,北京:中国社会科学出版社,
2000 年

[美]麦格琉:《古希腊的僭政与政治文化》,孟庆涛译,上海:华东师范大学出版社,
2015 年

[美]约翰·麦克里兰:《西方政治思想史》,彭淮栋译,海口:海南出版社,2003 年

[美]菲利普·内莫:《古典与中世纪政治思想史》,张竝译,上海:华东师范大学出版社,
2021 年

[美]巴林顿·摩尔:《专制与民主的社会起源》,王茁等译,上海:上海译文出版社,
2012 年

[美]詹姆斯·D.莫罗:《政治学博弈论》,吴澄秋等译,上海:上海人民出版社,2021 年

[美]墨子刻:《摆脱困境:新儒学与中国政治文化的演进》,颜世安等译,南京:江苏人民
出版社,2000 年

[美]乔治·霍兰·萨拜因著、托马斯·兰敦·索尔森修订:《政治学说史》上、下卷,刘山
等译,北京:商务印书馆,1986 年

[美]本杰明·史华兹:《古代中国的思想世界》,程钢译,南京:江苏人民出版社,2008 年

[美]列奥·施特劳斯等:《政治哲学史》上、下卷,李天然等译,石家庄:河北人民出版社,
1993 年

[美]列奥·施特劳斯、[法]亚历山大·科耶夫:《论僭政》,彭磊译,北京:华夏出版社,
2016 年

[美]谭凯:《中古中国门阀大族的消亡》,胡耀飞等译,北京:社会科学文献出版社,
2017 年

[美]卡尔·A.魏特夫:《东方专制主义》,徐式谷等译,北京:中国社会科学出版社,
1989 年

[美]格奥尔格·G.伊格尔斯:《二十世纪的历史学:从科学的客观性到后现代的挑战》,
何兆武译,北京:商务印书馆,2020 年

[美]许倬云:《汉代农业:早期中国农业经济的形成》,程农等译,南京:江苏人民出版社,
2019 年

[美]杨联陞:《中国制度史研究》,彭刚等译,南京:江苏人民出版社,2007 年

[美]杨联陞:《东汉的豪族》,北京:商务印书馆,2011 年

[美]戴维·伊斯顿:《政治生活的系统分析》,王浦劬等译,北京:人民出版社,2012 年

[美]戴维·伊斯顿:《政治结构分析》,王浦劬译,北京:北京大学出版社,2016 年

[挪]弗雷德里克·巴特:《族群与边界》,李丽琴译,北京:商务印书馆,2014 年

[挪]斯坦因·U.拉尔森:《政治学理论与方法》,任晓等译,上海:上海人民出版社,

2021 年

［日］渡边信一郎：《中国古代的王权与天下秩序（增订本）》，徐冲译，上海：上海人民出版
　　社，2021 年

［日］福原启郎：《晋武帝司马炎》，陆帅译，南京：江苏人民出版社，2020 年

［日］福原启郎：《魏晋政治社会史研究》，陆帅等译，南京：江苏人民出版社，2021 年

［日］川本芳昭：《中华的崩溃与扩大·魏晋南北朝》，《讲谈社·中国的历史（05）》，余晓潮
　　译，桂林：广西师范大学出版社，2014 年

［日］川胜义雄：《六朝贵族制社会研究》，李济沧等译，上海：上海古籍出版社，2018 年

［日］宫崎市定：《九品官人法研究：科举前史》，王丹译，郑州：大象出版社，2020 年

［日］谷川道雄：《中国中世社会与共同体（增补本）》，马彪译，上海：上海古籍出版社，
　　2013 年

［日］仁井田陞：《中国法制史》，牟发松译，上海：上海古籍出版社，2018 年

［日］守屋美都雄：《六朝门阀——太原王氏家系考》，梁辰雪译，上海：中西书局，2020 年

［日］增渊龙夫：《中国古代的社会与国家》，吕静译，上海：上海古籍出版社，2017 年

［日］滋贺秀三：《中国家族法原理》，张建国等译，北京：商务印书馆，2013 年

［英］杰弗里·巴勒克拉夫：《当代史学主要趋势》，杨豫译，上海：上海译文出版社，
　　1987 年

［英］彼得·伯克：《历史学与社会理论（第二版）》，姚朋等译，上海：上海人民出版社，
　　2010 年

［英］塞缪尔·E.芬纳：《统治史（卷一）：古代的王权和帝国——从苏美尔到罗马》（修订
　　版），王震、马百亮译，上海：华东师范大学出版社，2014 年

［英］塞缪尔·E.芬纳：《统治史（卷二）：中世纪的帝国统治和代议制的兴起——从拜占
　　庭到威尼斯》，王震译，上海：华东师范大学出版社，2014 年

［英］罗德里克·弗拉德：《历史计量法导论》，肖朗等译，北京：商务印书馆，1992 年

［英］乔治·皮博迪·古奇：《十九世纪历史学与历史学家》，耿淡如译，北京：商务印书
　　馆，2011 年

［英］埃里克·霍布斯鲍姆：《史学家：历史神话的终结者》，马俊亚等译，上海：上海人民
　　出版社，2002 年

［英］马克·柯里：《后现代叙事理论》，宁一中译，北京：北京大学出版社，2003 年

［英］柯林武德：《历史的观念（增补版）》，何兆武等译，北京：北京大学出版社，2021 年

［英］鲁惟一：《汉帝国的日常生活》，刘洁等译，南京：江苏人民出版社，2018 年

［英］多米尼克·迈尔等：《权力及其逻辑》，李希瑞译，北京：社会科学文献出版社，
　　2020 年

［英］哈·麦金德：《历史的地理枢纽》，林尔蔚等译，北京：商务印书馆，2010 年

［英］丹尼斯·史密斯：《历史社会学的兴起》，周辉荣等译，上海：上海人民出版社，

2000 年

［英］安东尼·D.史密斯：《民族认同》，王娟译，南京：译林出版社，2018 年

［英］汤因比等：《历史的话语：现代西方历史哲学译文集》，张文杰编，桂林：广西师范大学出版社，2002 年

［英］格雷厄姆·沃拉斯：《政治中的人性》，朱曾汶译，北京：商务印书馆，1994 年

七、学术论文

艾冲：《论魏晋的"都督诸州诸军事"制度》，《陕西师范大学继续教育学报》2002 年第 2 期

卜宪群：《琅琊王氏政治地位研究》，《安徽师大学报》（哲学社会科学版）1988 年第 1 期

陈春锦：《张华出镇幽州始末考》，《淮南师范学院学报》2017 年第 1 期

陈简希：《浅析西晋太康年间门阀势力的兴起》，《世纪桥》2014 年第 7 期

陈琳国：《曹魏都督制的渊源和定型——兼论中央和地方的关系》，《北京师范大学学报》（社会科学版）1996 年第 5 期

陈琳国：《西晋内迁杂胡与杂胡化趋势》，《学术月刊》2007 年第 10 期

陈曼平：《刘琨诗文简评》，《锦州师范学院学报》（哲学社会科学版）1984 年第 1 期

陈森：《试探"八王之乱"的起因》，《固原师专学报》（社科版）1989 年第 2 期

陈苏镇：《东汉的豪族与吏治》，《文史哲》2010 年第 6 期

陈苏镇：《东汉的"义学"与"名教"》，《中国历史博物馆馆刊》1996 年第 2 期

陈英：《中国古代宗藩之乱研究的视角转换——读林校生著〈"八王之乱"丛稿〉》，《漳州师范学院学报》（哲学社会科学版）2005 年第 1 期

陈之安：《关于西晋占田制度的评价——与郑佩鑫同志商榷》，《山东大学学报》1962 年第 3 期

崔明德、王硕：《晋武帝与民族关系》，《青岛大学学报》（社会科学版）2020 年第 5 期

邓福舜：《二十四友文人集团形成时间考》，《大庆高等专科学校学报》1995 年第 1 期

邓乐群：《刘渊宗汉立国的历史评价》，《南通大学学报》（社会科学版）2005 年第 4 期

邓长春：《礼法之治与泰始律令》，四川大学法学院法律史学科点：《法律史评论（辑刊）》第 2 卷，北京：社会科学文献出版社，2019 年

董慧秀：《西晋初封爵制度的演变》，《大理学院学报》2012 年第 1 期

董慧秀：《从平吴战争看晋武帝对异姓权臣的防范》，《文山学院学报》2012 年第 2 期

杜志明：《西晋贾后干政原因探析》，《黑龙江史志》2014 年第 4 期

范兆飞：《走向禅让：魏晋之际阶层的固化与易代模式》，《华东师范大学学报》（哲学社会科学版）2018 年第 4 期

范兆飞：《西晋士族的婚姻网络与交游活动——以太原士族为中心的考察》，《南都学坛》（人文社会科学学报）2009 年第 5 期

范兆飞：《两晋之际的士族生态与幽冀形势——以王浚为中心的考察》，《学术月刊》2011 年第 3 期

封海清：《儒学式微与西晋灭亡——道德失落的政治危害》，云南孔子学术研究会：《孔学研究（辑刊）》第 4 辑，昆明：云南人民出版社，1998 年

付开镜：《西汉西晋开国统治集团代表人物政治人格之比较》，《成都大学学报》（社科版）2013 年第 6 期

付开镜、董坤玉：《四名无子者与西晋的建立和衰亡》，《北方论丛》2018 年第 3 期

高茂兵、刘清：《论西晋惠帝羊皇后》，《乐山师范学院学报》2009 年第 7 期

高昕：《对刘渊争取汉族民族策略的思考》，《阿坝师范高等专科学校学报》2008 年第 1 期

葛文杰：《论曹魏屯田废除的原因》，《汉中师院学报》（哲学社会科学版）1991 年第 2 期

顾江龙：《太康十年分封与杨骏的兴灭》，《华东师范大学学报》（哲学社会科学版）2018 年第 4 期

顾江龙：《晋武帝"罢五等之制"解》，武汉大学中国三至九世纪研究所主编：《魏晋南北朝隋唐史资料》第 35 辑，上海：上海古籍出版社，2017 年

顾向明：《西晋贾后：八王之乱的罪魁祸首？》，《许昌学院学报》2003 年第 1 期

郭善兵：《魏晋皇帝宗庙祭祖礼制考论》，《平顶山学院学报》2007 年第 1 期

郭善兵：《就宗庙制度的损益看魏晋时代之特征》，《许昌师专学报》（社会科学版）2001 年第 3 期

韩杰：《关于"八王之乱"结束的时间》，《史学月刊》1987 年第 2 期

韩树峰：《汉晋法律由"繁杂"到"清约"的变革之路》，《中国人民大学学报》2014 年第 5 期

郝虹：《王肃与魏晋礼法之治》，《东岳论丛》2001 年第 1 期

何德章、马力群：《两汉时代的弘农杨氏》，武汉大学中国三至九世纪研究所、武汉大学文科学报编辑部：《魏晋南北朝隋唐史资料》第 21 辑，武汉：武汉大学出版社，2005 年

侯绍庄：《从"占田制"到"占山制"看大土地私有制的发展》，《贵州师范大学学报》（社会科学版）1991 年第 3 期

胡阿祥：《〈晋永嘉丧乱后之民族迁徙〉申论》，《安徽大学学报》（哲学社会科学版）2010 年第 5 期

胡宝国：《汉晋之际的汝颍名士》，《历史研究》1991 年第 5 期

胡晓明：《西晋后期嗣君之争考论》，《南京晓庄学院学报》2011 年第 5 期

胡晓明：《论惠羊皇后与晋末政治》，《许昌学院学报》2009 年第 1 期

黄河：《慕容廆与两晋政治关系浅析》，《东北史地》2007 年第 4 期

黄惠贤：《曹魏侍中机构的发展和变化》，《襄樊学院学报》2011 年第 7 期

黄惠贤：《散骑诸官初置时期有关问题索隐——散骑诸官研究资料之一》，武汉大学中国三至九世纪研究所主编：《魏晋南北朝隋唐史资料》第 17 辑，武汉：武汉大学出版社，2000 年

黄惠贤：《西晋散骑建省及其所领诸官——散骑诸官研究资料之三》，武汉大学中国三至九世纪研究所主编：《魏晋南北朝隋唐史资料》第 17 辑，武汉：武汉大学出版社，

2000 年

黄觉弘:《泰山羊氏考论》,《沈阳师范大学学报》(社会科学版)2005 年第 5 期

黄岭:《天人感应与魏晋更替》,《唐山师范学院学报》2007 年第 4 期

黄岭、赵昆生:《魏晋更替中的社会批判研究》,《文山师范高等专科学校学报》2007 年第 4 期

黄明兰:《西晋散骑常侍韩寿墓墓表跋》,《文物》1982 年第 1 期

纪东佐:《魏晋南北朝泰山羊氏儒释道思想研究》,山东师范大学硕士学位论文(指导教师王华山),2011 年

江湄.《人心与世局:陈寅恪的"新"史学》,《读书》2021 年第 5 期

姜望来:《两晋南北朝"皇太弟"考略》,武汉大学中国三至九世纪研究所主编:《魏晋南北朝隋唐史资料》第 30 辑,上海:上海古籍出版社,2014 年

金霞:《试论两汉魏晋南北朝时期祥瑞现象对皇权的巩固作用》,《青岛大学师范学院学报》2008 年第 3 期

景蜀慧:《魏晋重实之风浅议》,《文史哲》1993 年第 3 期

景有泉、李春祥:《西晋"八王之乱"爆发原因研究述要》,《中国史研究动态》1997 年第 5 期

孔毅:《论泰始年间"举贤良对策"与晋初的治道》,《许昌学院学报》2014 年第 6 期

李椿浩:《西晋末期王浚集团、张轨集团兴衰之比较》,《河北学刊》2002 年第 1 期

李海默:《"剪商之志"的落实:再论晋武帝的建政地理模板》,《宁德师专学报》(哲学社会科学版)2011 年第 3 期

李海默:《两晋时期地方行政运作探微——十六州制・封国・三窟之计》,复旦大学硕士学位论文(指导教师李晓杰),2011 年

李良玉:《曹魏时期谯沛集团兴衰述论》,《安徽史学》1998 年第 2 期

李晓光:《对"八王之乱"的再认识》,《承德民族师专学报》2010 年第 2 期

李毅婷:《西晋前期政治思想的玄学化——以司马彪为中心》,《东岳论丛》2012 年第 2 期

李毅婷:《魏晋礼法之士与晋律》,山东大学硕士学位论文(指导教师王晓毅),2007 年

李永康、阎新华:《裴氏家族介入西晋中央权才斗争损益之剖析》,《河东学刊(运城高等专科学校学报)》1999 年第 5 期

李正君:《魏晋故事:西晋德制的确立与正朔服色问题》,《史林》2017 年第 2 期

梁满仓:《论魏晋南北朝"礼"与"法"的结合》,《求是学刊》2016 年第 6 期

梁满仓:《论魏晋南北朝时期的五礼制度化》,《中国史研究》2001 年第 4 期

林石:《西晋八王事行系年》,《宁德师专学报》(哲学社会科学版)1999 年第 2 期

林校生:《司马睿幕府之构成特征简释》,《福建师范大学学报》(哲学社会科学版)2006 年第 6 期

林校生:《漫议"八王之乱"的"名"与"实"》,《福州大学学报》(哲学社会科学版)2002 年第

2 期

林校生:《西晋"赵王伦起事"社会基础辨略》,《福州大学学报》(哲学社会科学版)2003 年
第 3 期

林校生:《河洛关中的地理人文与西晋后期的"八王之乱"》,《华侨大学学报》(人文社会
科学版)2001 年第 3 期

林校生:《略述魏晋扬州的"政治态度"》,《华侨大学学报》(人文社会科学版)2007 年第
1 期

林校生:《左右西晋政局的区域社会力量——以山西人士为视点》,《华侨大学学报》2000
年第 3 期

林校生:《"八王之乱原因论"诸说述要及献疑》,《宁德师专学报》(哲学社会科学版)2000
年第 1 期

林校生:《西晋末司马睿府佐吏考略》,《宁德师专学报》(哲学社会科学版)2005 年第 2 期

刘刚:《晋武帝政治思想的形成与发展研究》,《人民论坛》2012 年第 14 期

刘国石:《七国之乱、八王之乱、安史之乱之比较》,《北华大学学报》(社会科学版)2000 年
第 2 期

刘啸:《论汉末名士到魏晋士族的复杂历程——以汉末颍川荀、陈、钟三家为中心》,《许
昌学院学报》2005 年第 6 期

刘远航:《试论晋武帝的用人政策及影响》,郑州大学硕士学位论文(指导教师张旭华),
2011 年

刘运好:《王肃年谱考论》,《阜阳师范学院学报》(社会科学版)2018 年第 5 期

刘运好:《崇儒融道——晋初思想论》,《江苏社会科学》1998 年第 4 期

柳春藩、李志民:《政治家羊祜》,《史学月刊》1983 年第 1 期

柳春新:《论魏晋禅代》,《三峡大学学报》(人文社会科学版)2007 年第 6 期

柳春新:《曹操政权中的谯沛集团与颍川集团》,武汉大学中国三至九世纪研究所主编:
《魏晋南北朝隋唐史资料》第 18 辑,武汉:武汉大学出版社,2001 年

楼劲:《魏晋以来的"禅让革命"及其思想背景》,《华东师范大学学报》(哲学社会科学版)
2017 年第 3 期

楼劲:《"法律儒家化"与魏晋以来的"制定法运动"》,《南京师大学报》(社会科学版)2016
年第 6 期

鲁力:《晋武帝立嗣问题考辨》,《历史教学》2005 年第 7 期

鲁力:《魏晋封建主张及相关问题考述》,《武汉大学学报》(人文科学版)2004 年第 2 期

鲁力:《"八王之乱"成因新见》,《武汉大学学报》(人文科学版)2005 年第 4 期

罗宏曾:《"八王之乱"爆发原因刍议》,《天津社会科学》1985 年第 5 期

罗先红:《禅代政治中的权力集团——晋武帝时代君臣集团研究》,《重庆科技学院学报》
(社会科学版)2013 年第 1 期

罗自强:《两晋内乱和宗室关系分析》,四川大学硕士学位论文(指导教师景蜀慧),
  2004 年

吕晓洁:《论晋代乱世文学中刘琨诗文的悲情》,《江苏科技大学学报》(社会科学版)2014
  年第 1 期

孟繁冶:《颍川谋士群体与曹操政权》,《郑州大学学报》(哲学社会科学版)1994 年第 6 期

倪春莉:《晋代封爵制及其与门阀士族地主的关系》,《大同高专学报》1997 年第 1 期

宁稼雨:《石崇:财富、文学、政治之间的游走与结局》,《文史知识》2021 年第 3 期

潘民中:《西晋财政问题浅论》,《许昌师专学报》(社会科学版)1989 年第 2 期

潘润娇:《建国以来潘岳研究刍议》,《乐山师范学院学报》2007 年第 4 期

庞骏:《西晋士族掌军权初探》,《西南师范大学学报》(哲学社会科学版)1999 年第 4 期

庞骏:《西晋的立储与皇太弟、皇太孙制度》,《阅江学刊》2014 年第 4 期

彭鸿程:《试论陆云的文学创作》,《湖北社会科学》2008 年第 1 期

钱久隆:《论司马阂的失败与"八王之乱"》,《河南科技学院学报》2020 年第 9 期

乔秀岩:《论郑王礼说异同》,北京大学历史学系《北大史学(辑刊)》第 13 辑,北京:北京
  大学出版社,2008 年

秦永洲:《西晋士族误国与东晋士族的振作》,《山东师大学报》(社会科学版)1993 年第
  4 期

仇鹿鸣:《魏晋嬗代史事探微》,《复旦学报》(社会科学版)2008 年第 2 期

仇鹿鸣:《谁是司马氏的敌人:地方势力与淮南三叛》,《人文杂志》2012 年第 2 期

仇鹿鸣:《从族到家:宗室势力与西晋政治的转型》,《史学月刊》2011 年第 9 期

仇鹿鸣:《半透明的镜子:司马孚在魏晋政治中的形象与地位》,《学术月刊》2011 年第
  2 期

仇鹿鸣:《咸宁二年与晋武帝时代的政治转折》,《学术月刊》2008 年第 11 期

仇鹿鸣:《伐蜀之役与司马氏集团内部的矛盾》,上海社会科学院历史研究所:《传统中国
  研究集刊》第 7 辑,上海:上海人民出版社,2009 年

权家玉:《王权与财政:东晋南朝时期建康财政状况与政权兴衰》,《江西社会科学》2014
  年第 7 期

权家玉:《两晋之交司马氏正统南移的过程》,《长安大学学报》(社会科学版)2009 年第
  4 期

权家玉:《论西晋元康中后期对关中军镇镇将权力的弱化》,广州市文物博物馆学会:《广
  州文博(辑刊)》第 2 辑,北京:文物出版社,2008 年

权家玉:《晋武帝立嗣背景下的贾充》,武汉大学中国三至九世纪研究所主编:《魏晋南北
  朝隋唐史资料》第 22 辑,武汉:武汉大学出版社,2006 年

权家玉:《西晋杨骏一族的崛起》,武汉大学中国三至九世纪研究所主编:《魏晋南北朝隋
  唐史资料》第 24 辑,武汉:武汉大学出版社,2008 年

权家玉:《废愍怀太子事件与西晋政局的全面失控》,武汉大学中国三至九世纪研究所主编:《魏晋南北朝隋唐史资料》第 34 辑,上海:上海古籍出版社,2016 年

沈宏格:《晋代孝道教化的实施及启示》,《广西社会主义学院学报》2010 年第 4 期

沈玮玮、谭谨宜:《晋律的制定者:两大派别及其制律主张》,《人民法院报》2018 年 12 月 14 日第 5 版

束莉:《中古士人的女性才德观与女性的历史形塑——以西晋贾充妻郭槐为例》,《黄冈师范学院学报》2012 年第 1 期

宋文杰:《魏晋时期的屯田兵》,《内蒙古师范大学学报》(哲学社会科学版)2015 年第 4 期

苏小华:《论魏晋南北朝时期骑兵战术的新发展》,《浙江社会科学》2009 年第 10 期

隋秀玲:《从"二十四友"看西晋文化精神和文学风貌》,《郑州航空工业管理学院学报》(社会科学版)2008 年第 5 期

孙丽:《魏晋时期琅邪王氏崛起原因初探》,《南昌大学学报》(人文社会科学版)2004 年第 1 期

孙永幸:《试析门阀制度政治内涵的演变——从东汉末年到隋唐时期》,《郑州航空工业管理学院学报》(社会科学版)2013 年第 6 期

汤勤福:《"八王之乱"爆发原因新探》,《中州学刊》1987 年第 6 期

唐明礼、张国强:《试论晋武帝司马炎》,《南都学坛》(社会科学版)1990 年第 2 期

陶贤都:《汉魏皇权嬗代与士人心态》,《南都学坛》(人文社会科学学报)2003 年第 5 期

陶贤都:《魏晋禅代异同论》,《青海师范大学学报》(哲学社会科学版)2004 年第 2 期

田昌五:《对魏晋士族制度的历史考察——兼评陈寅恪的士族说》,《学术研究》2001 年第 1 期

田金雷:《西晋武帝泰始年间开国公"还第"考释》,《商洛学院学报》2019 年第 2 期

童超:《魏晋南北朝军事领导体制的历史特点》,《中国史研究》2000 年第 2 期

万绳楠:《曹魏政治派别的分野及其升降》,《历史教学》1964 年第 1 期

汪海:《从对峙到合作——吴人与西晋政权关系演变过程叙论》,《社会科学论坛(学术研究卷)》2007 年第 11 期

汪涛:《两晋时期的门阀士族与外戚政治》,《西南师范大学学报》(哲学社会科学版)1999 年第 3 期

王承斌:《论西晋寒士之"党援"意识》,《天中学刊》2016 年第 6 期

王大建:《论曹魏的宗室政策》,《东岳论丛》2002 年第 6 期

王大建:《魏晋南北朝时期的豪族与游侠》,《山东大学学报》(哲学社会科学版)2003 年第 2 期

王洪信:《石勒与北方士族》,《邢台师范高专学报》1996 年第 2 期

王金真:《魏晋政治中的河东卫氏家族——以卫觊、卫瓘、卫玠为个案的研究》,西北师范大学硕士学位论文(指导教师黄兆宏),2014 年

王谨：《魏晋军权分配与管理成效刍议》，《南开学报》（哲学社会科学版）2002 年第 3 期

王娟：《西晋时期南人之北迁及其遭遇》，《齐鲁学刊》2015 年第 3 期

王凯杰：《唐人的两晋政治史观》，上海师范大学硕士学位论文（指导教师张剑光），2014 年

王莉：《贾南风与西晋政治》，《贵州文史丛刊》1999 年第 3 期

王明前：《从屯田到占田：魏晋之际土地私有制的全面确立》，《桂林师范高等专科学校学报》2012 年第 1 期

王明前：《魏晋封国制度与王朝兴亡》，《许昌学院学报》2011 年第 3 期

王强：《"篡逆"还是"禅让"——史学视角下的"新莽代汉"与"汉魏故事"》，《郑州大学学报》（哲学社会科学版）2013 年第 2 期

王胜鹏：《简论曹魏明帝的宗室政策》，《三峡大学学报》（人文社会科学版）2011 年第 2 期

王素香、吴玉林：《简析八王之乱的原因》，《锦州师范学院学报》（哲学社会科学版）1996 年第 4 期

王伟琴：《西晋河东裴氏研究》，山西大学硕士学位论文（指导教师卫广来），2014 年

王晓东：《晋初党争与潘岳的早年栖迟》，《河南科技大学学报》（社会科学版）2007 年第 5 期

王晓毅：《司马炎与西晋前期玄、儒的升降》，《史学月刊》1997 年第 3 期

王晓毅：《论曹魏太和"浮华案"》，《史学月刊》1996 年第 2 期

王欣欣：《再评"二十四友"》，《晋阳学刊》1997 年第 2 期

王永平：《晋武帝立嗣及其斗争考论——以齐王攸夺嫡为中心》，《河南科技大学学报》（社会科学版）2004 年第 3 期

王永平：《曹魏苛禁宗室政策之考论》，《许昌师专学报》（社会科学版）2001 年第 3 期

王永平：《两晋之际广陵人士与江东政局》，扬州市扬州文化研究会：《扬州文化研究论丛（辑刊）》，2011 年第 2 辑，扬州：广陵书社，2011 年

王育民：《西晋人口蠡测》，《中国史研究》1995 年第 2 期

魏斌等：《重绘中古史的可能性（笔谈）》，《文史哲》2020 年第 6 期

魏淑霞、陈燕：《魏晋南北朝时期的民族政策与民族关系》，《宁夏师范学院学报》（社会科学）2014 年第 4 期

文慧科：《关于西晋刑律制订人选的思考》，《西南民族学院学报》（哲学社会科学版）2002 年第 4 期

吴从祥：《王肃与司马氏关系考辨》，《淮南师范学院学报》2020 年第 3 期

吴南泽：《从泰始四年籍田礼看晋武帝的黄老思想》，《北京社会科学》2016 年第 10 期

吴南泽：《刘颂的封建论与西晋武惠之际的政局》，《许昌学院学报》2018 年第 9 期

徐冲：《"禅让"与"起元"：魏晋南北朝的王朝更替与国史书写》，《历史研究》2010 年第 3 期

徐冲:《"汉魏革命"再研究:君臣关系与历史书写》,北京大学博士学位论文(指导教师阎步克),2008 年

徐迎花:《西晋郊祀制度研究》,《福建师范大学学报》(哲学社会科学版)2008 年第 3 期

许辉:《西晋的佞臣与后党评析》,《江苏社会科学》1992 年第 2 期

许辉:《评刘猛、树机能反晋——兼评晋武帝实施的民族政策》,《南京晓庄学院学报》2008 年第 1 期

薛瑞泽:《魏晋北朝疫病流行及救助》,《山西师大学报》(社会科学版)2005 年第 5 期

杨超:《西晋前期统治的若干问题研究》,重庆师范大学硕士学位论文(指导教师赵昆生),2012 年

杨德炳:《魏晋南北朝的门阀制度》,《文史知识》1984 年第 7 期

杨德炳:《西晋的崩溃与门阀的分化》,《武汉大学学报》(哲学社会科学版)1995 年第 3 期

杨凡:《从变乱的角度试析西汉西晋分封制度难以为继的原因》,《焦作师范高等专科学校学报》2010 年第 3 期

杨洪权:《两晋之际士族移徙与"门户之计"浅论》,《武汉大学学报》(哲学社会科学版)1998 年第 1 期

杨强:《北渡士族陆机与西晋社会上层交游心态探析》,《许昌学院学报》2017 年第 1 期

杨术辉:《西晋八王之乱与士族关系研究》,郑州大学硕士学位论文(指导教师张旭华),2014 年

杨涛:《浅论西晋宗室王》,《湖北经济学院学报》(人文社会科学版)2010 年第 11 期

杨涛:《魏西晋诸侯王管理制度探究》,青海师范大学硕士学位论文(指导教师白文固),2011 年

杨兴龙:《张华与西晋政坛》,《甘肃高师学报》2019 年第 6 期

杨耀坤:《汉晋之际佛教发展的思想基础》,《四川大学学报》(哲学社会科学版)1992 年第 3 期

杨懿、章义和:《论"秦凉之变"的阶段性演进》,《历史教学问题》2016 年第 2 期

杨英:《魏晋郊祀和祭祖礼考》,北京大学历史学系,《北大史学(辑刊)》第 9 辑,北京:北京大学出版社,2003 年

杨永俊、龙星辉:《论专制王权时代禅让之畛域及禅让政治之性质》,《石家庄学院学报》2007 年第 5 期

姚念慈、邱居里:《西晋都督制度演变述略》,《北京师范大学学报》1988 年第 2 期

俞灏敏:《西晋议〈晋书〉限断考辨》,《安徽史学》1996 年第 2 期

袁祖亮:《三国西晋人口初探》,《郑州大学学报》(哲学社会科学版)1997 年第 4 期

岳愿举:《西晋"八王之乱"的社会基础》,《咸宁师专学报》1993 年第 3 期

张爱波:《西晋"世族"、"势族"及"士族"之考辨》,《北方论丛》2006 年第 5 期

张爱波:《论西晋中下层士族、寒微士人与浮竞士风》,《山东行政学院山东省经济管理干

部学院学报》2010 年第 3 期

张爱波、亓凤珍：《论民族融合大势之下的西晋"徙戎"理论》，《东岳论丛》2012 年第 7 期

张承宗：《西晋时期长江流域经济的发展》，《浙江学刊》1994 年第 2 期

张东华：《汉末魏晋"威惠"型官吏形态》，《唯实》2018 年第 9 期

张峰：《魏晋禅代之际的曹魏官员群体研究》，湖南大学硕士学位论文（指导教师陶新华），2019 年

张国星：《魏晋六朝文学的才学观》，《河北大学学报》（哲学社会科学版）1984 年第 4 期

张鹤泉：《西晋大都督考略》，《古籍整理研究学刊》2002 年第 4 期

张鹤泉：《西晋将军兼任都督诸军事问题的考察》，《河北学刊》2013 年第 2 期

张鹤泉：《西晋永嘉、建兴年间都督诸州军事制度探讨》，《史学集刊》2001 年第 1 期

张金龙：《关于"八王之乱"爆发原因若干问题考辨》，《兰州大学学报》（社会科学版）1987 年第 4 期

张金龙：《"八王之乱"与禁卫军权》，《史学月刊》2003 年第 4 期

张金龙：《晋代禁卫武官制度考论》，《中国史研究》1999 年第 4 期

张军：《略论西晋八王军府之僚佐及机构设置》，《江西师范大学学报》（哲学社会科学版）2004 年第 6 期

张梅、陈晓芸：《论西晋武帝时代儒学建设的得与失》，《上饶师范学院学报》2016 年第 2 期

张帅：《两晋南北朝皇族宗法形态研究》，山西大学博士学位论文（指导教师卫广来），2019 年

张欣：《汉魏开府制度考》，《人文杂志》2017 年第 12 期

张兴成：《西晋的宗室仕进制度》，《北京师范大学学报》（社会科学版）2000 年第 3 期

张兴成：《两晋宗室司衮要论》，《阅江学刊》2011 年第 1 期

张兴成：《西晋王国职官制度考述》，《中国史研究》2001 年第 4 期

张旭华：《两晋时期的丧礼实践与中正清议》，《史学月刊》2011 年第 12 期

张旭华：《论魏晋时期的清途与非清途两大任官体系》，《许昌师专学报》（社会科学版）1995 年第 4 期

张旭华、罗萍：《两晋时期的奢侈性消费对社会经济的影响》，《南京晓庄学院学报》2001 年第 2 期

张旭华、张斯嘉：《魏晋清官探源：贵势垄断"秘者"新论》，《史学月刊》2016 年第 2 期

张振龙：《传统文士人格与"二十四友"的附势心态》，《唐都学刊》2000 年第 4 期

赵昆生：《西晋皇族政治与"八王之乱"》，《安徽师大学报》1993 年第 3 期

赵昆生：《魏末政治与司马氏的称帝道路》，《重庆师范大学学报》（哲学社会科学版）2006 年第 4 期

赵昆生、陈晓倩、杨涛：《西晋藩王政治研究》，《重庆师范大学学报》（哲学社会科学版）

2012 年第 6 期

赵昆生、刘玉玲、官军:《晋末政治与"八王之乱"研究》,《重庆科技学院学报》(社会科学版)2017 年第 5 期

赵昆生、肖潇:《"以孝治天下":晋汉承继损益研究》,《重庆师范大学学报》(哲学社会科学版)2019 年第 6 期

赵俪生:《试论我国中古自然经济及其下的田制》,《东岳论丛》1983 年第 4 期

赵义鑫:《晋怀帝、司马越与西晋中枢政权的崩溃》,《乐山师范学院学报》2018 年第 1 期

周国林:《西晋分封制度的演变》,《华中师范大学学报》(哲社版)1993 年第 3 期

周国林:《魏晋南北朝禅让模式及其政治文化背景》,《社会科学家》1993 年第 2 期

周红:《曹魏西晋统一方略的财政经济分析》,《中国社会经济史研究》2002 年第 3 期

周伟洲:《魏晋南北朝时期北方民族与民族关系研究》上、中、下,《北方民族大学学报》(哲学社会科学版)2015 年第 6 期,2016 年第 1、2 期

周五纯:《永嘉北方大移民概说——江南地区繁荣的历史原因探析之一》,《无锡教育学院学报》2001 年第 3 期

周艺、高远:《西晋"八王之乱"原因新释》,《柳州师专学报》2000 年第 1 期

朱安祥:《两晋末铸币原因再探——兼及司马氏的货币政策》,武汉大学中国三至九世纪研究所主编:《魏晋南北朝隋唐史资料》第 40 辑,上海:上海古籍出版社,2019 年

朱大渭、梁满仓:《魏晋南北朝宗族组织试探》,《中国史研究》2009 年第 4 期

朱绍侯:《关于西晋的田制与租调制》,《理论战线》1958 年第 2 期

朱子彦:《汉晋之际河内司马氏的家世、交游圈与门风》,《济南大学学报》(社会科学版)2020 年第 3 期

庄华峰、蔡晓东:《秦汉魏晋南北朝时期的流行病及其防治》,《中国社会科学院研究生院学报》2017 年第 1 期

庄金秋:《两晋与北方民族政权关系研究》,兰州大学博士学位论文(指导教师崔明德),2011 年

庄金秋、崔明德:《略论匈奴汉赵政权与两晋的关系》,《西北民族大学学报》(哲学社会科学版)2010 年第 4 期

[日]栗山雅央:《从左思〈三都赋〉的文本内容论西晋的时代性与武帝司马炎的影响》,扬州市扬州文化研究会:《扬州文化研究论丛(辑刊)》2019 年第 1 辑,扬州:广陵书社,2019 年

[日]辻正博:《西晋的诸王封建与出镇》,杨洪俊译,《南京晓庄学院学报》2012 年第 4 期

[日]窪添庆文:《日本的魏晋南北朝官僚制研究》,张小稳等译,北京大学历史学系:《北大史学(辑刊)》第 11 辑,北京:北京大学出版社,2005 年

图书在版编目(CIP)数据

西晋五十年:266至317年历史现象考述/季社建著
. —上海:上海人民出版社,2023
ISBN 978 - 7 - 208 - 18295 - 0

Ⅰ.①西⋯ Ⅱ.①季⋯   Ⅲ.①中国历史-研究-西晋
时代 Ⅳ.①K237.107

中国国家版本馆 CIP 数据核字(2023)第 084506 号

责任编辑 张晓玲   张晓婷
封面设计   王小阳

西晋五十年:266 至 317 年历史现象考述
季社建 著

出　　版　上海人民出版社
　　　　　（201101　上海市闵行区号景路 159 弄 C 座）
发　　行　上海人民出版社发行中心
印　　刷　上海盛通时代印刷有限公司
开　　本　890×1240　1/32
印　　张　14.25
插　　页　6
字　　数　307,000
版　　次　2023 年 8 月第 1 版
印　　次　2025 年 9 月第 3 次印刷
ISBN 978 - 7 - 208 - 18295 - 0/K · 3288
定　　价　85.00 元